棠树文丛
—代表作—

应培礼 主编
吴羽 副主编

中国犯罪治理现代化研究

创于1897
商务印书馆
The Commercial Press

《棠树文丛》编委会

主 任
郭为禄 叶 青 何勤华

副主任
张明军 王 迁

委 员
（以姓氏笔画为序）

马长山	朱应平	刘 伟	刘宪权	孙万怀
杜 涛	杜志淳	李 峰	李秀清	杨忠孝
肖国兴	何益忠	冷 静	沈福俊	张 栋
陆宇峰	陈金钊	陈晶莹	范玉吉	林燕萍
金可可	屈文生	胡玉鸿	贺小勇	徐家林
高 汉	高奇琦	高富平	唐 波	

本书受上海市高水平地方高校建设项目资助；
系2019年度最高人民检察院检察理论研究课题重点课题
"中国改革开放四十年犯罪态势及治理现代化研究"
（项目编号：GJ2019B16）的最终成果

总　序

　　学术研究是高校非常重要的一项功能,也是衡量一所大学综合实力、核心竞争力的主要指标。开展学术活动、产出学术成果、培养学术人才是高校完成人才培养、科学研究、社会服务等使命的主要手段。大学之所以成为大学,学术的兴盛正是主要的标志之一,只有学术水平提高了,才能更好地完成培养人才和服务社会的目标。

　　党的十八大以来,以习近平同志为核心的党中央高度重视哲学社会科学工作,从改革发展稳定、治党治国治军的高度,肯定了哲学社会科学的重要意义。习近平总书记在2016年5月17日召开的"哲学社会科学工作座谈会"上指出,"要加大科研投入,提高经费使用效率。要建立科学权威、公开透明的哲学社会科学成果评价体系,建立优秀成果推介制度,把优秀研究成果真正评出来、推广开",为新时期哲学社会科学的发展指明了方向。学术专著是广大教师平时研究成果的精心积累,出版则是优秀研究成果推广的重要手段。做好学术著作的组织出版能够提高教师科研活动的积极性,弘扬优秀学术,开拓创新,也能为学校的科研事业做出应有的贡献。

　　华东政法大学全面贯彻党的教育方针,落实立德树人根本任务,围绕上海教育中长期规划纲要的总体目标,按照建设"双一流"高水平多科性教学研究型特色大学的战略要求,遵循科研发展规律,加强管理,精益求精,在科研方面取得了不俗的成绩。近年来,学校的优秀学术成果持续增多,学术影响力有所提升,学校科研工作日攀新高。

　　法学是华东政法大学的主要学科,也是我校的知名品牌。推介法学研究成果是科研管理部门的服务项目和重要职责。这次推出的"棠树文丛"就是以华东政法大学法学领域的优秀成果为主,兼顾其他学科的优秀成果。"棠树"出自《诗经》。《诗经·甘棠》云:"蔽芾甘棠,勿翦勿伐。"这是说周初召伯巡行理政,在甘棠树下听讼决狱,断案公正无私,其事流芳后世,歌诗以载。法平如水,民心所向,古今无异,故以"棠树"为本丛书命名。这次组织出版"棠树文丛",可以促进华政的学术研究水平,提升法学等学科的影响力,为实现依法治国的宏伟目标和弘扬法律的公平正义添砖加瓦。

高层次优秀科研成果的出版是教师和科研管理部门共同追求的目标,也是我们贯彻落实《华东政法大学学术专著出版资助管理办法》的举措。我们希望通过这次学术专著推进活动,规范学校图书出版工作,进一步激发我校教师多出优秀成果的科研积极性,展现华政学术风采。

华东政法大学科研处
2022 年 4 月

目 录

绪 论 ·· 1

上 篇

第一章 改革开放 40 年犯罪态势 ·· 17
    第一节 犯罪整体的纵向态势 ·· 17
    第二节 犯罪整体的空间态势 ·· 28
    第三节 特定犯罪类型的态势 ·· 45

中 篇

第二章 "严打"刑事政策 ·· 63
    第一节 "严打"刑事政策概述 ·· 63
    第二节 "严打"刑事政策的理论评析 ···································· 75

第三章 社会治安综合治理 ·· 89
    第一节 社会治安综合治理概述 ··· 90
    第二节 社会治安综合治理的评析 ······································ 98

第四章　宽严相济刑事政策 ························· 105
第一节　宽严相济刑事政策概述 ····················· 106
第二节　宽严相济刑事政策的实施 ··················· 121

第五章　刑事立法与犯罪治理 ······················· 141
第一节　刑事实体法的发展演变 ····················· 141
第二节　刑事程序法的发展演变 ····················· 158
第三节　刑事立法与犯罪治理的关系 ················· 168

第六章　刑事司法与犯罪治理 ······················· 195
第一节　刑事司法制度与犯罪治理 ··················· 196
第二节　刑事司法制度的优化与犯罪治理 ············· 206

第七章　刑罚执行与犯罪治理 ······················· 211
第一节　概述 ······································· 211
第二节　监狱管理现代化 ····························· 214
第三节　减刑假释的变迁 ····························· 222
第四节　罪犯教育与改造现代化 ······················· 228
第五节　刑罚执行社会化 ····························· 234

下　篇

第八章　未成年人犯罪治理的现代化 ················· 243
第一节　未成年人犯罪的界定 ························· 243
第二节　未成年人犯罪的现状与特征 ··················· 247

第三节　未成年人犯罪的原因分析……………………… 260
第四节　未成年人犯罪的治理……………………………… 271

第九章　金融犯罪治理的现代化…………………………… 311
第一节　金融犯罪概述……………………………………… 311
第二节　金融犯罪的现状…………………………………… 317
第三节　金融犯罪的原因分析……………………………… 326
第四节　金融犯罪的治理…………………………………… 328

第十章　新型毒品犯罪治理的现代化……………………… 345
第一节　新型毒品犯罪的现状与特点……………………… 345
第二节　新型毒品犯罪治理的困境………………………… 355
第三节　新型毒品犯罪的治理……………………………… 363

第十一章　网络犯罪治理的现代化………………………… 375
第一节　网络犯罪态势的演变……………………………… 376
第二节　网络犯罪态势演变的成因………………………… 384
第三节　网络犯罪的治理…………………………………… 389

第十二章　职务犯罪治理的现代化………………………… 406
第一节　职务犯罪案件案发基本情况……………………… 406
第二节　职务犯罪治理的历史演变………………………… 418
第三节　职务犯罪的治理…………………………………… 427

第十三章　流动人口犯罪治理的现代化…………………… 444
第一节　流动人口的界定及其代际特征…………………… 444

第二节　流动人口犯罪的特征与危害……………………… 455

　　第三节　流动人口犯罪的原因……………………………… 461

　　第四节　流动人口犯罪的治理……………………………… 470

第十四章　老年人犯罪治理的现代化……………………………… 484

　　第一节　老年人犯罪概述…………………………………… 484

　　第二节　老年人犯罪现状与特征…………………………… 486

　　第三节　老年人犯罪的影响因素…………………………… 493

　　第四节　老年人犯罪的治理………………………………… 501

参考文献………………………………………………………………… 518

后　记…………………………………………………………………… 544

绪　论

一

　　1978年,党的十一届三中全会开启了改革开放的新篇章。习近平总书记在《在庆祝改革开放40周年大会上的讲话》中指出:"1978年12月18日,在中华民族历史上,在中国共产党历史上,在中华人民共和国历史上,都必将是载入史册的重要日子。这一天,我们党召开十一届三中全会,实现新中国成立以来党的历史上具有深远意义的伟大转折,开启了改革开放和社会主义现代化的伟大征程。"[①]习近平总书记在关于《中共中央关于坚持和完善中国特色社会主义制度 推进国家治理体系和治理能力现代化若干重大问题的决定》的说明中再次指出:"在改革开放40多年历程中,党的十一届三中全会是划时代的,开启了改革开放和社会主义现代化建设历史新时期。"[②]改革开放40年以来,我国从计划经济走向市场经济,社会、经济等各个方面随之发生了翻天覆地的变化,取得了举世瞩目的成就。"经过40多年的改革和发展,中国的经济总量跃居世界前列,社会建设和政治改革进展突出。政府权力运行

---

　　① 习近平:《在庆祝改革开放40周年大会上的讲话》,《人民日报》2018年12月19日,第2版。
　　② 习近平:《关于〈中共中央关于坚持和完善中国特色社会主义制度 推进国家治理体系和治理能力现代化若干重大问题的决定〉的说明》,《人民日报》2019年11月6日,第4版。

逐步科学化和规范化,公民权利保护不断制度化和法治化,国家治理的主体、取向、方式以及结构等迈入波澜壮阔的转型过程,重塑着社会、市场与政府间的关系。"①

在改革开放40年中,犯罪及其治理问题也一直都是国家和社会各界关注的重要议题。具言之,如何有效惩治、控制和预防犯罪,推进犯罪治理体系和治理能力现代化,成为改革开放40年以来重要的理论与实践课题。其实"犯罪治理是世界各国都要面对的公共事务。就众多公共事务而言,犯罪问题无疑是摆在第一位的,犯罪治理关乎国家统治、政权稳定,更关涉人民福祉、社会安宁,关乎长治久安"②。1978年以来,我国处于社会转型的重大历史变迁之中,"在新旧体制转换过程中出现的利益失衡、规则冲突、法律缺位、城市基本建设滞后、社会阶层高度分化、价值观扭曲,以及人们心理的不适应和承受能力方面等问题,导致了刑事犯罪案件的增加"③。从有关数据统计上分析,改革开放40年以来,我国犯罪总量呈现出上升态势,在某些时期,犯罪呈现出比较严峻的态势。但是,改革开放以来,虽然我国刑事立案数和犯罪率一直在上升,刑事立案数已经接近650万件的水平,犯罪率也达到了约45/10,000的高度,但深入分析后会发现,我国犯罪现象正呈现一个"双降""双升"的趋势。④ 同时,根据联合国毒品与犯罪问题办公室的统计数据,世界上的平均犯罪率为3,000—6,000/100,000。我国的情况大概只有450/100,000,加上违法率,大约是1,000/100,000。通过大

---

① 夏志强:《国家治理现代化的逻辑转换》,《中国社会科学》2020年第5期。
② 卢建平、姜瀛:《论犯罪治理的理念革新》,《中南大学学报(社会科学版)》2015年第1期。
③ 康树华、张小虎:《犯罪学》(第4版),北京大学出版社2016年版,第120页。
④ 根据卢建平教授的分析,所谓"双降":一是近年来八类严重暴力犯罪的犯罪率逐年下降;二是重刑率在下降。所谓"双升":一是轻微犯罪率大幅度上升;二是轻刑率稳步提升。参见卢建平:《我国犯罪治理的大数据与大趋势》,《人民检察》2016年第9期。

数据计算，1,400万件治安案件，加上650万件刑事案件，一共是2,050万件案件，除以13.6亿人口，结果约是1,507/100,000，这就是我国违法犯罪率的总和，仅相当于世界平均犯罪率水平的一半。① 就此而言，我国的犯罪治理取得了显著成效。因此，及时梳理和反思我国改革开放40年以来的犯罪治理以及犯罪治理模式就显得极有必要，这不仅是对以往犯罪治理经验的总结，同时也能为今后犯罪治理方向奠定坚实的基础。

犯罪治理，表现为对犯罪或社会越轨行为所采取行动或作出反应的过程，是在准确观察犯罪现象的基础上，确立合理的目标，选择科学的路径和方法，组合多方力量系统作用于犯罪现象的治理之道。② 犯罪治理既是国家治理的重要组成部分，也是社会治理的重要组成部分。2013年党的十八届三中全会通过的《中共中央关于全面深化改革若干重大问题的决定》明确提出"全面深化改革的总目标是完善和发展中国特色社会主义制度，推进国家治理体系和治理能力现代化"，这"标志着中国治理实现了从政治统治、政治管理向国家治理的转变，这无疑在治理理念、治理机制和治理目标上强化了治理体系现代化进程中国家能力的逻辑功能，即从权力的强制性单向行使转变为国家与社会关系共同体良性互动的治理逻辑"③。可见，"完善和发展中国特色社会主义制度，推进国家治理体系和治理能力现代化"的改革总目标为我们探索犯罪治理的理念革新指明了新的方向，提供了全新的坐标。④ 就此而言，"推进国家治理体系和治理能力现代化"必然要求犯罪治理

---

① 参见卢建平：《我国犯罪治理的大数据与大趋势》，《人民检察》2016年第9期。
② 参见卢建平、姜瀛：《论犯罪治理的理念革新》，《中南大学学报（社会科学版）》2015年第1期。
③ 陈进华：《治理体系现代化的国家逻辑》，《中国社会科学》2019年第5期。
④ 参见卢建平、姜瀛：《论犯罪治理的理念革新》，《中南大学学报（社会科学版）》2015年第1期。

体系与治理能力现代化,"提高犯罪治理能力现代化,也应是推进国家治理能力现代化的题中应有之义"①,而且犯罪治理体系与治理能力现代化也是国家治理体系和治理能力现代化的基本保障。改革开放40年以来,从"严打"到综合治理,再到宽严相济,我国一直在探索有效的犯罪治理对策。犯罪治理模式的变迁表明了"犯罪治理模式是一个历史范畴,不同历史时期,犯罪治理所处的环境、历史使命各有差异,导致其主体、对象、方式也千差万别,它们之间内部的关系、结构与运作机制也不一样"②。

二

党的十八届三中全会通过的《中共中央关于全面深化改革若干重大问题的决定》指出:"坚持系统治理,加强党委领导,发挥政府主导作用,鼓励和支持社会各方面参与,实现政府治理和社会自我调节、居民自治良性互动。坚持依法治理,加强法治保障,运用法治思维和法治方式化解社会矛盾。坚持综合治理,强化道德约束,规范社会行为,调节利益关系,协调社会关系,解决社会问题。坚持源头治理,标本兼治、重在治本,以网格化管理、社会化服务为方向,健全基层综合服务管理平台,及时反映和协调人民群众各方面各层次利益诉求。"对此,"系统治理""依法治理""综合治理""源头治理"无疑可以成为衡量犯罪治理现代化的重要标准。据此,考察我国改革开放40年以来犯罪治理的实

---

① 冯卫国:《寻求更加有效的犯罪治理——走向国家与社会合作共治》,《甘肃理论学刊》2015年第1期。
② 张健:《中国犯罪治理模式变迁及其逻辑:1949—2019》,《法治现代化研究》2020年第3期。

践以及当前犯罪治理的现实需求,我们认为,犯罪治理现代化可以从如下五个方面予以理解:

第一,犯罪治理主体的多元化。习近平总书记在《决胜全面建成小康社会 夺取新时代中国特色社会主义伟大胜利——在中国共产党第十九次全国代表大会上的报告》中指出:"打造共建共治共享的社会治理格局。加强社会治理制度建设,完善党委领导、政府负责、社会协同、公众参与、法治保障的社会治理体制,提高社会治理社会化、法治化、智能化、专业化水平。"社会治理的多元性在于其具有主体多元、过程开放、领域广泛等多重特征,需要来自政府、市场、社会等多部门多元主体的广泛参与。① 究其原因,改革开放以来,社会自治空间越来越大,在社会治理过程中所发挥的作用越来越重要,因此要实现治理现代化,就意味着"治理主体呈现多元化,既包括政府,也包括社会组织、企业组织以及居民自治组织"②。显然,"打造共建共治共享的社会治理格局"给犯罪治理指明了新的方向。改革开放初期,我国犯罪治理基本上采取国家绝对主导的一元化模式,过分依赖刑事司法系统在犯罪治理中的作用,这种模式具有较高的行动效率,从而在短期内取得比较明显的控制犯罪的效果,但也存在运行成本高、效果有限等问题。③ 因此,"对于犯罪治理,不应是国家包办,还应当整合社会力量,实行国家和社会共同治理"④。从当前社会实践来看,社会力量在我国犯罪治理过程中的作用日益凸显,犯罪治理主体的多元化的雏形已经形成。可见,犯罪治理主体由一元主体走向多元主体,是犯罪治理现代化的重要

---

① 参见王名、李朔严:《十九大报告关于社会治理现代化的系统观点与美好生活价值观》,《中国行政管理》2018年第3期。
② 陈进华:《治理体系现代化的国家逻辑》,《中国社会科学》2019年第5期。
③ 参见冯卫国:《寻求更加有效的犯罪治理——走向国家与社会合作共治》,《甘肃理论学刊》2015年第1期。
④ 卢建平:《我国犯罪治理的大数据与大趋势》,《人民检察》2016年第9期。

表征。当然,国家在犯罪治理过程中仍旧发挥着主导作用。

第二,犯罪治理手段从刑事治理转向刑事治理与非刑事治理相结合。① 从国家治理现代化的角度看,"治理方式有多种类型,既包括强制的方式,也包括协商、引导的方式,既包括政治的方式,也包括经济、文化的方式等"②。当前,我国对犯罪的治理手段以监禁刑为主,相当程度上还在依赖死刑、重刑。在宽严相济刑事政策的指导下,在司法机关和社会各界的努力下,重刑和死刑的适用得到了一定的控制,但监禁刑依然是主要的治理手段,非监禁刑的适用范围仍然有待扩大。③ 犯罪治理现代化的方法手段应当是多元化的,即不仅包括惩罚,也包括预防。"在国家治理的范畴中,较之于犯罪惩治,犯罪治理更符合国家治理的要求,而犯罪治理不仅在于有效地惩治犯罪,还在于有效地预防犯罪。"④之所以强调犯罪预防,是因为"在治理目标上,从以前不切实际的消灭犯罪转而追求把犯罪率控制在一个合理的限度之内"⑤。立足于犯罪预防,需要采取非刑事治理的手段。因此,从治理手段上而言,犯罪治理现代化是由刑事治理与非刑事治理构成的。

第三,犯罪治理依法展开。犯罪治理的法治化是犯罪治理现代化的重要特征。"1978 年党的十一届三中全会,开创了我国改革开放和社会主义现代化建设的新时代,同时也开启了我国法治建设的新纪元"⑥,"在改革开放的 40 年里,法治建设基本满足了经济社会发展的

---

① 参见刘仁文:《环境污染犯罪治理研究的四个转换》,《北京日报》2020 年 6 月 22 日,第 12 版。
② 陈进华:《治理体系现代化的国家逻辑》,《中国社会科学》2019 年第 5 期。
③ 参见卢建平:《我国犯罪治理的大数据与大趋势》,《人民检察》2016 年第 9 期。
④ 刘仁文:《环境污染犯罪治理研究的四个转换》,《北京日报》2020 年 6 月 22 日,第 12 版。
⑤ 卢建平:《我国犯罪治理的大数据与大趋势》,《人民检察》2016 年第 9 期。
⑥ 袁曙宏、杨伟东:《我国法治建设三十年回顾与前瞻——关于中国法治历程、作用和发展趋势的思考》,《中国法学》2009 年第 1 期。

需求,使法治成为这个时代的主题,成为社会主义核心价值观的重要内容"①。党的十八届四中全会通过的《中共中央关于全面推进依法治国若干重大问题的决定》明确指出:"依法治国,是坚持和发展中国特色社会主义的本质要求和重要保障,是实现国家治理体系和治理能力现代化的必然要求,事关我们党执政兴国,事关人民幸福安康,事关党和国家长治久安。"由此可见,依法治国既是国家治理体系和治理能力现代化的题中应有之义,也是国家治理体系和治理能力现代化的基本保障。"国家治理法治化是国家治理现代化的重要内容,也是其重要保障,体现在国家治理体系和治理能力建设的各个方面。要关注国家治理体系和治理能力的现代化,就必须关注其法治化,甚至应当将推进其法治化作为推进其现代化的重要抓手。"②那么,如何进行国家治理的法治化的建设?质言之,"在法治轨道上推进国家治理现代化,总体上,就是要把法治理念、法治思维、法治方式、法律制度贯通于国家治理的各个领域、各个方面、各个环节,以法律体系为依据、以法治体系为保障、以法治化为目标,是实现国家治理现代化的必由之路"③。进而言之,作为国家治理的重要组成部分,犯罪治理现代化意味着犯罪治理应当依法展开。因此,所有犯罪治理手段都应当依法展开。例如,"综治"体现了治理手段的多样性和整合性,而"依法治理"则是综合治理必须坚持的原则,是所有治理手段都必须遵循的规范,两者是形式与内容、具体与抽象的关系,在本质上是一致的,而且随着法律制度、法治意识和司法体制的不断健全,各种治理方式都将更全面和更科学地被纳

---

① 沈国明:《改革开放40年法治中国建设:成就、经验与未来》,《东方法学》2018年第6期。
② 卓泽渊:《国家治理现代化的法治解读》,《现代法学》2020年第1期。
③ 张文显:《国家制度建设和国家治理现代化的五个核心命题》,《法制与社会发展》2020年第1期。

入法治化轨道,"综治"与"法治"将不断地走向融合和统一。① 简言之,犯罪治理的现代化,"在治理模式上,应该从人治转变到法治治理模式"②。

第四,犯罪治理过程强调权利保障。"改革开放以来,国家治理呈现出由权力本位逐渐向权利本位转变的趋势,取得了卓越的治理成效"③,可以说,"以公民权利确立国家治理现代化的根基"④。基于此,犯罪治理现代化也蕴含着权利保障精神,"在犯罪治理理念上,更加突出保障人权。从最近几年出现的诸多冤假错案,可以看出,如果为了打击犯罪而不惜牺牲人权与法律的公平正义,将是世界上犯罪治理最糟的一种情形。对于犯罪的治理,应当突出保障人权"⑤。从另一个角度来说,"在强化犯罪控制导向下,犯罪治理活动往往立足于以刑罚手段威慑潜在犯罪人;在维权导向下,犯罪治理活动往往立足于维护潜在被害人的基本权利"⑥。事实上,自改革开放以来,我国犯罪治理逐渐从"秩序为本"转为"以人为本"。⑦ 例如,我国确立宽严相济刑事政策,就表明了当前我国治理犯罪过程中尤为强调对公民权利的保障。而且进入21世纪以来,在数字化、网络化的时代背景下,犯罪治理也越来越借助大数据分析。因此,在合理利用大数据开展犯罪治理的同时,又能妥善维护公民的个人信息,则成为犯罪治理现代化重要的参考标准。

---

① 参见康均心、周亮:《从"综治"到"法治":犯罪控制的科学之路——写在社会治安综合治理两个〈决定〉颁布20周年之际》,《法治研究》2011年第8期。
② 卢建平:《我国犯罪治理的大数据与大趋势》,《人民检察》2016年第9期。
③ 夏志强:《国家治理现代化的逻辑转换》,《中国社会科学》2020年第5期。
④ 夏志强:《国家治理现代化的逻辑转换》,《中国社会科学》2020年第5期。
⑤ 卢建平:《我国犯罪治理的大数据与大趋势》,《人民检察》2016年第9期。
⑥ 单勇:《"维稳"政策转型与犯罪治理改良》,《刑法论丛》2013年第1卷,第517页。
⑦ 参见张健:《中国犯罪治理模式变迁及其逻辑:1949—2019》,《法治现代化研究》2020年第3期。

第五，犯罪治理具有智慧化、理性化和数字化的特征。党的十九大报告提出建设"网络强国""数字中国""智慧社会"。21世纪以来，人们所面临的是更为开放的信息时代，它展现出数字化、网络化等基本特征。与此同时，"犯罪问题是一种社会现象，又是个人行为。因此，它不是静止不动的，更不是孤立的，它是随着一个国家政治、经济的发展变化而变化的"①。当社会环境发生巨大变化之时，传统犯罪也开始向新型犯罪转变。外国的研究表明，网络犯罪是对全世界所有公司企业的最大威胁，也是人类面临的最大难题之一。2015年网络犯罪的成本约为3万亿美元，到2021年预计达到6万亿。② 2016年至2018年，全国提起公诉的网络犯罪案件4.8万起，被告人13万余名。③ 随着人工智能技术的不断发展，人工智能犯罪问题也开始显现。但同样，人们也可以借助大数据、人工智能开展犯罪治理。因此，犯罪治理现代化也将进一步体现出犯罪治理的智慧化、理性化和数字化特征。一方面，智慧社会的犯罪治理自当更加智慧、智能化，而彻底摆脱本能反应、原始报复、同态复仇的传统模式，要更加理性而摆脱感性，应对犯罪的理念、模式、制度、规范等都要与时俱进；④另一方面，犯罪大数据是以犯罪及其防控为核心的数据，是犯罪及其防控信息的载体。经过数据整理与加工后，犯罪大数据能够呈现出具有规律性的犯罪防控知识。⑤ 然而，在

---

① 康树华：《两种经济体制下中国犯罪状况与治理》，《南都学坛（人文社会科学学报）》2009年第5期。
② 参见卢建平：《智慧社会的犯罪治理》，《人民法院报》2019年1月2日，第2版。
③ 参见谢鹏程：《网络犯罪司法控制效能提升路径选择》，《检察日报》2020年7月27日，第3版。
④ 参见卢建平：《智慧社会的犯罪治理》，《人民法院报》2019年1月2日，第2版。卢建平教授提出，犯罪治理需要从粗放进入科学精细的阶段，即进入一个"数理化"的阶段，其中，"理"就是要理性。参见卢建平：《推进犯罪治理走向"数理化"》，《人民法院报》2021年1月24日，第2版。
⑤ 参见单勇：《基于犯罪大数据的社会治安精准防控》，《中国特色社会主义研究》2016年第6期。

犯罪治理的智慧化、理性化和数字化中,我们需要特别注意的是犯罪治理数据化的负面效应,换言之,在利用大数据进行犯罪治理时,应当平衡好与保护公民个人信息的关系,"在迈向数据主义的过程中,应深刻认识数据主义的有限性,以防范陷入'技术乌托邦'陷阱"①。

三

本书以中国改革开放40年犯罪态势以及犯罪治理的现代化为视角,②主要从以下三大方面展开研究:

(一)全面描述改革开放40年的犯罪态势

本部分由第一章"改革开放40年犯罪态势"构成,这属于对犯罪现象的描述。"对犯罪现象的描述,是对一定时空范围内犯罪的数量特征与结构特征进行客观分析,以此掌握犯罪的基本态势"③,显然,"犯罪治理,首先要对犯罪现象作出正确的认识,掌握犯罪现象的客观情况乃是展开犯罪治理的基本前提"④。因此,本书首先对改革开放40年的犯罪态势进行梳理和描述,具体从三个角度展开:一是犯罪整体的纵向态势,即从改革开放初期、市场经济体制确立时期、21世纪以来三个阶段予以分析;二是犯罪整体的空间态势,即从在全国的地理分布和在虚拟世界的分布两个角度予以分析;三是特定犯罪类

---

① 单勇:《数据主义对犯罪治理体系的重塑及其反思》,《南京社会科学》2021年第1期。
② 需要指出的是,本书研究的时间跨度虽为1978年至2018年,但考虑到相关问题研究的继承性与延续性,本书研究的时间跨度会有所延伸。
③ 张远煌、吴宗宪主编:《犯罪学通论》,北京师范大学出版社2013年版,第2页。
④ 卢建平、姜瀛:《论犯罪治理的理念革新》,《中南大学学报(社会科学版)》2015年第1期。

型的态势,这部分主要描述了危害国家安全犯罪,危害公共安全犯罪,破坏社会主义市场秩序犯罪,侵犯公民人身权利、民主权利犯罪,侵犯财产犯罪和妨害社会管理秩序犯罪等六种特定犯罪类型的犯罪态势。①

(二) 总体阐释改革开放 40 年犯罪治理的现代化

本部分由第二章至第七章构成,力图从总体上梳理改革开放 40 年以来犯罪治理现代化的演进,对此,本部分内容将从以下两个角度展开:

其一,对基本刑事政策的阐述(本书第二章至第四章)。改革开放 40 年以来,我国形成了"严打"、社会治安综合治理和宽严相济三大基本刑事政策,本部分分别对这三大基本刑事政策进行评析。从改革开放伊始至 21 世纪初,我国经历了三次犯罪高峰和三次"严打"斗争,即 1983 年的"严打"斗争、1996 年的"严打"斗争和 2001 年的"严打"斗争,每次"严打"都起到了立竿见影的效果,然而在这种效果之后,迎来的却是犯罪急剧增多,且这种"严打"的效果持续时间越来越短。② 与此同时,社会治安综合治理方针酝酿于 20 世纪 70 年代末,提出于 80 年代初,形成于 90 年代初。③ 1991 年 2 月 19 日,中共中央、国务院发布《关于加强社会治安综合治理的决定》;同年 3 月 2

---

① 需要说明的是,由于改革开放初期,有关刑事案件情况的统计数据较少,因此本部分的数据来源大多是 20 世纪 90 年代以后公开发布的数据。另外,本书第一章第一节和下篇专章从不同角度探讨了职务犯罪,因此本部分不再对《刑法》分则第八章贪污贿赂罪和第九章渎职罪进行梳理;同时考虑到《刑法》分则第十章军人违反职责罪的案件较少,本书不作专门探讨。

② 参见康树华、张小虎主编:《犯罪学》(第 4 版),北京大学出版社 2016 年版,第 81 页。

③ 参见杨正鸣、姚建龙:《转型社会中的社会治安综合治理体系改革》,《政治与法律》2004 年第 2 期。

日,全国人民代表大会常务委员会发布《关于加强社会治安综合治理的决定》,上述两个决定的出台,"标志着我国的综合治理工作已经开始步入法制化、规范化的轨道,也标志着我国犯罪预防的总体思路和战略更趋成熟"①。自此,犯罪的综合治理模式也随之诞生。社会治安综合治理提出的关键在于"认识到犯罪的原因是多种因素造成的,从而得出犯罪是'综合病症'的结论,提出社会治安综合治理的方针"②。可以说,"综合治理模式正是为了应对改革初期社会急剧转型所产生的犯罪治理危机而生。它力图构建新的治理方式以回应复杂的治安犯罪态势"③。2004年12月,中央政法委书记罗干在全国政法工作会议上首次提出宽严相济的刑事政策。当前,宽严相济的刑事政策得到广泛认可。

其二,从刑事立法、刑事司法和刑罚执行三个角度阐释犯罪治理(本书第五章至第七章)。如前文所述,犯罪治理手段由刑事治理与非刑事治理构成,但不可否认的是,刑事治理是其中的重要环节。对此,本部分分别从刑事立法、刑事司法和刑罚执行三大环节分析对犯罪的刑事治理。例如,就犯罪治理与刑事立法而言,改革开放40年以来,1979年制定刑法典和1997年全面修订刑法典使得我国的刑事立法模式逐渐由分散立法走向统一,④而刑法修正案的不断出台,引起犯罪门槛的下降或上升和犯罪圈的扩大或缩小,这显然体现出犯罪治理理念的变化。总之,通过本部分的分析,我们可以洞见我国犯

---

① 张远煌主编:《犯罪学》(第4版),中国人民大学出版社2020年版,第306页。
② 康树华:《两种经济体制下中国犯罪状况与治理》,《南都学坛(人文社会科学学报)》2009年第5期。
③ 张健:《中国犯罪治理模式变迁及其逻辑:1949—2019》,《法治现代化研究》2020年第3期。
④ 参见赵秉志:《改革开放40年我国刑事立法的发展及其完善》,《法学评论》2019年第2期。

罪治理模式的变迁,应该说"犯罪治理模式变迁深受国家的治理理念、社会结构以及国家财政供给与财政汲取等诸多因素影响,与政治、经济、文化、社会等方面的变革紧密联系,这些错综复杂的因素合力所产生的推动作用,形成了犯罪治理模式变迁的轨迹"[①]。

(三) 具体分析特定类型犯罪治理的现代化

本部分由第八章至第十四章构成,通过对特定类型犯罪治理的考察,以分析犯罪治理的实践过程及其效果。为此,我们选择改革开放40年以来影响较大、受关注较高的七类犯罪进行分析,具体如下:①关于未成年人犯罪的治理。未成年人是祖国的未来、民族的希望,因而治理未成年人犯罪一直以来都备受我国社会各界的高度重视。②关于金融犯罪的治理。"金融已经广泛深刻地介入我国经济并在其中发挥着越来越重要的作用"[②],因而有效治理金融犯罪是促进社会经济发展的重要保障。③关于新型毒品犯罪的治理。21世纪以来,新型毒品犯罪问题日益凸显,因而有效治理新型毒品犯罪已刻不容缓。④关于网络犯罪的治理。在当前的互联网时代,网络犯罪预防与治理已经成为广受关注的重大课题。⑤关于职务犯罪的治理。职务类犯罪是备受关注的犯罪类型,我国对职务犯罪尤其是贪污腐败一直坚持零容忍,多年来我国在治理职务犯罪方面积累了诸多成功的经验,也取得了显著的成效。⑥关于流动人口犯罪的治理。随着我国社会流动程度的逐步加强,流动人口犯罪问题也随之产生,因而治理流动人口犯罪成为社会的关注点。⑦关于老年人犯罪的治理。"我国已经逐渐步入老龄化社

---

① 张健:《中国犯罪治理模式变迁及其逻辑:1949—2019》,《法治现代化研究》2020年第3期。

② 参见最高人民法院《全国法院审理金融犯罪案件工作座谈会纪要》。

会",老年人犯罪问题现在、未来都会成为社会的焦点,因而有效治理老年人犯罪是一个无法回避的现实课题。

综上所述,我们将对未成年人犯罪、金融犯罪、新型毒品犯罪、网络犯罪、职务犯罪、流动人口犯罪和老年人犯罪等七类犯罪的治理进行考察、分析。我们总体的研究思路是:首先对特定类型犯罪的现象进行描述;其次对特定类型犯罪的原因进行探讨;最后对特定犯罪类型的治理现代化进行归纳或展望。①

---

① 需要说明的是,本部分对特定类型犯罪的治理现代化研究,既包括对改革开放40年以来犯罪治理的描述和归纳,也包括在以往犯罪治理经验基础上对今后犯罪治理发展路径的探讨。换言之,对于特定类型犯罪治理现代化的研究,既有梳理性和总结性的,也有前瞻性和探索性的。

上 篇

第一章
改革开放 40 年犯罪态势

改革开放 40 年以来,我国社会治安状况总体稳定,被认为是世界上最安全的国家之一。但与此同时,从整体上看,犯罪数量不断增加,犯罪类型逐渐多样化,犯罪态势仍然严峻。影响当代中国刑事犯罪的因素有很多,首先就是经济体制,在建立市场经济过程中,刑事犯罪呈现出快速增长的态势,在市场经济体制逐步完善的情况下,刑事犯罪总体上趋于平稳状态,并且也将长期处于一个平稳的状态。

第一节 犯罪整体的纵向态势

1978 年党的十一届三中全会召开,中国进入了改革开放新时期,在刑事犯罪方面也表现出了与 1978 年前不同的特征,犯罪数量急剧增加。根据前期相关研究成果,可以将 1978 年以来我国刑事犯罪态势划分为三个阶段:一是 1978 年至 2000 年为刑事犯罪的快速增长期;二是 2000 年至 2010 年为刑事犯罪稳定期;三是 2010 年至今为刑事犯罪种类复杂多样期。具言之,1978 年以后,国家进入相对稳定的发展时期,改革开放使得经济快速发展,人民生活水平提高,受此影响,暴力性犯罪总体呈下降趋势,金融财产类犯罪增多;进入21世纪后,发案率虽然仍维持较高水平,但总体保持平稳态势;2010年以后,贪污受贿类犯罪增多,网络犯罪呈高发趋势,传统犯罪不再是主要犯罪类型,虽然犯罪数量较多,但犯罪总体态势稳定,社会治安稳定。

一、刑事犯罪的快速增长期(1978—2000年)

党的十一届三中全会的召开,标志着我国的经济政策从计划经济逐步转向市场经济,在新旧体制过渡阶段,刑事犯罪会随着经济政策的改变而出现波动。在这一阶段,刑事犯罪急剧增长,尤其是青少年犯罪在刑事犯罪中所占比重不断上升。1978年至1981年,刑事犯罪数量每年以9%—12%的速度快速增长,其中,14—25岁的青少年犯罪案件占到刑事犯罪的70%左右,且犯罪情节与以往相比更为恶劣,如光天化日之下抢劫、强奸,严重扰乱了社会秩序。[①] 为维护人民群众生命财产安全和稳定社会秩序,1983年8月至1986年12月进行了为期三年的"严打",全国各级法院共审结刑事案件140余万件,共判处犯罪分子172万余人。"严打"在当时历史条件下对遏制严重的犯罪态势起到了良好的效果,"严打"过后刑事案件数量有明显的回落。但1988年又再一次大幅度增长,1989年、1990年、1991年案件立案数分别为197.1万起、221.6万起、236.5万起。另外,1981年至1987年,青少年犯罪案件在总刑事案件数量中的比重较大,在恶性刑事案件中占有一定的比

---

① 参见吴鹏森:《中国刑事犯罪60年:犯罪与社会的互动》,《安徽师范大学学报(人文社会科学版)》2012年第3期。

例(详见表 1-1①)。

表 1-1　1981—1987 年全国恶性刑事案件和青少年刑事案件的比率

年份		1981	1982	1983	1984	1985	1986	1987
刑事案件立案率 (起/10 万人)		89.40	73.70	60.00	49.40	52.10	51.90	54.12
恶性 刑事 案件 比率 (%)	杀人	0.96	0.92	…	0.88	1.00	1.04	1.25
	伤害	2.16	2.00	…	1.41	1.50	1.74	2.06
	强奸	3.09	3.48	…	4.33	3.63	3.53	3.53
	抢劫	2.24	1.63	…	0.71	0.85	1.09	1.80
青少年犯罪 比率(%)		64.0	65.9	67.0	63.3	71.3	72.5	74.4

1992 年起,我国逐渐确立起了市场经济体制。党的十四届三中全会决定建立社会主义市场经济体制,这标志着中国将正式进入市场经济时代。必须指出的是,市场经济对某些人的价值观产生了冲击,他们对金钱的崇拜使得这一时期侵犯财产类案件不断增多。从统计数据来看,刑事犯罪在 1992 年似乎有所下降,但这是由于公安部门提高了盗窃罪的立案数额标准。1992 年至 2000 年,盗窃案立案数增长了 107.50%,诈骗案增长了 225.37%,抢劫案增长了 147.84%,凶杀案仅增长了 17.80%,作为暴力犯罪类型的伤害案也增长了 101.50%,其中许多案件是以侵犯财产为目的的暴力犯罪。② 因此,从 1978 年到 2000 年,我国的刑事犯罪从以寻衅滋事为特点的暴力性犯罪为主,逐渐转变为以

---

① 参见冯树梁:《当代中国犯罪问题研究》,中国人民公安大学出版社 1993 年版,第 238 页;张小虎:《当代中国社会结构与犯罪》,群众出版社 2009 年版,第 196 页。
② 参见吴鹏森:《中国刑事犯罪 60 年:犯罪与社会的互动》,《安徽师范大学学报(人文社会科学版)》2012 年第 3 期。

侵犯财产类犯罪为主,刑事立案数目不断上升。

总体而言,在中国从计划经济转型为市场经济的社会变迁过程中,社会层面上弥漫着空前高涨的经济动机,由经济动机驱动的各类财产型犯罪迅猛增长。相比之下,非经济动机犯罪的增长率显著低于经济动机犯罪。

二、刑事犯罪稳定期(2000—2010年)

进入21世纪,特别是中国在2001年正式加入WTO后,在经济上与世界接轨。中国经济快速增长,社会秩序更加稳定,人们的生活水平逐渐提高,法治意识不断增强,这些因素对刑事犯罪起到了抑制作用,在这一阶段刑事犯罪的增长幅度趋向缓和。从1992年至1999年,全国刑事案件立案数量呈低位上升趋势;从2000年开始,刑事案件立案数量呈上升态势,立案数从2001年至2008年维持在400万到600万之间(详见图1-1[①])。

总体而言,在这一阶段,我国刑事犯罪还是呈现出一些特点。正如有学者指出,由于各种客观条件的变化,犯罪态势出现了新的变化。具体表现为:其一,由于境内外各种敌对势力的影响,危害国家安全犯罪增多;其二,经济犯罪将呈现质升量增的趋势,带有国际色彩的经济犯罪出现;其三,金融领域的经济犯罪进一步升温;其四,环境犯罪日趋突出;其五,不正当竞争行为进一步加剧;其六,跨国、跨地区犯罪更加猖獗。[②] 具体而言,一是经济类、渎职类犯罪案件增加。在此期间,国家

[①] 参见吴鹏森:《中国刑事犯罪60年:犯罪与社会的互动》,《安徽师范大学学报(人文社会科学版)》2012年第3期。

[②] 参见刘萍:《加入WTO后我国犯罪态势前瞻》,《重庆大学学报》2002年第2期。

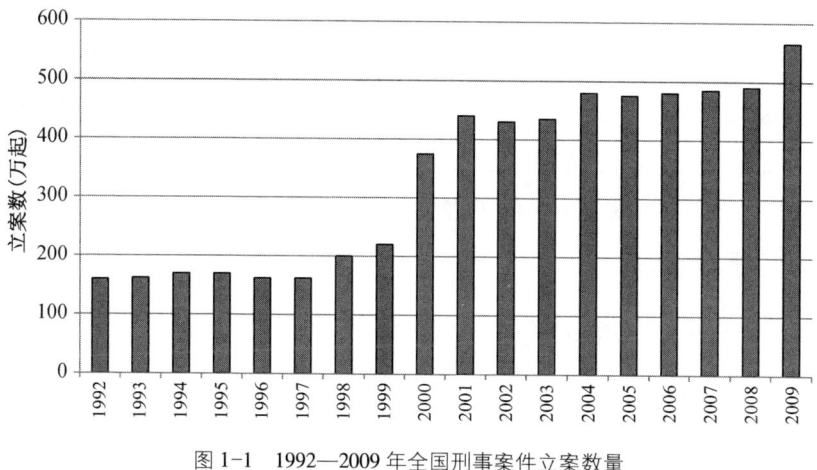

图 1-1 1992—2009 年全国刑事案件立案数量

工作人员利用企业转制机会,侵吞国有资产的现象突出,一些企业的蛀虫乘机大肆侵吞国有资产;一些国家工作人员利用职权贪污受贿;职务犯罪分子藏匿境外逃避刑事追究。① 二是传统犯罪仍不容忽视。2000年以来,抢夺、抢劫犯罪案件大幅上升,占刑事犯罪近40%,有的地区(如广东)达到了60%以上,而"两抢"的犯罪嫌疑人多为农村剩余劳动力。② 同时,盗窃、诈骗、绑架、伤害、强奸、贩毒等刑事犯罪也是流动人口犯罪的常见形式。

三、刑事犯罪种类复杂多样期(2010年至今)

2010年以来,我国经济发展水平保持高速增长,"法治中国"建设不断深入推进,严重暴力恐怖袭击和个人极端暴力犯罪案件逐步减少,

---

① 参见刘萍:《加入WTO后我国犯罪态势前瞻》,《重庆大学学报》2002年第2期。
② 参见康树华:《新中国成立后不同历史时期犯罪的状况与特点》,《江苏公安专科学校学报》1999年第1期。

传统的暴力犯罪、财产犯罪逐步下降,贪污贿赂类犯罪、渎职类犯罪、性侵害未成年人犯罪等得到有效遏制,中国社会治安形势总体趋势稳定,民众的安全感提升。但是,由于经济结构调整带来的社会高风险值,风险社会的犯罪问题也具有复杂性和多变性。伴随着中国进入互联网时代,犯罪类型逐渐发生变化,网络犯罪呈现急剧增长的趋势。主要体现在以下四个方面:

(一) 网络犯罪日趋严重

网络犯罪日趋严重,主要表现在如下四个方面:一是网络金融犯罪进入高发期。利用 P2P 网贷平台进行集资诈骗、非法吸收公众存款等犯罪持续多发,如"e 租宝""中晋系""融资城""顺顺贷""徽融通""华融普银案"等案件,受害人众多、涉案地区广泛、涉案金额巨大,严重扰乱了金融市场秩序。二是校园网贷问题严重。校园网贷平台鱼龙混杂,多涉及高利贷,社会影响恶劣。校园网贷乱象既反映当代大学生消费观念、生活方式等存在一定的问题,也显示出互联网金融平台门槛低、监管弱的现象。三是网络涉毒犯罪快速蔓延。例如,利用网络贩卖毒品、买卖制毒物品、传播制毒技术和组织他人吸毒等。从公安机关查获案件的情况看,全国至少半数制造毒品案件、超过三分之一制造制毒物品案件涉及网上传播的制毒技术。[①] 四是网络赌博问题严峻。花样繁多的网络赌博遍布手机 App 及微信群,如涉赌链接、小程序不断出现,赌博涉及范围广,人员多,金额大。2017年浙江省公安机关共侦破各类网络赌博刑事案件 337 起,抓获犯罪嫌疑人 1,823 名,其中涉及利用网络游戏网站、App 开设赌场的刑事案件

---

① 靳高风、王玥、李易尚:《2016 年中国犯罪形势分析与 2017 年预测》,《中国人民公安大学学报(社会科学版)》2017 年第 2 期。

21起,抓获犯罪嫌疑人653名,扣押非法资金近10亿元,查处了"战鱼""百家乐"等多起网络游戏赌博案件。跨境赌博现象日益突出,"境外操控—境内代理—线下发展成员"的模式已成为网络赌博活动的发展趋势。①

(二) 经济犯罪形势日趋复杂

2010年至2012年,我国经济犯罪案件数量持续上升,增幅较大;2012年至2013年我国经济犯罪案件有所回落;2013年至2014年又有所反弹(详见图1-2②)。其中,非法集资等涉众型犯罪持续高发,金融诈骗犯罪、证券期货犯罪、银行卡犯罪、货币犯罪等仍处于多发态势,犯罪手法不断翻新。

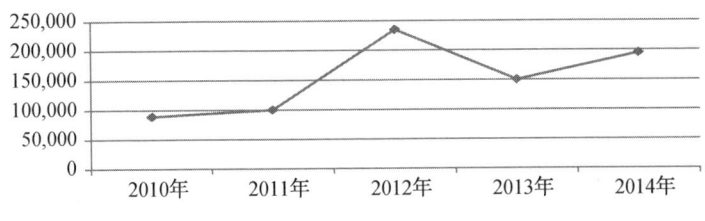

图1-2 2010—2014年全国公安机关破获经济犯罪案件数量

2016年全国公安机关相继组织开展了打击整治非法集资、地下钱庄、证券期货犯罪、假币犯罪、网上非法买卖银行卡、虚开增值税专用发票和出口骗税等专项行动。通过专项行动,2016年全国公安机关共破获各类经济犯罪案件20.7万起,挽回直接经济损失470余亿元。其中非法集资、传销等涉众型经济犯罪案件立案数和涉案金额比2015年分

---

① 靳高风:《2014年中国犯罪形势分析与2015年预测》,《中国人民公安大学学报(社会科学版)》2015年第2期。

② 参见靳高风:《2014年中国犯罪形势分析与2015年预测》,《中国人民公安大学学报(社会科学版)》2015年第2期。

别下降了8.9%和7.3%。① 2016年全国公安机关共立妨害信用卡管理和信用卡诈骗案件近6.3万余起,同比上升近40%。② 2017年共查处虚假陈述、操纵市场、内幕交易三大类传统违法犯罪案件203件,占全部案件数量的65%;新增内幕交易案件101件,占新增立案数的32%,同比增长54%。③ 通过加强打击资管从业人员背信、利益输送等违法违规行为的力度,"老鼠仓"案件数量大幅下降,从2016年的29件减少到了13件。④ 2017年恶意编造监管动向甚至监管政策的编造传播虚假信息案件明显增多,虚假信息的传播路径由以前"广场式"的公开散布为主转变为"茶坊式"的社交网络传播而后公开为主。⑤ 随着沪港通、深港通交易规模的逐步扩大,跨境违法行为日益增多,证监会在香港证监会、巴勒斯坦监管机构的协助下先后查处了首例跨境操纵案和"雅百特"跨境造假案。⑥ 在今后犯罪治理过程中,要继续加强股市、房市等重点领域经济犯罪风险的预警、预测,持续严厉打击和严密防范非法集资、网络传销等涉众型经济犯罪,这是预防经济风险向社会稳定领域传导、防范化解重大风险的途径。

---

① 参见《"公安改革两年间"系列报道:防范打击涉众型经济犯罪工作不断深入》,载中华人民共和国公安部网站,http://www.mps.gov.cn/n2254098/n4904352/c5638204/content.html,2021年1月20日访问。

② 参见靳高风、王玥、李易尚:《2016年中国犯罪形势分析及2017年预测》,《中国人民公安大学学报(社会科学版)》2017年第2期。

③ 参见靳高风、朱双洋、林晞楠:《中国犯罪形势分析与预测(2017—2018)》,《中国人民公安大学学报(社会科学版)》2018年第2期。

④ 参见《证监会2017年度案件办理情况通报》,载中国证券监督管理委员会网站,http://www.csrc.gov.cn/pub/newsite/jcj/gzdt/201801/t20180122_333012.Html,2021年1月20日访问。

⑤ 参见马婧妤:《编造传播虚假信息案件频发,证监会严密盯防严肃查处》,《上海证券报》2018年1月20日,第1版。

⑥ 参见张健:《发改委下调征信收费 高收益理财凸显风险》,《经济参考报》2017年7月7日,第13版。

(三) 职务犯罪数量持续增长

党的十八大以来,国家坚持反腐败无禁区、全覆盖、零容忍,坚定不移"打虎""拍蝇""猎狐"。不敢腐的目标初步实现,不能腐的笼子越扎越牢,不想腐的堤坝正在构筑。尤其是第十三届全国人民代表大会第一次会议于2018年3月20日正式通过了《中华人民共和国监察法》,并公布施行。监察制度改革加强了党对反腐败工作的集中统一领导,集中了反腐败资源,实现了对所有行使公权力的公职人员监察的全覆盖,保障了职务犯罪的惩治预防。①

第一,"打虎"行动。以2016年为例,2016年全国检察机关立案侦查职务犯罪58,122人(其中受贿犯罪10,472人),同比增长7.1%;其中分别立案侦查原县处级干部2,882人、原厅局级以上干部446人。② 2016年全国各级法院审结贪污贿赂等案件4.5万件6.3万人,人数同比增长28.5%,其中被告人原为省部级以上级别的干部35人,厅局级干部240人;继续加大对行贿犯罪的惩治力度,判处罪犯2,862人,同比增长14%。③

第二,打击"微腐败""蝇贪"以及黑恶势力的"保护伞"行动。2017年全国公安机关立案侦查黑社会性质组织犯罪240余件,打掉村霸团伙3,500余个,分别抓获犯罪嫌疑人6,400余名、团伙成员1.5万余名,其中打击处理涉黑涉恶违法犯罪村干部1,500余人,查处涉村委会、居委会换届选举案件400余起。④ 从2013年至2017年,全国纪检

---

① 参见靳高风、朱双洋、林晞楠:《中国犯罪形势分析与预测(2017—2018)》,《中国人民公安大学学报(社会科学版)》2018年第2期。
② 参见曹建明:《最高人民检察院工作报告》,《人民日报》2017年3月20日,第4版。
③ 参见周强:《最高人民检察院工作报告》,《人民日报》2017年3月20日,第3版。
④ 参见公安部刑侦局:《刑警2017年成绩单》,载渭南青年网,http://wnyouth.cn/115766.html,2021年3月15日访问。

监察机关共处分村党支部书记、村委会主任27.8万人;2017年全国查处群众身边腐败和作风问题12.21万个,处理15.91万人;2017年查办中管干部职务犯罪案件28件。① 从近年来查处的"蝇贪"案件来看,80%以上为基层扶贫资金管理部门干部、村支书或村主任在扶贫资金使用、土地承包等过程中以权谋私,贪污、挪用、侵占、私分公款的现象十分严重。② 基层职务犯罪表现为:一方面,"村霸"和宗族恶势力、违法人员涉黑涉恶,欺压群众、操纵选举,把持基层政权;另一方面,少数基层干部充当黑恶势力"保护伞",与黑恶势力沆瀣一气,强行敛财。

第三,民生领域与司法领域案件增多。扶贫、社会保障、涉农、选举、司法等领域职务犯罪案件增幅较大。2016年,全国检察机关共查办虚报冒领、截留私分扶贫资金等职务犯罪1,892件,同比增长102.8%;查办征地拆迁、社会保障、涉农资金管理等民生领域"蝇贪"17,410人;查办玩忽职守、滥用职权等渎职侵权犯罪11,916人;查办涉嫌职务犯罪的行政执法人员8,703人、司法工作人员2,183人;查办辽宁拉票贿选案。全国法院审结贪污、挪用扶贫资金等犯罪相关案件1.5万件。③

(四)环境犯罪成倍增长,取证鉴定难度大

近年来,全国政法机关加大打击环境污染犯罪的力度,并取得了一定的成效。2014年全国公安机关破获环境污染案件4,500余起,抓获犯罪嫌疑人8,400余人,分别比2013年增加了近6倍和8倍;④检察机关开展了破坏环境资源犯罪专项立案监督活动,共起诉污染环境、盗伐

---

① 参见《最高检:2017年查办中管干部职务犯罪案件28件》,载新浪网,http://news.sina.com.cn/c/nd/2018-02-27/doc-ifyrwsqi8066021.shtml,2021年3月15日访问。
② 参见徐伯黎:《四类"蝇贪"啃食群众利益最厉害》,《检察日报》2017年12月5日,第5版。
③ 参见周强:《最高人民检察院工作报告》,《人民日报》2017年3月20日,第3版。
④ 参见刘萍:《加入WTO后我国犯罪态势前瞻》,《重庆大学学报》2002年第2期。

滥伐林木、非法开垦草原等犯罪25,863人,同比增长23.3%,其中共查办生态环境保护领域职务犯罪1,229人;最高人民法院出台了加强环境资源审判工作的意见,全国各级法院审结污染环境、破坏资源等犯罪案件达1.6万件。① 当前环境犯罪呈现出购买、运输、销售、倾倒等环节一体化、链条化、网络化趋势,犯罪手段更趋隐蔽。在环境犯罪中,地方保护主义现象仍较突出,取证和鉴定难度较大。② 为了依法严惩有关环境污染犯罪,自2017年1月1日起施行了最高人民法院、最高人民检察院《关于办理环境污染刑事案件适用法律若干问题的解释》,2017年1月25日,环境保护部、公安部和最高人民检察院联合发布了《环境保护行政执法与刑事司法衔接工作办法》,各级环保部门、公安机关、人民检察院应当积极建设、规范使用行政执法与刑事司法衔接信息共享平台,逐步实现涉嫌环境犯罪案件的网上移送、网上受理和网上监督。这些措施,疏通了行政执法与刑事司法之间的梗阻,加大了预防和打击力度,形成了打击破坏生态环境资源犯罪的工作合力。例如,2016年11月17日至2017年4月30日,河北省公安厅、省环境保护厅、省人民检察院、省高级人民法院在全省范围内联合部署开展了"2016利剑斩污"专项行动。专项行动期间,河北公安机关共侦破环境犯罪案件528起,抓获犯罪嫌疑人1,132人,处理违法人员3,800多人;全省检察机关受理移送审查起诉案件479件852人,监督行政机关移送案件28件30人,查办相关职务犯罪案件15件23人;全省法院系统共受理环境污染刑事案件143件,判处罪犯276人。③ 可见,我国持续对破坏环

---

① 参见康树华:《新中国成立后不同历史时期犯罪的状况与特点》,《江苏公安专科学校学报》1999年第1期。
② 参见靳高风:《2014年中国犯罪形势分析与2015年预测》,《中国人民公安大学学报(社会科学版)》2015年第2期。
③ 参见周宵鹏:《多数环境污染犯罪集中在镀锌行业》,《法制日报》2017年7月6日,第8版。

境资源保护的犯罪保持高压态势,效果相对明显。

总体而言,在这一时期,盗抢骗等多发性侵财犯罪尤其是电信网络诈骗犯罪的高发、经济领域和农村地区黑恶势力的凸显、涉黄赌毒违法犯罪的蔓延、经济犯罪尤其是网络金融违法犯罪的活跃、严重危害社会公共安全的暴力犯罪案件的频发等是严重影响人民群众安全感的主要犯罪问题。虽然当今犯罪呈现出高增长、多样化的态势,但波动幅度不大,社会治安状况良好。随着全面依法治国的深入,各项法规政策的出台,人们的法治意识的不断增强,刑事犯罪数量和种类将不会出现较大波动。

第二节 犯罪整体的空间态势

中国犯罪整体的空间态势是指中国犯罪在空间分布上所呈现的具体特征和样态,其主要表现在两个方面:一是犯罪在全国的地理分布上的具体特征,受我国地理范围中经济发展、文化习俗等因素的影响,地区分布和城乡分布的态势有较大差别。二是犯罪在虚拟空间的分布特征,[1]伴随着我国通信技术的发展,虚拟空间中的犯罪分布态势值得关注。

---

[1] 虚拟空间的概念来自 Lawrence A. Gordon 的《虚拟空间与现实世界》一文,"虚拟空间"被定义为"一个由计算机生成的、可与主体产生互动的模拟空间"。See Lawrence A. Gordon, The 2005 CSI/FBI Computer Crime and Security Survey, Computer Security Institute, 2005. 通常,我们把计算机网络、电信通信网络、地理信息网络以及电子介质集成网络所涉及的空间总和称为"虚拟空间"。

一、地理分布特征

(一) 地区分布特征

从空间分布的角度研究中国刑事犯罪率的变化,可以理解刑事犯罪率的整体分布态势。中国各个省级行政区的自然、社会、经济状况差别较大,这种犯罪的地域差异性主要有以下四个方面:一是不同区域犯罪类型的差异性;二是不同区域犯罪绝对数量、相对比例的差异性;三是不同区域犯罪类型、数量增减变化的差异性;四是在各种犯罪的影响程度(危害性)上不同区域间的差异性及其变化。这些现象的产生,与各地的经济社会条件与历史、风俗等因素有着密切的联系。

1993 年至 2008 年,中国省域刑事犯罪率由高低相间的分散分布,逐渐发展到高刑事犯罪率地区向东南沿海转移并集聚,低刑事犯罪率地区向中西部转移并集聚;就不同的时段变化而言,1993 年至 1998 年,刑事犯罪率高值地区逐渐由西部移至东部地区;2003 年至 2008 年,刑事犯罪率高值地区逐渐由北部地区移至南部地区。显然,我国犯罪地理分布与各地区的经济水平有着直接的关联性。对此,有研究指出这种分布存在五个特点。一是中国省域刑事犯罪率的总体分布呈现出逐渐向东南沿海地区转移的特征,空间集聚的程度不断加强,形成对比十分明显的分化:高犯罪率地区集中在沿海经济发达地区,低犯罪率地区则集中于中部地区。二是刑事犯罪率的增长存在"俱乐部趋同"现象。[1] 三是在考虑时间和空间异质效应的条件下,流动人口与刑事

---

[1] 即由于高端产业不断向经济发达地区集聚,使得行业收入差距呈现出不断加强的态势,引发刑事犯罪率与收入差距之间正相关的关系状态。

犯罪率之间没有显著关联,但在与收入差距共同作用的情况下,流动人口与刑事犯罪率显著相关。四是行业收入差距对刑事犯罪率的影响显著,但城乡收入差距和省域收入差距对刑事犯罪率没有影响。五是空间邻近效应是影响刑事犯罪率的极重要因素,其作用程度与稳健性都比流动人口的数量和收入差距对刑事犯罪率影响更大。[1] 另外,不同类型的犯罪在我国地理分布上也有显著差异。整体上看,发达地区的金融类犯罪发生概率高于经济欠发达地区;故意杀人、伤害等传统暴力型犯罪主要集中在中西部等欠发达地区;边疆地区由于民族问题、宗教问题交织,"暴恐案件"较之于内地地区更多,威胁当地的社会稳定和国家的完整统一。

1. 中东部地区犯罪

中东部地区经济发展基础好,地处对外开放的前沿,经济与社会发展活跃,也是经济最发达、城市化程度高、人口密度最大、外来人员最多的地区,但犯罪率也相对较高。根据国家统计局对长三角和珠三角的25个城市(其中长江三角洲经济区16个,珠江三角洲经济区9个)社会治安基本情况的统计数据,2004年至2007年,这些城市(除个别外)的刑事立案数和犯罪人数大体上呈逐年递增的态势。[2] 该区域犯罪特点如下:

第一,犯罪类型特征。具体而言:①该区域犯罪以贪污受贿、走私、盗窃等以图财为目的的犯罪占主导地位。②卖淫嫖娼等性犯罪屡治不绝,由此引发的其他犯罪类型也占相当比重。③在涉外犯罪中,以侵财

---

[1] 参见严小兵:《中国省域刑事犯罪率的时空演变及机制研究》,《地理科学》2013年第5期。
[2] 参见操宏均:《城市化进程中的犯罪问题研究》,《福建警察学院学报》2013年第4期。

型犯罪为主。以上海市为例,2003年以来,涉外犯罪每年以超过20%的比例递增。在涉外犯罪嫌疑人中,既有中国人侵犯国(境)外人员的,也有国(境)外人员侵犯他人的。随着入境人员特别是低端人群的大量涌入,境外人员大多与境内居民处于混居状态,使针对境外人员的犯罪更容易得手。④跨国(境)犯罪比较突出。主要犯罪种类有制造、贩卖毒品案件、走私案件、组织偷渡案件、跨境绑架勒索案件、黑社会组织跨境发展势力犯罪活动等。尤其是涉及港、澳、台的跨境犯罪更为突出。

第二,犯罪方式特征。该区域犯罪流窜作案在刑事案件中所占比例高达50%左右;预谋、设置圈套干扰侦破和使用现代器械、药物的现象较普遍;一些罪犯利用各种渠道勾结境外犯罪集团,实施危害程度较严重的国际犯罪。同时该区域犯罪作案手段的智能化、技术化水平较高,网络犯罪突出。① 最高人民法院发布的《司法大数据专题报告之网络犯罪特点和趋势》对2016年至2018年全国法院审理的网络犯罪案件进行了分析,案件量在全部刑事案件总量中的占比均呈逐年上升趋势,2018年案件量同比升幅为50.91%。其中大部分案件分布于东南沿海地区,京、沪、津、渝地区法院审结网络犯罪案件合计总量仅占6.81%;福建、浙江、山西等十地利用网络手段实施犯罪的案件占比超过全国平均水平。

第三,犯罪总量大。在全国刑事案件高发的宏观背景下,该区域刑事案件数量连年增加,占全国刑事案件的比重也逐年增大。2002年至2004年,刑事案件数量分别为1,746,389件、1,921,146件、2,224,555件,占全国刑事案件的比例分别为40.2%、43.7%、47.1%。②

---

① 参见王发曾:《城市犯罪的地理特征》,《河南大学学报(自然科学版)》1992年第1期。
② 参见公安部及相关省市的《公安统计年鉴》。

2. 东北地区犯罪

东北地区犯罪存在一些特殊性,黑社会性质组织犯罪特别明显,其特点包括以下几个方面:

第一,黑社会性质组织的犯罪手段以"软暴力"为主。从发展过程来看,黑社会性质组织的犯罪经历了从"纯暴力"到"软暴力"的过程。在大众观念中,黑社会性质组织犯罪意味着"纯暴力"行为。随着各级政法机关不断地严打高压,黑恶势力不断翻新犯罪手法和犯罪形式以逃避打击。目前此类犯罪更多使用言语恐吓、电话滋扰等"软暴力"行为来达到目的,采取围而不打、打而不伤、伤而不重的手段逃避打击。组织头目趋于"幕后化",不直接参与具体犯罪;一般成员趋于"市场化",临时雇佣社会闲散人员实施威胁恐吓行为。一些黑恶势力还以合法的公司、企业等实体作为掩护,实际从事违法犯罪活动。① 东北地区黑社会性质组织的犯罪手段中,使用枪支弹药占 19.8%,使用管制刀具占 40.6%,使用威胁等其他手段达到 33.0%(详见图 1-3②)。这种从"纯暴力"到"软暴力"的转变,一方面反映出黑社会性质组织犯罪手段不断翻新,逃避制裁的能力增强;另一方面加大了司法机关对此类犯罪的打击难度,侦查机关取证难等。

第二,黑社会性质组织的犯罪方式较为传统。东北地区黑社会性质组织实施的单一型犯罪占 4.9%,复杂型犯罪占 95.1%,③这说明东

---

① 参见《〈办理黑社会性质组织犯罪案件座谈会纪要〉出台背景详解》,载中国人大网,www.npc.gov.cn,2021 年 3 月 15 日访问。
② 参见罗高鹏:《中国东北三省黑社会性质组织犯罪实证研究》,吉林大学 2011 年博士学位论文。
③ 参见罗高鹏:《中国东北三省黑社会性质组织犯罪实证研究》,吉林大学 2011 年博士学位论文。

北地区黑社会性质组织在从事犯罪活动时往往没有固定的犯罪形式，在犯罪形态上以实施不特定的犯罪为主。东北地区黑社会性质组织犯罪主要涉及的罪名包括：寻衅滋事罪、聚众斗殴罪、盗窃罪、抢劫罪、故意伤害罪、非法经营罪、非法持有枪支罪等，其中，抢劫罪、盗窃罪、寻衅滋事罪尤为突出（详见图1-4）。东北地区黑社会性质组织犯罪类型基本分为两类：一是有组织的暴力犯罪，如故意伤害、绑架、敲诈勒索等；二是日常的小型犯罪，如寻衅滋事、抢夺等街头犯罪。至于更高级的犯罪领域，即"从事获取暴利的非法交易和投机生意"和"白领或经济和商业犯罪"则鲜有涉及。

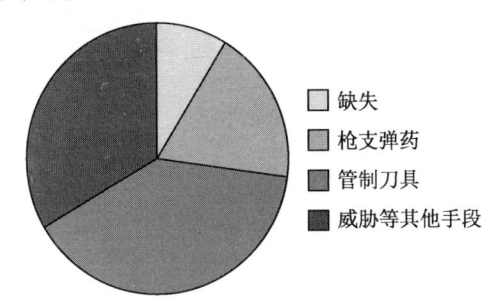

图1-3　东北地区黑社会性质组织的犯罪手段类型

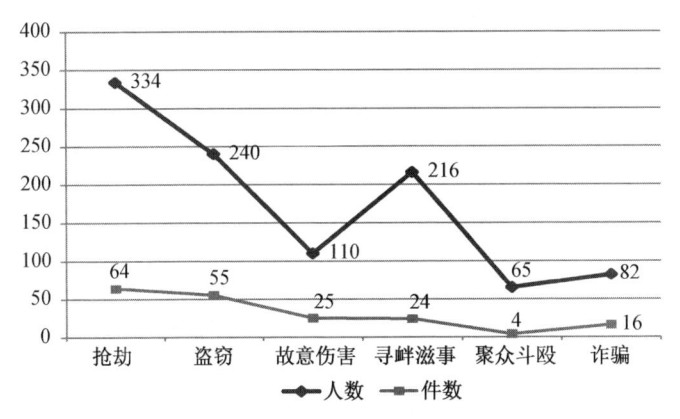

图1-4　东北地区黑社会性质组织犯罪的罪名分布

第三,黑社会性质组织的犯罪区域化特征明显。东北地区黑社会性质组织的犯罪主要集中在本市区、地区,且流动性不大;但也有扩大到境外的(详见图1-5)。需要指出是,一些黑社会性质组织在境外从事违法犯罪活动,不仅严重危害了当地的社会治安,同时也进一步刺激和诱发了境内黑社会性质组织的犯罪活动,导致境内外黑社会势力合流,使我国境内一些黑社会性质组织具备了向黑社会组织、国际性跨国犯罪组织转变的基础要素。①

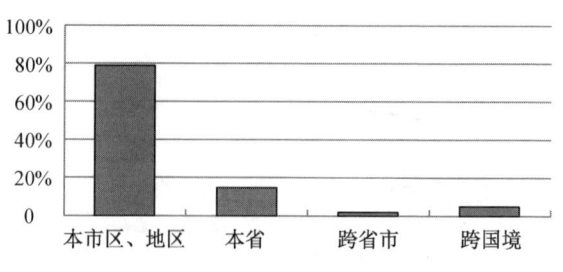

图1-5 东北地区黑社会性质组织活动区域

3. 西部地区犯罪

西部地区是多民族、多宗教、多种文明群体共存的地区。自国家西部大开发政策提出之后,西部地区经济有了较大发展,社会生产力得到极大的解放。与此同时,该区域犯罪也呈现出一些特点:一是经济犯罪案件数量呈上升趋势,其速度远高于其他刑事犯罪案件;大要案日益突出;犯罪类型增多;犯罪手段呈现出隐蔽性、多样性、高科技性的特点。二是犯罪日趋智能化、专业化、职业化。三是跨区域、跨部门、跨行业、跨境结伙作案增多。具体如下:

第一,犯罪多呈现家族性或团伙性特点。团伙犯罪的数量在西部少

---

① 参见罗高鹏:《中国东北三省黑社会性质组织犯罪实证研究》,吉林大学2011年博士学位论文。

数民族地区所占的比重明显高于中东部地区,且这种犯罪形态具有逐年递增的趋势,其增长的幅度较大。例如,2011年至2015年,团伙犯罪的数量所占的比重从13.3%增长至22.7%。就2015年而言,西部少数民族地区团伙犯罪的数量已接近总犯罪数量的1/4。而在我国中东部地区,2011年至2015年,团伙犯罪的数量所占的比重从13.1%增长至19.3%,团伙犯罪的数量大约为总犯罪数量的1/5(详见表1-2[1])。

表1-2　2011—2015年西部少数民族地区与中东部地区团伙犯罪占总犯罪比重

年份	西部少数民族地区	中东部地区
2011	13.3%	13.1%
2012	14.1%	13.8%
2013	16.7%	15.8%
2014	19.6%	17.2%
2015	22.7%	19.3%

第二,犯罪多以自然性犯罪和暴力性犯罪为主,甚至有些暴力性犯罪呈现出上升的趋势。在全国范围内,杀人罪、抢劫罪、强奸罪和故意伤害罪等四种暴力犯罪在犯罪总数量中所占比重从2011年的1/5降到2015年的1/6,并且单就每一种暴力性犯罪来说,也呈现出明显的下降趋势(详见表1-3[2])。而在西部少数民族地区,上述四种暴力犯罪类型中,除杀人犯罪和强奸犯罪保持着比较稳定的发展态势外,抢劫罪和故意伤害罪两种暴力性犯罪则呈现出逐年递增的趋势。整体而言,西部少数民族地区的暴力性犯罪呈现出上升的趋势。例如,2011年上述四种暴力犯罪占到总犯罪数量的28.1%,大约占到当年犯罪总数的

---

[1] 参见《中国法律年鉴》(2012—2016年)。
[2] 参见《中国法律年鉴》(2012—2016年)。

1/4之多;2015年上述四种暴力犯罪则占到总犯罪数量的40.01%,大约占到当年犯罪总数的1/3还要多(详见表1-4①)。

表1-3 2011—2015年全国暴力犯罪占总犯罪比重

年份	2011	2012	2013	2014	2015
杀人罪	1.62%	1.49%	1.43%	1.32%	1.10%
抢劫罪	4.80%	4.10%	3.60%	3.10%	2.70%
强奸罪	2.13%	2.09%	2.20%	2.18%	2.10%
故意伤害罪	14.10%	13.90%	13.10%	12.80%	12.30%

表1-4 2011—2015年西部少数民族地区暴力犯罪占总犯罪比重

年份	2011	2012	2013	2014	2015
杀人罪	0.40%	0.39%	0.41%	0.42%	0.40%
抢劫罪	6.10%	7.10%	8.80%	10.60%	12.00%
强奸罪	1.20%	1.30%	1.29%	1.32%	1.31%
故意伤害罪	20.40%	21.50%	23.70%	24.90%	26.30%

第三,毒品犯罪形势严峻。例如,2009年甘肃省临夏州公安机关成功侦破杨宗仁毒品犯罪集团,共缴获毒品海洛因1,490克。2010年西藏自治区破获各类毒品案件84件,缴获各类毒品41.4公斤,抓获犯罪嫌疑人139人。②凉山州全州30%的刑事案件与毒品有关,全州70%的治安案件与毒品有关。③

第四,多以民族宗教为由实施犯罪,更有甚者打着宗教的幌子,实

---

① 参见《中国法律年鉴》(2012—2016年)。
② 转引自高玉敏、刘慧明:《西部民族地区毒品犯罪及其治理》,《天水行政学院学报》2012年第5期。
③ 参见廖天虎:《凉山彝族地区外流贩毒治理对策探究》,《四川警察学院学报》2019年第3期。

施分裂国家的严重犯罪行为。

第五,未成年犯罪情况比较突出。在全国范围内未成年人犯罪案件继续减少,2015年全国人民法院判决生效的未成年被告人43,839人,同比下降13.04%。① 2014年至2016年第一季度,新疆共判处未成年罪犯2,367人,其中2014年判处未成年罪犯869人,2015年判处未成年罪犯1,220人,增幅达到40.4%,占全部刑事被告人的3.5%,即每200名刑事案件被告人中就有7名为未成年人。② 2010年以来,甘肃省各级法院共判处未成年被告人4,552人,占生效判决总人数的5.6%。③ 2013年青海省法院审理涉及未成年人犯罪295人,与2012年相比减少25人,下降7.9%。④ 可见,该区域的未成年人犯罪情况依旧严重,并呈现出上升的趋势。

(二) 城乡犯罪分布特征

改革开放后,城市化是我国社会变化的一个重要方面。一方面,随着经济社会的发展,城市化步伐越来越快,人口持续从农村涌入城市,从中小城市汇聚于大城市,代表当代文明高峰的特大城市及高密度城市的崛起势不可挡。同时,城市化带来的流动人口也使城市地区的犯罪率有所增长。城市中的"陌生人社会"改变了以往农村、乡村地区"熟人社会"的交往模式,这为一些犯罪行为和越轨行为提供

---

① 参见《中国法律年鉴》(2012—2016年)。
② 参见《新疆法院探索涉未成年人案件集中管辖》,载中国长安网,http://www.chinapeace.gov.cn/chinapeace/c53628/2016-06/01/content_11706352.shtml,2021年3月29日访问。
③ 参见《近三年甘肃判处生效未成年犯罪人数逐年下降》,载中国青年网,http://news.youth.cn/gn/201506/t20150602_6707328.htm,2021年3月29日访问。
④ 参见《全省预防青少年违法犯罪工作取得实效未成年人犯罪人数呈下降趋势》,载青海省人民政府网站,http://www.qh.gov.cn/zwgk/system/2014/04/08/010110421.shtml,2021年3月29日访问。

了实施空间。① 另一方面,城市化的趋势冲击着农村地区旧有秩序,部分恶性案件发生于农村地区,对当地治安和社会产生极大的负面影响。因此,只有统筹地区协调发展,才能有效缩小城乡之间的差距,从根源上减少城乡各自的犯罪问题。

1. 城市犯罪

城市化的快速发展对城市犯罪产生了显著影响,城市案件数量大幅增加,犯罪重心明显向城市偏移。

第一,犯罪主体具有以下三个特点:①流动人口犯罪突出。在北京、上海、广州及其他沿海经济发达地区,城市中流动人口犯罪占全部犯罪的大部分。据统计,流动人口犯罪占上海全部犯罪的50%以上,在广州高达80%,在深圳竟达97%。② ②白领犯罪增加。白领犯罪的多发领域和环节为:城市的建设与改造、基础设施建设、征地拆迁、土地拍卖等部门和领域;以及项目审批、工程立项、土地征收、土地批准征用等环节。③女性犯罪快速增长。女性的犯罪类型以财产犯罪和性犯罪最为突出。改革开放初期,在公安机关查获的全部作案人员中,男性占绝大多数,通常在97%以上,女性约为2%—3%。改革开放以来,女性犯罪的绝对数持续增长。1982年至1989年,女性犯罪增长了72.82%,平均年递增8.13%。③ 2003年到2009年,在我国监狱全部在押服刑人员中,女性所占的比例从4.3%上升到5.23%。④ 同时,女性犯罪出现

---

① 参见陈屹立:《收入不平等、城市化与中国的犯罪率变迁》,《中国刑事法杂志》2010年第11期。
② 参见张勇、李媛媛:《社会转型期重大刑事犯罪增生的原因分析》,《铁道警官高等专科学校学报》2005年第1期。
③ 参见冯树梁:《中国刑事犯罪十论》,法律出版社2009年版,第103页。
④ 参见吴鹏森:《改革开放以来的中国城市化与犯罪变化》,《江苏行政学院学报》2012年第6期。

男性化的趋势,女性杀人案比男性更加突出。女性犯罪从过去的盗窃犯罪、性犯罪为主向参与或直接进行暴力杀人、结伙抢劫、诈骗及拐卖人口等严重刑事犯罪的方向发展。

第二,犯罪类型具有以下三个特点:①侵财型犯罪突出。由于城市经济发达,财物相对集中,城乡间的财富差别刺激了部分不法分子实施犯罪活动。此外,城市商业区盗窃机动车案件多发,入室盗窃和户外扒窃的数量也呈上升趋势。根据公安机关的统计,偷盗机动车案件、入室盗窃案件、户外扒窃案件分别约占公安机关全年受理刑事案件的12%、30%、15%。①②目前全国受工业"三害"污染、乡镇企业污染和农药污染的耕地约2186.7万公顷,约占全国耕地总面积的16%。②诸如水体、大气污染犯罪,盗伐、滥伐森林犯罪,毁坏耕地犯罪,破坏性采矿犯罪等破坏环境资源犯罪正在以"遍地开花"之势大量蔓延,形势严峻。③③职务犯罪多发。城市化的过程中,易以经济利益为第一追求目标。项目审批、工程立项、土地征收、土地批准征用等环节成为职务犯罪的多发领域。④传统犯罪类型大量出现。如卖淫嫖娼、毒品犯罪、车匪路霸、拐卖人口等急剧蔓延,其中卖淫嫖娼、毒品犯罪在经济比较富裕、第三产业发展较快的中心城市表现尤为突出。④

2. 农村犯罪

改革开放以来,我国农村地区发生了翻天覆地的变化,经济生活得到了很大改善,文化生活也丰富起来,农村社会治安总体稳定。但近年

---

① 参见周亮:《我国犯罪现象的类型学分析与建构》,湖南大学2006年硕士学位论文。
② 参见李文:《城市化滞后的经济后果分析》,《中国社会科学》2001年第4期。
③ 参见操宏均:《城市化进程中的犯罪问题研究》,《福建警察学院学报》2013年第4期。
④ 参见庄永廉、张建升:《透视城市化犯罪》,《人民检察》2000年第7期。

来农村社会治安形势日趋复杂,案发率年年增长。与城市犯罪人相比,农村犯罪人侵犯熟人比重仍然较高;犯罪地点集中,犯罪的流动性不突出,基本上是在本地区实施犯罪行为。可以说犯罪地点集中、流动性低是农村犯罪的一大行为特点和发展趋势。① 具体而言,农村犯罪的特点包括以下四个方面:

第一,犯罪类型多样化。犯罪类型多集中在侵财、暴力、危害公共安全等方面,呈类型多样化发展趋势。

第二,犯罪呈现集团化特征。在农村犯罪中,农民多以老乡、亲戚朋友结伙形成"小帮派""小团体",作案呈现集团化趋势,尤其是在盗窃、故意伤害等犯罪活动中,多为两人以上的农民团伙共同作案。

第三,低龄化、低文化特征明显。就目前我国的农村人口犯罪中,未成年人占较大比重,犯罪主体呈现低龄化发展趋势。

第四,犯罪率呈季节性变化。在农村犯罪中,季节与犯罪表现出一定关联性,如农村人员作案时间有选择性,一般在夜晚、春节前、夏季及农忙季节。在夏季容易发生强奸、诈骗、抢劫、抢夺等案件,在冬季容易发生盗窃、故意伤害等案件。

3. 城乡接合部犯罪

城乡接合部是城市地域空间扩展的前沿,是城乡往来的咽喉之地,市区与郊区间的边际作用非常活跃。城乡接合部的居民构成复杂,土地利用方式多样,在人口、经济、文化、景观等方面均存在城乡交错的特点。由于外来人口云集,社会秩序相对混乱,监控力薄弱,城乡接合部是流窜作案、销赃窝赃的理想处所,属于犯罪多发点。

第一,犯罪主体具有以下五个特点:犯罪主体向低龄化发展;犯罪

---

① 参见周亮:《我国犯罪现象的类型学分析与建构》,湖南大学 2006 年硕士学位论文。

的职业性重化;外来流动人口犯罪比重大;本地违法犯罪分子与外来犯罪分子相互勾结、共同犯罪的案件增多;女性参与的犯罪案件增多。

第二,犯罪类型方面具有以下三个特点:①流窜犯罪突出。不法分子往往利用城乡接合部交通便利、管理难度大的特点进行流窜违法犯罪,或在城市、农村作案后来到接合部窝赃、销赃;或在城市、农村作案之后隐匿、逃避到接合部;或在接合部进行违法犯罪的预备,再窜到城市、农村实施。②侵财犯罪突出。由于城乡接合部的厂矿企业多,开发区多,居民小区多,商店、饭店、娱乐场所多,以及作为工业品下乡和农副产品进城集散地,城乡接合部的财物高度集中和流通频繁。凡此种种均成为违法犯罪分子的侵害对象。③黄、赌、毒等社会丑恶现象突出。由于城乡接合部外来人员多,过往人员多,文化娱乐场所多,人员结构十分复杂,加之大量农民闲置房屋的出租,违章建筑的私搭乱盖和管理措施的滞后,使得城乡接合部成为滋生黄、赌、毒的温床。犯罪分子或聚众赌博,或进行卖淫嫖娼、传播淫秽物品,或吸毒贩毒,甚至制毒。①

总之,城乡接合部区域的犯罪是一种复杂的社会现象,其产生、变化与发展受社会经济、政治、文化、环境等诸多因素的影响和制约。要建立城乡接合部的犯罪防控对策,就应充分发挥群众在预防违法犯罪中的作用,采用先进的科技手段,落实防范措施,从而不断提高技防水平,形成人防、物防、技防三结合的立体、综合防范体系。

二、在虚拟世界的分布特征

"虚拟世界"与现实社会相对对应,它是数字化的现实社会,网

---

① 参见杨向荣:《城乡结合部的犯罪特点和治理对策》,《江西公安专科学校学报》2001年第1期。

络、网站是它与现实社会联系的桥梁。2016年全年新开通网站125.9万个,每月平均开通10.5万个;中国境内活跃的手机上网码号数量达12.47亿,较2015年增长59.9%。虚拟平台的快速发展,使得虚拟世界犯罪辐射能力进一步加强,传播速度快,范围广,社会危害性极大。① 1998年至2009年,我国网络犯罪呈现持续增长态势(详见图1-6②)。

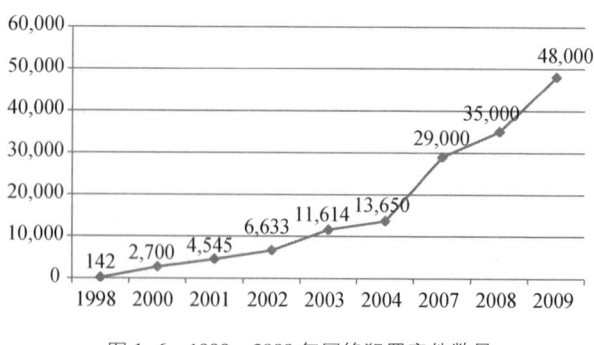

图1-6 1998—2009年网络犯罪案件数量

"虚拟世界"犯罪主体身份复杂,不容易被发现真实身份和物理位置,而一些移动终端的使用,使得侦查定位更加困难,③很难确定犯罪主体的具体信息。而且未成年人的参与度比传统犯罪更高,造成的后果往往不亚于成年人犯罪。例如,少年黑客莫尼柯在实施其足以让世界震惊的行为时年仅14岁。④ 可见,构建和完善我国网络虚拟社会中未成年人监护制度具有必然性。同时,"虚拟世界"的犯罪几乎能囊括

---

① 参见蔡栋、蒋晓玲:《虚拟空间犯罪盲区分析及治理策略》,《江苏警官学院学报》2017年第5期。
② 参见于志刚、邢飞龙:《中国网络法律体系的现状分析和未来建构——以2012年12月31日为截止时间点的分析》,《辽宁大学学报(哲学社会科学版)》2013年第4期。
③ 网络代理服务分许多种类,目前较为普遍的是Google提供的Goagent服务,以及"洋葱"(Tor)和普通网页在线代理等。
④ 参见雨秋:《少年黑客莫尼柯》,《法律与生活》1999年第8期。

现实社会的所有犯罪类型,并不断涌现出新型犯罪,其中主要有以下几种类型:

第一,病毒类网络犯罪。病毒类网络犯罪是所有网络犯罪类型中危害最大、范围最广的一类。根据计算机反病毒厂商江民全球病毒监测网(国内部分)、江民病毒预警中心、客户服务中心等多个机构联合监测统计,2006年1月至12月,江民反病毒中心共截获新病毒60,383种,较2005年增长56%;江民KV病毒预警中心显示,2006年全国共有19,319,658台计算机感染了病毒,感染计算机病毒66,606种。这些网络病毒都以非法入侵网络用户的主机,窃取密码、账号、隐私,破坏软硬件系统正常运行等为目的,给用户造成不同程度的损失,仅"熊猫烧香"蠕虫病毒一经面世,就迅速出现八百多个变种,在短短的一周内感染多达896万余台电脑,造成直接经济损失上亿元。[1]

第二,盗窃类网络犯罪。电子商务、网络银行、在线支付等网络应用使网络犯罪有着巨大的财富吸引力,通过网络平台非法窃取他人银行账号、密码实施盗取钱财的网络犯罪呈上升趋势。盗窃类网络犯罪的一般手法是通过网络侦听、软件扫描或者在用户主机植入木马程序来获取银行账号等信息,通过暴力解码来获得口令或者密码,从而盗取用户钱财。

第三,网络洗钱犯罪。网络洗钱主要包括利用网上银行洗钱、利用在线销售服务洗钱、利用网络赌博洗钱、利用网络保险洗钱、利用网络证券洗钱、利用网络理财洗钱等形式。[2] 网络洗钱其实是传统洗钱方式在互联网空间的延伸和演化,实质上是借助互联网实施的传统洗钱。

---

[1] 参见王立东:《网络犯罪的定性分析及刑事管辖权研究》,中国政法大学2010年硕士学位论文。

[2] 参见皮勇、张启飞:《互联网环境下我国洗钱犯罪立法问题及完善》,《青海社会科学》2016年第2期。

自2016年以来,广东、浙江等地破获多起利用比特币、维卡币(Onecoin)等虚拟货币实施的非法集资、传销案件。在电信诈骗犯罪治理中,甚至发现电信诈骗犯罪分子利用比特币洗钱。[①] 与传统的支付方式相比,法定的数字货币将面临更大的反洗钱监管挑战。

第四,入侵类网络犯罪。入侵类网络犯罪是指行为人未经允许,擅自侵入重要领域的计算机信息系统,进行删除、增减、干扰、破坏计算机信息系统数据,来达到破解网络平台安全系统的目的,从而获取控制权限。入侵类网络犯罪利用网络系统的漏洞或者程序后门等非法获得系统控制权,轻则影响用户主机的稳定或者应用程序的正常运行,重则威胁国家经济命脉和国防安全。

第五,色情类网络犯罪。色情类网络犯罪是利用互联网作为一个开放的公众媒体,来发布淫秽色情图片、视频、网站等信息获得巨额非法利润的犯罪行为。例如,在互联网上通过建立色情网站传播淫秽色情信息、组织淫秽表演等方式吸引眼球,通过网站点击率及收费注册会员等方式获得巨额经济利益,包括利用视频聊天室组织淫秽色情表演,传播淫秽色情电影、图片等。2013年全国扫黄打非办公室查处国内违法违规网站近万家,其中绝大部分为涉黄网站。[②]

第六,网络恐怖犯罪。网络恐怖犯罪主要表现为利用网络宣传恐怖主义、组织恐怖活动等。例如,恐怖犯罪分子通过网络进行联络、策划、训练、招募和筹集资金等。

---

① 参见《两岸共打诈骗,首见比特币洗钱》,载华夏经纬网,http://www.huaxia.com/jjtw/dnsh/2016/05/4829492.html,2021年3月16日访问。
② 参见周成芬:《虚拟网络平台的犯罪活动剖析研究》,《重庆电子工程职业学院学报》2014年第6期。

第三节 特定犯罪类型的态势

进入 2000 年以后,我国的犯罪整体态势得到较好的控制,传统暴力型犯罪整体呈现出下降的趋势,①但危害公共安全类犯罪(尤其是恐怖主义犯罪)、金融类犯罪、职务犯罪、毒品犯罪呈现出增长趋势。

一、危害国家安全犯罪的态势

1979 年《刑法》中关于反革命罪的规定较为紊乱,相当多的罪名与《刑法》分则其他各章规定的犯罪存在重合。1997 年《刑法》分则第一章由原来的"反革命罪"修改为"危害国家安全罪"。根据 1997 年《刑法》,危害国家安全罪是指危害国家主权、领土完整和安全,分裂国家、颠覆人民民主专政的政权和推翻社会主义制度的行为。危害国家安全罪是一个概括性罪名,是对各种危害国家安全的犯罪行为共同特征的

---

① 在过去 40 年的国家安全法治研究中,对"国家安全"概念的阐释大体经历了以下几个阶段:初始阶段,主要在阶级斗争的话语背景下将国家安全理解为传统(政治)安全;随着法治建设的不断进步,开始提出非传统安全的观念,丰富和拓展了国家安全的内涵;在提出"总体国家安全观"的背景下,"总体国家安全观"已经成为国家安全法治研究的关键词。参见靳高风、朱双洋、林晞楠:《中国犯罪形势分析与预测(2017—2018)》,《中国人民公安大学学报(社会科学版)》2018 年第 2 期。刑法上"国家安全"应冲破政治安全、军事安全等传统安全的束缚,更加关注"非传统类安全",树立"总体国家安全观"的理念。参见肖君拥、张志朋:《中国国家安全法治研究四十年:回眸与展望》,《国家安全研究》2019 年第 1 期。

概括。① 随着社会的发展与法律体系的逐渐健全,我国陆续出台了《国家安全法》《反间谍法》《反恐法》等国家安全法律,构筑起了较为完整的保护国家安全的法律体系。总体而言,危害国家安全罪的案件数量比其他犯罪案件数量要少得多。1998年至2012年,危害国家安全的案件数量不多,2008年前每年批捕与起诉的案件基本都保持在200—350件的区间内,整体趋势平稳;2008年有显著增长的趋势;2008年后呈现下降的趋势(详见图1-7②)。

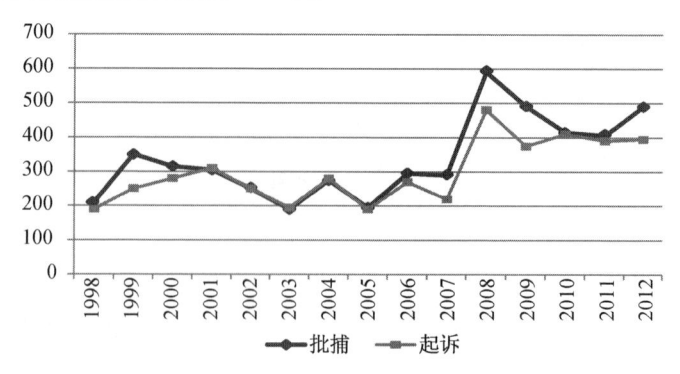

图1-7 1998—2012年人民检察院对危害国家安全案件批捕与起诉数量

二、危害公共安全犯罪的态势

伴随着社会的发展,尤其是风险社会理论和"风险刑法"的提出,公共安全和与其相关的风险防范问题越来越受到人们的关注。危害公

---

① 参见肖君拥、张志朋:《中国国家安全法治研究四十年:回眸与展望》,《国家安全研究》2019年第1期。
② 参见《中国法律年鉴》(1999—2013年)。该系列年鉴中明确与危害国家安全犯罪相关的数据来自1998—2012年"检察机关审查逮捕、提起公诉案件情况统计表"。

共安全罪是一个概括性的罪名,规定在《刑法》分则第二章。① 2002年至2010年,危害公共安全罪的数量增长缓慢;2010年以来,危害公共安全罪的数量呈现出直线增长的态势(详见图1-8②)。对于危害公共安全的犯罪行为,我国加大了打击的力度,以保障社会安全和稳定。本部分通过恐怖主义活动犯罪与危险驾驶罪来探讨危害公共安全罪的态势。

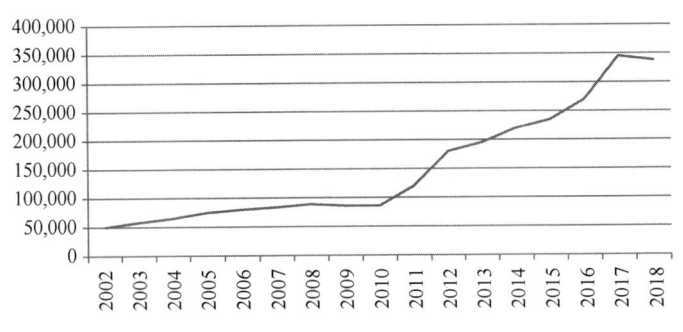

图1-8 2002—2018年人民法院对危害公共安全案件收案与结案数量

其一,恐怖主义活动犯罪的态势。1997年《刑法》首次将恐怖组织纳入刑法规制的范围,规定了"组织、领导、参加恐怖组织罪"。恐怖主义犯罪的发生有着广泛的历史、政治、宗教、经济、社会根源,多种因素

---

① 危害公共安全罪的客体为公共安全,而公共安全是一个复杂的客体。学界关于公共安全的内涵莫衷一是,大致按照"不特定"和"多数人"两个特征可分为以下四类:第一种观点结合两个特征,认为公共安全是指不特定多数人的生命、健康或重大公私财产安全。参见高铭暄、马克昌主编:《刑法学》(下编),中国法制出版社1999年版,第690页;王作富主编:《刑法分则实务研究》(上),中国方正出版社2003年版,第65页。第二种观点聚焦在"多数人"而不在意是否为特定人群,认为公共安全是指多数人的生命、健康和重大公私财产安全。参见赵秉志主编:《刑法相邻相近罪名界定》(上册),吉林人民出版社2000年版,第93页。第三种观点重点在"不特定"上,认为公共安全是指不特定人的生命、财产安全。参见张小虎:《放火罪之理论探究》,《河南省政法管理干部学院学报》2002年第4期。第四种观点认为"多数人"或"不特定"二者择其一即可,认为公共安全是指不特定或者多数人的生命、身体或者重大公私财产安全。此外,学界对"不特定"和"多数人"的界定也并不一致。因为危害公共安全罪的客体的复杂,其易与其他罪名产生重合,在司法实务中,难以把握判决的尺度,易使得处罚犯罪的范围扩大化。

② 参见《最高人民法院工作报告》(2002—2018年)。

在动态化的联系与作用中共同推动恐怖主义犯罪发展。恐怖主义犯罪具有以下三个核心特征：一是政治性，即恐怖主义犯罪多与政治问题存在紧密的联系，恐怖分子以完成自己的政治诉求作为实施犯罪的内在驱动；二是暴力性，即恐怖分子大多通过充满血腥暴力的残忍手段进行犯罪活动；三是恐怖性，即恐怖主义行为在社会制造恐怖气氛，使人们感到自己的生命、财产受到或将会受到严重侵害。① 进入21世纪，恐怖主义的阴霾在全球蔓延，恐怖主义犯罪呈现出组织上高度集团化、手段上高度科技化、范围上高度覆盖化的"三高"趋势。惩治恐怖主义犯罪已成为国际社会一项长期而艰巨的重要任务。近年来，我国恐怖主义犯罪有向内陆渗透、蔓延的趋势，同时由于国际恐怖主义形式的发展变化，我国境内的恐怖组织和犯罪分子与境外恐怖组织开始相勾结，一方面在物质层面上接受国外恐怖组织的支持，另一方面在培养和发展自身组织上接受其帮助，以便于在我国境内发展和扩散恐怖主义。而且恐怖分子还利用互联网等新兴信息技术，传播恐怖主义、极端主义思想，青年人和未成年人成为受到影响的主要人群。因此，加强国际协作、消除贫穷等恐怖主义犯罪的产生根源、增强社会防控和应对突发情况的处置能力，都是防治恐怖主义犯罪的重要举措。

其二，危险驾驶罪的态势。危险驾驶犯罪，尤其是"醉驾入刑"引起了社会各界的广泛争议。由于现实生活中醉酒驾车、飙车等行为越来越突出，且对公共安全造成了极大威胁，2011年《刑法修正案（八）》将醉驾行为作为危害驾驶罪的罪状之一，作为《刑法》第133条之一新增的罪名。2015年《刑法修正案（九）》又细化了危害驾驶罪的规定。从公安部公布的相关统计数据来看，自醉驾入刑之后，酒驾和醉驾行为

---

① 参见童伟华：《论恐怖主义犯罪的界定》，《甘肃政法学院学报》2002年第4期。

大幅减少,因酒后驾驶而导致的交通事故也同样出现了较大幅度的减少。例如,在 2011 年,全国因酒驾而导致的交通事故 3,555 起,死亡 1,220 人,分别比上年下降 18.8% 和 37.7%。① 可见,醉驾入刑对于防范交通肇事罪的效果是显著的,但是危险驾驶罪在司法层面上依然出现了较多的问题,引起了人们的反思:诸如刑罚适用失衡、同案不同罚;诉讼效率有待提高;对醉驾行为的查处机制存在漏洞;醉驾处罚效果具有群体性差异等。②

三、破坏社会主义市场秩序犯罪的态势

破坏社会主义市场经济秩序罪规定于《刑法》分则第三章。破坏社会主义市场经济秩序犯罪是商品经济发展的产物,它对社会造成的物质损失远远超过传统的财产犯罪。从 2005 年开始,我国破坏社会主义市场经济秩序犯罪增长态势逐渐加快;2012 年,此类案件在全国人民法院的收案数量与结案数量达到顶峰;2013 年下降并放缓了增长速度(详见图 1-9③)。

当前破坏社会主义市场经济秩序犯罪主要存在以下特征:①金融犯罪是"重灾区",非法吸收公众存款和集资诈骗犯罪数量呈现上升态势(详见图 1-10④)。实践中,金融机构工作人员利用职务之便,与不法

---

① 参见刘仁文、敦宁:《醉驾入刑五年来的效果、问题与对策》,《法学》2016 年第 12 期。
② 参见刘仁文、敦宁:《醉驾入刑五年来的效果、问题与对策》,《法学》2016 年第 12 期。
③ 参见《中国法律年鉴》(1999—2017 年)。
④ 参见王兴扬:《我国股权众筹投资人权益保护法律机制研究》,哈尔滨工程大学 2018 年硕士学位论文。

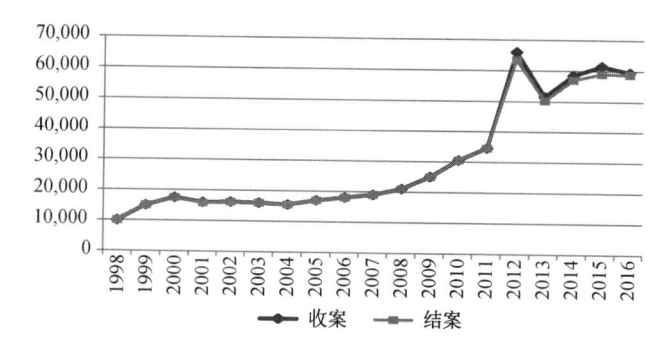

图 1-9　1998—2016 年破坏社会主义市场经济秩序犯罪收案与结案数量

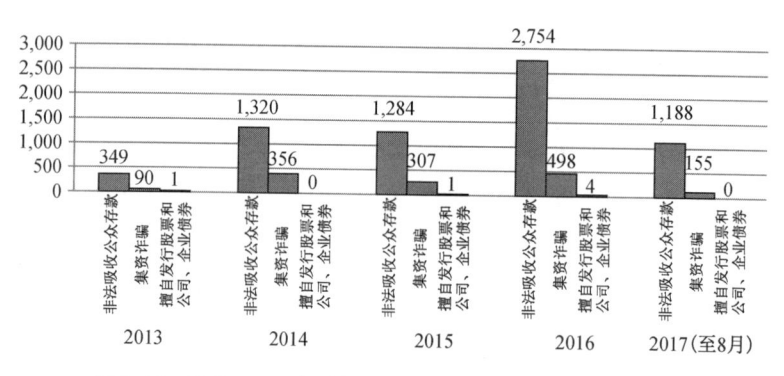

图 1-10　2013—2017 年破坏金融管理秩序罪和金融诈骗罪数量

分子相互勾结、共同犯罪的案件数量大大增多。随着互联网时代的到来,金融犯罪花样翻新,如互联网金融股权众筹,由于相关制约性制度的阙如,股权众筹行为容易异化为集资诈骗、非法吸收公众存款、洗钱等犯罪。①②知识产权犯罪数量增多。比如侵犯著作权的犯罪,不仅侵犯了著作权人的权利,而且扰乱了文化市场秩序,妨碍了文化事业的发展。②③涉众型犯罪增多。一般而言,涉众型犯罪的犯罪组织内部

---

① 参见吴鹏森:《中国刑事犯罪 60 年:犯罪与社会的互动》,《安徽师范大学学报》2012 年第 3 期。

② 参见王飞:《我国经济犯罪的刑罚体系研究》,中国石油大学 2008 年硕士学位论文。

分工严密,首犯大多隐藏在幕后操纵,犯罪各个环节采取单线联系,一个环节事发主要涉案人员即四处逃窜。涉众型犯罪时常引起被害人集体上访,成为引发社会不安定的重要诱因,严重影响社会治安及和谐。④商贸领域的经济犯罪形式多样。随着电子商务和信息技术的普及,商贸领域经济犯罪的作案手段已从传统、初级的手段向高科技、智能化方向发展,并呈现出网络化趋势。①

危害社会主义市场经济秩序罪的出现是市场经济发展过程中不可避免的现象,为了减少此类犯罪的发生,促进社会经济稳定、有序、健康发展,采用刑法以及其他多种防治手段是必不可少的。

四、侵犯公民人身权利、民主权利犯罪的态势

侵犯公民人身权利、民主权利罪规定在《刑法》分则第四章。21世纪以来,在全国范围内,侵犯公民人身权利、民主权利犯罪的发展态势趋于平稳,从2002年至2018年的发展态势看,犯罪数量变化幅度相对较小,增长幅度较缓,犯罪数量虽有波动,但基本上处在一个较为稳定的范围内(详见图1-11②)。当然,对于暴力犯罪、强奸罪和拐卖妇女、儿童罪等严重犯罪仍要引起足够重视。

其一,暴力犯罪的态势。20世纪末,由于社会处于快速发展时期,法制相对不够健全,传统型暴力犯罪呈现出上涨的趋势,进入21世纪时达到了顶峰。但此后,暴力犯罪开始逐渐减少,如故意杀人、故意伤害等暴力犯罪得到有效控制,犯罪数量呈现出显著下降的趋势(详见

---

① 参见王芳、吕红:《当前经济犯罪特点与防控对策分析》,《湖北警官学院学报》2013年第12期。
② 参见《最高人民法院工作报告》(2002—2018年)。

图 1-12①)。值得关注的是,近些来暴力犯罪也呈现出一些新的特征:一是犯罪手段残忍,出现个别极端暴力事件;二是犯罪主体多为流动人口、再犯以及青少年;三是团伙暴力猖獗,出现带有黑社会性质的有组织暴力犯罪。

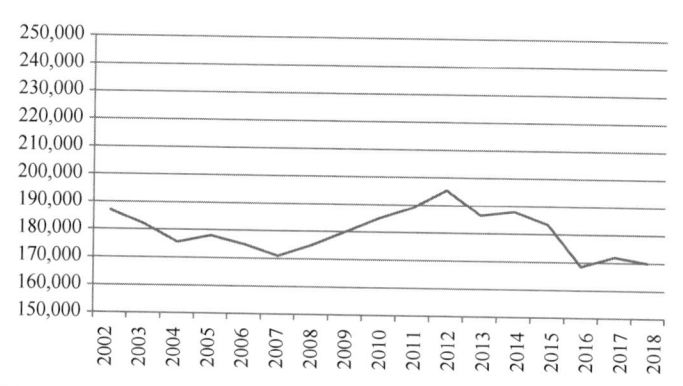

图 1-11 2002—2018 年危害公民人身权利、民主权利犯罪刑事一审收案数量

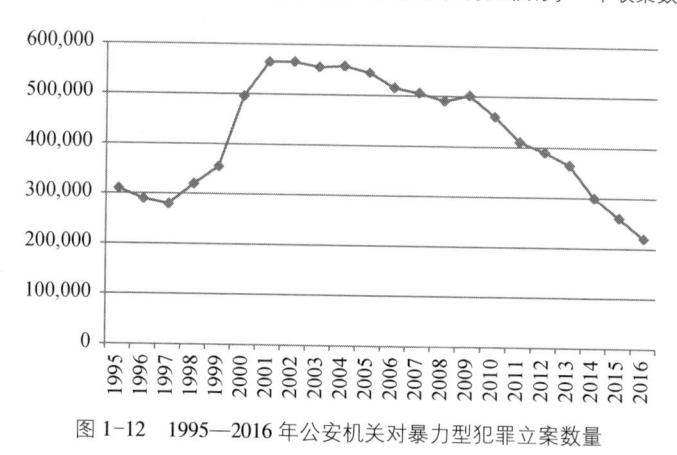

图 1-12 1995—2016 年公安机关对暴力型犯罪立案数量

其二,强奸罪的态势。强奸犯罪危害女性基本的人权,对被害人伤害极大,恶性强奸犯罪也会对社会产生不良的影响。自 1995 年以来,

---

① 参见《中国法律年鉴》(1996—2017 年)。

强奸犯罪呈现缓慢下降的趋势;2014年以来,强奸犯罪的下降速度进一步增快(详见图1-13①),这说明我国对强奸犯罪的防治较为有效。然而,近年来性犯罪呈现出低龄化的倾向,尤其是青少年实施强奸等性犯罪问题值得关注。青少年实施的性犯罪呈现暴力性、团伙性的特征,这些犯罪中强奸行为往往还与其他犯罪行为,如盗窃、抢劫、伤害、贩毒相关联,危害性更大。另外,女性犯罪人逐渐增多也是该类犯罪中不可忽视的问题。② 因此,应当加强对未成年人的性教育,加强对文化市场的监管,有条件地借鉴国外的放映分级管理制度,防止色情暴力因素影响青少年的身心健康发展。同时,还要防止对被害人的"污名化"。

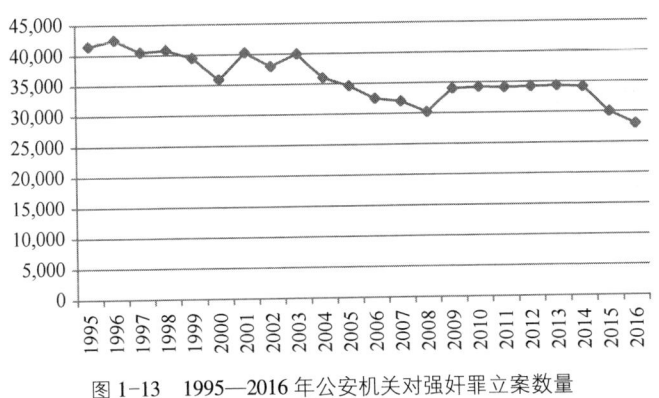

图1-13 1995—2016年公安机关对强奸罪立案数量

其三,拐卖妇女、儿童罪的态势。1979年《刑法》中就规定了拐卖人口罪,1997年《刑法》将原先的对象限缩为"妇女、儿童",在立法上突出了对拐卖妇女、儿童行为的特殊保护。20世纪70年代开始,拐卖人口犯罪活动有所增多;20世纪90年代期间,拐卖人口犯罪数量整体呈下降态势;但在2000年却达到顶峰;进入21世纪,拐卖人口犯罪数量

---

① 参见《中国法律年鉴》(1996—2017年)。
② 参见侯林:《当前青少年性犯罪变动趋势及其社会影响因素分析》,《兰州教育学院学报》2012年第6期。

趋于平稳;2009年之后,该类案件数量又持续上升,在2013年达到顶峰(详见图1-14[①])。

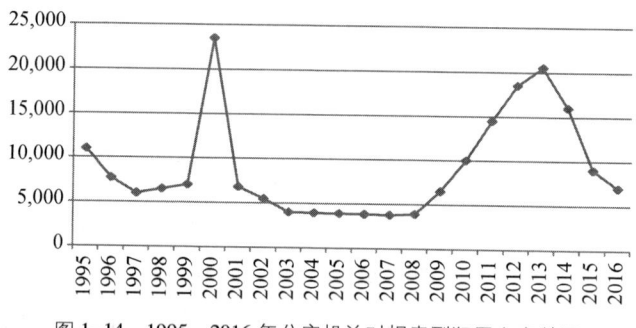

图1-14 1995—2016年公安机关对拐卖型犯罪立案数量

总体而言,经过专项整治之后,拐卖人口犯罪数量有了明显的下降。目前该类犯罪呈现出以下三个特点:一是犯罪集团化、组织化,犯罪组织内部分工明确,组织严密,打击此类犯罪的难度较大;二是被害人自我保护意识淡薄,被害人往往受教育程度低,法律意识淡薄;三是拐卖人口的手段日趋多样化;四是拐出地和拐入地的界限逐渐模糊,以往发达地区是拐入地,现在二者的区别进一步模糊,"出现了传统拐出地的内部互流的状况。如云南、广西流入河南,河南流入安徽等地等现象"[②]。

五、侵犯财产犯罪的态势

1979年《刑法》分则第五章规定了"侵犯财产罪",规定了抢劫罪、盗窃罪、诈骗罪、抢夺罪、敲诈勒索罪、贪污罪、故意毁坏财物罪等。随着改革开放的深入发展,立法机关不断出台若干单行刑法,在行政法、

[①] 参见《中国法律年鉴》(1996—2017年)。
[②] 谭晨辰:《拐卖妇女、儿童罪的现状、成因及对策研究》,载严励、岳平主编:《犯罪学论坛·第四卷(下)》,中国法制出版社2018年版,第1442—1443页。

经济法中也增加了较多的附属刑法规范。如1982年全国人大常委会通过了《关于严惩严重破坏经济的罪犯的决定》，对"情节特别严重的"盗窃行为增加了判处死刑的规定，以应对严惩重大盗窃行为的需要。1997年《刑法》分则第五章也规定了侵犯财产罪。侵犯财产罪属于历史恒久的传统犯罪，一直以来在刑事犯罪案件中的占比很大。随着网络技术的发展，诸多新型支付方式应运而生，侵犯财产犯罪的形式也发生了重大变化，如从传统的现实空间中人对人的盗窃侵财、诈骗侵财，发展到各种网络侵财行为。

其一，盗窃犯罪的态势。实践中，盗窃犯罪在我国刑事案件中所占的比重以及发案率一直居高不下，在某些地区甚至是高居首位。盗窃犯罪对我国经济的健康平稳发展、社会的安定和谐、社会良好氛围的营造以及公民合法权益构成了严重的威胁。自1995年以来，盗窃罪处于上升的趋势，进入2000年时有一个较大幅度的增长；2016年开始有所回落（详见图1-15[①]）。近年来，盗窃犯罪逐渐出现了一些新的特点：一是盗窃犯罪难以禁止；二是盗窃案件组织化、团伙化的特征突出；三是

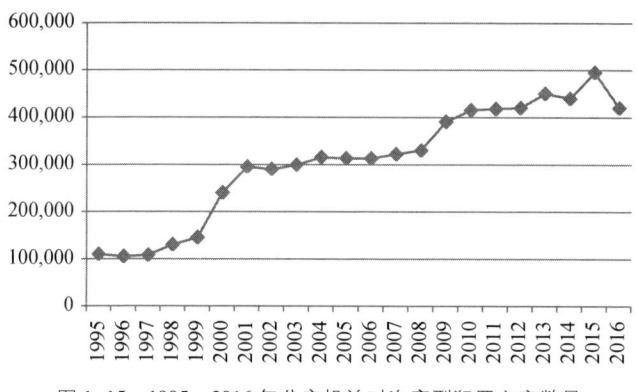

图1-15　1995—2016年公安机关对盗窃型犯罪立案数量

---

① 参见《中国法律年鉴》(1996—2017年)。

盗窃犯罪的暴力对抗性增强;四是盗窃手段多样化,甚至出现了依托网络和针对高科技防盗技术的"技术型盗窃犯罪"。[1]

其二,诈骗犯罪的态势。诈骗罪属于传统型的犯罪,随着社会的发展,诈骗罪出现了新的犯罪形式,如电话诈骗、短信诈骗、银行卡诈骗,以及新型支付方式下的诈骗等。自 1995 年以来,诈骗犯罪总体上呈现出增长态势,尤其是 2007 年以后,诈骗犯罪出现较大幅度的增长。但是,2015 年后,诈骗犯罪出现回落趋势(详见图 1-16[2])。尽管如此,对诈骗犯罪的防治依然不容大意,当前诈骗方式和手段日新月异,如网络诈骗是当今诈骗分子经常使用的手段,由于网络诈骗不易暴露犯罪分子身份,因而查办此种犯罪有一定的难度。

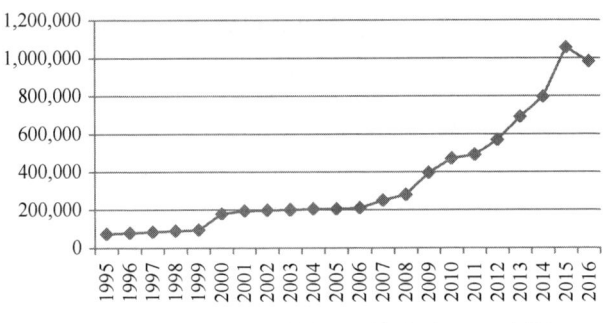

图 1-16 1995—2016 年公安机关对诈骗型犯罪立案数量

六、妨害社会管理秩序犯罪的态势

1979 年《刑法》对妨害社会管理秩序罪规定较为复杂,涉及范围广,罪名和刑罚种类多。1997《刑法》将妨害社会管理秩序罪规定在分

---

[1] 参见刘宏斌:《当前我国盗窃犯罪的现状及治理》,《中国人民公安大学学报(社会科学版)》2011 年第 4 期。

[2] 参见《中国法律年鉴》(1996—2017 年)。

则第五章。从 2002 年至 2015 年,妨害社会管理秩序犯罪呈现逐步增长态势;到 2016 年,妨害社会管理秩序犯罪有所回落(详见图 1-17[①]);此后呈现出增长与回落的交替状态,妨害社会管理秩序罪总体上呈现增长态势。

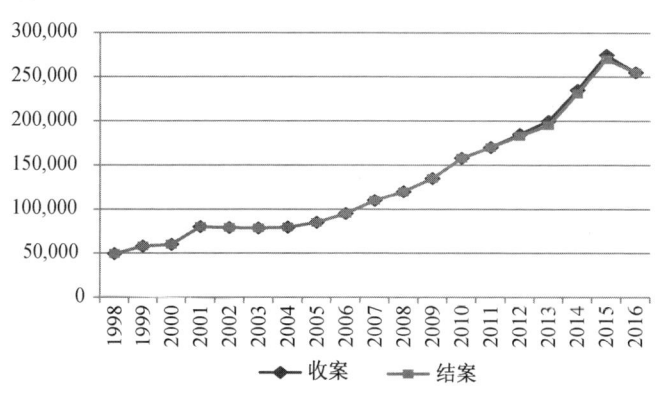

图 1-17　1998—2016 年全国法院对妨害社会管理秩序犯罪收案和结案数量

随着社会的不断发展,社会管理秩序成为越来越多犯罪侵犯的对象。目前社会管理秩序犯罪中较为严峻的犯罪包括以下三类。

其一,毒品犯罪。虽然我国历来对毒品犯罪采取高压打击态势,但受社会发展变化和国际毒品犯罪的影响,从 1998 年开始,毒品犯罪数量整体上呈现增长的趋势;2005 年至 2006 年有显著回落;但 2007 年开始呈持续上升态势,2014 年达到顶峰;此后又开始回落(详见图 1-18[②])。当前,毒品犯罪出现了网络涉毒犯罪严峻、毒品流入源头增多、毒品犯罪暴力对抗增强、新型毒品不断出现、特殊人群贩毒问题屡禁不止等现象。

[①] 参见《中国法律年鉴》(1999—2017 年)。
[②] 参见《中国法律年鉴》(1999—2017 年)。

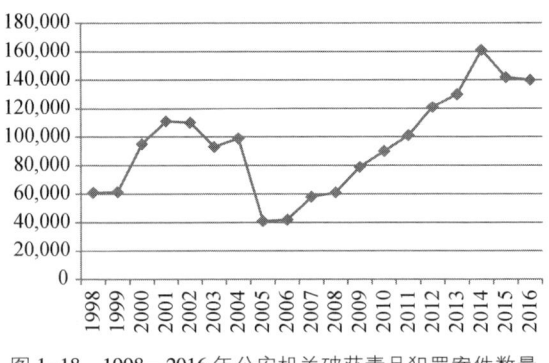

图 1-18　1998—2016 年公安机关破获毒品犯罪案件数量

其二,赌博犯罪。随着 1994 年世界第一个真正意义上的网络赌场的出现,在短短 20 年的时间内,网络赌场在世界范围内出现了爆炸式的发展。赌博犯罪由以前的"线下"模式逐渐走向"线上"模式。"线上"模式具有隐蔽性更强、科技水平更高、人员流动性更大、打击难度更大的特点。为此,我国《刑法修正案(六)》《刑法修正案(九)》都对赌博犯罪进行了规制。

其三,黑社会性质类型犯罪。黑社会性质犯罪对社会生活安定和行业有序生产造成了极大的威胁。20 世纪 80 年代,面对猖獗的黑社会性质犯罪,我国曾多次集中处理和打击过。[1] 目前黑社会性质组织的犯罪呈现出以下几个特点:一是经济上"漂白",运营上公司化;二时政治上"染红","保护伞"现象普遍;三是农村地区黑社会性质组织势力抬头,染指基层群众组织;四是黑社会性质组织再生周期缩短。[2] 为打击严重危害社会稳定和人民生活的涉黑犯罪,2018 年 1 月 24 日,中共中央、国务院联合下发《关于开展扫黑除恶专项斗争的通知》,进行

---

[1] 参见蔡霞:《我国涉黑犯罪趋势及法律对策》,《广西大学学报(哲学社会科学版)》2011 年第 2 期。
[2] 参见蔡霞:《我国涉黑犯罪趋势及法律对策》,《广西大学学报(哲学社会科学版)》2011 年第 2 期。

专项"扫黑除恶"行动。《关于开展扫黑除恶专项斗争的通知》指出："针对当前涉黑涉恶问题新动向,切实把专项治理和系统治理、综合治理、依法治理、源头治理结合起来,把打击黑恶势力犯罪和反腐败、基层'拍蝇'结合起来,把扫黑除恶和加强基层组织建设结合起来,既有力打击震慑黑恶势力犯罪,形成压倒性态势,又有效铲除黑恶势力滋生土壤,形成长效机制。"经过中央的统一部署和有关机关的有效执行,2018年全国各级法院审结涉黑犯罪案件5,489件、2.9万人,坚持扫黑除恶与反腐败斗争相结合,依法严惩欺压残害群众的"村霸""市霸",严惩黑恶势力"保护伞",维护了社会安宁。①

七、小结

不同类型的犯罪在发展过程中呈现出不同的趋势和特征,对此,归纳总结如下:

第一,危害国家安全类犯罪总体处于较低水平,这与国家一直对此种犯罪保持高压打击态势有关。随着对外开放程度的不断加深和技术水平的提升,维护国家安全的压力越来越大,此类犯罪仍然是需要重视的一类犯罪。

第二,危害公共安全类犯罪从往年较低的发案率变为近年来较高的发案率,这与国际形势、刑事政策等有密切关系,如恐怖活动犯罪的猖獗与中亚地区恐怖组织猖獗有关,"醉驾入刑"后使得危险驾驶罪的立案率上升较快。

第三,破坏社会主义市场秩序犯罪与侵犯财产类犯罪有所增长,这

---

① 参见周强:《最高人民法院工作报告——2019年3月12日在第十三届全国人民代表大会第二次会议上》。

与城市人口流动频繁及市场经济活跃等因素有关,金融类犯罪数量不断上升。

第四,侵犯公民人身权利、民主权利犯罪中,传统暴力性犯罪减少,这与大众不断提升的教育水平及生活质量有很大关系。但性侵犯罪、贩卖人口犯罪形势依然严峻,这类犯罪总体态势较为稳定,但数量仍然庞大,犯罪人数较多。

第五,妨害社会管理秩序犯罪出现增长趋势,毒品犯罪、赌博犯罪虽然一直被严厉打压,但犯罪率仍然居高不下,尤其是涉恐涉黑类犯罪近年来增长快速。

综上可见,整体而言,我国犯罪呈现出传统暴力型犯罪减少、金融财产类案件增多的趋势,且传统暴力型案件高发于中西部地区,东部沿海为金融财产类案件高发区。同时,犯罪类型呈现多样化、复杂化态势,与信息网络技术手段相结合,使得侦破难度增大。在国家对犯罪行为加大打击力度的态势下,社会治安保持稳定,使得我国成为世界上最安全的国家之一。

中 篇

第二章
"严打"刑事政策

第一节 "严打"刑事政策概述

一、"严打"刑事政策的概念

"严打",即依法从重从快打击严重刑事犯罪,是我国代表性的刑事政策之一。"严打"是转型中国社会在面对特殊的严峻社会治安形势,通过对刑事司法资源的再调配,集中力量解决中国社会转型过程中突出的严重刑事犯罪问题的一种基本刑事司法政策和特殊刑事司法活动。① 一般认为,"严打"可以从狭义和广义上进行阐释,前者是指在全国范围的大规模集中行动;后者不仅包括全国范围的"严打",还包括了特定部门对某种突出的犯罪类型或某段时间、某些地区突出的犯罪采取的专项斗争。② 本书论及的主要是狭义上的"严打"。在理解"严打"刑事政策时,应当把握如下四点:

---

① 参见唐皇凤:《常态社会与运动式治理:中国社会治安治理中的"严打"政策研究》,《开放时代》2007年第3期。
② 参见周长军:《博弈、成本与制度安排——"严打"的制度经济学分析》,载陈兴良主编:《刑事法评论》(第12卷),中国政法大学出版社2003年版,第56页。

第一,"严打"以依法为前提,"从重从快"必须在法律规定的范围和幅度以内。每次中央部署"严打"整治斗争开始时,都会强调对严重刑事犯罪分子,要在法律规定的量刑幅度内从重,在法定期限内从快进行打击。对此,有学者指出:"依法是严打整治斗争取得较好社会效果的保障,只有严格依照刑法规定定罪处罚,严格按照法定程序办案,才能使严打案件经得起历史检验,群众才会真正拥护和支持,受惩处者也才会心服口服,从而最大限度发挥刑罚惩治和预防犯罪的功能。"[1]例如,1983年"严打"之初,全国人大常委会出台了《关于严惩严重危害社会治安的犯罪分子的决定》和《关于迅速审判严重危害社会治安的犯罪分子的程序的决定》,1984年又出台了《关于刑事案件办案期限的补充规定》,从实体和程序两个方面确保"严打"依法进行。最高人民法院、最高人民检察院、公安部先后发布了《关于当前办理强奸案件中具体应用法律的若干问题的解答》《关于严厉打击看守所在押人犯于羁押期间进行犯罪活动的通知》《关于当前处理自首和有关问题具体应用法律的解答》等规范性文件;最高人民法院、最高人民检察院也联合发布了《关于当前办理流氓案件中具体应用法律的若干问题的解答》《关于当前办理盗窃案件中具体应用法律的若干问题的解答》《关于当前办理盗窃案件中适用法律问题的补充通知》等规范性文件。在2001年"严打"过程中,司法解释的数量相较以往更是大大增加,其中针对破坏社会主义市场经济类犯罪的司法解释就有近20个,仅2001年出台的司法解释数量就达到55个,超过了1983年"严打"时期发布的司法解释数量的总和。[2] 这一系列司法解释的出台,既有效填补了立法

---

[1] 张穹主编:《"严打"政策的理论与实务》,中国检察出版社2002年版,第78页。
[2] 参见国务院法制办公室:《中华人民共和国刑事法律法规规章司法解释大全》,中国法制出版社2017年版。

漏洞,也为"严打"的依法开展提供了依据,确保了"严打"在法治轨道上进行。

第二,在实体上从重处罚。《关于严惩严重危害社会治安的犯罪分子的决定》第1条规定:"……对下列严重危害社会治安的犯罪分子,可以在刑法规定的最高刑以上处刑,直至判处死刑。"这无疑将刑法惩罚犯罪的机能提升到重要位置,在这一精神的指引下,法院在审判"严打"期间被确定为重点打击的犯罪时,严格按照法律规定的量刑幅度,根据犯罪行为本身的社会危害性依法从重,并在同一幅度内区分不同情节量刑,该重判的坚决重判,该判处死刑的坚决依法判处死刑,使严重危害社会治安的犯罪分子受到法律应有的制裁。[1] 在注重惩罚犯罪的同时,保障人权的机能也并未因此而被束之高阁。对于可能判处死刑的案件,在强调从重处罚的同时也要求必须事实清楚,证据确实充分,适用法律正确,经得起历史的检验,一定要办成铁案,绝对不能出现错案。[2] 尤其是在2001年"严打"整治斗争开始后,司法机关总结了经验和教训,没有机械套用以往司法实践中一律在法定最高量刑幅度顶格判处的做法,而是理性地认识到从重处罚不等同于顶格判处,其真正含义是指根据被告人的行为应承担的刑罚后果,在刑法规定的量刑幅度内从重判处,即在法定幅度内,根据犯罪行为本身的社会危害性依法从重;在同一幅度内应区分不同情节进行量刑,不能简单地一律顶格判处;要将"严打"对象限制在规定的几类重点案件和根据本地区社会治安和犯罪的实际情况确定的打击重点上,不能扩大适用;不能把一些非

---

[1] 参见戴长林、尧宇华:《"严打"20年与我国刑事法治进程》,2003年中国法学会刑法学研究会学术年会论文。
[2] 参见刘家琛:《关于贯彻执行修订后的刑法应当注意的几个问题》,《中华人民共和国最高人民法院公报》1997年第4期。

罪、非刑事问题提级列入"严打"的范围,更不能人为地定重刑、死刑指标。①

第三,在程序上从快处理。1979年《刑事诉讼法》第110条和第131条分别规定了关于起诉书副本、各项传票、通知书送达被告人的期限和被告人上诉、抗诉的期限,但1983年为适应当时"严打"的需要,全国人大常委会通过的《关于迅速审判严重危害社会治安的犯罪分子的程序的决定》明确规定,"对杀人、强奸、抢劫、爆炸和其他严重危害公共安全应当判处死刑的犯罪分子,主要犯罪事实清楚,证据确凿,民愤极大的,应当迅速及时审判,可以不受刑事诉讼法第一百一十条规定的关于起诉书副本送达被告人期限以及各项传票、通知书送达期限的限制","前条所列犯罪分子的上诉期限和人民检察院的抗诉期限,由刑事诉讼法第一百三十一条规定的十日改为三日",这在立法层面上加快了对严重危害公共安全的犯罪分子的处理;同时,在历次"严打"实施期间,刑事证据的要求也有所变化,在司法实践中出现了"两个基本"的做法,即在检察环节,只要基本事实清楚,基本证据确凿,就应快捕快诉,不要在细枝末节上纠缠,延误战机,②这也成为"严打"时期办理刑事案件的指导原则。当然,随着后来"严打"的规范化、常态化,在程序上"快"的特征有所规范,诸如采取刑事强制措施不能任意突破法律期限,但总体上追求快是"严打"的一个重要特点。

第四,"严打"的对象是严重刑事犯罪分子。"严重刑事犯罪"在不同时期的"严打"中有不同的范围,总体而言有两类:一类是严重危害

---

① 参见杜晓红:《"严打"有关法律问题的思考》,载中国法院网,https://www.chinacourt.org/article/detail/2003/05/id/58719.shtml,2021年3月14日访问。
② 参见成效东、陈为铨:《对"严打"整治斗争中"两个基本"的理解和把握》,《天津市政法管理干部学院学报》2001年第3期。

社会治安的犯罪;另一类是经济犯罪。1983年"严打"开始之际,全国人大常委会颁布的《关于严厉打击严重刑事犯罪活动的决定》,明确了"严打"的主要对象是七类严重刑事犯罪分子:流氓团伙分子;流窜作案分子;杀人犯、爆炸犯、投毒犯、贩毒犯、强奸犯、抢劫犯和重大盗窃犯;拐卖妇女、儿童的人贩子,强迫、引诱、容留妇女卖淫的犯罪分子和制造、复制、贩卖内容反动、淫秽的图书、图片、录音带、录像带的犯罪分子;有现行破坏活动的反动会道门分子;书写反革命标语、传单、挂钩信、匿名信的现行反革命分子;劳改逃跑犯,重新犯罪的劳改释放分子和解除劳教分子以及其他通缉在案的罪犯。1996年"严打"的重点对象是杀人、抢劫、爆炸、绑架勒索、重大盗窃等犯罪,特别是涉枪案件、黑社会性质的集团犯罪与流氓势力犯罪。2001年4月,针对刑事案件总量大幅度增长,社会危害性明显增大的情况,中央首次召开全国社会治安工作会议,提出从2001年4月至2003年4月开展为期两年的全国性"严打"整治斗争,并明确重点打击三类犯罪:有组织犯罪、带黑社会性质的团伙犯罪和流氓恶势力犯罪;爆炸、杀人、抢劫、绑架等严重暴力犯罪;盗窃等严重影响群众安全感的多发性犯罪。综观三次"严打",不难发现其针对的主要是严重危害社会治安的犯罪行为,但在打击社会治安层面的犯罪行为时不可避免地会涉及经济犯罪。

总之,"严打"以司法机关为主要执行主体,坚持以从重从快为基本要求的具体刑事政策,以运动、战役的形式存在。[①] 2001年以后,随着我国依法治国的不断深入,原本公、检、法联合办案的模式有所改变,"严打"的执行主体呈现单一性,主要由公安机关统一执行,法院、检察院不再直接参与"严打"的实施,这有助于维护司法公正。

---

① 参见汪明亮:《"严打"的理性评价》,北京大学出版社2004年版,第33页。

二、"严打"刑事政策的实施

刑事政策是政党、国家为实现一定历史时期的路线而制定的刑事活动准则,表明对预防、惩治犯罪所持的基本态度,不仅是一切刑事实际活动的出发点,而且表现于立法、司法的过程和归宿中。① 从 1983 年第一次开展全国范围内的集中"严打"以来,这一刑事政策在长达 20 年的时间内长期得以坚持,并以战役形式不断掀起高潮,打击重点也随着犯罪变动而及时调整,这当然不是偶然的,它已经成为我国在刑事法运作中的一项常规性的刑事政策。② 任何一项刑事政策的制定都有其产生的思想和社会基础,都是基于现实的需要,"严打"刑事政策同样离不开它产生的特定时代背景。③ 一般认为,全国范围内大规模集中"严打"主要有三次:1983 年"严打"、1996 年"严打"和 2001 年"严打"。

(一) 1983 年"严打"

1979 年以后,犯罪形势发生了变化。同时,随着 1979 年《刑法》和《刑事诉讼法》的出台,对犯罪分子的处理相对比较宽松,"十年动乱"期间积压的一些社会矛盾和社会问题也在此时期集中暴露出来,抢劫、杀人、盗窃、流氓等刑事犯罪活动一度极为猖獗。④ 面对这种情况,我国刑事政策及时进行了调整。1979 年 11 月 22 日至 26 日,中共中央召

---

① 参见张穹主编:《"严打"政策的理论与实务》,中国检察出版社 2002 年版,第 68 页。
② 参见陈兴良:《严打利弊之议》,《河南省政法管理干部学院学报》2004 年第 5 期。
③ 参见严励:《"严打"刑事政策的理性审读》,载陈兴良主编:《中国刑事政策检讨——以"严打"刑事政策为视角》,中国检察出版社 2004 年版,第 223 页。
④ 参见周长军:《博弈、成本与制度安排——"严打"的制度经济学分析》,载陈兴良主编:《中国刑事政策检讨——以"严打"刑事政策为视角》,中国检察出版社 2004 年版,第 281 页。

开全国城市治安会议,首先提出对极少数杀人、抢劫、强奸、放火、爆炸和其他严重破坏社会秩序的犯罪依法从重从快打击的方针。这一方针表现出对惩办与宽大相结合政策中"惩办"的强化,成为"严打"的序曲。① 1980年11月,彭真同志听取上海政法部门作出的报告之后,提出对现行犯罪分子的处理应当从重、从快。② 1981年5月,中央政法委员会召开京、津、沪、穗、汉五大城市治安座谈会时再次强调,对极少数杀人、放火、抢劫、强奸、爆炸及其他严重危害社会的犯罪分子继续依法从重从快惩处,并进一步指出,所谓的从重,是在法律规定的量刑幅度内的从重,不是在法律规定范围之外的加重判刑。根据该会议精神,全国人大常委会通过了《关于处理逃跑或者重新犯罪的劳改犯和劳教人员的决定》和《关于死刑案件核准问题的决定》。尽管我国实施了一系列措施严厉打击犯罪活动,但收效并不明显,甚至出现了"坏人不怕法,好人怕坏人"的不正常现象。据公安部的统计,1980年全国立案75万多起,其中大案5万多起;1981年89万多起,大案6.7万多起;1982年74万多起,大案6.4万起;1983年头几个月案件继续猛烈增多。③ 面对严峻的治安形势,1983年7月19日,邓小平同志在接见公安部负责的同志时指出:"刑事案件、恶性案件大幅度增加,这种情况很不得人心。几年了,这股风不但没有压下去,反而发展了。原因在哪里? 主要是下不了手,对犯罪分子打击不严、不快,判得很轻。对经济犯罪活动是这样,对抢劫、杀人等犯罪活动也是这样。……现在是非常状态,必须依法从重从快集中打击,严才能治住。"④同时,他针对有些人"怕搞错两类矛盾",直截了当地指出:就是应当把严重刑事犯罪分子当作

---

① 参见江华:《在全国城市治安会议上的发言》,《人民司法》1979年第12期。
② 参见崔敏:《反思八十年代"严打"》,《炎黄春秋》2012年第5期。
③ 参见刘复之:《"严打"就是专政》,《中国刑事法杂志》1992年第1期。
④ 《邓小平文选》(第3卷),人民出版社1993年版,第33—34页。

敌我矛盾来处理。①

1983年8月25日,中共中央作出《关于严厉打击刑事犯罪活动的决定》,明确将七类严重刑事犯罪作为"严打"对象,提出以三年为期,组织多次战役,依照"从重从快,一网打尽"的精神,坚决打击刑事犯罪。"严打"斗争由此正式拉开帷幕。此次"严打"分为三大战役:第一场战役从1983年8月至1984年7月,全国范围内打了3仗,少数地方打了4仗,扫荡浮在面上的犯罪分子;第二场战役从1984年8月至1985年12月,采取统一行动、集中打击、分成几仗的工作方式推进斗争;第三场战役自1986年1月至1987年1月,思路转变为边打击、边防范,边打击、边建设。期间,查获犯罪团伙19.7万个,查处团伙成员87.6万人,逮捕177.2万人,判处174.7万人,送劳动教养32.1万人,缴获各种枪支3万多支、子弹200多万发。② 同时,随着《关于严惩严重危害社会治安的犯罪分子的决定》《关于迅速审判严重危害社会治安的犯罪分子的程序的决定》的通过,以"从重从快"为基础对1979年《刑法》和《刑事诉讼法》的有关规定作了补充和修改,为"严打"刑事政策提供了法律依据。随后,一系列体现"严打"精神的单行刑法和附属刑法规范陆续出台。③ 到1987年初,经过为期3年的"严打",扫除了一大批严重刑事犯罪分子,社会治安得到了明显改善。根据最高人民法院工作报告,1983年8月至1985年年底,刑事发案数下降了35.9%。1985年发案54.2万起,发案率为0.526‰,均低于1981年的0.89‰、1982年的0.74‰和1983年的0.6‰,这个数据同许多国家相比是比较

---

① 参见刘复之:《"严打"就是专政》,《中国刑事法杂志》1992年第1期。
② 参见刘仁文:《刑事政策初步》,中国人民公安大学出版社2004年版,第349页。
③ 例如,《关于严惩严重危害社会治安的犯罪分子的决定》《关于惩治走私罪的补充规定》《关于迅速审判严重危害社会治安的犯罪分子的程序的决定》《关于惩治贪污罪贿赂罪的补充规定》《关于刑事案件办案期限的补充规定》等。

低的。1986年12月第一次"严打"即将结束之际,全国刑事发案率已回落至0.52‰,且连续3年稳定在0.5‰左右,①这充分说明了"严打"的成效。

(二) 1996年"严打"

1983年"严打"旨在治理危害社会治安的犯罪及经济犯罪,历时三年多,刑事案件数量有明显的回落,但从1988年起,全国立案数又开始大幅度增长。至1991年,三年时间内全国年立案总数陡然增长3倍,部分地区治安状况趋于恶化,重大抢劫案件频频发生,尤其是作为首都的北京,也接连发生震动全国的大案,②引起社会关注。1996年3月"两会"期间,社会治安秩序问题引发广泛讨论,与会代表、委员纷纷要求大力整顿社会治安秩序。1991年4月开始,中共中央决定由公安部部署,展开了严厉打击严重刑事犯罪的斗争,开启了第二次"严打"斗争,先后共组织了三场战役。从4月到7月,全国公安机关共破获刑事案件109万起,成果显著。③ 与此同时,1997年《刑法》在"严打"背景下修订,带有一些"严打"色彩。例如,考虑到社会治安形势严峻,经济犯罪情况严重,适用死刑的罪名基本没有进行大幅度删减,修订后的

---

① 参见《最高人民法院工作报告》(1984—1987年)。
② 例如,1996年2月2日,全国人大常委会副委员长、民革中央主席李佩瑶在住所被杀;2月8日,北京市朝阳区工商银行甘水桥分理处运钞车遭到蒙面犯罪分子持枪抢劫;2月13日,北京市新街口海泉珠宝行被抢。参见周斌:《1996年第二次"严打"重拳应对犯罪升级》,《国家人文历史》2013年第16期。
③ 具体而言,重大案件39万起;抓获刑事案件作案成员74万多人,其中逃犯13万多人;4万多名案犯慑于"严打"声威投案自首,群众扭送违法犯罪分子3.37万多人;查获各类违法犯罪团伙13万多个,被抓团伙成员57万多人;铲除了一大批横行乡里、称霸街头的流氓恶势力;集中整治了治安问题较多的重点地区和路段14万多处,公共娱乐场所10万余家,废旧金属收购站点2万多个;收缴各类非法枪支106万余支,缴获炸药500余吨、海洛因2000余公斤,赃款赃物折款49亿余元。参见刘仁文:《刑事政策初步》,中国人民公安大学出版社2004年版,第350页。

《刑法》共有37个条文规定了近70种死罪,数量在世界刑事立法中已经是遥遥领先。① 又如,在《刑法》中删去了惩办与宽大相结合的内容,尽管立法者在解释删除理由时指出:"由于刑法已经根据犯罪的不同情况作了一系列区别对待的规定……这一政策已经体现在具体的规定中,因此,刑法中不再专门规定惩办与宽大相结合的刑事政策。"②对此,有学者认为:"正如罪刑法定原则也并不以它已经在刑法中得以体现而没有必要加以规定一样,这种规定本身所具有的宣示意义是不可替代的。因此,我认为1997年《刑法》修订中删除惩办与宽大相结合政策的规定是意味深长的,如果不是对这一刑事政策的直接否定,至少在'严打'的氛围下它是有些不合时宜的。"③总体而言,与1983年相比,1996年的"严打"打击面更窄,打击周期也更短,其更像是一次专项治理社会治安的活动,影响并不及1983年"严打"那么深远,但也取得了一定的预期效果。全国法院全年共受理一审刑事案件572,058件,比1995年增长15.39%,其中,被判处5年以上有期徒刑、无期徒刑和死刑(包括死缓)的犯罪分子有265,293人,占总数的43.18%。④ 这次"严打"狠狠打击了犯罪分子嚣张的气焰,促进了社会治安状况的好转。

(三) 2001年"严打"

1996年"严打"实施以来,治安形势短期内一度明显好转,但是犯罪率和犯罪数的上升趋势并未得到根本遏制。"2000年,又是一个剧烈波动,刑事案件立案率从1999年的18.363%上升到28.698%,2001

---

① 参见陈兴良:《刑法哲学》,中国人民大学出版社2017年版,第466、477页。
② 胡康生、李福成主编:《中华人民共和国刑法释义》,法律出版社1997年版,第1—2页。
③ 陈兴良:《刑法的刑事政策化及其限度》,《华东政法大学学报》2013年第4期。
④ 参见任建新:《最高人民法院工作报告——1997年3月11日在第八届全国人民代表大会第五次会议上》,《中华人民共和国最高人民法院公报》1997年第2期。

年继续攀升至36.043%,达到新中国成立以来最高值。"①人民法院2001年全年审结严重刑事犯罪案件达到了340,571件,被判处5年以上有期徒刑、无期徒刑和死刑的犯罪分子有150,913人,比2000年增加15.07%。②在犯罪数量急速增长的同时,社会上不断出现犯罪性质恶劣的案件,引起社会恐慌。例如,黑社会性质犯罪案件突出;③经济犯罪案件数量增多,涉案金额屡创新高;④重大恶性案件频发,影响极其恶劣。⑤从最高人民法院工作报告的数据来看,2001年全国法院审理黑社会性质组织犯罪共350件、1,953人,比2000年分别增加了6.3倍和3.8倍;涉枪涉爆犯罪11,045件,判处犯罪分子12,005人,比2000年增加81.6%。⑥

2001年4月2日至3日,鉴于"当前社会治安面临着相当严峻的形势,不少地方的人民群众没有安全感",党中央和国务院在全国治安工作会议上,启动了为期两年的"严打",重点打击三类严重刑事犯罪⑦,实现两年内社会治安明显进步的目标。同时,中央召开全国整顿和规范市场经济秩序工作会议,决定整顿和规范市场经济,严厉打击各

---

① 康树华主编:《全面建设小康社会进程中犯罪研究》,北京大学出版社2005年版,第121页。
② 参见肖扬:《最高人民法院工作报告》,《人民日报》2002年3月20日,第2版。
③ 2000年法系统判处的黑社会性质组织犯罪数量是上一年的6倍。参见汪明亮:《"严打"的理性评价》,北京大学出版社2004年版,第39页。
④ 1999年1月到8月,全国立案侦查的经济犯罪案件共3.3万余起,与1998年同期相比增长23.4%,涉案金额840多亿元,是1998年同期的3.9倍。参见康树华主编:《全面建设小康社会进程中犯罪研究》,北京大学出版社2005年版,第112页。
⑤ 2001年3月6日,江西省万载县潭埠镇芳林村农民李垂才在村小学制造爆炸事件,导致42人死亡、27人受伤的严重后果;3月16日凌晨,靳如超在石家庄市居民4栋住宅楼制造爆炸,造成108死亡、38人受伤。参见 https://zhuanlan.zhihu.com/p/257848670?utm_source=wechat_timeline,2021年3月14日访问。
⑥ 参见《最高人民法院工作报告》(2000—2002年)。
⑦ 一是有组织犯罪、带黑社会性质的团伙犯罪和流氓恶势力犯罪;二是爆炸、杀人、抢劫、绑架等严重暴力犯罪;三是盗窃、抢夺等严重影响群众安全的多发性犯罪。

种破坏市场经济秩序的犯罪活动。这次"严打"分为三个阶段:2001年5月底前的组织动员阶段,主要针对存在或已经掌握的犯罪分子;2001年6月至2002年6月的集中打击阶段,以"打黑除恶"专项斗争为龙头,全国范围内组织三条战线的"严打"整治斗争①;2002年7月至2002年年底,各地在深入检查社会治安状况的基础上进一步"严打"整治,并建立控制社会治安的长期有效机制。与此同时,为了增强打击犯罪的能力,最高人民检察院、公安部于2001年7月30日联合发布《关于在严打整治斗争和整顿规范市场经济秩序工作中加强配合加大查办职务犯罪案件工作力度的通知》,要求把查处黑恶势力"保护伞"案件作为工作重点,上述两部门充分发挥各自的职能作用,密切配合、相互支持,依法快捕快诉,形成打击黑恶势力犯罪、破坏社会主义市场经济秩序犯罪以及黑恶势力"保护伞"和有关职务犯罪的合力。经过此次"严打",2002年全国刑事案件立案数量比2001年下降2.8%,是过去十年来刑事发案率第一次出现下降,且幅度较为明显,是"全国'严打'整治最成功的一年,是打防结合、以防为主取得成果最大的一年"②。尤其是作为重中之重来整治的"扫黑除恶"专项斗争更是成绩斐然。据统计,截至2003年3月底,各地公安机关摧毁了631个多年来称霸一方、拉拢腐蚀党政干部、无恶不作、民愤极大的黑社会性质组织,打掉了14,000多个街霸、市霸、村霸、厂霸、采霸、行霸等恶势力,抓获黑恶分子10万多人,破获刑事案件15万多起,缴获各类枪支近5,000支;收缴没收黑社会性质组织资产5.3亿元人民币,查封黑社会性质组织开办的经济实体646个,取缔其经营的赌场909个、霸占的集贸市场

---

① 第一条战线,以深入开展全国性的"打黑除恶"专项斗争为龙头,开展打击严重暴力犯罪和多发性侵财犯罪等专项行动;第二条战线,在全国范围内开展治缉爆缉枪专项行动;第三条战线,整顿和规范市场经济秩序,重点打击金融、财税、商贸等领域的经济犯罪。
② 刘仁文:《刑事政策初步》,中国人民公安大学出版社2004年版,第353页。

301个,查封、没收其霸占的建筑工程144个、矿山154个,有力地配合了规范和整顿市场经济秩序专项行动。此外,各地还打掉了一批黑恶势力的关系网、保护伞,挖出了一些党政、司法机关的腐败分子,清除了一批害群之马。①

第二节 "严打"刑事政策的理论评析

改革开放40年犯罪治理过程中,"严打"刑事政策多次出现,成为社会广泛关注的问题。从政治经济学的角度分析,"严打"属于政府犯罪治理的普遍偏好,是我国应对严重刑事犯罪和严峻治安形势的一个常用手段。②尽管"严打"刑事政策的制定和实施已经积累了很多的经验,但人们在"严打"刑事政策的评价方面,依然存在争议。一般认为,"严打"是惩办与宽大相结合的基本刑事政策指导下的具体刑事政策,例如有观点认为:"惩办与宽大相结合是我党的一贯的基本刑事政策,这一政策的基本精神就是区别对待。……依法从重从快打击严重危害社会治安的犯罪分子的方针,是区别对待这一刑事政策在当前形势下的具体运用。"③但也有学者认为,"严打"刑事政策在其内容上与惩办与宽大相结合的刑事政策是存在抵触的,采用"严打"刑事政策意味着在一定时期内惩办与宽大相结合的刑事政策的搁置。过分强调从重从

---

① 参见邹焕庆、王雷鸣、田雨:《全国公安机关3年打掉631个黑社会性质组织》,载中国法院网,https://www.chinacourt.org/article/detail/2003/11/id/91994.shtml,2021年3月14日访问。
② 参见陈屹立:《严打政策的政治经济学分析》,《法制与社会发展》2012年第2期。
③ 肖扬主编:《中国刑事政策和策略问题》,法律出版社1996年版,第181页。

快,将惩办政策的一面张扬到了一个极端,这势必会影响到宽大政策的落实。因此,以基本刑事政策和具体刑事政策的关系难以解释惩办与宽大相结合政策与"严打"刑事政策之间的关系。① 诚然,在"严打"刑事政策主导期间,宽缓的要求即使偶尔被提及,也仅作为点缀出现,因此,与之后的宽严相济刑事政策不同,"严打"是一种以严厉为主的单极化的刑事政策。②

一、"严打"刑事政策的必然性与合理性

"严打"刑事政策的出现具有历史必然性。有研究指出,自20世纪70年代以来,全球范围内的犯罪率平均以每年5%的速度增长,③特别是抢劫、入室盗窃以及其他人际犯罪活动日益突出,使各国人民的安全感普遍下降,因而群众普遍倾向支持以惩罚为目的的刑事政策。④调动国家和社会资源突击打击严重危害社会基本秩序的恶性犯罪是世界各国的基本方法,我国也不例外。同时,"严打"是对于社会转型时期出现的大规模犯罪浪潮的一种自然反应。社会的转型就是社会秩序的转型,同时意味着社会控制机制的转型。⑤ 我国改革开放前实施计划经济,社会的方方面面都置于国家权力的控制之下,犯罪也丧失了其赖以生存的土壤;而伴随着向市场经济的转型,国家逐渐减少了对社会资源的控制,在一定程度上出现了社会失控状态,由此产生巨大的犯罪

---

① 参见陈兴良:《宽严相济刑事政策研究》,《法学杂志》2006年第2期。
② 参见孙万怀:《宽严相济刑事政策应回归为司法政策》,《法学研究》2014年第4期。
③ 参见储槐植:《美国刑事政策趋向》,《北京大学学报》1985年第2期。
④ 参见杨春洗:《论刑事政策视野中的"严打"》,《人民检察》2001年第12期。
⑤ 参见宫志刚:《社会转型与秩序重建》,中国人民公安大学出版社2004年版,第364页。

管控压力。"严打"便是在犯罪高发势态下的及时应对政策,以保证经济体制改革的顺利进行,为改革争取时间。从这一方面来说,"严打"是历史进程下的一种无奈的选择,更是一种必然的选择。① 此外,"严打"不仅在维护社会治安秩序中发挥了重要的作用,在当时社会治理环境下也有一定的必然性。选择"严打"是面对社会资源瓶颈时实用理性的必然选择。"严打"初期我国警察总数占人口的万分之九,平均每名警察管理的人口数为1,100人,同时期的法国为269人,美国为379人,英国为384人,其中刑警仅占全体警察的3%,远远低于其他发达国家的7%—13%;从经费投入来看,我国公安经费占国家各项投资的1%,而发达国家平均为3%—5%,发展中国家达9%。② 即使在我国飞速发展的当下,警民比例依然不尽理想,而任何国家治理方式和公共政策的选择都受制于当时国家治理资源的存量与结构,"严打"的必然性正是体现于用集中有限的国家治理资源解决突出的社会问题。③

选择"严打"刑事政策有内在合理性。受传统刑事政策观念中刑罚万能的思维模式的影响,以及犯罪对策相对贫弱的现实,"严打"可以说是合理的选择。具体而言:一是因为刑事政策制定者受传统刑事政策观念制约,难以摆脱刑罚万能的思维模式;二是因为普通百姓有着朴实的报应情感,"严打"的实施可以满足民众的这一情感需求;④三是因为我国针对犯罪的对策较少,能有效预防犯罪的社会预防对策和刑事惩罚政策并未协调发展,所以面对犯罪率上升的情况,自然首先采取

---

① 参见陈兴良:《宽严相济刑事政策研究》,《法学杂志》2006年第1期。
② 参见曹凤:《第五次高峰——当代中国的犯罪问题》,今日中国出版社1997年版,第163—165页。
③ 参见唐皇凤:《常态社会与运动式治理:中国社会治安治理中的"严打"政策研究》,《开放时代》2007年第3期。
④ 参见赵峰:《反思与重构:严打刑事政策研究》,兰州大学2007年硕士学位论文。

打击政策。① 正是特定的历史时期、严峻的治安形势给予了"严打"合理的基石。"严打"的提出与实施,对于非正常的社会治安治理发挥了积极的作用,是法治经验不足、治安形势严峻、治理手段不奏效情况下的合理选择。特定的历史时期下,人民群众在国家至上、阶级斗争、秩序优先、效率至上以及法律工具论和法律虚无主义等理念的共同作用下,容易认为对付犯罪并不必须依靠刑法和刑事诉讼法等刑事法律,甚至没有法律约束,国家司法机关反而可以更加有效、灵活地打击各种危害社会的行为,使得"严打"具备了社会基础。②

虽然存在"越打越多"的现象,但这并不能直接否定"严打"刑事政策的有效性,毕竟刑事犯罪率的上升受到很多因素的影响,比如社会转型期难以避免的影响、犯罪预防工作的不完善、激烈竞争环境下心理支撑的缺失等。在这些社会因素没有改变的情况下,仅期望通过"严打"压制犯罪,效果不佳后即指责"严打"不正确,也是不符合逻辑的。"严打"对于控制犯罪率的上升只起到一定作用,而非全部作用,并且无人可以保证放弃"严打"后犯罪率不会以更快的速度上升;③"严打"刑事政策即使在执行中存在一定的偏差,其价值取向本身仍包含了保护公民人身财产等权利内容,因此,应正确认识其与人权保障、司法文明的关系。④

总之,"严打"是我国社会在转型阶段长期稳定的保证,我国保持了转型期的政治稳定与社会稳定,这首先应当归功于党和国家实行了

---

① 参见王宏玉、李明琪:《对"严打"与"宽严相济"刑事政策的理性思考》,《中国人民公安大学学报(社会科学版)》2011年第2期。
② 参见严励:《"严打"刑事政策的理性审读》,《上海大学学报(社会科学版)》2004年第4期。
③ 参见王平:《刑罚轻重的根据——兼论"严打"》,《政法论坛》2002年第2期。
④ 参见尹吉:《"严打"刑事政策的完善》,载游伟主编:《华东刑事司法评论》(第5卷),法律出版社2003年版,第56—57页。

正确的政治政策与经济政策,同时,也应当归功于党和国家实行了正确的刑事政策。我国经济连年快速增长,政治局面和社会状况长期安定,这就是对刑事政策是否正确合理的检验和证明。[1]"严打"在打击严重刑事犯罪、实现惩罚正义的同时,达到了维护社会秩序的目的,从而实现了刑法的秩序价值。"严打"刑事政策的刑罚哲学基础正是惩罚的正义与秩序价值。况且,面对严重刑事犯罪,任何国家都不会无动于衷。"严打"刑事政策是"犯罪与社会容忍之间能动的调节器",是统治者积累的"治世经验"。即使在强调宽严相济的今天,"严打"也有独立的存在价值而不能被完全取代,[2]"严打"甚至也可以是宽严相济刑事政策的一个重要方面,属于宽严相济刑事政策的题中应有之义,意味着应急性刑事政策向长期性刑事政策的转变。[3] 贯彻宽严相济的刑事政策,必须坚持"严打"方针不动摇,对于严重刑事犯罪依法严厉打击,在稳准狠和及时性上全面体现这一方针,使得"严打"政策在宽严相济刑事政策的视野内有更合理、充分的存在空间。[4]

二、"严打"刑事政策的局限性

近年来,理论界也在反思"严打"刑事政策,并指出了"严打"刑事政策制定和运行中的一些局限性。

第一,"严打"刑事政策的制定缺乏科学性。"严打"刑事政策未能

---

[1] 参见马长生:《对我国改革开放以来刑事政策的回顾与展望》,《法学杂志》2005年第5期。
[2] 参见敦宁、孙志华:《"严打"刑事政策的合理性解读》,《山西省政法管理干部学院学报》2011年第2期。
[3] 参见王宏玉、李明琪:《对"严打"与"宽严相济"刑事政策的理性思考》,《中国人民公安大学学报(社会科学版)》2011年第2期。
[4] 参见马克昌:《论宽严相济刑事政策的定位》,《中国法学》2007年第4期。

很好地遵循政策制定的程序,也没有建立在必要的指标数据之上,与相关学科、政策的协调并不充分。① "严打"刑事政策的重大调整受个案的影响非常显著,却缺少相应的政策论证。在第一次"严打"期间,广州市的"滨江路事件"(即"卜东昌"事件)等个案受到广泛讨论;在2001年"严打"中,石家庄爆发的"3·16"特大爆炸案等个案,对当时"严打"的延续也不无影响。② 在一定程度上,依靠有巨大影响力的个案推动刑事政策决策演变的情况,容易使政策因缺乏科学和充分的论证,从而在执行中出现种种问题。不少研究者还认为,现代决策的特征之一在于政府决策是一种群众参与程度较高的决策,但是从"严打"决策实践来看,刑事政策的制定大多受中央决策层的影响,刑事政策的政治色彩浓于犯罪与刑罚的规律。刑事政策制定更多被视作一种政治行为,而不是一种科学行为,相关领域的专家或没有途径参与对刑事政策的制定过程,或难以对决策的形成产生实质影响,这体现了刑事政策的制定缺乏科学性。

第二,早期"严打"刑事政策的目标和价值缺乏合理性。③ 在1983年的"严打"中,政策的目标定位将犯罪分子一网打尽,实现社会治安形势的根本好转。④ 然而,往往在短暂的犯罪率下降之后,"严打"依然无法遏制犯罪率再次上升的趋势。但是,这并没有降低政策决定者对"严打"的依赖,除了大规模"严打"之外,每年开展针对某一类犯罪的

---

① 参见谢望原、卢建平等:《中国刑事政策研究》,中国人民大学出版社2006年版,第278—309页。
② 参见刘仁文:《刑事政策初步》,中国人民公安大学出版社2004年版,第198页。
③ 参见何挺:《"严打"刑事政策研究》,中国政法大学2008年博士学位论文。
④ 参见张穹主编:《"严打"政策的理论与实务》,中国检察出版社2002年版,第42—43页。

"严打"已经成为实践中的一项经常性活动。① "严打"的阶段性导致同罪不同罚,对于同一个犯罪行为,在"严打"期间受到的处理往往更为严重,这导致犯罪嫌疑人、被告人希望被超期羁押等怪相的出现。② "严打"政策是作为人民民主专政的工具而产生并存在的,其政策本身缺乏效率价值与公正价值。我国宪法规定法院独立审判,任何机关、单位和个人都不能干涉,但"严打"期间政策,强调法院要在党委和政府的领导下加强与公安、检察的协调、配合,形成了公、检、法三机关"联合办公"。③ "严打"政策实际被认定为一场针对"敌人"的战斗,这就人为地在守法公民和犯罪公民之间划分出了敌我界限,而非平等地对待所有公民,是对违法犯罪者的一种歧视。

第三,"严打"刑事政策的实践存在认识偏差。有学者提出,"严打"所存在的问题更大程度上是在"严打"操作中凸显的,而非"严打"刑事政策本身的问题。④ 出于达到预期目标的迫切期望,执法部门对刑事政策的执行欠缺科学性、合法性的考虑,过分注重成绩,出现养案件、刮地皮凑数字等问题。⑤ 还有研究指出,"严打"在某种意义上是在浪费司法资源,如2001年1月至11月期间,"严打"导致的粗糙办案使得福建省公安刑事办案退案率达26.9%,有的设区市更达到54%,政策效率受到极大的损害。⑥ 实行"严打"政策势必造成诉讼数量增加,

---

① 参见周长军:《博弈、成本与制度安排——"严打"的制度经济学分析》,载陈兴良主编:《刑事法评论》(第12卷),中国政法大学出版社2003年版,第59页。
② 参见陈兴良:《法治的界面》,法律出版社2003年版,第211页。
③ 参见曲新久:《刑事政策的权力分析》,中国政法大学出版社2002年版,第117页。
④ 参见陈兴良:《中国刑事政策检讨——以"严打"刑事政策为视角》,中国检察出版社2004年版,第8页。
⑤ 参见尹吉:《"严打"刑事政策的完善》,载游伟主编:《华东刑事司法评论》(第5卷),法律出版社2003年版,第56—58页。
⑥ 参见李双其:《福建省"严打"工作调研报告》,《中国刑事法杂志》2002年第2期。

不仅引发后续司法活动消耗大量司法资源,同样也会导致犯罪嫌疑人、被告人及其家庭的资源消耗。还有学者指出,"严打"会导致重打轻防的倾向;容易导致司法不公,甚至出现错案;破坏法治,难以形成良性的法律运行机制;等等。① 例如,佛山市城区曾发生杀人碎尸案,城区和市区两级检察院、法院人员接到案件后,立即提前介入,市人民检察院受理此案后仅用 24 小时就提起公诉,市中级人民法院 3 天后即下达了决定执行死刑的判决书;山东省济南市历城区发生杀死四人的特大案件后,市和区两级检察院即时派员介入,公安机关对两名犯罪嫌疑人提请逮捕后,检察院仅用两小时就予以批捕;贵阳中级人民法院在受理起诉孔令明抢劫并杀害民警一案后,仅用两天就审理完毕,第三天作出一审判决,判决孔令明死刑。②

第四,保障人权作为我国刑事法律的基本精神难以在"严打"期间得到切实落实。1983 年全国人民代表大会常委会通过修改《人民法院组织法》,将严重危害社会治安的几类犯罪的死刑核准权下放到各省高院;2001 年全国社会治安工作会议确立的严打基本办案原则将平时的"事实清楚,证据充分"降格为"基本事实清楚,基本证据充分",在"严打"政策的指导下,为了避免打击不力的指责,司法机关出现故意设置障碍使犯罪嫌疑人得不到应有的法律帮助、超过法定办案期限又难以作出有罪判决时仍违法羁押犯罪嫌疑人或被告人等情况。③ "严打"期间存在的公开逮捕、游街示众等行为,严重侵犯了犯罪嫌疑人、被告人的人格尊严和合法权益:公开逮捕直接违背了"未经人民法院

---

① 参见严励:《"严打"刑事政策的理性审读》,《上海大学学报(社会科学版)》2004 年第 4 期。

② 参见谢望原、卢建平等:《中国刑事政策研究》,中国人民大学出版社 2006 年版,第 87 页。

③ 参见张智辉、单飞:《从"严打"看我国刑事政策的走向》,2003 年中国刑法学会年会论文。

判决不得确定有罪"的基本原则,严重侵害了犯罪嫌疑人的合法权益;游街示众亦是如此,漠视了犯罪嫌疑人、被告人作为人的基本尊严。

第五,"严打"刑事政策的效果难以持续。受传统"乱世用重典"思维的影响,我国在治理犯罪时倾向于在刑事政策的强化执行期间运用较重的刑罚处理,期待快速扭转犯罪形势。但多年的刑事司法实践表明,自1983年开始的"严打"政策并未起到"减少犯罪"的预期效果。例如,"严打"前的1982年,公安机关的立案数为748,479件,经过一年的"严打",1983年的立案数量减至610,478件。[①] 此后,刑事案件数量却呈不断上升的趋势,到2005年时,立案数量达到464.8万件。[②] 刑事案件数量的急剧增加,固然有社会转型等其他因素的作用,但也从侧面反映出"严打"刑事政策缺乏有效性。与此同时,监狱的改造效能急速下滑,累犯、再犯率持续攀高,许多刑满释放人员或者逃脱出来的人员带着对社会的疯狂报复心理,肆无忌惮地实施令人发指、惨绝人寰的恶性暴力犯罪。[③] 可见,一味重刑可能违背刑法针对部分犯罪设置严厉刑罚的本意。有学者曾指出,重刑主义给刑事司法带来了很多负面的影响,如过于偏好选择较重的罪名而无视定罪理论的指导,违反犯罪形态理论将较轻的形态定性为较重的形态,违反量刑原则适用顶格量刑等。[④] 这一影响已经体现在"严打"实践中,比如将"从重从快原则"片面理解成为顶格量刑,有的地区甚至出现"可抓可不抓就抓,可判可不

---

① 参见中国法律年鉴编辑部:《中国法律年鉴》,中国年鉴出版社1987年版,第886页。
② 参见刘甲:《刑事案件三年来首次回落》,《京华时报》2005年1月20日,第1版。
③ 参见陈兴良:《宽严相济刑事政策研究》,《法学杂志》2006年第1期。
④ 参见汪明亮、顾婷:《论传统刑法文化对刑事司法所带来的负面影响及其改进》,《河北法学》2005年第4期。

判就判,可杀可不杀就杀"等违背罪刑相适应原则的情况。① "严打"从客观上变成了重刑主义,②未能将严惩对象限定于最为严重的犯罪,而是对其他犯罪也从严惩处,严打对象泛化。③ 这种不加区分、一概"严打"的做法,大大加剧了社会冲突和社会矛盾,增加了社会中的不稳定因素,引起了许多社会成员的离心离德倾向。特别是对于那些本不该严厉打击,但是却受到"严打"政策波及的犯罪人及其家属,片面的、过度的严惩使得他们对于刑事司法机关和政府部门甚至全社会都产生仇恨心理,这不利于建设和谐社会。④ 事实上,重刑主义的目的在于实现刑罚的威慑效果。然而,刑罚若要达到威慑犯罪的作用,不仅需要严厉,还必须迅速、确定。有实证研究表明,刑罚的威慑作用中,单纯加大惩罚力度的预期效果并不明显,而刑罚的确定性可能会比严厉性带来更好的效果。⑤ "严打"中单纯强调重刑不仅可能会损害法律尊严,还会使人们对重刑的感觉变得迟钝,一旦社会公众变得冷酷、残暴、同情心减弱,那么甚至可能在削弱惩罚的威慑效果的同时增加犯罪的严重性:遇上"严打"是"不幸运"或者"倒霉",潜在罪犯完全可以选择避开"严打"的风头,之后再补偿性作案。⑥ 即使是重刑主义的刑事政策,也需要经过整个刑事司法体系的协调运作才能够实现。这一过程受到多重因素的制约,执法拖延、监狱管理不良、各环节工作人员对于政策奉

---

① 参见陈兴良:《法治的界面》,法律出版社2003年版,第206页。
② 参见欧阳竹筠、杨方泉:《"治乱重典论"的历史与现状》,《江汉论坛》2004年第4期。
③ 参见侯宏林:《刑事政策的价值分析》,中国政法大学出版社2005年版,第313页。
④ 参见吴宗宪:《解读宽严相济的刑事政策》,《中国人民公安大学学报(社会科学版)》2007年第1期。
⑤ 参见陈硕:《"治乱无需重典":转型期中国刑事政策效果分析》,《经济学》2014年第4期。
⑥ 参见刘学刚:《"严打"留下的遗憾》,《瞭望新闻周刊》2003年第32期。

行的不同态度等对刑罚威慑效果的影响并不容忽视。① 可见,即使因期待威慑效果而倚重重刑,在实践中每一环节的偏差也可能损害预期的刑罚威慑效果。

三、"严打"刑事政策的完善方向

从"严打"刑事政策的历史经验来看,正是严峻的犯罪形势不断推动着刑罚制裁力量的强化。然而,实践中依然出现了"犯罪量与刑罚量螺旋式地恶性上升、刑罚投入剧增而刑罚效益却急剧下降的罪刑结构性对抗局面",因此,有必要"转换刑法思维,革新刑事政策,调整社会对犯罪反应的方式"。②

第一,正确认识"严打"刑事政策。一是"严打"刑事政策的对象是少数真正严重的犯罪。对象的泛化是"严打"刑事政策的一大弊端,刑罚本就是以损害罪犯自身的利益为内容的,其本身并不能直接增进人的幸福,所以当在确定"严打"对象时,尽可能在实现报应和威慑这些并非根本性目的的同时,最大限度地使"严打"刑事政策符合人的价值追求。因此,不应将严惩对象指向盗窃这样的"平民犯罪"。③ 二是罪网的严密性和惩罚的确定性也是"严打"之"严"的重要内容。我国现实的罪刑结构是刑罚苛厉而罪网不严密,也即"厉而不严",这并不符合法治的要求,对此,应当改造为"严而不厉"的罪刑结构,也即罪网严密无遗漏,而刑罚配置不应太苛厉。

---

① 参见蔡德辉、杨士隆:《重刑化刑事政策对犯罪人再犯吓阻效能之研究》,载何秉松、陆敏主编:《全球化时代犯罪与刑罚新理念》(上),中国民主法制出版社2011年版,第824—857页。
② 参见赵运锋主编:《刑事政策学》,中国法制出版社2014年版,第66页。
③ 参见侯宏林:《刑事政策的价值分析》中国政法大学出版社2005年版,第190页。

第二,正确定位"严打"刑事政策。刑事政策是打击和预防犯罪的一项工程,它是由不同层次、不同结构的具体刑事政策的系统相互作用、相互制约形成的一个有机整体。在刑事政策的整体体系中,任何具体的刑事政策都不是孤立的,而必然处在不同层次的刑事政策系统之中。① "严打"刑事政策体现的只是惩办与宽大相结合政策中惩办的一面,或称为"重重"的一面,而远非犯罪控制策略的全部内容。对严重犯罪的严惩必须与对轻微犯罪的轻处辩证结合。"轻轻重重"首先是追求效率的需要,因为控制犯罪是以消耗刑事资源为条件的。而刑事资源本身的稀缺性与控制犯罪对刑事资源需求的无限性之间,存在着客观的矛盾,平均用力往往见效甚微。惟有"轻轻",方能"重重",方能真正有效地实现对犯罪的控制。"严打"只是综合治理一个较为次要的环节。与对既发犯罪的控制相比,对未发犯罪的预防在整个刑事政策体系中占有更重要的地位。只有将治理犯罪工作的重心放在事先的预防而非事后的打击上,才能更好地服务于人们对幸福生活的追求。②

第三,"严打"刑事政策必须走向法治化。刑事政策的法治化是刑事政策本体的法治化,即刑事政策制定和实施的内容、刑事政策的结构等要符合刑事法治的原则、精神和要求。③ 在实体意义上,首先需要做到刑事政策法律化,也就是国家通过法定的立法程序将刑事政策转化为法律,或者说刑事政策通过法律的形式表达和实现。④ "严打"政策虽可作为应急手段,但是由于缺乏将刑事政策内容转化为司法依据的

---

① 参见陈兴良:《中国刑事政策检讨》,中国检察出版社2002年版,第254—255页。
② 参见侯宏林:《刑事政策的价值分析》,中国政法大学出版社2005年版,第325页。
③ 参见王吕学、赵桂民:《刑事政策与刑事法治》,2003年中国刑法学年会论文。
④ 参见严励:《"严打"刑事政策的理性审读》,《上海大学学报(社会科学版)》2004年第4期。

途径,将其直接适用于刑事司法的过程和结果的随意性,使法律规范自身的稳定性与严肃受到了损害,使公众质疑法律的权威性。① 可见,"严打"的人治色彩、政治化色彩过于浓重,不利于法治社会的建设。告别公、检、法三机关联合办公,各司法机关应依法保持自身独立行使职权。

第四,"严打"刑事政策应体现保障人权的精神。法治的基本精神在于限制权力,保障人权。由于"严打"刑事政策具有导向性,整个刑事法律的运作中无不体现刑事政策的价值追求,所以"严打"不能本着打击犯罪至上的内在逻辑,否则必然会在一定程度上忽视对人权的保护。因此,一个国家的人权能否得到有效保障取决于刑事政策的价值取向。② 在一个法治社会里,正确的选择应当是将人权保障放在第一位,打击犯罪不能以牺牲人权保护为代价。③ 司法人员不仅要在观念层次上树立起浓厚的人权保障意识,而且要把人权保障作为一个重要的价值目标,使"严打"真正做到严之有据,严之有度。④

概言之,刑罚是控制犯罪的重要手段,但不是唯一的、首要的手段。尤其是在现实中,一些社会现有缺陷恰恰为犯罪滋生提供了空间,⑤此时,未经其他制度的完善与协调,单纯重刑显然"治标不治本",反而可能遏制社会应有的创新与发展。除了刑罚之外,行政手段、教育手段以

---

① 参见张智辉、单飞:《从"严打"看我国刑事政策的走向》,2003年中国刑法学会年会论文。
② 参见程应需:《人权保护与我国刑事政策的价值选择》,《法学评论》2006年第2期。
③ 参见陈兴良:《中国刑事政策检讨——以"严打"刑事政策为视角》,中国检察出版社2004年版,第7页。
④ 参见张旭:《"严打":必须处理好四个关系》,《法制与社会发展》2001年第6期。
⑤ 参见吴羽、李振林:《金融犯罪防治研究》,中国政法大学出版社2018年12月版,第107—108页。

及经济文化手段等其他类型的措施均有助于控制和预防犯罪。从我国犯罪率的实证研究也可以看出,减少收入分配不平等、发展基础教育、加强流动人口的服务和管理、改进社会福利等措施都有助于减少犯罪。[①] 因此,有效的犯罪治理依赖于社会整体治理水平的提高,也需要刑事政策的进一步发展与完善。

[①] 参见陈屹立:《收入不平等、城市化与中国的犯罪率变迁》,《中国刑事法杂志》2010年第11期;陈刚、李树:《教育对犯罪率的影响研究》,《中国人口科学》2011年第3期;陈刚、李树、陈屹立:《人口流动对犯罪率的影响》,《中国人口科学》2009年第4期;陈刚:《社会福利支出的犯罪治理效应研究》,《管理世界》2010年第10期。

第三章
社会治安综合治理

社会治安综合治理,是在社会公众参与下,各级党和政府部门为维护社会政治稳定、协调行动,运用各种合法有效措施防治严重治安违法行为和刑事犯罪活动的一项社会管理系统工程。[①] 综合治理的工作要求转变原先单一的、分割的思维和行为方式,在党委、政府统一领导下,组织动员全社会的各方面力量,综合运用政治、经济、法律、行政、教育、文化等多种手段,治理违法犯罪问题,维护社会秩序的稳定。改革开放以来,综治工作已经逐渐成熟,面对复杂多变的社会治安局势,社会治安综合治理工作为维护社会稳定,保障百姓生活的幸福感、安全感发挥了重要的作用。综治队伍建设也从最初的单一治安管理部门逐渐壮大,发展到全社会的共同参与。

---

① 参见田小穹:《社会治安综合治理定义探析》,《河北法学》2010年第8期。

第一节　社会治安综合治理概述

一、社会治安综合治理的实践演变

我国社会治安治理理念、体系的产生、发展,经历了从无到有,从理论到实践,从点到面,从单一分散到形成体系的历史过程,经过40年的不断探索创新,已经形成了统筹各方、具有中国特色的社会治理理论体系。①

(一) 萌芽时期——"打防并举、标本兼治、重在治本"

把"社会治安"与"综合治理"两个词汇的含义组合起来,并赋予它特定政治内容是在改革开放以后。20世纪80年代初期,受"文化大革命"的影响,当时社会治安形势较为严峻,社会治安成为人民群众反映强烈的突出问题,综合治理的思想就是适应当时社会治安形势的需要而提出来的。② 1981年5月,中央政法委召开京、津、沪、穗、汉五大城市治安工作座谈会,在批转的《五大城市治安座谈纪要》中第一次提出"综合治理"概念。《五大城市治安座谈纪要》指出,要"争取社会治安根本好转,必须各级党委来抓,全党动手,实现全面'综合治理'"。此

---

① 参见王磊:《新时代社会治安综合治理的路径》,《南方论刊》2019年第10期。
② 参见张晒:《使制度有效地运转起来:改革进程中制度运转的动力机制新解》,《政府治理评论》2019年第2期。

外,《五大城市治安座谈纪要》对解决社会治安和实行综合治理的重要性、必要性作了原则性的表述,首次明确指出解决社会治安问题,必须实行综合治理的方针。[1] 从《五大城市治安座谈纪要》中能明显地看出,中央在提出"社会治安综合治理"战略思想时,一开始就是将"综合治理"作为解决社会治安问题的手段和出路。社会治安综合治理是将目标与手段相结合形成的完整体系。

在这一阶段,基于现实的需要,国家大力打击犯罪活动。1983年,基于刑事案件高发的态势,中共中央作出《关于严厉打击刑事犯罪活动的决定》,明确把"打击"作为社会治安综合治理的首要环节,确立了依法从重从快严厉打击严重刑事犯罪分子的"严打"方针。此后,又出台了《严厉打击刑事犯罪活动,实现社会治安根本好转(宣传提纲)》《关于抓紧打击刑事犯罪的有利时机,推进社会风气进一步好转的通知》等相关文件。1986年2月,全国政法工作会议明确提出:"近几年的实践证明,社会治安综合治理实质上就是一项教育人、挽救人、改造人的系统工程。"[2]至此,社会治安综合治理的"打防并举、标本兼治、重在治本"的治理方针基本形成。直至1990年,社会治安综合治理思想不断普及,全国许多地方建立了不同形式的社会治安综合治理领导体系,设立了组织领导和办事机构。

(二) 确立阶段——"打防结合、预防为主"

20世纪90年代,针对社会治安出现的问题,"严打"虽然打击了严重的刑事犯罪,但刑事案件高发的势头并没有控制住,以打击作为社会

---

[1] 参见刘奇耀:《社会治安综合治理的法治逻辑》,山东大学2014年博士学位论文。
[2] 王仲方:《论社会治安综合治理》,《中国法学》1989年第4期。

治安综合治理的首要任务并没有从根本上解决治安问题。① 1991年1月,中共中央在山东省烟台市召开全国社会治安综合治理工作会议,总结过去十年开展社会治安综合治理取得的成绩和探索的经验,明确了社会治安综合治理的大政方针和工作任务。② 随后,中共中央、国务院和全国人大常委会分别作出《关于加强社会治安综合治理的决定》,这是社会治安综合治理的第一个纲领性文件,为社会治安综合治理工作提供了重要的政策、法律保障。《关于加强社会治安综合治理的决定》深刻阐述了对社会治安实行综合治理的重要意义,明确了社会治安综合治理的指导思想、基本原则、工作范围、主要任务和基本方法等。综合治理从解决青少年犯罪问题开始向社会治安问题延伸,成为具有全面意义的社会治安综合治理工作,社会治安综合治理逐步走上规范化、制度化的轨道。

此后,社会治安综合治理工作进入广泛发展阶段。按照构建社会主义和谐社会和全面建设小康社会的要求,社会治安综合治理工作围绕加强社会治安防范、矛盾纠纷排查调处和深化平安建设三大方面逐步展开各项工作。③ 中央综治委组织开展了"反盗窃专项斗争""打击取缔卖淫嫖娼和拐卖妇女儿童犯罪活动""围歼车匪路霸"等重点治乱行动,大力推动流动人口管理、安置帮教、校园周边环境整治、预防青少年违法犯罪等综治专门工作,同时加强综治基层基础建设,部署推进矛盾纠纷排查调处工作。2001年9月,中共中央、国务院出台了《关于进

---

① 参见冯仕政:《社会冲突、国家治理与群体性事件概念的演生》,《社会学研究》2015年第5期。
② 参见黄金平主编:《上海改革开放实录(1992—2002)》(下),上海书店出版社2015年版,第513页。
③ 参见中央社会治安综合治理委员会办公室编著:《社会治安综合治理工作读本》,中国长安出版社2009年版,第20页。

一步加强社会治安综合治理的意见》,对新时期进一步加强社会治安综合治理工作提出了具体意见,全面部署新时期社会治安综合治理工作,提出"打防结合、预防为主"是做好社会治安综合治理的指导方针。①

(三) 完善阶段——"打防结合、预防为主,专群结合、依靠群众"

2002年11月,中共中央办公厅、国务院办公厅转发了《中央综治委关于加强社会治安防范工作的意见》,对构建社会治安防控体系作出部署。在长期的建设发展中,国家更加注重民生,国家认识到依靠群众可以更深入准确地了解治安问题,推动治安问题更有效地解决。此后社会治安综合治理逐步摆脱了仅靠政府进行治安治理的传统方式。2004年9月,党的十六届四中全会通过的《中共中央关于加强党的执政能力建设的决定》指出,坚持"打防结合、预防为主,专群结合、依靠群众",加强和完善社会治安综合治理工作机制。2005年10月,中共中央办公厅和国务院办公厅印发了《关于深入开展平安建设的意见》,对广泛开展平安建设,拓宽社会治安综合治理工作领域,提高社会治安综合治理工作层次等,提出了明确要求。② 由此将原先"发案少、秩序好、群众满意"的狭义平安,扩展为应对各类传统安全问题和非传统安全问题,涵盖政治、经济、文化和社会各个方面的宽领域、大范围、多层面的广义平安。平安建设作为社会治安综合治理的创新和发展在全国范围内广泛地开展起来。

---

① 参见中央直属机关工作委员会宣传部编:《辉煌三十年——中央直属机关纪念改革开放30周年论文集》,新华出版社2008年版,第28页。
② 参见中共中央文献研究室编:《十六大以来重要文献选编》(下),中央文献出版社2011年版,第2页。

(四)发展阶段——打造共建共治共享的社会治理格局

21世纪以来,我国在政治、经济、社会等方面均实现了飞速发展。随着互联网科技的逐渐成熟,共享理念、共享经济不断发展,信息交流不断便利化,我国已经进入了中国特色社会主义新时代。在新时代,我国社会主要矛盾已经发生转变,党的"两个一百年"的奋斗目标对社会治安治理提出了新要求。① 为顺应这一发展需要,党的十八届四中全会提出,要坚持法治国家、法治政府、法治社会一体建设,促进国家治理体系和治理能力现代化;党的十九大报告提出打造共建共治共享的社会治理格局。

社会治安综合治理工作从萌芽阶段的"打防并举、标本兼治、重在治本"发展到十八大以来提出的"打造共建共治共享的社会治理格局"。可见,社会治安综合治理工作伴随着我国改革开放和现代化建设的实践不断发展起来。当前,社会治安综合治理工作始终在中国特色社会主义理论的指导下,服从服务于党和国家工作大局,围绕各个时期影响社会治安和社会稳定的突出问题,有针对性地采取措施,不断增强人民群众的安全感。改革开放40年以来,社会治安综合治理是解决我国社会治安问题的有效途径。

二、社会治安综合治理的工作机制

改革开放40年以来,社会治安综合治理工作积累了一定的基础,建立健全了一系列工作制度和机制。

---

① 参见王磊:《新时代社会治安综合治理的路径》,《南方论刊》2019年第10期。

（一）社会治安综合治理责任制

社会治安综合治理责任制包含两个方面:社会治安综合治理的党政领导责任制和各地各部门综治工作的目标责任制。中共中央、国务院《关于加强社会治安综合治理的决定》指出,落实"谁主管谁负责"的原则,是实现社会治安综合治理的核心。社会治理是包括政府在内的多元主体共同参与公共事务管理的过程和形式,治理的主体通常包括党委、政府、综治机构、政法机关、行政执法机构、社会群体与社会组织、公司企业、公民个体等多个方面。[①] 在多元主体治理结构中,各方之间是平等的合作关系,但实际治理绩效是不同的,党政部门占据绝对的主导地位。党和政府是社会治安综合治理思想、发展方略的策划者和设计者,是整体工作安排部署的推进力量,也是强大后盾和支持保障力量。

为进一步增强各级党政主要领导抓综治工作的责任,1991年中央综治委制定"一票否决权"制度,1993年中央综治委与中纪委、中组部、人事部、监察部五部委联合发布《关于实行社会治安综合治理领导责任制的若干规定》。社会治安综合治理"一票否决权"制度和领导责任制相辅相成,成为促进党政领导既抓经济又抓社会治安综合治理的制度保障。2016年2月,中共中央办公厅、国务院办公厅又印发了《健全落实社会治安综合治理领导责任制规定》,该规定对党政领导班子、领导干部违反综合治理责任制规定或未能正确履行职责的情况,实施通报、约谈、挂账督办、给予一票否决的问责机制,强化了领导责任制的效力。

---

① 参见刘宏阳:《机构改革背景下县级社会治安综合治理工作机制完善研究》,河北大学2019年博士学位论文。

同时,中央要求层层建立社会治安综合治理目标管理责任制。各级党政领导之间、党政领导和各部门、各单位之间,层层签订责任书,把社会治安综合治理的任务、要求分解为若干具体目标,制定出易于执行检查的措施,建立严格的检查监督制度、定量考核制度和评比奖惩制度。[1] 在中央层面,1997 年以来,中央综治委会同中组部、人事部先后五次表彰了全国社会治安综合治理先进集体、先进工作者和社会治安综合治理优秀地(市)。[2] 在地方层面,如在上海市,市党政领导每两年签订社会治安综合治理责任书,每年有全面的综合治理工作检查考核,两年一次开展综合治理先进评比表彰,充分调动了基层干部群众参与综合治理的积极性。[3]

(二) 各部门齐抓共管机制

中央社会治安综合治理委员会有 40 个成员单位,还有若干非成员单位参与工作,此外还有 8 个专项组。党的十八届五中全会提出:"完善党委领导、政府主导、社会协同、公众参与、法治保障的社会治理体制,推进社会治理精细化,构建全民共建共享的社会治理格局。"党的十九大又提出:"打造共建共治共享的社会治理格局。"可见,构建共建共治共享的社会治安共同体的治理体制成为社会治安综合治理理论的重要立足点。长期以来,社会上可能存在这样一种误解:平安建设就是综合治理委员会、综合治理办公室的责任。其实,综治委是议事协调机构,综治办抓落实,主要工作是协调推动,不应该也不

---

[1] 参见唐皇凤:《社会转型与组织化调控——中国社会治安综合治理组织网络研究》,武汉大学出版社 2008 年版,第 259 页。
[2] 参见吴锦良:《基层社会治理》,中国人民大学出版社 2013 年版,第 250 页。
[3] 参见孙哲、张红斐:《超大城市社区治理模式与流动青少年的就业困境——基于广州与上海的比较》,《青年学报》2017 年第 1 期。

可能取代职能部门的公共行政和执法功能。综合治理是对人的服务与管理,说到底是做群众工作的,①更需要各职能部门发挥直接有效的作用。

(三) 纵向到底、横向到边的综治工作网络优势

改革开放40年以来,基层综合治理组织逐步健全,街道乡镇综治办成为协助党委、政府维护社会治安和社会稳定的有力助手。目前《社会治安综合治理综治中心建设与管理规范》(GB/T 33200—2016)已经作为国家标准出台,各地都纷纷以该规范作为重要的参考标准,紧密结合自身实际,在中心工作效能上下功夫,把街镇综治中心建设为联动融合机制、切实解决问题的基层工作平台,并进一步试点建设区(县)级综治中心。各地居、村委也建立了综治组织——综治工作站。中央提出要建立省市县乡村五级综治中心,居、村委的综治工作站在功能上就是综治中心,因此,居、村委的综治工作也需要规范化、标准化。综合治理组织还逐步向企事业单位延伸,各种形式的群防群治队伍在各个重大事件和重大活动中都发挥了积极有效的作用。完备的社会治安综合治理组织体系就是一个有效运转的社会共同体,可以满足许多社会大循环所无法满足或不易满足的"小事",②增强互益互信。通过均衡联系带动社会资源间的重新配置和交换,提供一系列有效的参与渠道,满足社区需求,增强民众认同。

---

① 参见吴周敏:《切实加强社会综合治理》,《西藏日报》2019年3月20日。
② 参见陈学艺:《培育形成合理的社会阶层结构是建设和谐社会的基础》,《中共党政干部论坛》2005年第9期。

第二节　社会治安综合治理的评析

一、社会治安综合治理工作存在的问题

（一）社会治安综合治理工作范围和重点不够精确

有观点认为,综合治理工作的范围就像一个"筐",什么都可以往里"装",这种形象化的比喻反映了当前综合治理工作范围的宽泛。综合治理的内涵和外延的模糊,必然影响到对有关政策文件精神的领会和贯彻,进而影响社会治安综合治理系统工程的建设效果。"综合治理"是一种理念,倡导用多种力量、多种措施开展治理。"综合治理"适用于包括社会治安在内的社会治理任何领域,如生态环境问题、教育问题、就业问题等,但如果将社会上出现的任何问题都归到综合治理工作的范围,显然是不恰当的。准确把握综合治理的内涵和外延,关键是如何理解社会治安的含义。社会治安的含义不能简单地从字面上理解,需要从综合治理工作的实践发展来看。正如前文所介绍的,20世纪80年代中央将严重刑事犯罪视为主要威胁问题,多次开展以严重刑事犯罪为主要目标的"严打"运动;到20世纪90年代,大量群体性事件的出现改变了中央对社会治安形势的认识,《关于加强社会治安综合治理的决定》所强调的社会治安是违法犯罪,其出台是对"严打"策略的调整,表明国家对综合治理工作的首要任务向"社会稳定"进行转型。综合治理工作目标从治安整治转变为社会稳定,纠纷调处与矛盾化解成

为预防性控制的工作重心。2005年中共中央、国务院转发中央综治委《关于深入开展平安建设的意见》，综合治理工作转变为对整个社会的安全管理，包括犯罪预防和事故预防。

综合治理工作涵盖范围虽广泛，但重心还是落实在对违法犯罪的预防上。犯罪预防包括一般预防和特殊预防，其对应的每个环节都有相应的工作部门。例如，罪前的一般预防有各行政机关的日常管理（包括公安、民政部门的社会救济等）；罪后的特殊预防主要是公安、检察院、法院及司法行政机关对犯罪的侦查、起诉、审判、执行等活动。特殊预防是一种既打击也预防的特别预防方式。犯罪发生的多因性，需要犯罪应对的综合性，这种综合性要求多种力量、多种措施的有机协调，特别是在针对一些较为复杂的问题和风险时。当前社会治理更加趋向于风险治理，强调预判和预防，而非事后处理和应对。社会治安综合治理是针对单一治理主体、单一手段难以解决的重点难点治安问题，进行调研、决策，并协调多种力量、多种手段加以预防和处置。因此，当前综合治理工作的范围应当围绕治安问题，重点在于犯罪预防。

（二）综合治理的工作方法和手段滞后

社会治安综合治理的首要任务是治安防控。2014年，中共中央办公厅、国务院办公厅印发《关于加强社会治安防控体系建设的意见》，提出"形成党委领导、政府主导、综治协调、各部门齐抓共管、社会力量积极参与的社会治安防控体系建设工作格局，健全社会治安防控运行机制，编织社会治安防控网，提升社会治安防控体系建设法治化、社会化、信息化水平，增强社会治安整体防控能力，努力使影响公共安全的暴力恐怖犯罪、个人极端暴力犯罪等得到有效遏制，使影响群众安全感的多发性案件和公共安全事故得到有效防范，人民群众安全感和满意度明显提升,社会更加和谐有序"。因此,开展治安防控,首先要处理好"打"与"防"的关系。早在1991年,全国人民代表大会常务委员会通过的《关于加强社会治安综合治理的决定》就确立了社会治安综合治理的方针是"打击和防范并举,治标和治本兼顾,重在治本"。然而,该决定又强调打击是社会治安综合治理的首要环节,这样无论是在政策文件还是政策实施中,综合治理的重心都在于打击犯罪,一提打击,往往雷厉风行,立竿见影;而对于预防,则基本流于空谈,倡导有余,执行不足。① 2001年,中共中央、国务院出台的《关于进一步加强社会治安综合治理的意见》提出"打防结合、预防为主"的方针,将措施归纳为两个环节:打击和预防。应该说,打击和预防的关系是相互的,打击是为了预防,打击就是一种特殊预防。在这些措施中,打击、改造是着眼于既发犯罪的,属于治标之策;预防是防范、教育、管理、建设,是着眼于未然之罪,属于治本之策。②

可见,从社会治安综合治理工作的发展历程看,解决社会治安问题起始是重视打击,而且力度很大,然而成果难以巩固,由此逐渐转向重视预防工作。相比于打击的综合治理策略,预防性工作无疑对政府治理提出了更高的要求。在更高的治理要求下,传统综合治理方法和手段逐渐滞后,因此,必须顺应时代发展,及时创新升级。

二、社会治安综合治理工作的完善方向

我国当前的改革发展正处于重要机遇期,改革的不断深化必然涉及利益关系的调整,这就不可避免地出现各种矛盾和问题。有些矛盾

---

① 参见齐玉生:《综治随笔》,山西人民出版社2007年版,第34页。
② 参见辛科:《社会治安综合治理:问题与对策》,《中国政法大学学报》2011年第5期。

相互交织,空前复杂,易于激化,对社会稳定影响很大。① 针对当前社会治安问题中存在的种种不稳定因素,综治工作需要主动适应新形势提出的新要求,综合运用法律、政策、行政、经济等手段,协商、教育、调解等方法,统筹各方,不断改革创新,为创造良好的经济发展环境提供坚实保障。

(一) 构建综合治理主体多元化格局

社会治安综合治理是一项全面又系统的工程,不能简单地依靠个人或某个职能部门完成。因此,综合治理工作要向多元化、联动共治的方向转变,发挥各级党委和政府强大的动员能力,建立并完善由党委和政府主导、社区和社会组织协助、广大群众积极参与的新型社会治理机制。具体而言,以公安机关为主力,发挥公安机关的社会治安管理的职能,形成以公安机关为主导,工商、城管等其他职能部门与之相互配合、相互协作的协同治理机制,形成信息互通、资源共享、优势互补、协同执法、合力治理的工作格局;组织发动物业公司、快递和外卖等熟悉社区环境且流动性较强的行业力量,发挥他们高效处理问题的优势,让他们成为综治工作中的"千里眼"和"顺风耳";坚持"从群众中来,到群众中去"的工作理念,充分激发人民群众维护社会稳定、保障社会安全的热情,广泛动员全社会的力量,齐抓共管,共筑社会平安秩序与和谐。② 为使综治工作能广泛吸收社会各界力量,要从根源上拓宽社会大众参与综治的渠道。例如,"广州街坊群防共治队伍"由专业执法干部、辅警、保安员和外卖员组成,他们在有关

---

① 参见张守斌:《关于社会治安综合治理问题的探讨》,《经济研究导刊》2018年第6期。
② 参见周心捷:《公共安全与大数据视域下社会治理组织架构的特征》,《武汉理工大学学报(社会科学版)》2020年第1期。

部门的领导下,广泛收集民意、参与纠纷调解、开展普法宣传,成为基层治理工作的主力军。①

(二) 完善综合治理运作机制

首先,明确综合治理部门的职责权限,完善综合治理部门的联动机制。在综合治理工作中,明确各成员单位的分工和职责是完善部门联动机制的前提。如果综合治理工作各成员单位权责和分工不明确,将会导致相互掣肘、推诿扯皮、协调困难等情况的发生,造成综合治理工作效率低下,阻碍综合治理工作前行的步伐。对此,通过出台相关文件明确各成员单位的职责,才能够完善综合治理部门联动机制。

其次,强化社会治安形势分析研判机制。社会治安问题的规律性和程序性使得分析研究社会治安形势成为可能。科学设置社会治安形势分析研判机制,综合治理工作就能逐渐明确方向,积累总结经验,提高治理效能,由滞后走向超前。具体而言:一是规范社会治安形势分析研判会议制度。各相关单位在本部门内部可以建立完善社会治安形势分析研判机制,定期开展对社会治安形势的整体研判、动态监测,强化信息情报的来源。特别是要督促指导公安机关建立健全公共安全风险检测预警体系,有效提高其动态监测、实时预警能力,充分发挥好公安机关的主力军作用。② 二是规范社会治安形势分析研判的方法。例如,坚持"人力+科技"的分析研判模式,强化统计预测科技的应用。三是完善社会稳定风险评估机制,探索分类评估办法,健全社会公示、公开听证、专家咨询、合法性审查制度,推动矛盾纠纷风险防范与经济社

---

① 参见黄明涛:《社会治理背景下"广州街坊"实践创新研究》,《探求》2019年第6期。

② 参见曹洪、陈文艺:《大数据与治安治理的创新》,《江苏警官学院学报》2017年第1期。

会发展同步规划、同步实施。①

最后,创新发展矛盾纠纷多元化解机制。党的十八届四中全会决定提出:"健全社会矛盾纠纷预防化解机制,完善调解、仲裁、行政裁决、行政复议、诉讼等有机衔接、相互协调的多元化纠纷解决机制。"建立多元化纠纷解决机制,就是要明确各种纠纷解决方式在社会矛盾纠纷解决工作体系中的地位和作用,形成既充分发挥每一种纠纷解决方式的特点和优势,又能够相互衔接配合、相互补充的满足社会主体多样需求的社会矛盾纠纷解决模式。② 进一步创新完善矛盾纠纷多元化解机制,基础在于司法调解、行政调解、人民调解的建立和加强,根本在于诉调一体化对接,完善以人民调解为基础、行政调解为中心、诉讼调解为主导、司法审判为保障的多元化的矛盾纠纷解决机制,把民间调解发扬光大,把行政调解发挥到位,把法院调解贯彻始终,最大限度地将各种消极因素转化为积极因素,实现调解效果的最大化。③

(三) 提升综合治理方法的智能化水平

21世纪以来,互联网科学技术在生产生活中发挥着举足轻重的作用。综合治理工作应当紧跟时代发展趋势,充分利用"互联网+"、大数据等科学技术预防和控制治安问题,利用这些新兴科技力量加强和完善治安防控体系,从而提升治理社会问题的效能,依靠科技推动综合治理工作稳步向前。④ 首先,实施监控全面覆盖措施,加大公共视频监控

---

① 参见刘宏阳:《机构改革背景下县级社会治安综合治理工作机制完善研究》,河北大学2019年博士学位论文。
② 参见向前:《多元化化解纠纷的理性期待:从社会管理走向社会治理》,《决策导刊》2014年第6期。
③ 参见纪胜利:《论矛盾纠纷多元化解格局的构建》,2017年山西省法学会论文。
④ 参见李春生:《坚持把智能化建设作为重要支撑 不断提高广东公安工作现代化水平》,《南方法治报》2019年1月14日,第8版。

系统建设力度,提升系统数据库容量和数据处理技术,建立完整的视频监控建设、联网、管理、应用等工作规范。其次,政府作为大数据资源的主要占有者和发起者,应当树立大数据共享意识,积极推进数据信息共享应用。按照"大整合、高共享、深应用"的要求,健全各类基础技术规范标准,着力打通各职能部门间的信息数据通道。[①] 再次,深入研究大数据平等、开放和共享等特征,找到其与社会治理创新之间的内在联系,有效利用大数据推测人民群众的需求,预判可能会出现的社会问题,增进政府、社会组织和人民群众等多方之间的共识,提升社会治理智能化水平。[②] 最后,加强对网络的监管和控制。网络的虚拟性激发了一些人心中的"恶",这是导致网络暴力、网络诈骗等违法犯罪行为屡见不鲜的重要因素。因此,综治工作应当积极探索网络管控新途径,通过加强网络发言的审核力度、提升网络踪迹的追踪技术等方式全面加强网络社会防控建设,切实提高网络安全法治化水平。

---

① 参见缪金祥:《完善社会治安综合治理体制机制》,《群众》2019年第10期。
② 参见侯万锋:《找准大数据与社会治理创新的契合点 用大数据提高社会治理智能化水平》,《人民日报》2018年11月13日,第7版。

第四章
宽严相济刑事政策

"宽严相济的刑事政策思想在我国有着深远的历史渊源"①,如《尚书·周书·吕刑》记载:"上刑适轻,下服。下刑适重,上服。轻重诸罚有权。刑罚世轻世重。惟齐非齐,有伦有要。"《周礼·秋官·大司寇》记载:"一曰刑新国用轻典,二曰刑平国用中典,三曰刑乱国用重典。"上述观念在一定程度上体现了宽严相济的思想。事实上,"在中国历史上,宽严相济原本体现的是一种治国思想,其源头是郑国子产提出、后受到孔子推崇的'宽猛相济'思想"②。《左传·昭公》记载:"仲尼曰:'善哉!政宽则民慢,慢则纠之以猛。猛则民残,残则施之以宽。宽以济猛,猛以济宽,政是以和。'"可见,孔子提出的"宽以济猛,猛以济宽"属于治国理念,但这也体现了宽严相济的政策思想,所以"我们时下倡导的宽严相济刑事政策,与历史上的'宽猛相济'刑事政策思想有着文化上的渊源"③。当前,宽严相济刑事政策是我国一项基本的刑事政策,它对刑事立法、刑事司法和刑事执行活动产生了重要的影响。

---
① 马克昌:《宽严相济刑事政策刍议》,《人民检察》2006年第19期。
② 卢建平:《刑事政策与刑法变革》,中国人民公安大学出版社2011年版,第217页。
③ 蒋熙辉、郭理蓉、马冬梅、方文军:《刑事政策之反思与改进》,中国社会科学出版社2008年版,第216页。

第一节 宽严相济刑事政策概述

一、宽严相济刑事政策的提出与发展

2004年12月,中央政法委书记罗干在全国政法工作会议上提出:"正确运用宽严相济的刑事政策,对严重危害社会治安的犯罪活动严厉打击,绝不手软,同时要坚持惩办与宽大相结合,才能取得更好的法律和社会效果。"[①]对此,马克昌教授认为,这里第一次提出了宽严相济的刑事政策,但是将宽严相济刑事政策和惩办与宽大相结合并提,还没有将它作为独立的刑事政策提出。[②] 2005年3月,《最高人民法院工作报告》提出:"坚持'严打'方针和宽严相济的刑事政策,严把案件事实关、证据关、程序关和适用法律关,加强司法领域的人权保障。"

2005年12月,罗干在全国政法工作会议上又指出,宽严相济是"指对刑事犯罪区别对待,做到既要有力打击和震慑犯罪,维护法制的严肃性,又要尽可能减少社会对抗,化消极因素为积极因素,实现法律效果与社会效果的统一","贯彻宽严相济的刑事政策,一方面,必须坚持'严打'方针不动摇,对严重刑事犯罪依法严厉打击,什么犯罪突出就重点打击什么犯罪,在稳准狠和及时性上全面体现这一方针;另一方

---

① 刘仁文:《宽严相济的刑事政策研究》,《当代法学》2008年第1期。
② 参见马克昌:《宽严相济刑事政策的演进》,《法学家》2008年第5期。

面,要充分重视依法从宽的一面,对轻微违法犯罪人员,对失足青少年,要继续坚持教育、感化、挽救方针,有条件的可适当多判一些缓刑,积极稳妥地推进社区矫正工作"。① 对此,有学者指出,这"不仅界定了宽严相济的内涵,而且指出了从严从宽的方向"②,这也是第一次将"宽严相济"作为独立的刑事政策提出。③

2006年3月11日,在第十届全国人民代表大会第四次会议上,最高人民法院院长肖扬、最高人民检察院检察长贾春旺在工作报告中都提出要贯彻宽严相济刑事政策。肖扬在《最高人民法院工作报告》中指出:"贯彻宽严相济的刑事政策,对罪当判处死刑但具有法定从轻、减轻处罚情节或者不是必须立即执行的,依法判处死缓或无期徒刑。对认定事实不清、证据不足的案件,依法发回重审";"……坚持宽严相济的刑事政策,对犯罪情节轻微或具有从轻、减轻、免除处罚情节的,依法从宽处罚"。贾春旺在《最高人民检察院工作报告》中指出:"认真贯彻宽严相济的刑事政策。坚持区别对待,对严重刑事犯罪坚决严厉打击,依法快捕快诉,做到该严则严;对主观恶性较小、犯罪情节轻微的未成年人、初犯、偶犯和过失犯,贯彻教育、感化、挽救方针,慎重逮捕和起诉,可捕可不捕的不捕,可诉可不诉的不诉,做到当宽则宽。"自此,宽严相济刑事政策成为学术界与实务界关注和研究的热点议题。④

党的十六届六中全会通过的《关于构建社会主义和谐社会若干重大问题的决定》明确提出"实施宽严相济的刑事司法政策,改革未成年

---

① 参见卢建平主编:《刑事政策学》,中国人民大学出版社2013年版,第130页。
② 储槐植、赵合理:《国际视野下的宽严相济刑事政策》,《法学论坛》2007年第3期。
③ 参见马克昌:《宽严相济刑事政策的演进》,《法学家》2008年第5期;高铭暄:《宽严相济刑事政策与酌定量刑情节的适用》,《法学杂志》2007年第1期。
④ 参见马克昌:《宽严相济刑事政策的演进》,《法学家》2008年第5期。

人司法制度,积极推行社区矫正"。自此,我国正式确立了宽严相济刑事政策。[1] 可以说,宽严相济刑事政策的出台,是中国社会各个方面共同思考和努力的结果,是新中国刑事政策的新发展。[2] 宽严相济刑事司法政策成为现阶段刑事法治的重要政治指南,成为构建和谐社会理念在刑事法治中的一个重要体现,成为刑事政策研究和实践中的一个集中性话题。[3]

为了在刑事审判和检察工作中更好地贯彻宽严相济刑事政策,最高人民检察院和最高人民法院先后发布了专门性的司法解释性质文件。2007年1月15日,最高人民检察院发布了《关于在检察工作中贯彻宽严相济刑事司法政策的若干意见》,这是最高人民检察院发布的有关宽严相济刑事司法政策的专门性指导文件,该意见明确了检察机关如何贯彻宽严相济刑事政策的方针;[4]2010年2月8日,最高人民法院也发布了《关于贯彻宽严相济刑事政策的若干意见》,这是最高人民法院发布的有关宽严相济刑事司法政策的专门性指导文件,该意见提

---

[1] 有学者认为,宽严相济刑事政策的提出有三个显著的标志:第一个标志是2005年12月,中央政法委员会书记罗干同志在全国政法工作会议上提出"宽严相济"的刑事政策;第二个标志是2006年3月,最高人民法院院长和最高人民检察院检察长在第十届全国人民代表大会第四次会议上所作的工作报告中,均分别提出要对犯罪实行区别对待,贯彻和坚持"宽严相济"的刑事政策;第三个标志是《关于构建社会主义和谐社会若干重大问题的决定》中进一步明确提出要"实施宽严相济的刑事司法政策"。参见贾宇:《从"严打"到"宽严相济"》,《国家检察官学院学报》2008年第2期。

[2] 参见吴宗宪:《解读宽严相济的刑事政策》,《中国人民公安大学学报(社会科学版)》2007年第1期。

[3] 参见孙万怀:《刑事政策合法性的历史》,法律出版社2016年版,第511页。

[4] 例如,《关于在检察工作中贯彻宽严相济刑事司法政策的若干意见》指出:"宽严相济是我们党和国家的重要刑事司法政策,是检察机关正确执行国家法律的重要指针。检察机关贯彻宽严相济的刑事司法政策,就是要根据社会治安形势和犯罪分子的不同情况,在依法履行法律监督职能中实行区别对待,注重宽与严的有机统一,该严则严,当宽则宽,宽严互补,宽严有度,对严重犯罪依法从严打击,对轻微犯罪依法从宽处理,对严重犯罪中的从宽情节和轻微犯罪中的从严情节也要依法分别予以宽严体现,对犯罪的实体处理和适用诉讼程序都要体现宽严相济的精神。"

出了人民法院贯彻宽严相济刑事政策的具体要求。① 上述规范性文件的发布,进一步明确了我国宽严相济刑事政策的基本内涵、主要内容、实施要求,从而有效地指导了刑事司法活动。而且,此后在全国人民代表大会上,最高人民检察院和最高人民法院的工作报告多次提到了贯彻宽严相济刑事政策,这进一步完善了宽严相济刑事政策在刑事检察工作②和刑事审判工作③中的应用,同时也使得宽严相济刑事政策得

---

① 例如,《关于贯彻宽严相济刑事政策的若干意见》指出:"贯彻宽严相济刑事政策,要根据犯罪的具体情况,实行区别对待,做到该宽则宽,当严则严,宽严相济,罚当其罪,打击和孤立极少数,教育、感化和挽救大多数,最大限度地减少社会对立面,促进社会和谐稳定,维护国家长治久安。"

② 近年来,《最高人民检察院工作报告》中时有提到宽严相济刑事政策,比如,2012年《最高人民检察院工作报告》指出:"全面贯彻宽严相济刑事政策。"参见曹建明:《最高人民检察院工作报告——二〇一二年三月十一日在第十一届全国人民代表大会第五次会议上》,《人民日报》2012年3月20日,第2版。2013年《最高人民检察院工作报告》指出:"全面贯彻宽严相济刑事政策,努力提高维护社会和谐稳定能力";在提及检察工作的主要安排时又强调,"依法惩治各类刑事犯罪,坚持宽严相济刑事政策,突出打击严重危害社会治安和公共安全的犯罪,增强人民群众安全感"。参见曹建明:《最高人民检察院工作报告——二〇一三年三月十日在第十二届全国人民代表大会第一次会议上》,《人民日报》2013年3月22日,第2版。2014年《最高人民检察院工作报告》指出:"认真履行批捕、起诉等职责,坚持宽严相济刑事政策……"参见曹建明:《最高人民检察院工作报告——二〇一四年三月十日在第十二届全国人民代表大会第二次会议上》,《人民日报》2014年3月18日,第2版。2015年《最高人民检察院工作报告》指出:"坚持宽严相济刑事政策,该严则严,当宽则宽。"参见曹建明:《最高人民检察院工作报告——2015年3月12日在第十二届全国人民代表大会第三次会议上》,《最高人民检察院公报》2015年第2期。

③ 近年来,《最高人民法院工作报告》中时有提到宽严相济刑事政策,比如,2012年《最高人民法院工作报告》指出:"认真贯彻宽严相济刑事政策,坚持实事求是、区别对待,宽严依法、宽严适度";"正确把握宽严相济刑事政策,依法惩治刑事犯罪,注重保障人权,维护社会稳定"。参见王胜俊:《最高人民法院工作报告——二〇一二年三月十一日在第十一届全国人民代表大会第五次会议上》,《人民日报》2012年3月20日,第2版。2013年《最高人民法院工作报告》指出:"坚持惩罚犯罪与保障人权并重,严格贯彻宽严相济刑事政策。"参见王胜俊:《最高人民法院工作报告——二〇一三年三月十日在第十二届全国人民代表大会第一次会议上》,《人民日报》2013年3月22日,第2版。2015年《最高人民法院工作报告》指出:"依法严惩各类严重刑事犯罪,积极参与社会治安综合治理,努力维护国家安全和社会稳定。同时坚持宽严相济刑事政策,该严则严,当宽则宽,罚当其罪。"参见周强:《最高人民法院工作报告——2015年3月12日在第十二届全国人民代表大会第三次会议上》,《人民日报》2015年3月21日,第2版。2016年《最高人民法院工作报告》指出:"坚持宽严相济刑事政策,做到宽严有据、罚当其罪。"参见周强:《最高人民(转下页)

到进一步的丰富与发展。当然,需要指出的是,我国正式确立宽严相济刑事政策之后,历次刑法修正都在很大程度上贯彻了宽严相济的刑事政策。

概言之,宽严相济刑事政策的提出,既是对犯罪现象和犯罪规律理性认识的结果,也是有效治理犯罪问题的产物。宽严相济刑事政策的提出、完善与发展是一个渐进的过程,经过 20 多年以来的理论探讨与实践,宽严相济刑事政策的基本内涵、主要内容、实施要求已较为明确,它也对我国的刑事立法、刑事司法、刑事执法活动产生了重要的指导作用。

二、宽严相济刑事政策的内涵解读

关于宽严相济刑事政策的概念,我国不少学者对此进行了探讨。马克昌教授认为,"宽严相济"刑事政策是对刑事犯罪分清轻重,区别对待,做到该严则严,当宽则宽,宽中有严,严中有宽,处罚轻重适宜,符合罪责刑相适应的原则。①高铭暄教授认为,宽严相济的涵义就是:针对犯罪的不同情况,区别对待,该宽则宽,该严则严,有宽有严,宽严适度;"宽"不是法外施恩,"严"也不是无限加重,而是要严格依照《刑法》

(接上页)法院工作报告——2016 年 3 月 13 日在第十二届全国人民代表大会第四次会议上》,《人民日报》2016 年 3 月 21 日,第 2 版。2017 年《最高人民法院工作报告》指出:"坚持宽严相济刑事政策,该严则严,当宽则宽,确保罚当其罪。"参见周强:《最高人民法院工作报告——2017 年 3 月 12 日在第十二届全国人民代表大会第五次会议上》,《人民日报》2017 年 3 月 20 日,第 3 版。2018 年《最高人民法院工作报告》指出:"贯彻宽严相济刑事政策,确保该严则严、当宽则宽。"参见周强:《最高人民法院工作报告——2018 年 3 月 9 日在第十三届全国人民代表大会第一次会议上》,《人民日报》2018 年 3 月 26 日,第 2 版。

① 参见马克昌:《"宽严相济"刑事政策与刑罚立法的完善》,《法商研究》2007 年第 1 期。

《刑事诉讼法》以及相关的刑事法律,根据具体的案件情况来惩罚犯罪,做到"宽严相济,罚当其罪"。① 陈兴良教授对宽严相济刑事政策进行了较为全面的阐释,他认为,要正确理解我国刑法中宽严相济的刑事政策,需要对宽严相济刑事政策中的三个关键字"宽""严"和"济"加以科学界定。宽严相济之"宽",其确切含义是轻缓,可以分为两种情形:一是该轻而轻,二是该重而轻。宽严相济之"严",是指严格或者严厉。严格之意,即该作为犯罪处理的一定要作为犯罪处理,该受到刑罚处罚的一定要受到刑罚处罚。严厉之意,主要指判处较重刑罚,该重而重,而不是指不该重而重,也不是指刑罚过重。宽严相济之"济",是指救济、协调与结合之意,即宽严相济刑事政策不仅是指对于犯罪应当有宽有严,而且在宽与严之间还应当具有一定的平衡,互相衔接,形成良性互动,以避免宽严皆误结果的发生。在宽严相济刑事政策的语境中,既不能宽大无边或严厉过苛,也不能时宽时严,宽严失当。② 总体而言,在界定宽严相济刑事政策的概念时,人们主要从"宽""严"以及二者之间关系的角度出发,应该说这抓住了事物的本质。质言之,宽严相济刑事政策是要"根据犯罪的具体情况,实行区别对待,做到该宽则宽,当严则严,宽严相济"。对此,我们还可以从"宽""严""相济"三个角度对宽严相济刑事政策作进一步的理解。

首先,宽严相济之"宽"的理解。最高人民法院《关于贯彻宽严相济刑事政策的若干意见》第14条指出:"宽严相济刑事政策中的从'宽',主要是指对于情节较轻、社会危害性较小的犯罪,或者罪行虽然严重,但具有法定、酌定从宽处罚情节,以及主观恶性相对较小、人身危

---

① 参见高铭暄:《宽严相济刑事政策与酌定量刑情节的适用》,《法学杂志》2007年第1期。
② 参见陈兴良:《宽严相济刑事政策研究》,《法学杂志》2006年第1期。

险性不大的被告人,可以依法从轻、减轻或者免除处罚;对于具有一定社会危害性,但情节显著轻微危害不大的行为,不作为犯罪处理;对于依法可不监禁的,尽量适用缓刑或者判处管制、单处罚金等非监禁刑。"申言之,宽严相济之"宽"的确切含义应当是轻缓:一是该轻而轻,二是该重而轻。该轻而轻,是罪刑均衡的应有之义,也合乎刑法公正的要求。对于那些较为轻微的犯罪,就应当处以较轻之刑。至于轻罪及其轻刑如何界定,则应根据犯罪的具体情况加以判断。该重而轻,是指所犯罪行较重,但行为人具有坦白、自首或者立功等法定或者酌定情节的,法律上予以宽宥,在本应判处较重之刑的情况下判处较轻之刑。该重而轻,体现了刑法对于犯罪人的感化,对于鼓励犯罪分子悔过自新具有重要意义。在刑法中,轻缓的表现方式也是多种多样的,包括司法上的非犯罪化与非刑罚化以及法律上各种从宽处理措施。①

其次,宽严相济之"严"的理解。最高人民法院《关于贯彻宽严相济刑事政策的若干意见》第 6 条指出:"宽严相济刑事政策中的从'严',主要是指对于罪行十分严重、社会危害性极大,依法应当判处重刑或死刑的,要坚决地判处重刑或死刑;对于社会危害大或者具有法定、酌定从重处罚情节,以及主观恶性深、人身危险性大的被告人,要依法从严惩处。在审判活动中通过体现依法从'严'的政策要求,有效震慑犯罪分子和社会不稳定分子,达到有效遏制犯罪、预防犯罪的目的。"申言之,宽严相济中的"严",当然包括严格之意,即该作为犯罪处理的一定要作为犯罪处理,该受到刑罚处罚的一定要受到刑罚处罚。与此同时,宽严相济之"严"还含有严厉之意。这里的严厉主要是指判处较重刑罚,当然是指该重而重,而不是指不该重而重,当然也不是指

---

① 参见陈兴良:《宽严相济刑事政策研究》,《法学杂志》2006 年第 1 期。

刑罚过重。①

最后,宽严相济之"相济"的理解。最高人民法院《关于贯彻宽严相济刑事政策的若干意见》第25条指出:"宽严相济刑事政策中的'相济',主要是指在对各类犯罪依法处罚时,要善于综合运用宽和严两种手段,对不同的犯罪和犯罪分子区别对待,做到严中有宽、宽以济严;宽中有严、严以济宽。"申言之,宽严相济中的"济",是指救济、协调与结合之意。因此,在宽严相济刑事政策的语境中,既不能宽大无边或严厉过苛,也不能时宽时严,宽严失当。②

三、宽严相济刑事政策的主要特征

在我国,宽严相济刑事政策提出已有十余年的时间,学术界与实务界对宽严相济刑事政策的认识也在不断深化,如有学者认为:"宽严相济刑事司法政策强调'人权保障至上',反对'犯罪防控至上';强调'公正至上',反对'效率至上';强调刑法科学,反对刑法迷信。"③对此,宽严相济刑事政策主要包括如下四个方面的特点:

(一) 宽严相济刑事政策属于基本刑事政策

根据刑事政策的作用场域、地位等标准,刑事政策可以划分为基本刑事政策与具体刑事政策。所谓基本刑事政策,"它不是在一个短时期内针对某一具体问题制定的临时性政策,不是一时的权宜之计,而是

---

① 参见陈兴良:《宽严相济刑事政策研究》,《法学杂志》2006年第1期。
② 参见陈兴良:《宽严相济刑事政策研究》,《法学杂志》2006年第1期。
③ 魏东:《刑事政策原理》,中国社会科学出版社2015年版,第78页。

在一个相当长的历史时期里具有全局性、战略性的政策"①,所以"按照一般理解,基本刑事政策是全局性的、根本性的和长期性的;而具体刑事政策是局部性的、个别性的和阶段性的"②。可见,基本刑事政策在整个刑事政策体系中,是具有全局性、宏观性、根本性、战略性、总体性的政策。一般而言,具体刑事政策的制定与实施要以基本刑事政策为根据,基本刑事政策指导具体刑事政策的运行。

在宽严相济刑事政策被提出之初,由于其作用领域主要在刑事司法活动中,据此有学者认为宽严相济属于刑事司法政策,是一项具体刑事政策:"宽严相济在当前只是一个刑事司法政策,且其地位限于指导刑事司法的一项具体的刑事政策,因为权威机关和文件没有明确说明是否在立法中要坚持和贯彻这项政策,因而尚不能说它是我国的基本刑事政策。"③但是,随着宽严相济刑事政策发挥作用的场域不断扩展,尤其是最高人民法院《关于贯彻宽严相济刑事政策的若干意见》明确指出:"宽严相济刑事政策是我国的基本刑事政策,贯穿于刑事立法、刑事司法和刑罚执行的全过程,是惩办与宽大相结合政策在新时期的继承、发展和完善,是司法机关惩罚犯罪,预防犯罪,保护人民,保障人权,正确实施国家法律的指南。"自此,宽严相济作为一项基本刑事政策逐渐被我国理论界和实务界所认可,如卢建平教授认为,宽严相济,区别对待,成为我国现阶段惩治与预防犯罪的基本的刑事政策。④ 张小虎教授认为,宽严相济,是我国应对犯罪的一项

---

① 杨春洗主编:《刑事政策论》,北京大学出版社1994年版,第231页。
② 陈兴良:《宽严相济刑事政策研究》,《法学杂志》2006年第1期。
③ 储槐植、赵合理:《国际视野下的宽严相济刑事政策》,《法学论坛》2007年第3期。
④ 参见卢建平:《刑事政策与刑法变革》,中国人民公安大学出版社2011年版,第216页。

基本刑事政策。① 概言之,宽严相济刑事政策在我国属于一项基本的刑事政策。

(二) 宽严相济刑事政策贯穿于刑事立法、刑事司法和刑罚执行的全过程

宽严相济刑事政策属于刑事司法政策,还是贯穿于刑事立法、刑事司法和刑罚执行的全过程？对此,2010 年最高人民法院发布的《关于贯彻宽严相济刑事政策的若干意见》明确指出了宽严相济刑事政策"贯穿于刑事立法、刑事司法和刑罚执行的全过程",当前学术界也大多持这一观点。马克昌教授认为:"宽严相济并非仅仅是刑事司法政策,它也是刑事立法政策和刑事执行政策。如果认为宽严相济只是刑事司法政策,那就未免以偏概全了。如果针对的不仅仅是刑事司法领域,而且还有刑事执行领域,在提到宽严相济政策时仍说是刑事司法政策,那就不够妥当了。"② 卢建平教授认为,"宽严相济刑事政策不仅应该体现在刑事立法上,也应该贯彻在刑事司法和执行阶段";不仅应体现在定罪上,也应体现在量刑和行刑上。③ 张小虎教授认为:"作为基本刑事政策,宽严相济思想既是立法的指导方针也是司法的行动指南。"④ 可见,作为一项基本刑事政策,宽严相济刑事政策必然对刑事立法、刑事司法和刑罚执行产生重要的指导作用,如果将宽严相济刑事政策仅仅局限于刑事司法,则显然也不符合宽严相济刑事政策作为基本

---

① 参见张小虎:《宽严相济刑事政策的基本思想与制度建构》,北京大学出版社 2018 年版,第 22 页。
② 马克昌:《论宽严相济刑事政策的定位》,《中国法学》2007 年第 4 期。
③ 参见卢建平:《刑事政策与刑法变革》,中国人民公安大学出版社 2011 年版,第 219 页。
④ 张小虎:《宽严相济刑事政策的精髓与我国刑罚体系的补正》,《江苏社会科学》2019 年第 5 期。

刑事政策的属性。

需要指出的是,有学者认为宽严相济属于刑事司法政策,而不是刑事立法政策,"从形式来说,将宽严相济的刑事司法政策作为立法政策对待,还会出现一系列的形式逻辑的困境,实质上使得政策与法律的关系又一次失调"①,因此,"立法的特点及基本品质表明,宽严相济刑事政策不可能直接表现为立法政策,宽严相济刑事政策应回归为司法政策"②。

(三) 宽严相济刑事政策的核心是区别对待

最高人民检察院《关于在检察工作中贯彻宽严相济刑事司法政策的若干意见》第4条指出:"宽严相济刑事司法政策的核心是区别对待。应当综合考虑犯罪的社会危害性(包括犯罪侵害的客体、情节、手段、后果等)、犯罪人的主观恶性(包括犯罪时的主观方面、犯罪后的态度、平时表现等)以及案件的社会影响,根据不同时期、不同地区犯罪与社会治安的形势,具体情况具体分析,依法予以从宽或者从严处理。"可见,宽严相济刑事政策的有效运行应以"区别对待"为前提条件。在某种程度上说,"区别对待"是宽严相济刑事政策的核心特点,对此,樊崇义教授等人认为,"一般认为宽严相济刑事政策的核心是区别对待"③;陈兴良教授认为,"宽严相济是以区别对待或者差别待遇为根本内容的。区别对待是任何政策的基础,没有区别就没有政策。刑

---

① 对此,孙万怀教授认为宽严相济作为刑事立法政策,将呈现四个方面的困境:一是无法解决惩办与宽大相结合政策之间的关系;二是对犯罪进行了政策方面的重复评价,同时也可能导致政策归于虚无;三是立法缘由是复杂的,有其自在规律和需求,并非宽严相济所能够涵盖;四是宽严相济的基本含义与立法的特点不相符。参见孙万怀:《刑事政策合法性的历史》,法律出版社2016年版,第537—540页。
② 孙万怀:《宽严相济刑事政策应回归为司法政策》,《法学研究》2014年第4期。
③ 樊崇义、吴光升:《宽严相济与刑事审判程序》,《人民司法》2007年第21期。

事政策也是如此,它是建立在对犯罪严重性程度的区别基础之上的。当然,宽严的区别本身不是目的,区别的目的在于对严重性程度不同的犯罪予以严厉性程度不等的刑罚处罚,由此而使刑罚产生预防犯罪的作用"[1];卢建平教授认为,"宽严相济,首要在于区别对待"[2];张小虎教授也认为,"宽严相济政策强调在犯罪处置中应当坚持宽与严的区别对待与相互救济,由此最大限度地实现预防、控制与惩治犯罪的效益,最大限度地体现刑事公正与效率的价值目标"[3]。概言之,在运用宽严相济刑事政策时,只有做到"区别对待",宽严相济刑事政策才能发挥其应有的指导功能。

(四)宽严相济刑事政策中"宽"与"严"的关系

从宽严相济刑事政策提出的背景来看,在"宽"与"严"的关系中,宽严相济刑事政策蕴含着"宽"的精神,抑或说"宽"是宽严相济刑事政策的主要价值取向。

一方面,宽严相济刑事政策是对惩办与宽大相结合刑事政策的继承和发展,但是二者又有所区别,"宽严相济刑事政策虽然继承了惩办与宽大相结合刑事政策的基本内容,但它不仅仅是简单的继承,而是有所发展"[4]。从表述上而言,惩办与宽大相结合政策中"惩办"在前、"宽大"在后;宽严相济刑事政策则是"宽"在前、"严"在后。就此而言,上述两个刑事政策的立场是有所侧重的。惩办与宽大相结合政策侧重"惩办",而宽严相济刑事政策侧重"宽",究其原因,是宽严相济刑事政

---

[1] 陈兴良:《宽严相济刑事政策研究》,《法学杂志》2006年第1期。
[2] 卢建平:《刑事政策与刑法变革》,中国人民公安大学出版社2011年版,第218页。
[3] 张小虎:《宽严相济刑事政策的基本思想与制度建构》,北京大学出版社2018年版,第484页。
[4] 马克昌:《论宽严相济刑事政策的定位》,《中国法学》2007年第4期。

策和惩办与宽大相结合刑事政策提出的背景有所差异:"'惩办与宽大相结合'刑事政策的提出和实施,在相当长的一段时期内是基于治安环境恶化的现实……当社会治安显示出恶化的趋势,就习惯运用刑法手段加以严厉打击,以使社会治安回到正轨……'宽严相济'刑事政策的提出,是对刑法工具论的扬弃,其目的不仅在于要通过贯彻这一政策来维持社会治安,还要保持社会的稳定与良性运行,有利于和谐社会的构建,为社会发展进步提供保障。"① 因此,从惩办与宽大相结合刑事政策到宽严相济刑事政策,也体现出了从"惩办"到"宽"的转向。

另一方面,宽严相济刑事政策是对"严打"刑事政策理性反思的结果。1983年我国首次开展"严打",此后1996年、2001年又开展了两次较大规模的"严打"。实践中,"严打"初期犯罪率下降,但"严打"结束后犯罪率又开始上升,即"出现了'严打'、暂时好转、反弹、恶化,又'严打'的恶性循环"②。因此,学术界开始反思"严打"刑事政策。如马克昌教授曾指出:"为什么二十多年来的严打没有取得预期的效果呢?在当前的历史条件下,是否仍然照样单纯以高压的方式对待严重犯罪分子呢?这就不能不理性地对'严打'进行思考,经过思考,提出宽严相济的刑事政策,对犯罪分子包括严重犯罪分子,该宽则宽,当严则严,宽以济严,严以济宽,区别对待,罚当其罪,以取得最佳的效果。"③ 卢建平教授认为:"西方刑事政策产生在批评刑法的运动之中,而我国的宽严相济刑事政策是在对'严打'政策的反思过程中孕育的。"④ 严励教授认为:"通过对'严打'的深刻反思,党和国家及时地纠正了'严打'导致

---

① 黄京平:《宽严相济刑事政策的时代含义及实现方式》,《法学杂志》2006年第4期。
② 刘仁文:《刑事政策初步》,中国人民公安大学出版社2004年版,第368页。
③ 马克昌:《宽严相济刑事政策的演进》,《法学家》2008年第5期。
④ 卢建平:《刑事政策与刑法变革》,中国人民公安大学出版社2011年版,第217页。

的重刑化倾向,提出了'宽严相济'的刑事司法政策。"①吴宗宪教授认为:"'宽严相济'的刑事政策出台的另一个重要因素,就是对实行了20多年的严打政策的反思和纠正。"②总之,从当时的背景来看,"从'严打'到'宽严相济'刑事司法政策的转变是构建社会主义和谐社会的必然要求"③。因此,"宽严相济刑事政策是对'严打'刑事政策的修正,也就是说,出现了宽和这一增量因素,而且宽和成为首要的要求,这一修正显然应当是一种本质性的修正"④。可见,"严打"刑事政策强调"严",宽严相济刑事政策作为对"严打"刑事政策的反思与修正,显然强调了"宽"。

概言之,从宽严相济刑事政策提出的背景来看,宽严相济刑事政策侧重于"宽"。对此,我国学界主流观点也认为宽严相济刑事政策以"宽"为主。马克昌教授认为,"宽严相济刑事政策,侧重点在于'宽'"⑤;刘仁文教授认为,"宽严相济刑事政策在当前的意义主要还是突出'以宽济严'"⑥;卢建平教授认为,"宽严相济,当务之急是以宽为先"⑦;黄京平教授认为,"'宽严相济'刑事政策正是现代法治理念的一部分,其主张重点在宽"⑧;魏东教授认为,"宽严相济刑事政策基本内涵,应当是在刑事政策整体上轻缓化的前提下,实行'以宽为主(针对

---

① 严励:《问题意识与立场方法——中国刑事政策研究之反思》,《中国法学》2010年第1期。
② 吴宗宪:《解读宽严相济的刑事政策》,《中国人民公安大学学报(社会科学版)》2007年第1期。
③ 贾宇:《从"严打"到"宽严相济"》,《国家检察官学院学报》2008年第2期。
④ 孙万怀:《刑事政策合法性的历史》,法律出版社2016年版,第535页。
⑤ 马克昌:《论宽严相济刑事政策的定位》,《中国法学》2007年第4期。
⑥ 刘仁文:《宽严相济的刑事政策研究》,《当代法学》2008年第1期。
⑦ 卢建平:《刑事政策与刑法变革》,中国人民公安大学出版社2011年版,第219页。
⑧ 黄京平:《宽严相济刑事政策的时代含义及实现方式》,《法学杂志》2006年第4期。

大多数普通刑事犯罪的广泛性从宽)、以严为辅(仅对少数严重暴力犯罪从严)'"①。事实上,宽严相济刑事政策以"宽"为先,将"宽"置于第一位,也是与该刑事政策的表述相一致的,即宽严相济,"宽"在先,"严"在后。其实,20世纪中叶以来,"在西方国家刑罚轻缓化成为一种普遍的理想。因此,'轻轻'的刑事政策不再是只包含'轻罪轻刑'这样一种简单的内容,而是包括非犯罪化、非刑罚化、非司法化"②。就此而言,宽严相济刑事政策以"宽"为主,也符合刑事政策发展的整体趋势。③ 当然,宽严相济刑事政策在处理"宽"与"严"的关系时,也不是说一味要求"宽",如最高人民法院《关于贯彻宽严相济刑事政策的若干意见》第2条明确规定:"要正确把握宽与严的关系,切实做到宽严并用。既要注意克服重刑主义思想影响,防止片面从严,也要避免受轻刑化思想影响,一味从宽。"所以"宽严相济刑事政策要求,要根据经济社会的发展和治安形势的变化,尤其要根据犯罪情况的变化,在法律规定的范围内,适时调整从宽和从严的对象、范围和力度"④。因此,在某一个特定时期或者应对某一类犯罪类型时,宽严相济刑事政策的"宽"与"严"各有所侧重,从这个角度上说,"宽"与"严"之间的平衡关系,即是要处理好"区别对待"的问题。当然,从刑事政策的整体发展趋势来看,宽严相济刑事政策主要应以"宽"为主。

---

① 魏东:《刑事政策原理》,中国社会科学出版社2015年版,第180页。
② 陈兴良:《宽严相济刑事政策研究》,《法学杂志》2006年第1期。
③ 需要指出的是,近20年来随着犯罪的大幅度增长,尤其是出于反恐的需要,西方国家的刑事政策也有所调整,开始从"轻轻重重,以轻为主"向"轻轻重重,以重为主"转变。参见陈兴良:《宽严相济刑事政策研究》,《法学杂志》2006年第1期。
④ 王爱立主编:《中华人民共和国刑事诉讼法释义》,法律出版社2018年版,第24页。

第二节　宽严相济刑事政策的实施

宽严相济刑事政策实施以来,实践表明其具有较为显著的成效。宽严相济刑事政策进一步推动了刑事立法的科学化,也有效地指引了刑事司法活动。有数据统计,在严打时期,我国的重刑率历史最高接近50%,1995年为45%,2003年为21.2%,2014年为9.43%,2015年更降至9.37%,这充分说明宽严相济刑事政策实施十余年来犯罪治理的有效性,说明犯罪现象与结构正在向着良性可控的方向发展,说明我们的犯罪治理体系与治理能力现代化的程度在不断提升。[①] 可见,作为我国治理犯罪问题的基本刑事政策,宽严相济在预防、减少和控制犯罪方面发挥了重要的作用。随着社会文明的发展以及新的犯罪问题的出现,宽严相济刑事政策也会不断呈现出新的内涵,今后"应该继续深入贯彻宽严相济刑事政策,坚持以宽为先,继续推进轻刑化,实现刑事政策制度化"[②]。本部分将具体探讨宽严相济刑事政策在刑事立法、刑事司法和刑事执行方面的指导作用,尤其是宽严相济刑事政策对刑事立法的指导作用。

一、宽严相济刑事政策与刑事立法

刑事立法活动是指一定的国家立法机关依一定的程序创制、修改、

---

① 参见卢建平:《宽严相济与刑法修正》,《清华法学》2017年第1期。
② 卢建平:《我国犯罪治理的大数据与大趋势》,《人民检察》2016年第9期。

补充刑事法律规范的活动,其中,最高国家权力机关制定和颁布的《刑法》《刑事诉讼法》,其他国家机关制定的与违法犯罪作斗争的有关法规、条例、补充规定以及有关的司法解释,均属刑事立法范畴。[①] 总体而言,刑事立法主要是对《刑法》和《刑事诉讼法》的创制、修改、补充。宽严相济刑事政策与刑事立法的关系主要表现为其对《刑法》和《刑事诉讼法》的创制、修改、补充的指导作用。

（一）宽严相济刑事政策与刑事实体立法

1. 宽严相济刑事政策与刑罚结构的调整

刑事政策与刑罚结构具有密切的关系,"刑罚结构是指刑罚方法的组合形式,即刑罚方法的排列顺序和比例份额,这种组合形式反映刑罚结构内部各要素相互联系的稳定状态和相互作用的基本方式"[②],显然,刑事政策影响刑罚结构的设置,刑罚结构也制约着刑事政策的实施效果。"宽严相济刑事政策首先意味着应当形成一种合理的刑罚结构,这是实现宽严相济刑事政策的基础"[③],我国现行《刑法》规定的刑种由主刑和附加刑构成,主刑包括管制、拘役、有期徒刑、无期徒刑、死刑五种,上述刑种有轻有重;附加刑包括罚金、剥夺政治权利、没收财产三种,各种附加刑也各有侧重。对此,学界普遍认为,我国刑罚结构总体上体现了宽严相济的刑事政策。例如,有学者认为:"构成我国刑法体系的刑种,无论是主刑还是附加刑,都是有轻有重,如主刑既有轻刑管制和拘役,也有较重的有期徒刑,亦有重刑无期徒刑,更有最重的死

[①] 参见王牧主编:《新犯罪学》(第3版),高等教育出版社2016年版,第232—233页。
[②] 梁根林、黄伯胜:《论刑罚结构改革》,《中外法学》1996年第6期。
[③] 陈兴良:《宽严相济刑事政策研究》,《法学杂志》2006年第1期。

刑。附加刑的各个刑种也是轻重有别。这表明,我国刑罚体系具有宽严相济的特点。"①有学者认为,我国"刑罚体系由轻重不一的刑种组成,使得刑罚体系有宽有严,宽严相济"②。还有学者指出,我国刑罚体系由主刑与附加刑构成,从这些刑罚方法的性质上来划分,资格刑、财产刑、自由刑(包括剥夺自由刑和限制自由刑)均齐全,而且主刑与附加刑之间的关系也较为协调。对于这样一个刑罚体系,我国刑法学界以往一般都持肯定的态度,认为我国刑罚体系是科学合理的,具有宽严相济的特征。③

当然,立足于宽严相济刑事政策的价值立场,我国的刑罚结构仍旧存在一定的缺陷,需要进一步调整、完善。对此,陈兴良教授认为,在贯彻宽严相济的刑事政策当中,首先要对刑罚结构进行调整,调整的基本思路为:第一是减少、限制死刑;第二是加重生刑;第三对那些轻微的犯罪要做到轻者更轻。④ 卢建平教授等人认为,在我国现行的刑罚结构中,不仅刑罚整体上过重,而且刑罚方法单调,保安处分等在我国刑法中尚没有一席之地,这使得我国刑法不能适应惩治不同类型犯罪的需要,尤其不适应惩治轻罪的需要。⑤ 也有人主张,应当将罚金刑上升为主刑、增加资格刑等。

2. 宽严相济刑事政策与刑法修正案

1997年修订《刑法》之后,为了及时回应社会经济发展的需要,以及有效应对犯罪问题,全国人民代表大会常务委员会又以单行刑法和

---

① 高铭暄、马克昌主编:《刑法学》(第7版),北京大学出版社2016年版,第231页。
② 张明楷:《刑法学》(第5版),法律出版社2016年版,第523页。
③ 参见陈兴良:《宽严相济刑事政策研究》,《法学杂志》2006年第1期。
④ 参见陈兴良:《宽严相济政策与刑罚规制》,《法学杂志》2006年第4期。
⑤ 参见卢建平、田兴洪:《论我国刑罚结构的缺陷及其完善——以刑罚轻缓化为视角的思考》,《山东警察学院学报》2010年第4期。

刑法修正案的方式对《刑法》进行了多次修订。我们也不难发现,在宽严相济刑事政策正式确立之后,宽严相济刑事政策对刑法修正发挥了重要的指导作用。

《刑法修正案(六)》主要体现了从严特点:一是增设新的罪名,包括重大群众性活动安全事故罪(《刑法修正案(六)》第3条),不报、谎报安全事故罪(《刑法修正案(六)》第4条),虚假破产罪(《刑法修正案(六)》第6条),背信损害上市公司利益罪(《刑法修正案(六)》第9条),骗取贷款、票据承兑、金融票证罪(《刑法修正案(六)》第10条),背信运用受托财产罪(《刑法修正案(六)》第12条),违法运用公众资金罪(《刑法修正案(六)》第12条),组织残疾人、儿童乞讨罪(《刑法修正案(六)》第17条),枉法仲裁罪(《刑法修正案(六)》第20条)等9个新罪名;二是修改了重大责任事故罪、重大劳动安全事故罪、非国家工作人员受贿罪等罪名。可见,"《刑法修正案(六)》将十几种行为'入罪化',这可以说是宽严相济刑事政策'严'的方面的体现"①。

宽严相济刑事政策对《刑法修正案(七)》发挥了重要的指导作用,这主要体现在"宽""严"两个方面。一方面,《刑法修正案(七)》在一定程度上体现了从宽的特点:①《刑法修正案(七)》第3条将原来的偷税罪表述为逃税罪,这一改变合理;其中第4款又规定,"有第一款行为,经税务机关依法下达追缴通知后,补缴应纳税款,缴纳滞纳金,已受行政处罚的,不予追究刑事责任",该款作为《刑法》第201条第4款,体现了非犯罪化的处理方式。②针对绑架罪,《刑法修正案(七)》第6条第1款中规定,"情节较轻的,处五年以上十年以下有期徒刑,并处罚金",该修订条文为新增,"对《刑法》第239条规定的绑架罪的法定刑

---

① 马克昌:《论宽严相济刑事政策的定位》,《中国法学》2007年第4期。

设置进行了调整,增加了从轻的法定的量刑档次,使得刑法对绑架罪这种严重犯罪的严厉惩治能够做到重中有轻、严中有宽,罪刑单位的设置更为科学,有利于按照罪责刑相适应的原则惩治形形色色的绑架犯罪。这种注意全面贯彻宽严相济的基本刑事政策、增补对犯罪的合理从宽处遇的立法特色,是以往刑法修正案所罕见的"。① 另一方面,《刑法修正案(七)》仍主要体现了从严特征。除上述两个条文之外,《刑法修正案(七)》中的12个条文都体现了从严特征,如增设利用未公开信息交易罪(《刑法修正案(七)》第2条),组织、领导传销活动罪(《刑法修正案(七)》第4条),侵犯公民个人信息罪(《刑法修正案(七)》第7条),组织未成年人进行违反治安管理活动罪(《刑法修正案(七)》第8条),非法获取计算机信息系统数据、非法控制计算机信息系统罪和提供侵入、非法控制计算机信息系统程序、工具罪(《刑法修正案(七)》第9条),伪造、盗窃、买卖、非法提供、非法使用武装部队专用标志罪(《刑法修正案(七)》第12条),利用影响力受贿罪(《刑法修正案(七)》第13条)。由此可见,"《刑法修正案(七)》打破了过去刑法修正案仅注重扩大犯罪圈以及提高法定刑的从严、从重之立法惯例,开始注意入罪与出罪相结合、从严与从宽相协调,从而较好地贯彻了宽严相济的基本刑事政策"②。

《刑法修正案(八)》共有50个条文,既涉及总则条文,也涉及分则条文。该修正案全面贯彻了宽严相济的刑事政策,"这次刑法修改,不仅涉及面广,特色鲜明,而且充分展示了立法智慧,改变了中国刑事立法的惯性思维,改变了严刑峻法的重刑主义思想,刑法立法对宽严相济刑事政策的坚持也得以实现"③。一方面,从"宽"的修订:①《刑法修正

---

① 赵秉志:《〈刑法修正案(七)〉的宏观问题研讨》,《华东政法大学学报》2009年第3期。
② 卢建平主编:《刑事政策学》,中国人民大学出版社2013年版,第134页。
③ 周光权:《〈刑法修正案(八)〉的深度解读》,《中国司法》2011年第5期。

案(八)》废除了13个非暴力性犯罪的死刑罪名,即走私文物罪,走私贵重金属罪,走私珍贵动物、珍贵动物制品罪,走私普通货物、物品罪,票据诈骗罪,金融凭证诈骗罪,信用证诈骗罪,虚开增值税专用发票、用于骗取出口退税、抵扣税款发票罪,伪造、出售伪造的增值税专用发票罪,盗窃罪,传授犯罪方法罪,盗掘古人类化石、古脊椎动物化石罪,所取消的死刑罪名占死刑罪名总数的19.1%。《刑法修正案(八)》第一次取消了死刑罪名,这是该修正案从"宽"方面最为显著的特点,"仅此一项就足以证明刑法立法对宽缓刑事政策精神的积极贯彻,也证明了宽严相济刑事政策对当前刑法立法的指引、导向作用"①。②《刑法修正案(八)》规定了对未成年人和老年人的从宽处理,例如,已满七十五周岁的人故意犯罪的,可以从轻或者减轻处罚;过失犯罪的,应当从轻或者减轻处罚;②审判的时候已满七十五周岁的人,不适用死刑,但以特别残忍手段致人死亡的除外;③不满十八周岁的人犯罪不构成累犯;④不满十八周岁的人、怀孕的妇女和已满七十五周岁的人犯罪,只要符合缓刑条件的,应当予以缓刑。⑤ ③《刑法修正案(八)》还完善了假释、缓刑制度,规定社区矫正制度等。另一方面,从"严"的修订:①调整刑罚结构。鉴于我国《刑法》"死刑过重,生刑过轻"的问题,《刑法修正案(八)》对刑罚结构进行了调整,如将原来规定的死缓罪犯在死刑缓期执行期间如果确有重大立功表现,二年期满以后,"减为十五年以上二十年以下有期徒刑"改为"减为二十五年有期徒刑";规定"对被判处死刑缓期执行的累犯以及因故意杀人、强奸、抢劫、绑架、放火、

---

① 卢建平主编:《刑事政策学》,中国人民大学出版社2013年版,第136页。
② 参见《刑法修正案(八)》第1条。
③ 参见《刑法修正案(八)》第3条。
④ 参见《刑法修正案(八)》第6条。
⑤ 参见《刑法修正案(八)》第11条。

爆炸、投放危险物质或者有组织的暴力性犯罪被判处死刑缓期执行的犯罪分子,人民法院根据犯罪情节等情况可以同时决定对其限制减刑"。同时,《刑法修正案(八)》还提高数罪并罚的刑期,①延长被判处死缓、无期徒刑罪犯减刑后的最低实际服刑期,②延长被假释罪犯的最低实际服刑期等。③ ②在《刑法》分则部分增加 7 个新罪,扩大 10 个罪的构成要件范围,提高、增重 8 个罪的法定刑等,④具体包括增设危险驾驶罪(《刑法修正案(八)》第 22 条),拒不支付劳动报酬罪(《刑法修正案(八)》第 41 条)等,完善黑社会性质组织犯罪的规定、调整敲诈勒索罪的入罪门槛等。可见,"整个的《刑法修正案(八)》无论是对刑法总则还是分则、刑罚制度的调整、量刑规则的安排,总体上都是坚持宽严相济的刑事政策这样一个指导思想"⑤。

《刑法修正案(九)》共有 52 个条文,既涉及总则条文,也涉及分则条文,体现了宽严相济的刑事政策,而且在此次刑法修正过程中,坚持宽严相济的刑事政策是指导思想之一。⑥ 一方面,从"宽"的修订:①《刑法修正案(九)》废除了 9 个罪的死刑罪名,即走私武器、弹药罪,走私核材料罪,走私假币罪,伪造货币罪,集资诈骗罪,组织卖淫罪,强迫卖淫罪,阻碍执行军事职务罪,战时造谣惑众罪。自此,刑法中的死刑罪名由修改前的 55 个下降至 46 个。②"死缓"转为死刑立即执行的门槛提高。《刑法修正案(九)》第 2 条将原来规定的"如果故意犯罪,查

---

① 参见《刑法修正案(八)》第 10 条。
② 参见《刑法修正案(八)》第 15 条。
③ 参见《刑法修正案(八)》第 16 条。
④ 参见王爱立主编:《中华人民共和国刑事诉讼法释义》,法律出版社 2018 年版,第 26 页。
⑤ 郎胜:《〈刑法修正案(八)〉解读》,《国家检察官学院学报》2011 年第 2 期。
⑥ 参见李适时:《关于〈中华人民共和国刑法修正案(九)(草案)〉的说明——2014 年 10 月 27 日在第十二届全国人民代表大会常务委员会第十一次会议上》,http://www.npc.gov.cn/wxzl/gongbao/2015-11/06/content_1951884.htm,2020 年 3 月 10 日访问。

证属实的,由最高人民法院核准,执行死刑",修改为"如果故意犯罪,情节恶劣的,报请最高人民法院核准后执行死刑",从而提高"死缓"转为死刑立即执行的门槛。③关于绑架罪,《刑法修正案(九)》第 14 条将原来规定的"犯前款罪,致使被绑架人死亡或者杀害被绑架人的,处死刑,并处没收财产",修改为"犯前款罪,杀害被绑架人的,或者故意伤害被绑架人,致人重伤、死亡的,处无期徒刑或者死刑,并处没收财产",从而提高了绑架罪死刑适用的标准,也改变了原来处绝对死刑的规定。另一方面,从"严"的修订:①《刑法修正案(九)》第 8 条增加了危险驾驶罪的行为类型,即"从事校车业务或者旅客运输,严重超过额定乘员载客,或者严重超过规定时速行驶的","违反危险化学品安全管理规定运输危险化学品,危及公共安全的"。②增加了一些新的罪名以及修改了一些罪名的构成要件等。③《刑法修正案(九)》继续进行刑罚结构调整,其第 44 条第 4 款规定:"犯第一款罪,有第三项规定情形被判处死刑缓期执行的,人民法院根据犯罪情节等情况可以同时决定在其死刑缓期执行二年期满依法减为无期徒刑后,终身监禁,不得减刑、假释。"该款规定的终身监禁属于制度创新,"终身监禁本身存在着不人道、不公平、剥夺罪犯改造机会和浪费司法资源等缺陷,但从切实推动我国死刑立法改革的角度看,在严格限制其适用条件的前提下,增设终身监禁刑有其积极意义"①。总体而言,《刑法修正案(九)》在对社会危害性严重的犯罪的惩治力度不减,继续保持高压态势的同时,对社会危害性较轻及具有从轻情节的犯罪也留下了从宽处罚的余地和空间,真正做到了宽严相济、"严而不厉"。②

---

① 赵秉志、袁彬:《中国刑法立法改革的新思维——以〈刑法修正案(九)〉为中心》,《法学》2015 年第 10 期。
② 参见谢望原、张宝:《〈刑法修正案(九)〉的亮点与不足》,《苏州大学学报(哲学社会科学版)》2015 年第 6 期。

综上可见,改革开放40年以来,宽严相济刑事政策对刑事立法产生了重要的指导作用,尤其是《刑法修正案(七)》《刑法修正案(八)》《刑法修正案(九)》体现了宽严相济刑事政策的特点。

(二) 宽严相济刑事政策与刑事程序立法

学术界在研究宽严相济对刑事立法的影响时,往往关注宽严相济刑事政策对刑法修正的影响,事实上,宽严相济刑事政策对刑事诉讼法的修正也发挥着指导作用,"就刑事诉讼立法而言,近来一些学者在研究宽严相济、构建和谐社会时提出的引进恢复性司法(或称为修复性司法)、建立刑事和解制度和引进缓起诉制度等,都需要通过刑事诉讼立法来解决。由此可见,从政策的指导功能角度考察,宽严相济首先是刑事立法政策"①。1979年7月1日,第五届全国人民代表大会第二次会议通过《刑事诉讼法》,并于1980年1月1日起施行。此后,我国《刑事诉讼法》分别于1996年、2012年、2018年三次修正。自宽严相济刑事政策确立以来,2012年修正的《刑事诉讼法》和2018年修正的《刑事诉讼法》体现出了宽严相济刑事政策的特点。

2012年修正的《刑事诉讼法》体现了宽严相济的刑事政策。例如,首次专章规定了"未成年人刑事案件诉讼程序"。该章共有11个条文,虽然条文并不多,有些规定也是较为原则性的,但是充分体现了宽严相济刑事政策的特点,如该章规定的"对未成年犯罪嫌疑人、被告人应当严格限制适用逮捕措施"、附条件不起诉制度、犯罪记录封存制度等内容,都立足于对涉罪未成年人"教育为主、惩罚为辅"的刑事政策,也体现了宽严相济刑事政策中"宽"的特点。又如,首次专章规定了"当事人和解的公诉案件诉讼程序"。1979年《刑事诉讼法》和1996年

---

① 马克昌:《论宽严相济刑事政策的定位》,《中国法学》2007年第4期。

《刑事诉讼法》规定了自诉案件的和解程序,没有规定公诉案件的和解程序,2012年《刑事诉讼法》首次规定了公诉案件的和解程序,"《刑事诉讼法》增订这一特别程序是在构建和谐社会和贯彻宽严相济刑事政策背景下,对多年来许多地方的公、检、法机关探索在公诉案件中鼓励当事人和解办案方式的肯定,有着深厚的立法背景"①。再如,首次专章规定了"犯罪嫌疑人、被告人逃匿、死亡案件违法所得的没收程序"。1996年《刑事诉讼法》没有规定对犯罪嫌疑人、被告人逃匿、死亡案件违法所得的处理,这使得上述情形下的违法所得长期得不到追缴,"这一程序对于严厉打击严重刑事犯罪、腐败犯罪,减少、防止和挽回由该类犯罪所造成的物质损失,保护国家财产、集体财产、公民个人财产免遭侵害,特别是打击潜逃国外的贪污贿赂犯罪人或者'一人死亡、幸福全家人'的腐败犯罪,具有特别重要的意义"②。

2018年修正的《刑事诉讼法》也充分体现了宽严相济刑事政策的特点。例如,首次明确规定认罪认罚从宽制度,如《刑事诉讼法》第15条规定:"犯罪嫌疑人、被告人自愿如实供述自己的罪行,承认指控的犯罪事实,愿意接受处罚的,可以依法从宽处理。"无疑,"认罪认罚制度是宽严相济刑事政策的一个重要方面"③。认罪认罚从宽制度既体现在刑事实体法上,也应体现在刑事程序法上,我国《刑法》对认罪认罚从宽制度作了诸多规定,但《刑事诉讼法》一直付之阙如。2018年《刑事诉讼法》对认罪认罚制度的规定体现了宽严相济刑事政策的特点,可以说,"认罪认罚从宽超越了'坦白从宽'刑事政策,是宽严相济

---

① 宋英辉、甄贞主编:《刑事诉讼法学》(第6版),中国人民大学出版社2019年版,第490页。
② 陈卫东主编:《刑事诉讼法学原理与案例教程》,中国人民大学出版社2015年版,第415页。
③ 王爱立主编:《中华人民共和国刑事诉讼法释义》,法律出版社2018年版,第24页。

这一基本刑事政策之下的具体刑事政策,也是宽严相济刑事政策之宽的侧面在新形势下的拓展和深化"①。又如,首次专章规定"缺席审判程序",《刑事诉讼法》第291条第1款规定:"对于贪污贿赂犯罪案件,以及需要及时进行审判,经最高人民检察院核准的严重危害国家安全犯罪、恐怖活动犯罪案件,犯罪嫌疑人、被告人在境外,监察机关、公安机关移送起诉,人民检察院认为犯罪事实已经查清,证据确实、充分,依法应当追究刑事责任的,可以向人民法院提起公诉。人民法院进行审查后,对于起诉书中有明确的指控犯罪事实,符合缺席审判程序适用条件的,应当决定开庭审判。"2018年《刑事诉讼法》规定"缺席审判程序"的背景是,为加强国际追逃追赃工作力度,丰富国际追逃追赃工作手段,通过"以审促返"加大劝返力度。② 究其原因,虽然2012年《刑事诉讼法》规定的违法所得没收程序在一定程度上解决了海外追赃的问题,但不论是反腐或刑事诉讼,目的皆为将腐败犯罪分子缉拿归案、绳之以法,使之受到法律的制裁,而仅对涉案财物予以没收,显然无法彻底实现反腐败斗争与刑事诉讼的目的。③ 可见,刑事缺席审判制度建立后,我国法院可依法对外逃腐败分子进行审判并作出判决,从而根据该条款的规定要求被请求缔约国履行"或引渡或执行刑罚"的义务,这将对腐败分子产生极大的震慑作用。④ 这可以说是宽严相济刑事政策从"严"的特点。

---

① 卢建平:《刑事政策视野中的认罪认罚从宽》,《中外法学》2017年第4期。
② 参见王爱立主编:《中华人民共和国刑事诉讼法释义》,法律出版社2018年版,第615页。
③ 参见陈卫东:《论中国特色刑事缺席审判制度》,《中国刑事法杂志》2018年第3期。
④ 参见陈卫东:《论中国特色刑事缺席审判制度》,《中国刑事法杂志》2018年第3期。

二、宽严相济刑事政策与刑事司法

刑事司法有广义与狭义之说,广义上的刑事司法是指公安、检察、审判和司法行政机关及其查明犯罪和处理犯罪人的活动;狭义上的刑事司法仅仅是指审判机关及其适用刑法的活动。[①] 总体而言,刑事司法活动贯彻宽严相济的刑事政策应当坚持保障人权与惩罚犯罪的平衡。本部分主要考察宽严相济刑事政策在刑事侦查、起诉、审判程序中的应用。

(一)宽严相济刑事政策与刑事侦查

我国《刑事诉讼法》第108条中规定,"'侦查'是指公安机关、人民检察院对于刑事案件,依照法律进行的收集证据、查明案情的工作和有关的强制性措施",由此可见,侦查是指侦查机关在办理刑事案件过程中,为了查明犯罪事实,抓获犯罪嫌疑人,依照法律进行的收集证据、查明案情的工作和有关的强制措施。[②] 本部分以侦查中的强制措施——逮捕为例,探讨宽严相济刑事政策与刑事侦查的关系,因为在某种程度上,是否采用逮捕措施体现了宽严相济的刑事政策。

我国刑事诉讼中的强制措施,是指为了保证刑事诉讼的顺利进行,公安机关、人民检察院和人民法院依法对犯罪嫌疑人、被告人的人身自由予以限制或者剥夺的各种强制性方法。"虽然强制措施只是一种程序性保障措施,但因这些措施的适用实际已造成犯罪嫌疑人人身自由大小不同的限制,且适用的根据是犯罪嫌疑人的犯罪性质和人身危险

---

① 参见王牧主编:《新犯罪学》(第3版),高等教育出版社2016年版,第249页。
② 参见孙长永主编:《刑事诉讼法学》(第4版),法律出版社2020年版,第263页。

性,强制措施的适用有必要在宽严相济刑事政策的指导下进行。"①对此,《关于在检察工作中贯彻宽严相济刑事司法政策的若干意见》第7条明确规定:"严格把握'有逮捕必要'的逮捕条件,慎重适用逮捕措施。逮捕是最严厉的刑事强制措施,能用其他强制措施的尽量使用其他强制措施。审查批捕要严格依据法律规定,在把握事实证据条件、可能判处刑罚条件的同时,注重对'有逮捕必要'条件的正确理解和把握。"可见,在我国刑事诉讼中,逮捕是司法机关依法对犯罪嫌疑人、被告人采取剥夺人身自由,予以羁押的一种强制措施。逮捕是最为严厉的一种强制措施,盖因逮捕不只是短暂剥夺人身自由,而通常意味着被逮捕人要被羁押至法院判决生效之时。②

然而,在司法实践中,我国逮捕率一直处于比较高的状态。有数据显示,我国 2003—2011 年逮捕率分别为:93%、92%、90%、88%、84%、82%、82%、78%、75%。③ 在经法院判决有罪的刑事案件中,95%以上的被告人被采取了逮捕措施。④ 可见,在某种程度上,逮捕措施成为侦查的一种手段,或者成为一种惩罚措施,这与逮捕措施的功能定位是相违背的,也不符合宽严相济刑事政策的基本精神。近年来,立足于宽严相济的刑事政策,我国的不捕率有所提升,如 2018 年全国对涉嫌犯罪但无需逮捕的决定不批捕 116,452 人,同比增加 4.5%。⑤ 因此,立足于宽

---

① 樊崇义、吴光升:《宽严相济刑事司法政策与刑事侦查程序》,《中国人民公安大学学报(社会科学版)》2007 年第 3 期。
② 参见吴羽:《论未成年人逮捕制度》,《青少年犯罪问题》2018 年第 2 期。
③ 参见陈永生:《逮捕的中国问题与制度应对——以 2012 年刑事诉讼法对逮捕制度的修改为中心》,《政法论坛》2013 年第 4 期。
④ 参见王文生:《论宽严相济刑事政策在侦查监督中的运用》,《当代法学》2011 年第 3 期。
⑤ 参见张军:《最高人民检察院工作报告——二〇一九年三月十二日在第十三届全国人民代表大会第二次会议上》,《人民日报》2019 年 3 月 20 日,第 2 版。

严相济刑事政策,在侦查程序中应当慎用逮捕措施,推行"以非羁押为原则,羁押为例外"的强制措施适用原则,进一步完善取保候审等羁押替代性措施,扩大非羁押性措施的适用率。

(二)宽严相济刑事政策与刑事起诉

刑事起诉是刑事诉讼活动中的重要环节,"刑事起诉,是指享有控诉权的国家机关和公民,依法向法院提起诉讼,要求法院对指控的犯罪进行审判,以确定被告人刑事责任并予以刑事制裁的诉讼活动"[①]。在刑事起诉程序中,检察机关是起诉还是不起诉,体现了宽严相济的刑事政策,显然,不起诉则体现了"宽"的一面,"我国不起诉制度是1996年全国人民代表大会在废除免予起诉制度的基础上所确立的一项诉讼制度"[②]。最高人民检察院《关于在检察工作中贯彻宽严相济刑事司法政策的若干意见》第8条明确规定:"正确把握起诉和不起诉条件,依法适用不起诉。在审查起诉工作中,严格依法掌握起诉条件,充分考虑起诉的必要性,可诉可不诉的不诉。对于初犯、从犯、预备犯、中止犯、防卫过当、避险过当、未成年人犯罪、老年人犯罪以及亲友、邻里、同学同事等纠纷引发的案件,符合不起诉条件的,可以依法适用不起诉,并可以根据案件的不同情况,对被不起诉人予以训诫或者责令具结悔过、赔礼道歉、赔偿损失。确需提起公诉的,可以依法向人民法院提出从宽处理、适用缓刑等量刑方面的意见。"

根据我国《刑事诉讼法》的规定,我国不起诉的类型主要有法定不

---

① 樊崇义主编:《刑事诉讼法学》(第5版),法律出版社2020年版,第397页。
② 朱立恒:《反思与重构:宽严相济的审查起诉程序》,《法商研究》2009年第6期。

起诉①、酌定不起诉②、证据不足不起诉③、特殊情形的裁量不起诉④、附条件不起诉⑤等。就上述不起诉的类型而言,酌定不起诉、特殊情形的裁量不起诉以及附条件不起诉充分体现了宽严相济的刑事政策。就酌定不起诉而言,"酌定不起诉是起诉便宜主义在我国刑事诉讼中的体现,其合理适用对于贯彻宽严相济的刑事司法政策……具有重要的意义"⑥;就特殊情形的裁量不起诉而言,"检察机关裁量不起诉的权力扩展到了重罪案件,这就在一定程度上改变了我们传统上以起诉法定主义为主、轻罪案件才适当兼采起诉便宜主义的审查起诉原则,为宽严相济刑事政策适用提供了更为广阔的空间"⑦;就附条件不起诉而言,2012年修订《刑事诉讼法》时新增了附条件不起诉制度,"附条件不起诉制度也给犯轻罪的未成年人一次改过自新的机会,避免了执行刑罚对其造成不利的不利影响,有利于使其接受教育,重新融入正常的社会生活"⑧,可以说,对未成年人的附条件不起诉制度充分体现了宽严相

---

① 《刑事诉讼法》第177条第1款规定:"犯罪嫌疑人没有犯罪事实,或者有本法第十六条规定的情形之一的,人民检察院应当作出不起诉决定。"

② 《刑事诉讼法》第177条第2款规定:"对于犯罪情节轻微,依照刑法规定不需要判处刑罚或者免除刑罚的,人民检察院可以作出不起诉决定。"

③ 《刑事诉讼法》第175条第4款规定:"对于二次补充侦查的案件,人民检察院仍然认为证据不足,不符合起诉条件的,应当作出不起诉的决定。"

④ 《刑事诉讼法》第182条第1款规定:"犯罪嫌疑人自愿如实供述涉嫌犯罪的事实,有重大立功或者案件涉及国家重大利益的,经最高人民检察院核准,公安机关可以撤销案件,人民检察院可以作出不起诉决定,也可以对涉嫌数罪中的一项或者多项不起诉。"

⑤ 《刑事诉讼法》第282条第1款中规定:"对于未成年人涉嫌刑法分则第四章、第五章、第六章规定的犯罪,可能判处一年有期徒刑以下刑罚,符合起诉条件,但有悔罪表现的,人民检察院可以作出附条件不起诉的决定。人民检察院在作出附条件不起诉的决定以前,应当听取公安机关、被害人的意见。"

⑥ 孙长永主编:《刑事诉讼法学》(第4版),法律出版社2020年版,第314页。

⑦ 《刑事诉讼法学》编写组:《刑事诉讼法学》(第3版),高等教育出版社2019年版,第288页。

⑧ 王爱立主编:《中华人民共和国刑事诉讼法释义》,法律出版社2018年版,第295—296页。

济的刑事政策。据统计,2018年全国对犯罪情节轻微、依法可不判处刑罚的决定不起诉102,572人,同比增加25.5%。①

另外,值得说明的是,目前我国认罪认罚从宽制度主要适用于审查起诉阶段,认罪认罚从宽制度改革充分体现了宽严相济刑事政策中的"从宽"精神。2016年11月11日,最高人民法院、最高人民检察院、公安部、国家安全部、司法部印发《关于在部分地区开展刑事案件认罪认罚从宽制度试点工作的办法》的通知指出,认罪认罚从宽制度试点,是依法推动宽严相济刑事政策具体化、制度化的重要探索。刑事案件认罪认罚从宽制度试点一年以来,检察机关对认罪认罚案件依法提出从宽量刑建议,其中建议量刑幅度的占70.6%,建议确定刑期的占29.4%,法院对量刑建议的采纳率为92.1%。认罪认罚案件犯罪嫌疑人、被告人被取保候审、监视居住的占42.2%,不起诉处理的占4.5%;免予刑事处罚的占0.3%,判处三年有期徒刑以下刑罚的占96.2%,其中判处有期徒刑缓刑、拘役缓刑的占33.6%,判处管制、单处附加刑的占2.7%,非羁押性强制措施和非监禁刑适用比例进一步提高。② 可见,认罪认罚从宽中的"从宽"不仅限于实体问题,还包括程序上的"从宽",如提高了非羁押性强制措施的适用等。

(三)宽严相济刑事政策与刑事审判

在我国,刑事审判是指人民法院在控辩双方以及其他诉讼参与人的参加下,依照法定的权限和程序,对于依法向其提出诉讼请求的刑事

---

① 参见张军:《最高人民检察院工作报告——二〇一九年三月十二日在第十三届全国人民代表大会第二次会议上》,《人民日报》2019年3月20日,第2版。
② 参见周强:《关于在部分地区开展刑事案件认罪认罚从宽制度试点工作情况的中期报告——2017年12月23日在第十二届全国人民代表大会常务委员会第三十一次会议上》,《人民法院报》2017年12月24日,第1版。

案件进行审理和裁判的诉讼活动。① 刑事审判与宽严相济刑事政策存在紧密的关联,可以说,刑事审判中的很多制度与程序的运用都体现了宽严相济的刑事政策。对此,有学者指出,在刑事审判过程中,最能体现宽严相济刑事司法政策的是法官根据案件的不同情况对被告人作出的宽严不同的实体处理决定,即在刑法规定的范围内判较重的刑罚,或是判较轻的刑罚或定罪免刑。除此之外,适用普通程序还是简易程序,自诉程序还是公诉程序,由基层法院管辖还是中级以上法院管辖等也都体现了"宽"或"严"。因为适用简易程序、被告人认罪程序、自诉程序或由基层法院管辖的案件一般处刑较轻;而适用普通程序、公诉程序或由中级以上法院管辖的案件一般处刑较重。② 事实上,简易程序、速裁程序等在很大程度上体现了宽严相济的刑事政策,如简易程序适用于那些简单轻微的刑事案件,对于此类案件采用简易程序而不是普通程序,有助于保护被告人的合法权益,使被告人早日摆脱缠讼之苦,体现了宽严相济刑事政策的"区别对待"。而在一些共同犯罪案件中,可以针对不同的犯罪分子予以区别对待,综合运用"宽"与"严",从而贯彻宽严相济的刑事政策。

因此,要严格贯彻宽严相济的刑事政策,最大限度地实现刑事审判惩治犯罪和保障人权的职能作用。宽严都必须严格依法进行,做到该宽则宽,当严则严,宽严相济,罚当其罪,最大限度地化解矛盾、减少对抗、促进和谐,最大限度地遏制、预防和减少犯罪,维护社会稳定。贯彻宽严相济刑事政策,必须实行区别对待,在"相济"上下功夫。既要防止只讲"严"而忽视"宽",又要防止只讲"宽"而忽视"严",坚持罪责刑

---

① 参见宋英辉、甄贞主编:《刑事诉讼法学》(第6版),中国人民大学出版社2019年版,第329页。
② 参见樊崇义、吴光升:《宽严相济与刑事审判程序》,《人民司法》2007年第21期。

相适应的刑法基本原则。① 2010年最高人民法院《关于贯彻宽严相济刑事政策的若干意见》对人民法院在刑事审判工作中如何更好地贯彻落实宽严相济的刑事政策,提出了具体、明确的要求,如该意见第1条规定:"贯彻宽严相济刑事政策,要根据犯罪的具体情况,实行区别对待,做到该宽则宽,当严则严,宽严相济,罚当其罪,打击和孤立极少数,教育、感化和挽救大多数,最大限度地减少社会对立面,促进社会和谐稳定,维护国家长治久安。"

自宽严相济刑事政策确立以来,我国刑事审判工作也体现了宽严相济的刑事政策。对此,有学者指出,针对近年严重暴力犯罪总数和占比下降、轻微犯罪成为主流的新形势,充分考虑人民群众的安全感以及惩治犯罪的实际需要,对于犯罪性质尚不严重,情节较轻和社会危害性较小的犯罪,以及被告人认罪认罚的案件,依法从宽。自第六次全国刑事审判工作会议以来,判处三年有期徒刑以下刑罚的占81.6%,同比上升5.8%。通过在刑事审判工作中贯彻宽严相济的刑事政策,既保证了法律的正确适用,也取得了良好的犯罪治理绩效。②

三、宽严相济刑事政策与刑事执行

刑事执行,也可称为刑罚执行,它是指人民法院、公安机关和司法行政机关等具有执行功能的机关,为实现人民法院作出的已经发生法律效力的判决或裁定所确定的内容的执法活动。③ 自我国确立宽严相

---

① 参见《王胜俊在全国法院刑事审判工作座谈会上强调 严格执行宽严相济刑事政策 全力维护国家安全社会稳定》,《中国审判》2008年第6期。
② 参见卢建平:《坚持宽严相济,做好新时代的刑事审判工作》,《人民法院报》2019年10月26日,第2版。
③ 参见李忠诚:《刑事执行功能研究》,《中国法学》2003年第3期。

济刑事政策以来,学术界和实务界往往更加关注宽严相济刑事政策在刑事立法、刑事司法活动中的应用。然而,宽严相济刑事政策对刑事执行也起到了重要的指导作用。在很大程度上,宽严相济刑事政策的"从宽"立场促成了行刑的人道性、个别化、社会化的发展方向,如减刑制度、假释制度、社区矫正制度等都体现了宽严相济刑事政策的"从宽"精神。如学者认为,"从我国有关执行的规定来看,宽严相济刑事司法政策已在刑事执行中有一定的体现,表现最明显的是社区矫正和减刑制度"①;还有学者认为,"宽严相济政策不失缓刑制度及假释制度的精神实质,而缓刑制度及假释制度也可谓宽严相济政策的规范形态"②。因此,"在刑事执行阶段贯彻宽严相济刑事司法政策,一是有利于促使罪犯积极接受教育改造,以重新回归社会……二是在刑事执行阶段正确地贯彻宽严相济刑事政策,有利于节约行刑成本"③。事实上,2016年9月19日,最高人民法院发布的《关于办理减刑、假释案件具体应用法律的规定》第1条就明确规定:"减刑、假释是激励罪犯改造的刑罚制度,减刑、假释的适用应当贯彻宽严相济刑事政策,最大限度地发挥刑罚的功能,实现刑罚的目的。"

减刑,是指对被判处管制、拘役、有期徒刑或者无期徒刑的犯罪分子,因其在刑罚执行期间认真遵守监规,接受教育改造,确有悔改或者立功表现,而适当减轻其原判刑罚的制度。④ 一般认为,我国刑罚执行制度中的减刑制度,是我国刑事立法的创举。减刑制度体现了特殊预防的目的,对于犯罪人而言,如果能够认真遵守监规,接受教育改造,确

---

① 樊崇义、吴光升:《宽严相济与刑事执行》,《中国司法》2007年第6期。
② 张小虎:《宽严相济刑事政策的基本思想与制度建构》,北京大学出版社2018年版,第484页。
③ 樊崇义、吴光升:《宽严相济与刑事执行》,《中国司法》2007年第6期。
④ 参见高铭暄、马克昌主编:《刑法学》(第7版),北京大学出版社2016年版,第290页。

有悔改或者立功表现,就可以不必将原判刑罚执行完毕,这体现了宽严相济刑事政策的"从宽"精神。

假释,是指对被判处有期徒刑、无期徒刑的犯罪分子,在执行一定刑期之后,因其认真遵守监规,接受教育改造,确有悔改表现,没有再犯的危险,而附条件地将其提前释放,在假释考验期内若不出现法定的情形,就认为原判刑罚已经执行完毕的制度。[1]"从假释的特点可以看出,假释制度是目的刑论的产物"[2],假释有助于犯罪人重新融入社会,这也体现了宽严相济刑事政策的"从宽"精神。

社区矫正作为非监禁刑罚执行方式,是指将符合法定条件的罪犯置于社区内,由专门的国家机关在相关社会团体、民间组织和社会志愿者的协助下,在判决、裁定或决定确定的期限内,矫正其犯罪心理和行为,促进其顺利回归社会的非监禁刑罚执行活动。[3] 我国《刑法修正案(八)》正式规定了社区矫正制度;第十三届全国人民代表大会常务委员会第十五次会议于 2019 年 12 月 28 日通过《中华人民共和国社区矫正法》,自 2020 年 7 月 1 日起施行。可以说,社区矫正制度是贯彻落实宽严相济刑事政策的重要体现,"我国的社区矫正,是贯彻宽严相济刑事政策,推进国家治理体系和治理能力现代化的一项重要制度,是立足我国国情和长期刑事司法实践经验基础上,借鉴吸收其他国家有益做法,逐步发展起来的具有中国特色的非监禁的刑事执行制度"[4]。

---

[1] 参见高铭暄、马克昌主编:《刑法学》(第 7 版),北京大学出版社 2016 年版,第 296 页。
[2] 张明楷:《刑法学》(第 5 版),法律出版社 2016 年版,第 626 页。
[3] 参见姜爱东:《关于社区矫正立法中的几个问题》,《中国政法大学学报》2010 年第 6 期。
[4] 王爱立、姜爱东:《〈中华人民共和国社区矫正法〉释义》,中国民主法制出版社 2020 年版,第 15 页。

第五章
刑事立法与犯罪治理

第一节　刑事实体法的发展演变

改革开放 40 年以来,1979 年《刑法》的颁布标志着我国刑法典从无到有,1997 年《刑法》对 1979 年《刑法》进行了进一步的修改和完善,1998 年通过了一部单行刑法,之后通过了多部刑法修正案,彰显了我国刑事立法进程稳步向前推进。①

一、1979 年《刑法》的颁布

(一) 1979 年《刑法》颁布的背景和意义

1. 1979 年《刑法》的创立背景

1949 年 10 月 1 日,中华人民共和国宣告成立。在新中国成立后的

---

① 参见徐海波、童伟华:《改革开放 40 年中国犯罪化立法的回顾、反思与前瞻》,《学术论坛》2018 年第 5 期。

30年内,我国处于无刑法典的时期,刑事法制建设明显滞后于现实需要。① 新中国成立初期,我国在刑法学上模仿苏俄刑法学,引进苏联的刑法理论,并在此基础上开始了我国刑法学的初创。②

1950年,我国开始着手刑法典的起草准备工作,为了配合社会改革运动的需要,国家制定了几部单行刑法。例如,1951年颁布的《中华人民共和国惩治反革命条例》和《妨害国家货币治罪暂行条例》,1952年颁布的《中华人民共和国惩治贪污条例》。③ 这些单行刑法只规制某个特定领域的犯罪,具有专门法的性质,对于那些普通刑事犯罪,如杀人、放火、强奸、抢劫等,仍缺乏应有的刑法规范。④ 在制定单行刑法的同时,前中央人民政府法制委员会集合了陈瑾昆、蔡枢衡、李祖荫、李光灿等一批法律专家,先后起草出两个刑法文本,⑤但这两个稿本最终未被列入立法程序。

1954年9月,我国召开第一届全国人民代表大会第一次会议。1954年10月,全国人大常委会办公厅法律室开始进行刑法的起草工作。1957年6月28日,草拟出第22稿。⑥ 但是,刑法典草案因1957年下半年的政治运动而未公布,刑法典的起草工作也有将近三四年的时间被迫停止。1961年10月,国家重新对刑法典草案进行座谈研究;1962年5月,全面修改刑法典草案第22稿;1963年10月9日,拟出第

---

① 参见高铭暄、孙道萃:《我国刑法立法的回顾与展望》,《河北法学》2019年第5期。
② 参见陈兴良:《中国刑法学研究40年》,《社会科学文摘》2018年第11期。
③ 参见高铭暄:《中华人民共和国刑法的孕育诞生和发展完善》,北京大学出版社2012年版,前言第1页。
④ 参见陈兴良:《回顾与展望:中国刑法立法四十年》,《法学》2018年第6期。
⑤ 这两个刑法文本分别是1950年7月25日的《中华人民共和国刑法大纲草案》和1954年9月30日的《中华人民共和国刑法指导原则(初稿)》。
⑥ 参见高铭暄、赵秉志:《中国刑法立法文献资料精选》,法律出版社2007年版,第247—274页。

33稿。但因"四清"运动和"文化大革命"运动对国家法制建设造成的巨大冲击,刑法典草案第33稿被暂时搁置。①

1976年10月粉碎"四人帮"、宣告"文化大革命"运动失败后,我国刑事立法进程进入缓慢的恢复期。② 1978年2月26日,第五届全国人民代表大会第一次会议开始重视法制工作,将刑法典的制定提上议事日程。③ 1978年12月,中国共产党召开了十一届三中全会,拉开了改革开放的帷幕,我国由以阶级斗争为纲转向以经济建设为中心,并对发扬社会主义民主、加强社会主义法制作了明确的指示,开始重建法制。1979年2月下旬,全国人大常委会法制委员会宣告成立;3月中旬,开始进行立法工作,以第33稿刑法典草案为基础,进行了一些修改与补充;7月1日,刑法典草案获得最后通过;7月6日,刑法典正式公布,并规定自1980年1月1日起施行。④ 至此,1979年《刑法》宣告诞生。

2. 1979年《刑法》的意义

1979年《刑法》是一部划时代的刑法典,作为中华人民共和国第一部系统的刑法典,它的影响不仅仅体现在其制度或条文上,更体现在带给后世的法治理念和意识上。⑤ 1979年《刑法》的立法相对科学,总则体系和分则体系都相对完整,立法内容相对完备,在借鉴苏联刑法立法经验的基础上,立足于中国实践,总结了新中国成立后30年的立法经

---

① 参见陈兴良:《中国刑法学研究40年》,《社会科学文摘》2018年第11期。
② 参见陈兴良:《回顾与展望:中国刑法立法四十年》,《法学》2018年第6期。
③ 参见高铭暄:《刑法专论》(第2版),高等教育出版社2006年版,第42页。
④ 参见高铭暄:《中国共产党与中国刑事立法的发展——纪念中国共产党成立90周年》,《法学家》2011年第5期。
⑤ 参见何勤华、李锦元:《新中国刑事立法的进步和发展——纪念1979年刑法颁布40周年》,《犯罪研究》2019年第4期。

验教训,是一部保护人民、惩罚犯罪和维护社会秩序的刑法。[①] 1979 年《刑法》的颁布,结束了新中国成立后近 30 年没有刑法典的历史,[②]第一次系统地规定了犯罪以及刑罚的基本原理原则、各类具体犯罪及其法定刑,标志着我国完成了认定犯罪从无法可依到有法可依的转变,[③]使新中国刑法规范第一次得以体系化,奠定了我国刑法体系的基础。[④]然而,受当时历史条件和立法经验的限制,1979 年《刑法》在体系结构、规范内容和立法技术上,都还存在一些缺陷,[⑤]许多犯罪情况和情节没有被纳入刑法条文。[⑥] 同时,1979 年《刑法》只有 192 个条文,立法规定较为概括粗略,某些规范的明确性和操作性不强,不利于刑法的具体适用与科学遵守;也未规定罪刑法定原则,而是规定了事后有罪类推制度,与现代刑法所强调的保障人权的基本精神相悖。[⑦]

(二) 1979 年《刑法》的主要内容

1979 年《刑法》分为上下两编。第一编是"总则",共有五章:第一章为刑法的指导思想、任务和适用范围;第二章为犯罪,包括"犯罪和刑事责任,犯罪的预备、未遂和中止,共同犯罪"三节;第三章为刑罚,包括"刑罚的种类,管制,拘役,有期徒刑、无期徒刑,死刑,罚金,剥夺

[①] 参见赵秉志:《改革开放 40 年我国刑法立法的发展及其完善》,《法学评论》2019 年第 2 期。
[②] 参见高铭暄:《刑法专论》(第 2 版),高等教育出版社 2006 年版,第 42—43 页。
[③] 参见陈兴良:《回顾与展望:中国刑法立法四十年》,《法学》2018 年第 6 期。
[④] 参见高铭暄:《新中国刑事立法的变迁与完善》,载微信公众号"山东省人民检察院"2019 年 10 月 8 日。
[⑤] 参见高铭暄:《刑法专论》(第 2 版),高等教育出版社 2006 年版,第 43 页。
[⑥] 参见何勤华、李锦元:《新中国刑事立法的进步和发展——纪念 1979 年刑法颁布 40 周年》,《犯罪研究》2019 年第 4 期。
[⑦] 参见赵秉志:《改革开放 40 年我国刑法立法的发展及其完善》,《法学评论》2019 年第 2 期。

政治权利,没收财产"八节;第四章为刑罚的具体运用,包括"量刑、累犯、自首、数罪并罚、缓刑、减刑、假释、时效"八节;第五章为其他规定。第二编是"分则",共有八章:第一章为反革命罪;第二章为危害公共安全罪;第三章为破坏社会主义经济秩序罪;第四章为侵犯公民人身权利、民主权利罪;第五章为侵犯财产罪;第六章为妨害社会管理秩序罪;第七章为妨害婚姻、家庭罪;第八章为渎职罪。总体而言,1979年《刑法》的立法体系相对完整。

(三) 1979年《刑法》的修改与补充

以1979年《刑法》颁布为契机,我国刑法学进入了恢复重建的阶段。[①] 改革开放以后,我国参加的国际交往日益增多,商品经济和市场经济日益发展,各种新型经济形态开始涌现,如公司、证券、期货、知识产权、金融凭证等,随之出现了公司犯罪、证券犯罪、期货犯罪、知识产权犯罪、金融票证犯罪等各种新型的经济犯罪形态。[②] 随着各种新型经济犯罪、危害社会治安的犯罪层出不穷,建立在计划经济体制之上的1979年《刑法》的局限性日益显现,难以应对变化多端的犯罪现象。[③] 1983年,我国展开了"严打"的立法与司法活动,"严打"对我国的刑法立法造成了重大影响。[④] 基于此,国家立法机关着手对1979年《刑法》的补充完善工作。

1979年《刑法》的修改补充主要通过制定单行刑法和附属刑法的方式进行。[⑤] 1981年至1997年《刑法》颁行之前,最高立法机关先后共

---

① 参见陈兴良:《中国刑法学研究40年》,《社会科学文摘》2018年第11期。
② 参见陈兴良:《回顾与展望:中国刑法立法四十年》,《法学》2018年第6期。
③ 参见高铭暄、马克昌主编:《刑法学》,北京大学出版社2016年版,第10页。
④ 参见陈兴良:《回顾与展望:中国刑法立法四十年》,《法学》2018年第6期。
⑤ 参见高铭暄、孙道萃:《我国刑法立法的回顾与展望》,《河北法学》2019年第5期。

通过了 25 个单行刑法。1981 年 6 月 10 日,全国人民代表大会常务委员会通过《惩治军人违反职责罪暂行条例》和《关于处理逃跑或者重新犯罪的劳改犯和劳教人员的决定》;1982 年 3 月 8 日,全国人民代表大会常务委员会通过《关于严惩严重破坏经济的罪犯的决定》和《关于宽大释放全部在押的原国民党县团以下党政军特人员的决定》;1983 年 9 月 2 日,全国人民代表大会常务委员会通过《关于严惩严重危害社会治安的犯罪分子的决定》;1987 年 6 月 23 日,全国人民代表大会常务委员会通过《关于对中华人民共和国缔结或者参加的国际条约所规定的罪行行使刑事管辖权的决定》;1988 年 1 月 21 日,全国人民代表大会常务委员会通过《关于惩治走私罪的补充规定》和《关于惩治贪污罪贿赂罪的补充规定》;1988 年 9 月 5 日,全国人民代表大会常务委员会通过《关于惩治泄露国家秘密犯罪的补充规定》;1988 年 11 月 8 日,全国人民代表大会常务委员会通过《关于惩治捕杀国家重点保护的珍贵、濒危野生动物犯罪的补充规定》;1990 年 6 月 28 日,全国人民代表大会常务委员会通过《关于惩治侮辱中华人民共和国国旗国徽罪的决定》;1990 年 12 月 28 日,全国人民代表大会常务委员会通过《关于禁毒的决定》和《关于惩治走私、制作、贩卖、传播淫秽物品的犯罪分子的决定》;1991 年 6 月 29 日,全国人民代表大会常务委员会通过《关于惩治盗掘古文化遗址古墓葬犯罪的补充规定》;1991 年 9 月 4 日,全国人民代表大会常务委员会通过《关于严禁卖淫嫖娼的决定》和《关于严惩拐卖、绑架妇女、儿童的犯罪分子的决定》;1992 年 9 月 4 日,全国人民代表大会常务委员会通过《关于惩治偷税、抗税犯罪的补充规定》;1992 年 12 月 28 日,全国人民代表大会常务委员会通过《关于惩治劫持航空器犯罪分子的决定》;1993 年 2 月 22 日,全国人民代表大会常务委员会通过《关于惩治假冒注册商标犯罪的补充规定》;1993 年 7 月

2日,全国人民代表大会常务委员会通过《关于惩治生产、销售伪劣商品犯罪的决定》;1994年3月5日,全国人民代表大会常务委员会通过《关于严惩组织、运送他人偷越国(边)境犯罪的补充规定》;1994年7月5日,全国人民代表大会常务委员会通过《关于惩治侵犯著作权的犯罪的决定》;1995年2月28日,全国人民代表大会常务委员会通过《关于惩治违反公司法的犯罪的决定》;1995年6月30日,全国人民代表大会常务委员会通过《关于惩治破坏金融秩序犯罪的决定》;1995年10月30日,全国人民代表大会常务委员会通过《关于惩治虚开伪造和非法出售增值税专用发票犯罪的决定》。①

最高立法机关还在107个非刑事法律中设置了附属刑法规范,以此对1979年《刑法》作了一系列的补充和修改。例如,在《中华人民共和国文物保护法》《中华人民共和国专利法》《中华人民共和国兵役法》《中华人民共和国森林法》《中华人民共和国渔业法》《中华人民共和国矿产资源法》《中华人民共和国邮政法》《中华人民共和国海关法》《中华人民共和国进出口商品检验法》《中华人民共和国传染病防治法》《中华人民共和国军事设施保护法》《中华人民共和国铁路法》《中华人民共和国国家安全法》《中华人民共和国对外贸易法》《中华人民共和国戒严法》《中华人民共和国煤炭法》《中华人民共和国保险法》等法律中,都有"构成犯罪的,依法追究刑事责任"的规定。② 这一阶段对1979年《刑法》的修改补充及时填补了我国刑法立法的不足,并在一定程度上解决了司法实务的需要。③

---

① 参见高铭暄、赵秉志编:《新中国刑法立法文献资料总览》,中国人民公安大学出版社2015年版,第239—288页。
② 参见高铭暄:《刑法专论》(第2版),高等教育出版社2006年版,第43—47页。
③ 参见赵秉志:《改革开放40年我国刑法立法的发展及其完善》,《法学评论》2019年第2期。

二、1997年修订的《刑法》

（一）1997年《刑法》修订的背景与意义

1. 1997年《刑法》修订的背景

对1979年《刑法》的简单修改补充仍存在着不少缺陷，如刑法立法极度分散、立法内容不统一、立法重刑化等问题。① 自1978年到1992年中国共产党第十四次全国代表大会的召开，党和国家的工作重心逐渐转向经济建设，随着经济的发展和经济体制改革的深入，出现了许多新的犯罪现象。② 建立在计划经济体制之上的1979年《刑法》难以应对惩治经济犯罪的现实需要。例如，在计划经济体制下，投机倒把行为被认定为犯罪行为，1979年《刑法》在第117条设定了投机倒把罪。但在市场经济下，投机倒把行为被认定为正当的经济行为，亟待对此行为予以非犯罪化。因此，对市场经济中出现的不轨行为，罪与非罪之间的界限如何划分，需重新考虑。③

在经济领域的犯罪化与非犯罪化的客观需求构成了推动刑法修改的内在动力。④ 为了适应社会发展，更加有效地发挥刑法的社会调整功能，刑法学界和司法实务部门都要求全面系统地修订刑法，将分散、

---

① 参见赵秉志：《改革开放40年我国刑法立法的发展及其完善》，《法学评论》2019年第2期。
② 参见高铭暄：《刑法专论》（第2版），高等教育出版社2006年版，第47页。
③ 参见高铭暄：《刑法专论》（第2版），高等教育出版社2006年版，第47页。
④ 参见陈兴良：《中国刑法学研究40年》，《社会科学文摘》2018年第11期。

凌乱的规范统一加以整合,由此展开了1997年《刑法》的修订。①

1988年7月1日,七届全国人大常委会将刑法典的修订工作正式列入立法规划,并开始拟刑法修订草案稿本。1996年12月,立法工作机关将一部较为成熟的刑法修订草案提交至八届全国人大常委会进行审议。八届全国人大常委会于1996年12月26日召开第二十三次会议,又于1997年2月19日召开第二十四次会议,审议了刑法修订草案,并决定提交至1997年3月召开的八届全国人大五次会议审议。1997年3月14日,第八届全国人民代表大会经审议通过了修订的《中华人民共和国刑法》即1997年《刑法》,并规定自1997年10月1日起施行。②

2. 1997年《刑法》修订的意义

1997年《刑法》在立法形式上实现了制定一部统一刑法典的目标。1997年《刑法》全面梳理、修改了1979年《刑法》及其实施以后的所有单行刑法和附属刑法的内容,并整合编入1997年《刑法》的有关部分。在立法形式上,取消了与1979年《刑法》并行而相互独立的单行刑法和附属刑法,实现了刑法的法典化。③ 刑法法典化一方面具有较大的威慑力,从消极的一般预防角度上看,有利于预防犯罪;另一方面,由于刑法渊源集中、统一,从形式上看,有利于司法机关适用。④ 1997年《刑法》在分则中,增加了新出现的、需要追究刑事责任的犯罪行为的相关

---

① 参见高铭暄:《中华人民共和国刑法的孕育诞生和发展完善》,北京大学出版社2012年版,前言第4页。
② 参见高铭暄:《中国共产党与中国刑事立法的发展——纪念中国共产党成立90周年》,《法学家》2011年第5期。
③ 参见赵秉志:《中国刑法立法晚近20年之回眸与前瞻》,《中国法学》2017年第5期。
④ 参见张明楷:《刑事立法的发展方向》,《中国法学》2006年第4期。

规定,使刑法典的体系更加完整,此罪与彼罪之间的界限更加明确、具体,法定刑之间更加平衡,可操作性更强。① 1997年《刑法》还科学地规定了反映现代法治精神的刑法三大基本原则,即罪刑法定原则、适用刑法人人平等原则、罪责刑相适应原则,并取消了有罪类推制度,增强了立法的明确性。同时,1997年《刑法》更改反革命罪为危害国家安全罪,取消或分解了投机倒把罪、流氓罪等"口袋罪",真正开启了罪刑法定时代。②

(二)1997年《刑法》修订的主要内容

1997年《刑法》共有15章452条,其中总则5章101条,分则10章350条,附则1条。《刑法》总则规定了犯罪、刑事责任和刑罚的一般原理和原则,修订内容主要包括:实现刑法基本原则的立法化,确立罪刑法定原则,增加适用刑法人人平等原则和罪责刑相适应原则,并废除类推制度;修改刑事管辖权,增设普遍管辖原则;改进未成年人犯罪及其刑事责任;强化正当防卫制度;确立单位犯罪制度;限制死刑适用对象,修改死刑适用条件,放宽死缓减为无期徒刑或者有期徒刑的条件;严格限制地方法院的酌定减轻处罚权;修改补充累犯制度;完善自首和立功制度;修改缓刑、减刑和假释制度等。③《刑法》分则由103条扩充至350条,由8章变为10章,增加了"军人违反职责罪"和"危害国防利益罪"两章,包含的罪名有412个,其中源自1979年《刑法》的罪名有116个,源自单行刑法和附属刑法的罪名有132个,修订中新设的罪名有

---

① 参见高铭暄:《中华人民共和国刑法的孕育诞生和发展完善》,北京大学出版社2012年版,前言第4页。
② 参见赵秉志:《中国刑法立法晚近20年之回眸与前瞻》,《中国法学》2017年第5期。
③ 参见赵秉志:《新中国刑法70年》,法律出版社2019年版,第29页。

164个。① 分则具体修订的内容主要包括:修改反革命罪;专章规定贪污贿赂犯罪;增设大量新型犯罪,主要包括国际性犯罪、黑社会性质犯罪、计算机犯罪、证券犯罪等;扩充部分章节,将第三章"破坏社会主义市场经济秩序罪"充实并分为八节,将第六章"妨害社会管理秩序罪"充实并分为九节。这些规定涵盖了当时被认为应当追究刑事责任的各种行为,大大提升了1997年《刑法》的完备性。②

(三) 1997年《刑法》的完善

1. 1997年《刑法》完善的背景和意义

(1) 1997年《刑法》完善的背景。虽然1997年《刑法》是一部较为科学、完备的刑法典,但其科学完备具有相对性。随着转型时期社会的改革和进步,社会主义市场经济迅速发展,社会中各种不稳定因素也随之加剧,社会矛盾日益增多,群体性事件、网络犯罪、环境犯罪、毒品犯罪、黑社会性质组织犯罪等妨害社会管理秩序的犯罪出现很多新类型,治安形势日益严峻,③亟须增设新的罪名来治理这些犯罪行为,因此我国刑法立法进行了及时的修改与补充。2002年,中国共产党第十六次全国代表大会召开,确立了依法治国的基本方略,也推动了1997年《刑法》的修改与完善。④

(2) 1997年《刑法》完善的意义。对1997年《刑法》的修改与完善

---

① 参见高铭暄:《中华人民共和国刑法的孕育诞生和发展完善》,北京大学出版社2012年版,前言第4页。
② 参见赵秉志:《新中国刑法70年》,法律出版社2019年版,第30—31页。
③ 参见周光权:《转型时期刑法立法的思路与方法》,《中国社会科学》2016年第3期。
④ 参见中国法院网,https://www.chinacourt.org/article/detail/2002/11/id/20399.shtml,2020年12月5日访问。

是通过制定单行刑法和刑法修正案的方式进行的。单行刑法和前七个刑法修正案,都是针对《刑法》分则中具体犯罪的修正,①重点是增设大量新罪名,侧重于严密刑事法网和加重立法的惩罚力度。② 自 2011 年通过《刑法修正案(八)》,我国刑法修正的对象由《刑法》分则扩大至《刑法》总则,修法的内容也更为全面综合。③ 1997 年《刑法》的全面修改与完善,极大地提升了我国刑法立法的统一性、完备性和科学性。刑法罪名设置完备,兼顾了对犯罪的全面惩治和重点惩治,满足了司法实践的需要,贯彻了刑事法治原则,增强了刑法保护社会和保障人权的功能。④

2. 单行刑法对 1997 年《刑法》的补充说明

1997 年《刑法》生效后一年多时间,亚洲金融危机突发,外汇领域出现了大量的违法犯罪现象。骗购外汇、非法截留外汇、转移和买卖外汇的现象层出不穷,发案量急剧增加。为了有力地打击骗购外汇、逃汇、非法买卖外汇的违法犯罪行为,1998 年 12 月 29 日,九届全国人大常委会第六次会议通过了《关于惩治骗购外汇、逃汇和非法买卖外汇犯罪的决定》。该《决定》增设了骗购外汇罪,同时修改了逃汇罪的主体,并提高了法定刑。此外,该《决定》还规定了非法买卖外汇行为的定罪问题。⑤

---

① 参见高铭暄:《中华人民共和国刑法的孕育诞生和发展完善》,北京大学出版社 2012 年版,前言第 13 页。
② 参见赵秉志:《改革开放 40 年我国刑法立法的发展及其完善》,《法学评论》2019 年第 2 期。
③ 参见赵秉志:《改革开放 40 年我国刑法立法的发展及其完善》,《法学评论》2019 年第 2 期。
④ 参见赵秉志:《新中国刑法 70 年》,法律出版社 2019 年版,第 39—41 页。
⑤ 参见陈兴良:《回顾与展望:中国刑法立法四十年》,《法学》2018 年第 6 期。

3. 刑法修正案对1997年《刑法》的完善

1997年《刑法》颁行之后,我国刑法立法主要采取的是统一的刑法典模式,刑法修正案是这一时期我国刑法立法的主要形式,这一形式保持了刑法典的统一性和完整性。① 采取"刑法修正案"的立法形式,标志着中国刑事立法技术日趋成熟。② 由于社会发展迅速,刑事立法活跃,刑法修正案层出不穷。③

(1)《刑法修正案(一)》。为了惩治破坏社会主义市场经济秩序的犯罪,保障社会主义现代化建设的顺利进行,第九届全国人民代表大会常务委员会第十三次会议于1999年12月25日通过《中华人民共和国刑法修正案(一)》,修法的重心是破坏社会主义市场经济秩序犯罪。④ 修法的内容主要包括:隐匿、故意销毁会计资料的犯罪;国有公司、企业、事业单位工作人员严重不负责任、滥用职权,造成国有公司、企业破产,严重损失或致使国家利益遭受重大损失的犯罪;期货犯罪等。⑤

(2)《刑法修正案(二)》。为了惩治毁林开垦和乱占滥用林地的犯罪,切实保护森林资源,第九届全国人民代表大会常务委员会第二十三次会议于2001年8月31日通过《中华人民共和国刑法修正案

---

① 参见赵秉志:《改革开放40年我国刑法立法的发展及其完善》,《法学评论》2019年第2期。
② 参见高铭暄:《中华人民共和国刑法的孕育诞生和发展完善》,北京大学出版社2012年版,前言第13页。
③ 参见张明楷:《刑法理论与刑事立法》,《法学论坛》2017年第6期。
④ 参见黄太云、高翔:《〈中华人民共和国刑法修正案〉简介》,《中国司法》2000年第3期。
⑤ 参见中国人大网,http://www.npc.gov.cn/wxzl/gongbao/2000-12/05/content_5004760.htm,2020年12月6日访问。

(二)》,修法的重心是毁林开垦和乱占滥用林地的犯罪。① 此修正案将《刑法》第 342 条修改为:"违反土地管理法规,非法占用耕地、林地等农用地,改变被占用土地用途,数量较大,造成耕地、林地等农用地大量毁坏的,处五年以下有期徒刑或者拘役,并处或者单处罚金。"②

(3)《刑法修正案(三)》。为了惩治恐怖活动犯罪,保障国家和人民生命、财产安全,维护社会秩序,第九届全国人民代表大会常务委员会第二十五次会议于 2001 年 12 月 29 日通过《中华人民共和国刑法修正案(三)》,对恐怖活动犯罪进行了补充修改。③ 修改内容主要包括:增设资助恐怖活动罪,投放虚假危险物质罪,编造、故意传播虚假恐怖信息罪;将投毒罪修改扩充为投放危险物质罪;取消非法买卖、运输核材料罪,代之以非法制造、买卖、运输、储存危险质罪;将盗窃、抢夺枪支、弹药、爆炸物罪扩展为盗窃、抢夺枪支、弹药、爆炸物、危险物质罪;将抢劫枪支、弹药、爆炸物罪扩展为抢劫枪支、弹药、爆炸物、危险物质罪;将恐怖活动犯罪补充为洗钱罪的上游犯罪;修改和提高组织、领导、参加恐怖活动组织罪的法定刑;修改和提高单位洗钱罪的自然人主体的法定刑。④

(4)《刑法修正案(四)》。为了惩治破坏社会主义市场经济秩序、妨害社会管理秩序和国家机关工作人员渎职的犯罪行为,保障社会主义现代化建设的顺利进行,保障公民的人身安全,第九届全国人民代表大会常务委员会第三十一次会议于 2002 年 12 月 28 日通过《中华人民

---

① 参见中国人大网,http://www.npc.gov.cn/wxzl/gongbao/2001-09/17/content_5142641.htm,2020 年 12 月 6 日访问。
② 参见中国人大网,http://www.npc.gov.cn/zgrdw/npc/flsyywd/xingfa/2004-10/20/content_337788.htm,2020 年 12 月 6 日访问。
③ 参见胡康生:《关于〈中华人民共和国刑法修正案(三)(草案)〉的说明》,《中华人民共和国全国人民代表大会常务委员会公报》2002 年第 1 期。
④ 参见中国人大网,http://www.npc.gov.cn/zgrdw/huiyi/lfzt/xfxza8/2008-08/21/content_1588535.htm,2020 年 12 月 6 日访问。

共和国刑法修正案(四)》,修法的内容涉及破坏社会主义市场经济秩序、妨害社会管理秩序和国家机关工作人员渎职等犯罪行为。[1] 主要包括:将生产、销售不符合标准的医疗器械、医用卫生材料的犯罪由结果犯改为危险犯,并调整其刑罚;修改以走私犯罪论处的两类犯罪的规定;增加关于非法雇用童工犯罪的规定;增加关于破坏国家重点保护植物的犯罪和非法收购、运输、盗伐、滥伐林木的犯罪,修改关于非法收购、运输、盗伐、滥伐林木罪的构成要件;单独规定人民法院执行人员渎职的犯罪。[2]

(5)《刑法修正案(五)》。为了打击社会发展过程中出现的犯罪,第十届全国人民代表大会常务委员会第十四次会议于2005年2月28日通过《中华人民共和国刑法修正案(五)》,内容涉及修改、补充刑法中破坏金融管理秩序犯罪、金融诈骗犯罪和危害国防利益犯罪的有关条文。[3] 主要内容包括:增设妨害信用卡管理罪,窃取、收买或者非法提供他人信用卡信息资料罪,过失破坏武器装备、军事设施、军事通信罪;将"使用以虚假的身份证明骗领信用卡的"增设为信用卡诈骗罪的行为类型。[4]

(6)《刑法修正案(六)》。第十届全国人民代表大会常务委员会第二十二次会议于2006年6月29日通过《中华人民共和国刑法修正案(六)》,修改、补充了《刑法》有关于重大安全生产事故、破坏金融管理秩序、严重损害上市公司和公众投资者利益、商业贿赂、洗钱、虚假破产、枉法仲裁等犯罪的规定。[5]

---

[1] 参见黄太云:《〈中华人民共和国刑法修正案(四)〉的理解与适用》,《人民检察》2003年第3期。
[2] 参见中国人大网,http://www.npc.gov.cn/wxzl/gongbao/2002-12/30/content_5304807.htm,2020年12月6日访问。
[3] 参见黄太云:《〈刑法修正案(五)〉的理解与适用》,《人民检察》2005年第6期。
[4] 参见中国人大网,http://www.npc.gov.cn/wxzl/gongbao/2005-04/25/content_5337649.htm,2020年12月6日访问。
[5] 参见中国人大网,http://www.npc.gov.cn/wxzl/gongbao/2006-07/20/content_5350752.htm,2020年12月6日访问。

(7)《刑法修正案(七)》。第十一届全国人民代表大会常务委员会第七次会议于2009年2月28日通过《中华人民共和国刑法修正案(七)》,对《刑法》中涉及贪污贿赂犯罪、破坏社会主义市场经济秩序犯罪、侵犯公民权利犯罪、妨害社会管理秩序犯罪、危害国防利益犯罪的一些规定作了修改,并增加了一些新的罪名。① 例如,增加了出售或非法提供、获取公民个人信息罪,组织未成年人进行违法活动罪,组织、领导传销罪;完善了走私犯罪的立法规定;加强了对证券、期货交易市场的保护力度;修改了偷税罪的构成要件和法定刑;扩大了受贿罪主体的范围;提高了巨额财产来源不明罪的法定刑。②

(8)《刑法修正案(八)》。为了惩治犯罪、维护社会治安和市场经济秩序、保护公民合法权益,第十一届全国人民代表大会常务委员会第十九次会议于2011年2月25日通过《中华人民共和国刑法修正案(八)》,本次修正案被认为是1997年《刑法》修订以来最重要的一次修改。该修正案共50条,取消了13个罪名的死刑,第一次对《刑法》总则进行了修改,内容涉及调整刑罚结构,对一些严重暴力性犯罪被判处死缓的罪犯的减刑、假释和延长在监狱的实际最低服刑期限等进行了修订,延长了有期徒刑数罪并罚的刑期,增设了"禁止令"制度,完善了对老年人和未成年人从宽处理的规定,将坦白从宽的刑事政策法律化。对《刑法》分则的修改主要是进一步修改完善打击黑恶势力犯罪的相关法律规定,加强对于民生和弱势群体的刑法保护,同时对一些法律条文作了修改,如删除生产、销售假药罪基本罪刑阶段"足以严重危害人体健康"的构成要件,将这一犯罪由具体危险犯修改为抽象危险犯。

---

① 参见黄太云:《〈刑法修正案(七)〉解读》,《人民检察》2009年第6期。
② 参见中国人大网,http://www.npc.gov.cn/wxzl/gongbao/2009-06/09/content_1517170.htm,2020年12月6日访问。

另外还增加了一些新的犯罪,如将醉驾规定为危险驾驶罪。①

(9)《刑法修正案(九)》。第十二届全国人民代表大会常务委员会第十六次会议于2015年8月29日通过《中华人民共和国刑法修正案(九)》,对《刑法》总则的修订涉及从业禁止制度和强制医疗制度的设立、刑罚执行制度的修改、刑罚结构的调整,对《刑法》分则的修订涉及废止、修改和增加部分罪名以及对部分罪名的内容进行修改。② 例如,增设了非法持有宣扬恐怖主义、极端主义物品罪;增加了单位作为拒不执行判决、裁定罪的犯罪主体;增加了扰乱法庭秩序罪的行为类型;将"多次抢夺"纳入抢夺罪的规制范围;增设了13个犯罪的罚金刑等。推进了死刑改革,包括取消9种罪名的死刑,将3种罪名由绝对确定的死刑改为相对确定的死刑,提高对死缓罪犯执行死刑的门槛。③ 严惩涉恐犯罪,加强了对公民人身权利的保护(如将强制猥亵罪的对象由妇女扩大到他人),维护信息网络安全,加大反腐败力度,惩治失信背信行为和切实加强社会治理等。④

(10)《刑法修正案(十)》。为了惩治侮辱国歌的犯罪行为,切实维护国歌奏唱、使用的严肃性和国家尊严,第十二届全国人民代表大会常务委员会第三十次会议于2017年11月4日通过《中华人民共和国刑法修正案(十)》。在《刑法》第299条中增加1款作为第2款,将该条修改为:"在公共场合,故意以焚烧、毁损、涂划、玷污、践踏等方式侮

---

① 参见中国人大网,http://www.npc.gov.cn/zgrdw/huiyi/lfzt/xfxza8/2011-05/10/content_1666059.htm,2020年12月8日访问。

② 参见陈兴良:《〈刑法修正案(九)〉的解读与评论》,《贵州民族大学学报(哲学社会科学版)》2016年第1期。

③ 参见中国人大网,http://www.npc.gov.cn/wxzl/gongbao/2015-11/06/content_1951896.htm,2020年12月8日访问。

④ 参见付晓雅:《〈中华人民共和国刑法修正案(九)〉专题研究》,《法学杂志》2015年第11期。

辱中华人民共和国国旗、国徽的,处三年以下有期徒刑、拘役、管制或者剥夺政治权利。在公共场合,故意篡改中华人民共和国国歌歌词、曲谱,以歪曲、贬损方式奏唱国歌,或者以其他方式侮辱国歌,情节严重的,依照前款的规定处罚。"①

综上可见,改革开放40年间,我国的犯罪治理经历了从无法可依到有法可依的巨大转变,并且通过刑法的不断修改而日趋完善,②刑法立法40年历程也表明刑法对犯罪治理和保障人权具有重要作用。当然,影响我国刑法立法的因素有很多,社会治安形势的变化和国民基本权利意识的提升都促进了我国刑法立法的发展。从刑法规范的价值内容上说,我国刑法在犯罪规定和刑罚设置这两个方面都还存在较大的调整空间。就犯罪规定而言,目前我国刑法中的犯罪圈较小。因此,在将来很长一段时期,立法上的犯罪化可能是刑法立法的主旋律。③

第二节 刑事程序法的发展演变

一、1979年《刑事诉讼法》的颁布

1979年7月1日,第五届全国人民代表大会第二次会议通过《中华人民共和国刑事诉讼法》,并于1980年1月1日起施行。1979年《刑事

---

① 参见中国人大网,http://www.npc.gov.cn/npc/c30834/201711/3322df5da28b44859a248ecd7e84f4c0.shtml,2020年12月8日访问。
② 参见陈兴良:《回顾与展望:中国刑法立法四十年》,《法学》2018年第6期。
③ 参见陈兴良:《回顾与展望:中国刑法立法四十年》,《法学》2018年第6期。

诉讼法》是新中国成立以来第一部完整意义上的《刑事诉讼法》，它对平反冤假错案、恢复社会秩序、保护公民合法权益以及完善社会主义法制起到了重要作用。① 当然，由于1979年《刑事诉讼法》的起草工作过于仓促，很多规定也显得较为简约，但1979年《刑事诉讼法》的颁布真正实现了诉讼法领域中"从无到有"的飞跃，对于这一特定时期冤假错案的复查与平反起到了不可忽视的作用，同时也为改革开放开拓了顺利运行的道路。②

1979年《刑事诉讼法》包括总则，立案、侦查和提起公诉，审判，执行，共四编164条。第一编为总则部分，分别确立了指导思想、任务、基本原则、管辖、回避、辩护、证据、强制措施、附带民事诉讼、期间、送达制度以及其他规定。第二编对立案、侦查、提起公诉等程序进行了详细的规定。第三编为审判部分，其中对审判组织、第一审程序、第二审程序、死刑复核程序以及审判监督程序进行了相应规范。第四编则对执行程序进行了明确规定。此外，1979年《刑事诉讼法》还初步确立了以下原则：法律面前人人平等；人民法院、人民检察院和公安机关分工负责，互相配合，互相制约；被告人有权获得辩护等。同时也规定了陪审制度、两审终审制度和回避制度等重要制度。③ 自此，具有中国鲜明时代特色的刑事诉讼制度体系初步得以确立下来。

二、1996年修订的《刑事诉讼法》

随着改革开放的进一步深化以及社会主义市场经济体系的建立，

---

① 参见樊崇义主编：《刑事诉讼法学》（第5版），法律出版社2020年版，第25—26页。
② 参见叶青、李小猛：《〈刑事诉讼法〉颁布实施40周年的回顾与展望》，《犯罪研究》2019年第6期。
③ 参见樊崇义主编：《刑事诉讼法学》（第5版），法律出版社2020年版，第26页。

社会环境与犯罪治理形势日益复杂化,1979年《刑事诉讼法》中的一些规定已然不合时宜。为适应社会发展的新状况,1993年开始,全国人大法工委对《刑事诉讼法》实施情况进行调查研究,广泛听取各方面意见和建议,于1995年拟定了刑事诉讼法草案,并提交全国人大常委会审议。1996年3月17日,经第八届全国人民代表大会第四次会议审议,正式通过了《全国人民代表大会关于修改〈中华人民共和国刑事诉讼法〉的决定》,自1997年1月1日起施行。1996年修订的《刑事诉讼法》是我国法治领域的一大进步,体现了我国在思想意识与立法技术上的不断探索发展。虽然1996年《刑事诉讼法》重在制度的移植,很多国外引进的制度未能在短期内完全落实,但是此次修改在贯彻"无罪推定"原则、制约国家权力、保障被告人权利、推动审判权与追诉权理性回归、实现控审分离等方面起到了开创性作用,对我国的法治建设影响深远。①

1996年《刑事诉讼法》在1979年《刑事诉讼法》的基础上修订了106处,法条从原有的164条增加至225条,这在很大程度上体现了社会主义民主与法制的飞速发展。1996年《刑事诉讼法》修正范围较广,主要包括:明确了公安机关、人民检察院以及人民法院的各自职能与管辖范围,特别是增设了人民检察院的法律监督职责;在每个诉讼环节都强化了律师辩护职能,②更加注重保障被告人的辩护权;修改并完善了刑事强制措施;确立了法律援助制度;改变庭审方式,实行对抗式庭审格局,注重衡量控辩双方的力量与地位;规范"犯罪嫌疑人"的称谓,明确"疑罪从无"的原则;设置简易程序等。其中,主要修订内容如下:

---

① 参见梁欣:《从法制到法治——改革开放四十年刑事诉讼模式变迁》,《人民法院报》2018年11月14日,第5版。
② 参见樊崇义主编:《刑事诉讼法学》(第5版),法律出版社2020年版,第26页。

第一,强化监督,明确人民检察院的职能。1996年《刑事诉讼法》加强了对刑事诉讼各个阶段的监督,特别是在总则中明确规定了人民检察院依法对刑事诉讼进行法律监督的原则,在很大程度上保障了当事人的诉讼权利。此外,此次修改还确立了人民检察院对于公安机关立案侦查的监督,抗诉案件中派员出庭,以及对人民法院的审判工作提出书面意见等程序。[1]

第二,完善辩护制度,保障辩护权。此次修改完善了辩护制度,特别是设立了法律援助制度。例如,在被告人因经济困难或者其他原因没有委托辩护人的情形下,增加了"人民法院可以指定承担法律援助义务的律师为其提供辩护"的情形。另外,经过代表商议,对于律师的调查取证权也进行了初步的设定,如辩护律师经人民检察院或者人民法院许可,并且经被害人或者其近亲属、被害人提供的证人同意,可以向他们收集与本案有关的材料等。[2]

第三,明确了适用刑事强制措施的条件和程序。在刑事强制措施方面,此次修订明确了取保候审、监视居住由公安机关执行,并且为防止侦查机关以拘传变相拘禁犯罪嫌疑人,增加了"传唤、拘传持续的时间最长不得超过十二小时。不得以连续传唤、拘传的形式变相拘禁犯罪嫌疑人"的规定,对于传唤、拘传的持续时间进行了明确规定,展现了更加注重保障犯罪嫌疑人合法权利的立法意图。[3]

---

[1] 参见顾昂然:《关于〈中华人民共和国刑事诉讼法修正案(草案)〉的说明》,《中华人民共和国全国人民代表大会常务委员会公报》1996年第3期。

[2] 参见薛驹:《全国人大法律委员会关于〈中华人民共和国行政处罚法修正案(草案)〉和〈中华人民共和国刑事诉讼法修正案(草案)〉审议结果的报告》,《中华人民共和国全国人民代表大会常务委员会公报》1996年第3期。

[3] 参见薛驹:《全国人大法律委员会关于〈中华人民共和国行政处罚法修正案(草案)〉和〈中华人民共和国刑事诉讼法修正案(草案)〉审议结果的报告》,《中华人民共和国全国人民代表大会常务委员会公报》1996年第3期。

第四,取消免于起诉的规定。1979年《刑事诉讼法》第101条规定,人民检察院可以对依照刑法规定不需要判处刑罚或者免除刑罚的免于起诉。1996年《刑事诉讼法》第142条规定:"犯罪嫌疑人有本法第十五条规定的情形之一的,人民检察院应当作出不起诉决定。"自此不再使用免于起诉制度,并将原先属于免于起诉的情形纳入人民检察院的不起诉范围。

第五,改善庭审方式,加强对抗性。此次修订改变了庭审方式,通过加强庭审,提高了控辩双方的对抗性。例如,强调合议庭的作用,1996年《刑事诉讼法》第149条规定,"对于疑难、复杂、重大的案件,合议庭认为难以作出决定的,由合议庭提请院长决定提交审判委员会讨论决定",这改变了1979年《刑事诉讼法》中院长对于此类案件可以直接提交审判委员会决定的规定;在加强庭审辩论的方面,根据1996年《刑事诉讼法》第160条规定,公诉人、当事人和辩护人、诉讼代理人在经审判长许可后,可以对证据和案件情况发表意见并且互相辩论。另外,公诉人、当事人和辩护人、诉讼代理人经审判长许可后,也可以对证人、鉴定人进行发问,形成了庭审各方对案件事实真相发表意见,围绕证据而展开对抗性辩论的局面。①

综上可见,1996年《刑事诉讼法》体现出我国对人权保障的关注。1979年《刑事诉讼法》基本上采取职权主义的诉讼模式,强调使用职权打击犯罪,这在很大程度上忽视了对犯罪嫌疑人必要的权利保障。1996年《刑事诉讼法》是改革开放20多年来社会观念与发展状态的反映,此次修改立足于1979年《刑事诉讼法》的弊端与缺陷,借鉴了英美法系有益经验,在程序上体现出一定的控辩式诉讼特点,体现出由强职

---

① 参见顾昂然:《关于〈中华人民共和国刑事诉讼法修正案(草案)〉的说明》,《中华人民共和国全国人民代表大会常务委员会公报》1996年第3期。

权主义向混合式诉讼模式转型的趋势。①

三、2012年修订的《刑事诉讼法》

1996年《刑事诉讼法》在实施过程中逐渐暴露出一些不足,尤其随着聂树斌案、佘祥林案等刑事错案的曝光,使得人们开始反思:如何在从制度层面保障被告人的合法权利的同时,又能有效应对刑事犯罪方面的新状况?② 1997年9月,党的十五大正式提出依法治国方略;2004年3月,第十届全国人民代表大会二次会议通过了《中华人民共和国宪法修正案》,将"尊重和保障人权"写入宪法。在此背景下,学术界对于修改刑事诉讼法的呼声日渐加强。全国人大常委会法工委着手刑事诉讼法起草方案,多次向社会各界征求意见后,十一届全国人大五次会议于2012年3月14日通过《全国人民代表大会关于修改〈中华人民共和国刑事诉讼法〉的决定》,并于2013年1月1日起实施。2012年修正的《刑事诉讼法》具有深远的意义,体现出我国司法领域改革的成果,同时也对司法实践中律师、被告人权利难以得到保障等问题作出了一些规定。此次修改真正立足于中国国情,在吸取国外有益经验的同时,实现移植制度中国化,在犯罪治理中起到的效果也日渐明显。

相较于1996年《刑事诉讼法》,2012年《刑事诉讼法》增加了65个条文,总共五编290条,并明确将"尊重和保障人权"写入《刑事诉讼

---

① 参见樊崇义主编:《刑事诉讼法学》(第5版),法律出版社2020年版,第26页。
② 参见王兆国:《关于〈中华人民共和国刑事诉讼法修正案(草案)〉的说明》,《人民检察》2012年第8期。

法》,实现了我国刑事诉讼立法实践中的一大飞跃。① 其中,主要修订内容如下:

第一,继续完善辩护制度。2012年《刑事诉讼法》进一步强化了辩护人的作用。首先,此次修改增加了在侦查期间委托辩护人的相关规定,明确犯罪嫌疑人在侦查阶段可以委托律师作为辩护人。其次,规定了犯罪嫌疑人、被告人无罪或者罪轻的证据材料的提交问题,以及辩护人收集的有关犯罪嫌疑人不在犯罪现场、未达到刑事责任年龄、属于依法不负刑事责任的精神病人等证据的告知问题,进一步保障了犯罪嫌疑人的辩护权。再次,此次修改细化了律师的会见程序,增加了对于危害国家安全犯罪、恐怖活动犯罪以及特别重大的贿赂犯罪案件,律师在侦查阶段会见当事人需要经过侦查机关许可的规定。最后,扩大了法律援助的适用范围,在1996年《刑事诉讼法》规定审判阶段可以适用法律援助的基础上,在侦查、审查起诉阶段也增设了法律援助制度。②

第二,改革强制措施制度。在规制强制措施的使用方面,2012年《刑事诉讼法》严格限制被采取强制措施后不通知家属的情形,如第83条规定:"除无法通知或者涉嫌危害国家安全犯罪、恐怖活动犯罪通知可能有碍侦查的情形以外,应当在拘留后二十四小时以内,通知被拘留人的家属。"同时,2012年《刑事诉讼法》对逮捕的条件、审批程序,以及监视居住的使用条件都进行了较为详细的规定。③

---

① 参见樊崇义:《我国刑诉法实施四十周年历史回顾与理论前瞻》,《检察日报》2020年11月5日,第3版。
② 参见王兆国:《关于〈中华人民共和国刑事诉讼法修正案(草案)〉的说明》,《人民检察》2012年第8期。
③ 参见王兆国:《关于〈中华人民共和国刑事诉讼法修正案(草案)〉的说明》,《人民检察》2012年第8期。

第三，完善证据制度。在证据方面，2012年《刑事诉讼法》确立了非法证据排除规则，第54条规定："采用刑讯逼供等非法方法收集的犯罪嫌疑人、被告人供述和采用暴力、威胁等非法方法收集的证人证言、被害人陈述，应当予以排除。"同时，对于证据的种类和范围进行了细化，第48条规定："可以用于证明案件事实的材料，都是证据"，并将"电子数据"纳入证据范围。此次修改还对证人出庭制度进行了完善，强化了对证人的保护力度。

第四，完善侦查制度。在侦查方面，2012年《刑事诉讼法》主要围绕完善侦查措施与监督侦查权力展开。在完善侦查措施上，第117条增加了侦查人员可以对犯罪嫌疑人进行口头传唤的规定；同时在第122条询问证人的场所中加入"证人提出的地点"等。在监督与规制侦查权力方面，第116条增加了关于讯问场所的专门规定，即犯罪嫌疑人被送交看守所羁押以后，侦查人员对其进行讯问，应当在看守所内进行。另外，针对侦查机关查封、扣押物品等措施进行了较为详细的程序设计，在很大程度上规范了侦查机关的权力运行。

第五，完善审判程序。2012年《刑事诉讼法》对简易程序制度进行了调整，扩大了简易程序的适用范围，从而提高了刑事诉讼效率；同时对于不适用简易程序的案件也进行了明确规定。此次修改还对二审程序进行了一些细化规定，例如，明确了二审程序需开庭审理的案件种类；规定原审人民法院发回重新审判的案件作出判决后，被告人提出上诉或者人民检察院提出抗诉的，第二审人民法院应当依法作出判决或者裁定，从而避免了诉讼程序的拖延。

第六，规定特别程序。2012年《刑事诉讼法》增设了未成年人刑事案件程序，当事人和解的公诉案件程序，犯罪嫌疑人、被告人逃匿、死亡案件违法所得的没收程序，以及依法不负刑事责任的精神病人的强制医疗程序等四个特别程序。

四、2018年修订的《刑事诉讼法》

随着我国国家监察体制改革、司法体制改革的推进,对刑事诉讼法的改革也被提上议程。2018年《刑事诉讼法》的起草工作围绕国家监察体制改革、境外追逃工作、认罪认罚从宽制度、速裁程序等方面展开,在深入贯彻落实习近平新时代中国特色社会主义思想的指导下,取得了显著的成果,进一步完善了社会主义法制。[①] 第十三届全国人民代表大会常务委员会第六次会议于2018年10月26日通过《关于修改〈中华人民共和国刑事诉讼法〉的决定》,2018年《刑事诉讼法》立足于当前中国刑事诉讼实践,其中,速裁程序与认罪认罚从宽制度在确立前都进行了试点工作,最终以法律条文形式确定下来。此次刑诉法修改以我国司法领域改革为大背景,相较于2012年刑诉法修改更具针对性。[②]

2018年《刑事诉讼法》共五编308条,较2012年《刑事诉讼法》新增了18个条款,主要涉及检察职能的调整、值班律师制度、缺席审判制度、速裁程序和认罪认罚从宽程序,具体如下。

第一,人民检察院与监察委的职能调整。随着近年来职务犯罪的增多,反腐倡廉工作的开展日渐深入,据最高人民检察院在第十三届全国人民代表大会第一次会议上的工作报告显示,我国在过去五年内共

[①] 参见沈春耀:《全国人民代表大会宪法和法律委员会关于〈中华人民共和国刑事诉讼法(修正草案)〉修改情况的汇报》,《中华人民共和国全国人民代表大会常务委员会公报》2018年第6期。

[②] 参见叶青:《刑诉法修改回应社会需求》,《检察日报》2018年10月30日,第3版。

立案侦查职务犯罪254,419人,较之前五年增加16.4%。① 为了提高打击职务犯罪的效率,以及准确划分人民检察院与监察委的职能,2018年《刑事诉讼法》将原由检察院管辖的"贪污贿赂犯罪、国家工作人员的渎职犯罪"转由监察委管辖,并针对刑事诉讼法与监察法的衔接问题予以明确,如对证据移送、强制措施以及审查起诉等程序均作出了详细的规定。②

第二,增设值班律师制度。辩护制度是衡量一个国家刑事法治状态的"试金石"。③ 2018年《刑事诉讼法》继续完善了辩护制度,特别是规定了值班律师制度,明确值班律师可为犯罪嫌疑人、被告人提供法律咨询,并在程序选择、提出法律意见、证实认罪认罚行为、变更强制措施等方面提供帮助。

第三,确立缺席审判制度。2018年《刑事诉讼法》规定了缺席审判制度,对缺席审判制度的适用范围、管辖法院、审判组织形式等进行了明确规定。缺席审判制度主要适用于贪污贿赂犯罪、危害国家安全犯罪以及恐怖活动犯罪。总体而言,缺席审判制度的设立符合我国当前对于贪污腐败犯罪"零容忍"的态度,也有益于促进以审判为中心的诉讼制度改革进程,对于完善中国特色刑事审判制度体系有着深远影响。④

第四,确立速裁程序。2018年《刑事诉讼法》除继续加大对犯罪嫌疑人、被告人的权利保障力度外,还关注提高诉讼效率、节省司法资源

---

① 最高人民检察院工作报告,载中华人民共和国最高检察院官网,http://www.spp.gov.cn/spp/gzbg/201803/t20180325_372171.shtml,2018年3月9日访问。
② 参见樊崇义:《2018年〈刑事诉讼法〉修改重点与展望》,《国家检察官学院学报》2019年第1期。
③ 参见樊崇义主编:《刑事诉讼法学》(第5版),法律出版社2020年版,第28页。
④ 参见陈卫东:《论中国特色刑事缺席审判制度》,《中国刑事法杂志》2018年第3期。

的问题。2018年《刑事诉讼法》明确规定了速裁程序的适用范围、审判形式、审理期限等内容。另外,此次修改正式将认罪认罚从宽原则作为《刑事诉讼法》中的基本原则,[①]并从侦查阶段、审查起诉阶段、审判阶段对认罪认罚从宽制度进行了明确规定。

第三节　刑事立法与犯罪治理的关系

一、犯罪圈

犯罪圈,即需要追究刑事责任的危害行为范围。[②] 关于犯罪圈的具体形态,学术界存在着不同观点:有学者认为,犯罪圈是由各种罪名首尾连接而成的空心圆,圆圈之外不属于犯罪,不受刑法管制;还有学者认为,犯罪圈其实是由多层级结构组合而成的实心圆,不同的犯罪根据具体情形分布于不同的层级上,犯罪圈实际上是一个多元化概念。[③] 对犯罪活动的打击不可避免地涉及对人身、财产等利益的侵犯,因此,需要准确地划定罪与非罪的界限,不可模棱两可,也不可颠倒是非,即属于犯罪圈内的行为,必须予以严厉打击;不属于犯罪圈内的行为,即使存在着一定程度的危害性,也不可盲目进行制裁,否则有失犯罪治理

---

① 参见叶青、李小猛:《〈刑事诉讼法〉颁布实施40周年的回顾与展望》,《犯罪研究》2019年第6期。
② 参见王志祥、刘婷:《论犯罪圈扩张的正当性》,《河南警察学院学报》2020年第2期。
③ 参见白建军:《犯罪圈与刑法修正的结构控制》,《中国法学》2017年第5期。

工作的公信力。刑法是规定犯罪的法律规范,[①]犯罪圈的大小必然由刑法所确定。罪刑法定原则要求"法无明文规定不为罪",即使一个行为的法益侵害性足以达到判处刑罚的程度,然而法律并未明文规定,最终也不应当被纳入犯罪圈。当然,随着社会的发展变化,刑法相应地被修正,犯罪圈也随之发生变化,一些原本不属于犯罪的行为被纳入犯罪圈,同时一些原先在犯罪圈内的行为也会被排除。例如,1997年《刑法》取消了投机倒把罪、流氓罪等,就体现出顺应时代的发展要求。刑事立法与犯罪圈的关系主要体现在以下两个方面:

一方面,刑事立法修正影响犯罪圈的范围。对犯罪的规制主要体现在刑法中,刑法将那些具有社会危害性、需要受到处罚的违法行为规定为犯罪。因此,在刑法不断完善的过程中,犯罪圈也在不断发生变化,主要表现在新罪的增设、旧罪的撤销与扩充、罪名的更改以及入罪标准的改变等方面。首先,刑法以增设或撤销罪名的方式影响犯罪圈。例如,20世纪80年代,我国的走私犯罪、毒品犯罪日益严重,犯罪分子利用法律的缺位从事非法资金"清洗",特别是在全球化趋势不断增强的背景下,国外犯罪势力的不断侵入,更是严重破坏社会主义市场经济秩序。因此,1997年《刑法》增设了洗钱罪,此后不断扩充洗钱罪上游犯罪的范围。同样,刑法对某一罪名的撤销,也相应缩小了原先的犯罪圈。其次,刑法通过对旧罪的内容进行扩充或删减调整犯罪圈。以《刑法修正案(九)》为例,此次修正案对于"收买被拐卖的妇女、儿童,对被买儿童没有虐待行为,不阻碍对其进行解救"的情形,删除了原先免除处罚的规定,代之以从轻处罚,因而扩大了刑事处罚的范围。最后,刑法提高或降低入罪门槛也会对犯罪圈产生影响。例如,《刑法修

---

① 参见张明楷:《刑法学》(第5版),法律出版社2016年版,第20页。

正案(九)》将假药罪中的危害结果"足以严重危害人体健康"一条删除,将许多原先不属于假药罪的行为纳入此罪,由此扩大了犯罪圈。

另一方面,犯罪圈的变化引发刑事立法的修正。犯罪圈的变化对刑事立法也有反作用。犯罪圈通过扩张或缩减的方式对刑事立法成效进行反馈;同时,犯罪圈的变动直接与犯罪治理实践相联系,从而为刑事立法活动提供修正方向。首先,犯罪圈由刑事法律规定,刑事法律效果如何,需要根据犯罪圈在犯罪治理实践中发挥的具体作用来分析。根据社会实践现状准确地划定犯罪圈,将新涌现出的具有社会危害性的行为适时纳入犯罪圈,或将一些不合时宜的罪名删除、变更,并达到维持良好社会秩序与保障公民合法权益的目标,那么刑事立法工作便达到了预期的效果;反之,如果不适当地划分犯罪圈,将不该入罪的行为入罪,由此产生了不良的社会效果,则难以发挥刑事法律应有的作用,立法活动也难以树立威信。其次,犯罪圈明确区别了罪与非罪的界限,因此,当实践中出现了具有社会危害性而未被列入犯罪圈的行为时,有必要通过刑事立法进行规制。

近年来,特别是随着《刑法修正案(九)》的颁布,犯罪圈总体呈扩张态势。对此,有学者提出,犯罪圈的扩张状态是否有违刑法的谦抑性原则?[①] 刑法的谦抑性要求禁止处罚不当罚的行为,只有当一个危害性行为没有其他处理方法时,才能够将其确定为犯罪行为,从而对其进行刑事处罚。犯罪圈的扩张有时会对公民的合法权益造成干涉,但随着各种形式的犯罪不断涌现,如果不及时进行惩戒,将难以维持社会秩序,进而难以保障公民的安全。除此之外,刑法的谦抑性强调限制刑罚权的使用,限缩刑法的介入范围,但刑法谦抑性发挥作用首先需要有明

---

① 参见卢建平、刘传稿:《法治语境下犯罪化的未来趋势》,《政治与法律》2017年第4期。

确的犯罪圈,将该入罪的行为入罪,这与刑法谦抑性并无矛盾。①

二、犯罪化与非犯罪化

(一) 刑事立法中的犯罪化

我国晚近刑法立法的总体趋势是犯罪圈的扩大和处罚严厉化,以处罚早期化、部分行政管控手段上升为刑罚措施为主要特征的"刑法膨胀",基本上与中国转型社会的特征相符合,是大致值得肯定的立法趋势。②

1979年《刑法》内容的不完整性在改革开放后日益显现。在社会转型的背景下,为了有效应对犯罪领域的新情况、新问题,弥补1979年《刑法》的不足和缺陷,国家立法机关制定了一系列单行刑法和大量附属刑法规范。自1981年6月《惩治军人违反职责罪暂行条例》通过后至1997年《刑法》通过前,全国人大常委会先后通过25部单行刑法。与此同时,我国立法机关还在107部非刑事法律中设置了大量的附属刑法规范。这25部单行刑法和107部非刑事法律中的附属刑法规范,在犯罪主体上,规定了单位也可成为犯罪的主体,增加了某些罪的单位犯罪规定,例如,走私罪,贿赂罪,某些毒品犯罪,淫秽物品犯罪,偷税罪,假冒商标犯罪,生产、销售伪劣商品犯罪,等等。在分则罪名上,由1979年《刑法》的130个罪名增加到263个罪名。③

---

① 参见刘晓莉:《降低入罪门槛的当代价值探究》,《政治与法律》2011年第1期。
② 参见周光权:《转型时期刑法立法的思路与方法》,《中国社会科学》2016年第3期。
③ 参见赵秉志:《新中国刑法70年》,法律出版社2019年版,第21—24页。

1997年《刑法》分则增加了"军人违反职责罪"和"危害国防利益罪"两章,由8章扩充为10章。在分则罪名上,由130个罪名扩充至410个罪名。1997年《刑法》将之前颁布的25个单行刑法中能长期适用的有关规定纳入其中,同时增加大量新的罪名,将民事、行政、经济法律中有关"依照""比照"刑法相关条文追究刑事责任的规定编入刑法。对于实践中提出的凡是需要追究刑事责任的行为,经过研究后认为比较成熟、比较有把握的,也尽量规定为犯罪。① 其犯罪化的内容主要包括增设了大量新型犯罪,具体而言:①国际性犯罪。例如,组织领导、参加恐怖组织罪(第120条),劫持航空器罪(第121条),暴力危及飞行安全罪(第123条),非法买卖、运输核材料罪(第125条第2款),洗钱罪(第191条),等等。②黑社会性质犯罪。例如,组织、领导、参加黑社会性质组织罪(第294条第1款),入境发展黑社会组织罪(第294条第2款),包庇、纵容黑社会性质组织罪(第294条第4款),等等。③计算机犯罪。例如,非法侵入计算机信息系统罪(第285条),破坏计算机信息系统罪(第86条),利用计算机实施的其他犯罪(第287条),等等。④证券犯罪。例如,伪造、变造国家有价证券罪(第178条第1款),伪造、变造股票、公司、企业债券罪(第178条第2款),擅自发行股票、公司、企业债券罪(第179条),内幕交易、泄露内幕信息罪(第180条),编造并传播证券交易虚假信息罪和诱骗投资者买卖证券罪(第181条),操纵证券交易价格罪(第82条),滥用管理公司、证券职权罪(第403条),等等。同时,1997年《刑法》专章规定了贪污贿赂犯罪。

1997年《刑法》实施之后,立法机关通过单行刑法和刑法修正案又

---

① 参见赵秉志:《新中国刑法70年》,法律出版社2019年版,第29—30页。

增加了若干罪名,具体而言:①《关于惩治骗购外汇、逃汇和非法买卖外汇犯罪的决定》增设了骗购外汇罪,同时对逃汇罪的主体作了修改,并提高了法定刑。②《刑法修正案(三)》增设的罪名有资助恐怖活动罪,投放虚假危险物质罪,编造、故意传播虚假恐怖信息罪。③《刑法修正案(四)》将生产、销售不符合标准的医疗器械、医用卫生材料的犯罪由结果犯改为危险犯,并调整刑罚;增加关于非法雇用童工犯罪的规定;增加关于破坏国家重点保护植物的犯罪和非法运输盗伐、滥伐林木的犯罪,修改关于非法收购盗伐、滥伐林木罪的构成要件;单独规定人民法院执行人员渎职的犯罪。① ④《刑法修正案(五)》增设的罪名有妨害信用卡管理罪,窃取、收买或者非法提供他人信用卡信息资料罪,过失破坏武器装备、军事设施、军事通信罪;并将"使用虚假的身份证明骗领信用卡的"增设为信用卡诈骗罪的行为类型。② ⑤《刑法修正案(六)》扩大了重大责任事故罪、重大劳动安全事故罪和商业贿赂犯罪的主体范围;增设大型群众性活动重大安全事故罪和不报、谎报安全事故罪,虚假破产罪,背信损害上市公司利益罪和骗取贷款、票据承兑、金融票证罪,背信运用受托财产罪和违法运用资金罪,组织残疾人、儿童乞讨罪,枉法仲裁罪;并将公司、企业对依法应当披露的重要信息不按规定披露的行为规定为犯罪;扩大了洗钱罪的上游犯罪的范围;扩大了掩饰、隐瞒犯罪所得、犯罪所得收益罪的适用范围。③ ⑥《刑法修正案(七)》增加了出售或非法提供、获取公民个人信息罪,组织未成年人进

---

① 参见中国人大网,http://www.npc.gov.cn/wxzl/gongbao/2002-12/30/content_5304807.htm,2020年12月9日访问。

② 参见中国人大网,http://www.npc.gov.cn/wxzl/gongbao/2005-04/25/content_5337649.htm,2020年12月9日访问。

③ 参见中国人大网,http://www.npc.gov.cn/wxzl/wxzl/2006-07/20/content_350752.htm,2020年12月9日访问。

行违法活动罪,组织、领导传销罪;扩大了受贿罪的主体范围。① ⑦《刑法修正案(八)》降低了敲诈勒索罪的入罪门槛;增加了构成强迫交易罪的具体行为,加重了对强迫交易罪的刑罚;明确将"恐吓"行为规定为寻衅滋事犯罪的行为之一,加大了对纠集他人多次寻衅滋事的主犯的打击力度;扩大特别累犯的范围,加大了对黑社会性质组织犯罪等的惩处力度;新增危险驾驶罪和逃避支付、拒不支付劳动报酬罪;将生产、销售假药规定为行为犯,降低了入罪门槛;新增食品安全监管失职罪;降低重大环境污染事故罪犯罪构成的门槛,扩大排放、倾倒或者处置有害物质的范围;修改完善非法采矿罪,降低了入罪门槛;新增协助强迫他人劳动罪;修改完善协助组织卖淫罪;新增组织他人出卖人体器官罪;修改完善资助危害国家安全犯罪活动罪;修改完善叛逃罪;新增向外国公职人员、国际公共组织官员行贿罪;新增虚开发票罪、持有伪造的发票罪;修改完善盗窃罪。② ⑧《刑法修正案(九)》强化反恐刑法,增设了6种新的恐怖主义、极端主义犯罪;为了有效规制新时代网络科技危害的行为,增设了完善网络犯罪的相关罪名,③具体包括拒不履行信息网络安全管理义务、非法利用信息网络罪,帮助信息网络犯罪活动罪和编造、故意传播虚假信息罪,并增加单位作为侵犯计算机信息系统犯罪的犯罪主体;为加强人权保障,修改了强制猥亵、侮辱妇女罪,收买被拐卖的妇女、儿童罪和出售、非法提供公民个人信息罪,修改了虐待罪中告诉才处理的规定,增设虐待被监护、看护人罪;为完善反腐立法,

---

① 参见中国人大网,http://www.npc.gov.cn/zgrdw/huiyi/lfzt/xfq/2008-08/content_1447399.htm,2020年12月9日访问。
② 参见中国人大网,http://www.npc.gov.cn/npc/c12816/201008/1b02ed17c05f4e958b5fab34179311e5.shtml,2020年12月9日访问。
③ 参见徐海波、童伟华:《改革开放40年中国犯罪化立法的回顾、反思与前瞻》,《学术论坛》2018年第5期。

增设对有影响力的人行贿罪;为惩治背信犯罪,修改了伪造、变造居民身份证的犯罪规定,增加了使用伪造、变造的或者盗用他人的身份证件犯罪、考试作弊犯罪和虚假诉讼犯罪;为维护社会秩序,扩充了危险驾驶罪的行为类型,将多次抢夺的行为规定为犯罪,将袭警行为按妨害公务罪从重处罚,增加了生产、销售窃听、窃照等专用器材犯罪,将"医闹"入刑并增设扰乱国家机关工作秩序罪和组织、资助非法聚集罪,增设泄露案件信息犯罪,非法生产、运输制毒物品犯罪,等等;①增设部分新罪来填补废除劳动教养所带来的处罚空白。② ⑨《刑法修正案(十)》增设了侮辱国歌罪。③

(二) 刑事立法中的非犯罪化

《刑法修正案(七)》开启了晚近 20 年来我国刑法修法宽严相济的走向,即刑法修正案的修法内容中不仅有从严的规范,也有了从宽的规范。《刑法修正案(七)》将偷税罪修改为逃税罪并增设了一条出罪条款,同时针对绑架罪增设了从宽的法定量刑档次,开始贯彻体现宽严相济的基本刑事政策。④

《刑法修正案(八)》全面贯彻了宽严相济的刑事政策,不仅规定了从严的内容,也作了一系列从宽的修正。《刑法修正案(八)》推进了死刑改革,取消了 13 种非暴力犯罪的死刑,如走私普通货物、物品罪等;完善对老年人犯罪从宽处理的规定,对老年人原则上不再适用

---

① 参见中国人大网,http://www.npc.gov.cn/zgrdw/npc/lfzt/rlys/node_25714.htm,2020 年 12 月 9 日访问。
② 参见周光权:《转型时期刑法立法的思路与方法》,《中国社会科学》2016 年第 3 期。
③ 参见中国人大网,http://www.npc.gov.cn/npc/c30834/201711/3322df5da28b44859a2 48ecd7e84f4c0.shtml,2020 年 12 月 9 日访问。
④ 参见中国人大网,http://www.npc.gov.cn/zgrdw/huiyi/lfzt/xfq/2008-08/29/content_1447399.htm,2020 年 12 月 9 日访问。

死刑;增加了未成年人犯罪不构成累犯的规定,免除犯罪时不满18周岁被判处5年有期徒刑以下刑罚的人的前科报告义务;完善了从宽处理的法律制度,规范了非监禁刑的适用;进一步明确缓刑的适用条件,对符合缓刑条件的特殊对象作出特别规定,明确规定对于符合缓刑条件但不满18周岁的人、怀孕的妇女和已满75周岁的人,应当宣告缓刑;完善从轻和减轻处罚的法律规定,将坦白从宽的刑事政策法律化。[①]

《刑法修正案(九)》坚持宽严相济的刑事政策,落实党中央关于逐步减少适用死刑罪名的要求,取消9种犯罪的死刑,使得我国《刑法》分则的死刑罪名由之前的68种减至46种,减幅接近三分之一。[②]《刑法修正案(九)》还将绑架罪、贪污罪、受贿罪的死刑由绝对确定的死刑改为相对确定的死刑,将死缓犯执行死刑的条件由"故意犯罪"提高为"故意犯罪,情节恶劣的",同时规定,死缓犯"故意犯罪"但不属于"情节恶劣的",不执行死刑,但应重新计算死刑缓期执行的期间并报最高人民法院备案,提高了死缓犯执行死刑的门槛;并且部分地降低了贪污罪、受贿罪的处罚力度,不仅将原来绝对确定的数额改为概括的数额,而且规定对犯贪污罪、受贿罪,如实供述自己罪行、真诚悔罪、积极退赃、避免、减少损害结果发生的,可以从宽处理。[③]

当然,犯罪内部的结构还需要进行适当的调整,尤其是应当通过增设轻罪,建立轻罪体系。就刑罚结构而言,目前还存在失调之处,死刑罪名仍然需要大幅度减少,生刑罪名的轻重程度也需要进行调整。只

---

① 参见中国人大网,http://www.npc.gov.cn/npc/c12816/201008/1b02ed17c05f4e958b5fab34179311e5.shtml,2020年12月9日访问。
② 赵秉志:《改革开放40年我国刑法立法的发展及其完善》,《法学评论》2019年第2期。
③ 参见中国人大网,http://www.npc.gov.cn/zgrdw/npc/lfzt/rlys/node_25714.htm,2020年12月9日访问。

有这样,才能建立起合理的刑罚体系。①

三、刑事立法的优化

(一) 尊重和保障人权的价值理念不断加强

1948年《世界人权宣言》首次以国际法律文件的形式对人权的理念和基本内容进行了完整叙述,人权观念在世界各国得以普及。② 2004年,我国将"国家尊重和保障人权"的条款正式写入宪法,确立了人权宪法原则。2012年《刑事诉讼法》明确规定"尊重和保障人权"。③ 2018年《刑事诉讼法》进一步深化和落实司法人权保障条款,保障各方诉讼参与人的权利。《刑事诉讼法》从产生到三次修改实施的40年,其根本就是以人权保障为核心的哲学理论,我国《刑事诉讼法》最基本的中国特色是党的"以人民为中心"的指导原则在诉讼中的应用。④ 司法人权保障是刑事诉讼永恒的主题,刑事司法人权保障也是社会主义司法文明的重要标志。⑤ 中国改革开放40年间,人权保障理念快速发展,人权保障工作得到重视,"以人为本"的理念得以贯彻,刑事立法坚

---

① 参见陈兴良:《回顾与展望:中国刑法立法四十年》,《法学》2018年第6期。
② 参见江国华:《新中国70年人权司法的发展与成就》,《现代法学》2019年第6期。
③ 2012年《刑事诉讼法》第2条规定:"中华人民共和国刑事诉讼法的任务,是保证准确、及时地查明犯罪事实,正确应用法律,惩罚犯罪分子,保障无罪的人不受刑事追究,教育公民自觉遵守法律,积极同犯罪行为作斗争,维护社会主义法制,尊重和保障人权,保护公民的人身权利、财产权利、民主权利和其他权利,保障社会主义建设事业的顺利进行。"
④ 参见樊崇义:《我国刑诉法实施四十周年历史回顾与理论前瞻》,《检察日报》2020年11月5日,第3版。
⑤ 参见自正法:《从程序看新时代刑事司法人权保障》,《人民法院报》2020年6月25日,第2版。

持了治理犯罪与保障人权的有机统一。

第一,确立无罪推定原则。1996年《刑事诉讼法》确定了无罪推定原则,该法第12条明确规定,"未经人民法院依法判决,对任何人都不得确定有罪",将"人犯""犯人""犯罪分子"表述为"犯罪嫌疑人",规定只有决定起诉、交付法院审判时才称为"被告人",并明确规定了"疑罪从无"的处理程序。①

第二,推行以审判为中心的刑事诉讼制度改革。针对司法实践中刑讯逼供、超期羁押、疑罪从轻等现象,我国推进了以审判为中心的刑事诉讼制度改革,保证了控辩审三方结构的稳定存在,推动了庭审的实质化,审判程序日趋规范化,被告人的陈述权、申辩权等程序性权利得到有效保障。②

第三,实施认罪认罚从宽制度。2018年《刑事诉讼法》第15条规定了认罪认罚从宽制度,即犯罪嫌疑人、被告人自愿如实供述自己的罪行,承认指控的犯罪事实,愿意接受处罚的,可以依法从宽处理,这是推进国家犯罪治理现代化的重要举措。认罪认罚从宽制度实施以来,不断鼓励犯罪嫌疑人主动坦白、如实供述,人权保障更加到位,非羁押性强制措施和非监禁刑适用比例不断提高,认罪认罚案件不捕率高于其他刑事案件18.3%。③ 增加认罪认罚从宽原则作为基本原则,全面贯彻了宽严相济刑事政策,对轻微刑事案件依法从宽处理,体现了刑事司法人权保障的原则。

第四,完善律师有效辩护权。律师的辩护活动在保障当事人权利

---

① 1996年《刑事诉讼法》第162条第3款规定:"法院对证据不足,不能认定被告人有罪的,应当作出证据不足、指控的犯罪不能成立的无罪判决。"
② 参见江国华:《新中国70年人权司法的发展与成就》,《现代法学》2019年第6期。
③ 参见张军:《认罪认罚从宽:刑事司法与犯罪治理"中国方案"》,《检察日报》2020年11月6日,第1版。

方面具有重要作用。1996年《刑事诉讼法》开始允许律师介入侦查并享有一定的诉讼权利,[1]2012年《刑事诉讼法》将"为犯罪嫌疑人提供法律帮助的律师"称为"辩护人"或"辩护律师",明确规定了自被侦查机关第一次讯问或者采取强制措施之日起,犯罪嫌疑人有权委托辩护人。同时,还完善了律师的阅卷权、会见权等权利,扩大了律师的阅卷权,改善了律师会见难的情况,增加了律师申请排除非法证据的权利,保障了被追诉人依法获得律师辩护和法律帮助的权利。[2] 2018年《刑事诉讼法》新设值班律师制度[3],规定法律援助机构可以在人民法院、看守所等场所派驻值班律师,值班律师制度的建立进一步保障了被追诉人的权利。

第五,确立非法证据排除规则。1996年《刑事诉讼法》明确了刑事诉讼的证明标准,2012年《刑事诉讼法》在第50条规定了"不得强迫自证其罪"原则,比较详细地规定了非法证据排除的原则和程序,又在第121条明确规定了侦查讯问期间的录音录像制度,这些使得非法证据排除规范日趋完善。

第六,保障未成年人利益。2012年《刑事诉讼法》增设了未成年人刑事案件诉讼特别程序。在处理未成年人犯罪案件时,始终坚持教育、感化、挽救的方针,贯彻教育为主、惩罚为辅的原则,落实合适成年人参与、附条件不起诉、审判不公开、轻罪记录封存等措施,尽可能采取非羁

---

[1] 1996年《刑事诉讼法》第96条规定:"犯罪嫌疑人在被侦查机关第一次讯问后或者采取强制措施之日起,可以聘请律师为其提供法律咨询、代理申诉、控告。"

[2] 江国华:《新中国70年人权司法的发展与成就》,《现代法学》2019年第6期。

[3] 《刑事诉讼法》第36条规定:"法律援助机构可以在人民法院、看守所等场所派驻值班律师。犯罪嫌疑人、被告人没有委托辩护人,法律援助机构没有指派律师为其提供辩护的,由值班律师为犯罪嫌疑人、被告人提供法律咨询、程序选择建议、申请变更强制措施、对案件处理提出意见等法律帮助。人民法院、人民检察院、看守所应当告知犯罪嫌疑人、被告人有权约见值班律师,并为犯罪嫌疑人、被告人约见值班律师提供便利。"

押性和非刑罚化的处置方式。①

第七,限制适用死刑。改革开放40年间,我国顺应尊重和保障人权的价值观念,废除了21个犯罪的死刑。新中国成立初期,我国就奉行着"不废除死刑",但坚持"少杀、慎杀,防止错杀"的刑事政策,②严格控制和慎用死刑。《刑法修正案(八)》通过之时开始逐渐减少死刑罪名,取消了13个经济性非暴力犯罪的死刑规定,分别是第151条第2款走私文物罪,第151条第2款走私贵重金属罪,第151条第2款走私珍贵动物、珍贵动物制品罪,第153条走私普通货物、物品罪,第194条第1款票据诈骗罪,第194条第2款金融凭证诈骗罪,第195条信用证诈骗罪,第205条虚开增值税专用发票、用于骗取出口退税、抵扣税款发票罪,第206条伪造、出售伪造的增值税专用发票罪,第264条盗窃罪,第295条传授犯罪方法罪,第328条第1款盗掘古文化遗址、古墓葬罪,第328条第2款盗掘古人类化石、古脊椎动物化石罪,使中国的死刑罪名减至55个。《刑法修正案(九)》又取消了9种犯罪的死刑规定,分别是第151条第1款走私武器、弹药罪,走私核材料罪,走私假币罪;第170条伪造货币罪;第192条集资诈骗罪③;第358条组织卖淫罪、强迫卖淫罪;第426条阻碍执行军事职务罪;第433条战时造谣惑众罪。取消死刑后最高可以判处无期徒刑,死刑罪名降至46个,同时还进一步提高了对死缓罪犯执行死刑的门槛。2018年《刑事诉讼法》修改了对死刑复核程序的具体规定。

---

① 参见自正法:《从程序看新时代刑事司法人权保障》,《人民法院报》2020年6月25日,第2版。
② 参见江国华:《新中国70年人权司法的发展与成就》,《现代法学》2019年第6期。
③ 《刑法修正案(九)》删去《中华人民共和国刑法》第199条:犯本节第一百九十二条规定之罪,数额特别巨大并且给国家和人民利益导致特别重损失的,处无期徒刑或者死刑,并处没收财产。

(二) 提升维护国家安全和社会秩序的能力

改革开放40年以来,我国刑事立法始终以解决现实需要为指向。例如,1979年制定刑法时,毒品犯罪尚未成为严重的社会问题,对毒品犯罪的规制采用了温和的刑事政策,遵从"宜粗不宜细"的立法原则,只规定了制造、贩卖、运输毒品三个罪名,在量刑方面规定毒品犯罪的最高刑罚为有期徒刑。随着毒品犯罪问题越发严重,1982年《关于严惩严重破坏经济的罪犯的决定》首次对毒品犯罪规定了死刑,1997年《刑法》又吸收了1988年《联合国禁止非法贩运麻醉药品和精神药物公约》,充分整合既有条款,全面确立了对毒品问题的严肃态度,[①]积极打击毒品犯罪,维护了社会稳定。又如,面对我国环境污染日益严重、生态资源破坏日趋严峻的形势,加大对环境污染和破坏环境资源行为的刑法规制成为保护环境法益的社会共识和重要手段。[②]《刑法修正案(八)》修改完善重大环境污染事故罪,推进了环境治理,保障了人类未来的生存与发展。再如,恐怖主义、网络犯罪等新型非传统安全威胁不断涌现,严重危害社会公众的安全,给国家治理带来了极大挑战。[③]为了应对恐怖主义犯罪、网络犯罪,我国相继通过《刑法修正案(八)》《刑法修正案(九)》,以应对新型犯罪问题,维护国家安全和社会稳定。

当前,刑事立法需要立足社会需求,合理应对各种犯罪新情势。一方面,刑法对法益的保护具有广泛性,需要关注并保护公民人身、财产、

---

① 参见陈帅锋、姜宇:《毒品犯罪的法律规制:预防性立法与谦抑性原则的平行发展》,《中国人民公安大学学报(社会科学版)》2018年第6期。
② 参见孟辰飞:《环境法益的刑法保护——以刑法谦抑性为视角》,《中国检察官》2019年第19期。
③ 参见韩轶:《刑法更新应坚守谦抑性本质——以〈刑法修正案(十一)(草案)〉为视角》,《法治研究》2020年第5期。

婚姻等多方面的权益。① 因此，我们应当根据时代发展的要求，将新型犯罪纳入刑法之中，为打击此类犯罪提供法律依据，从而实现维持社会良好秩序与保障公民合法权益的目标；另一方面，为了保持刑法的稳定，避免因频繁改动而丧失刑法的公信力，对于刑事立法工作需要保持谨慎态度，注重刑法解释。因此，可以将新型犯罪所侵害的法益划分为传统法益与新型法益，对传统法益的侵害可以采用刑法解释，作为一种新情形归纳入现有的刑法条文；如果犯罪行为侵害的是一种新型法益，就应当依据罪刑法定的原则适时修改刑法，将侵害这一新型法益的行为加入刑法的处罚范围。② 具体而言，今后的刑事立法需要关注以下几个问题：

第一，互联网犯罪的刑事立法。网络时代提高了人们的生活质量，但也随之出现一些问题。例如，犯罪分子利用网络实施恐怖主义犯罪，通过系统漏洞攻击各类网站，传播淫秽色情信息，等等。然而，由于刑事立法成本较高，频繁的立法容易增加刑法的不确定性，对此，我们不应一味追求以刑事立法的方式解决问题，而需要通过解释刑法的方式应对新型网络犯罪问题。在对网络犯罪进行刑法解释时，需要重视明确概念，首先确定这一行为所侵害的法益是否能够被解释为传统法益。③ 例如，网络上的虚拟货币是否能够被认定为"财物"？特别是在当今中国网民的规模持续扩大以及网络游戏日益兴盛的背景下，虚拟财产能够同实体财产一样，在很大程度上满足人们的精神生活需求，并在社会生活中逐渐占据重要地位。因此，对个案中具有管理、转移可能性与价值性的虚拟财产，完全可以将其认定为刑法意义上的"财物"，

---

① 参见张明楷：《刑法学》（第5版），法律出版社2016年版，第20—21页。
② 参见张明楷：《网络时代的刑事立法》，《法律科学》2017年第3期。
③ 参见张明楷：《网络时代的刑事立法》，《法律科学》2017年第3期。

并对侵害该类财产的行为依据刑法进行惩处,从而突破"有体性说"的束缚。①

第二,人工智能犯罪的刑事立法。人工智能技术正逐渐走入人们的视野。人工智能,即人类通过设计计算机程序来达到智能化操作的技术,目前已应用于农业、医疗、治安、金融等领域。人工智能的产生与发展给人类社会带来便捷的同时,也给我国刑事司法带来了新的挑战。如何对人工智能犯罪问题进行科学合理的立法,成为刑法学界热烈讨论的议题。由于人工智能尚处于发展阶段,为正确引导、激励人工智能技术的进步,当前需要针对重点领域进行立法工作,首先在医疗、交通等领域进行规范,并结合保护知识产权、隐私权的具体要求,逐步形成制度化的治理体系。② 需要指出的是,法学并非科幻主义,刑事立法不能因所谓"人工智能时代即将到来"的口号带偏方向,毕竟我们与真正的人工智能时代相去甚远。因此在目前的立法工作中,我们无须围绕是否应当赋予人工智能话语权,或赋予人工智能法律上的主体地位等问题展开论证,否则将陷入"泛 AI 保护"权利论的错误中。③

第三,个人信息保护的刑事立法。近年来随着互联网信息技术的普及,出现了诸多针对公民个人信息的窃取、售卖等行为,个人信息泄露的隐患正逐渐引起重视,特别是各类网络 App 平台经营者使用强制授权、过度使用等方式收集用户个人信息的情况层出不穷,使得用户隐私受到不同程度的侵犯。因此,为有效保障公民个人信息安全,维持良好的互联网秩序,有必要针对个人信息保护进行一系列立法建设,与时

---

① 参见张明楷:《非法获取虚拟财产的行为性质》,《法学》2015 年第 3 期。
② 参见黄甫全、曾密成:《人工智能立法:主体、内容与特征》,《学术研究》2020 年第 11 期。
③ 参见刘艳红:《刑法理论因应时代发展需处理好五种关系》,《东方法学》2020 年第 2 期。

俱进,保障公民的隐私权、名誉权。《刑法修正案(九)》从细化犯罪情节、明确罪名主体等方面对出售、非法提供公民个人信息罪进行了规定。但是,针对公民个人信息的保护涉及多方面因素,未来还需要通过刑事立法全方位保障公民对于授权个人信息的知情权,不同刑法规范之间不得相互冲突,以实现对公民个人信息的系统化保护。值得注意的是,对于公民个人信息的保护,尤其需要重视个人信息安全行业标准与刑法规范的衔接问题。刑法规定了个人信息保护的最低限度要求,行业规范则属于前置性规定,因此应当合理划分行业规范与刑事立法的边界,不得将行业规范作为刑事处罚标准,否则有违刑法谦抑性的要求,同时也不利于保障公民个人信息权益。①

第四,未成年人犯罪的刑事立法。未成年人犯罪受到社会各界普遍关注,许多具有严重社会危害性的案件中,犯罪人因未达刑事责任年龄而逃避法律制裁。《刑法修正案(十一)》将刑事责任年龄下调至 12 周岁,在很大程度上回应了社会各界的呼吁。下调刑事责任年龄将更多未成年人犯罪纳入刑法惩治范围,因而需要通过立法方式对各种情形的未成年人犯罪问题进行细化规定,在强调打击的同时需要贯彻落实对未成年犯罪人的教育,促使其更好地回归社会。

第五,金融犯罪的刑事立法。目前我国金融市场蓬勃发展,特别是互联网金融空前活跃,这一态势给我国刑事立法工作带来新的思考。我们讲求创新型的经济发展,进而对互联网金融秉持"法无禁止便可为"的态度,这一态度与金融领域"法无规定不可为"的传统理念相违背,使得对于互联网金融的刑事立法陷入困境。② 因此,当前刑事立法

---

① 参见张勇:《APP 个人信息的刑法保护:以知情同意为视角》,《法学》2020 年第 8 期。
② 参见刘宪权:《论互联网金融刑法规制的"两面性"》,《法学家》2014 年第 5 期。

需要转变理念,在鼓励金融领域创新发展的同时,对其加强监管,及时针对实践中出现的问题完善相应规定,以维护良好的金融市场秩序。例如,在给予金融活动创新空间的过程中,需要通过部门法的完善实现对金融领域创新尺度的具体规定,将刑法作为部门法的补充,①避免将金融活动的越轨行为一概交付刑法处理,否则一旦刑法未对这一现象进行明确规定,就会陷入罪与非罪的模糊区,这也不符合刑法谦抑性原则。

第六,跨国犯罪的刑事立法。随着经济联系的不断加深,以及资本、人员的相互流动,全球一体化逐渐显现。但与此同时,犯罪分子在不同国家或地区间实施洗钱、恐怖行动、诈骗、侵犯知识产权、走私、受贿等犯罪活动日渐频繁。对于跨国犯罪的治理,合作是极为关键的。例如,中国多次同东盟国家开展犯罪打击活动,确立了如"10+1"和"10+3"打击跨国犯罪部长级会议等合作机制,有效维护了南海领域的和平稳定,保障了地区内国家的共同利益。②

四、刑事立法与犯罪治理成效

根据刑事案件受案主体的不同,分为公安机关立案的刑事案件、人民检察院直接立案侦查的案件、人民法院审理刑事一审案件中的自诉案件三方面,对全国犯罪治理状况进行分析。③

---

① 参见岳丹阳:《互联网金融背景下的金融刑法立法理念转变》,《时代报告》2020年第11期。
② 参见王勇:《论中国与东盟国家在〈南海行为准则〉框架下构建打击南海海上跨国犯罪的法律机制》,《政治与法律》2019年第12期。
③ 以下各图中数据来源:国家统计局,国家数据 https://data.stats.gov.cn/easyquery.htm? cn=C01,2020年12月12日访问。

(一) 1995 年至 2019 年公安机关立案的刑事案件分析

自 1995 年至 2015 年,公安机关立案的刑事案件数量总体呈上升趋势,2015 年立案数为 7,174,037 起,较 1995 年立案数(1,621,003 起)上升了约 342.57%;自 2015 年至 2019 年,公安机关立案的刑事案件数量总体呈下降趋势,2019 年立案数为 4,862,443 起,较 2015 年立案数(7,174,037 起)下降了约 32.22%(详见图 5-1[①])。

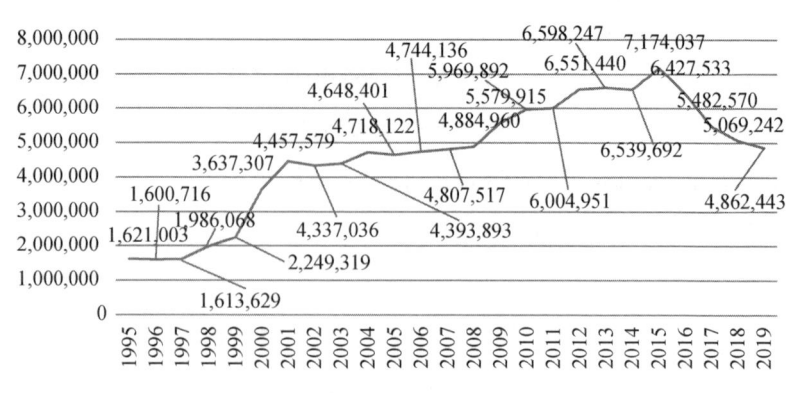

图 5-1 1995—2019 年公安机关立案的刑事案件数量

(1) 走私案件。自 1995 年至 2004 年,公安机关立案的走私刑事案件数量呈波动态势,分别在 1998 年和 2000 年呈现出两个小高峰;自 2005 年至 2019 年,公安机关立案的走私刑事案件数量总体呈上升趋势,2019 年较 2005 年增加 3,941 起,增长幅度约达 426.05%(详见图 5-2)。

---

① 需要指出的是,对于公安机关立案的刑事案件仅收集了 1995 年至 2019 年的数据。

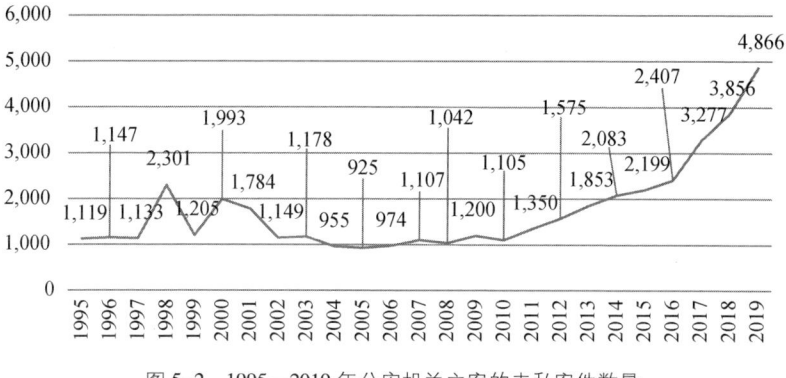

图 5-2　1995—2019 年公安机关立案的走私案件数量

（2）伪造、变造货币，出售、购买、运输、持有、使用假币案件。自 1995 年至 2000 年，公安机关立案的伪造、变造货币，出售、购买、运输、持有、使用假币刑事案件数量总体呈上升趋势，2000 年较 1995 年增加 10,626 起，增长幅度约达 202.90%；自 2000 年至 2008 年，公安机关立案的伪造、变造货币，出售、购买、运输、持有、使用假币刑事案件数量总体呈下降趋势，2008 年较 2000 年减少 14,518 起，下降幅度约达 91.52%；自 2008 年至 2019 年，除 2009 年和 2012 年出现两个小高峰外，总体呈较平稳的趋势（详见图 5-3）。

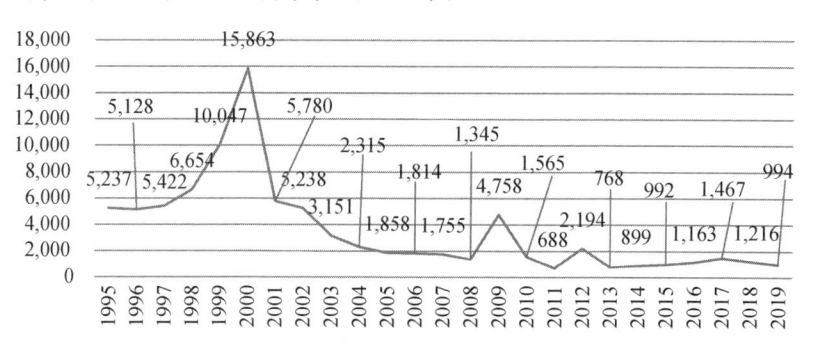

图 5-3　1995—2019 年公安机关立案的伪造、变造货币，出售、购买、运输、持有、使用假币案件数量

（3）杀人案件。自 1995 年至 2019 年，公安机关立案的杀人刑事案件数量总体呈下降趋势，2019 年相较于 1995 年减少 19,977 起，下降幅度约达 73.03%（详见图 5-4）。

图 5-4　1995—2019 年公安机关立案的杀人案件数量

（4）伤害案件。自 1995 年至 2010 年，公安机关立案的伤害刑事案件数量总体呈上升趋势，2010 年较 1995 年增加 102,731 起，增长幅度约达 142.17%；自 2010 年至 2019 年，公安机关立案的伤害刑事案件数量总体呈下降趋势，2019 年较 2010 年减少 89,764 起，下降幅度约达 51.30%（详见图 5-5）。

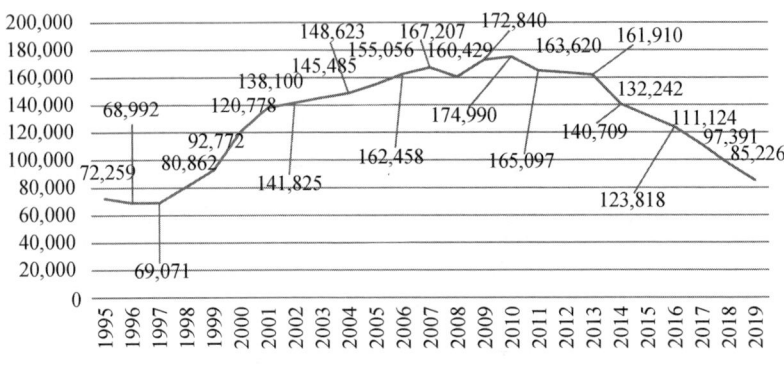

图 5-5　1995—2019 年公安机关立案的伤害案件数量

(5) 强奸案件。自 1995 年至 2019 年,公安机关立案的强奸刑事案件数量总体在波动中呈下降态势,2019 年较 1995 年公安机关立案的强奸刑事案件减少 7,996 起,下降幅度约达 19.12%(详见图 5-6)。

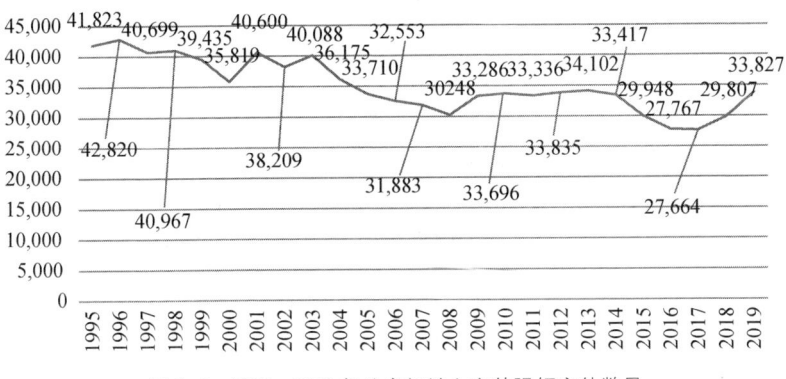

图 5-6 1995—2019 年公安机关立案的强奸案件数量

(6) 拐卖妇女儿童案件。自 1995 年至 2019 年,公安机关立案的拐卖妇女儿童刑事案件数量在 2000 年和 2013 年呈现出两个小高峰,2000 年较 1999 年增加 15,906 起,增长幅度约达 219.18%;2013 年较 2008 年增加 18,169 起,增长幅度约达 708.07%(详见图 5-7)。

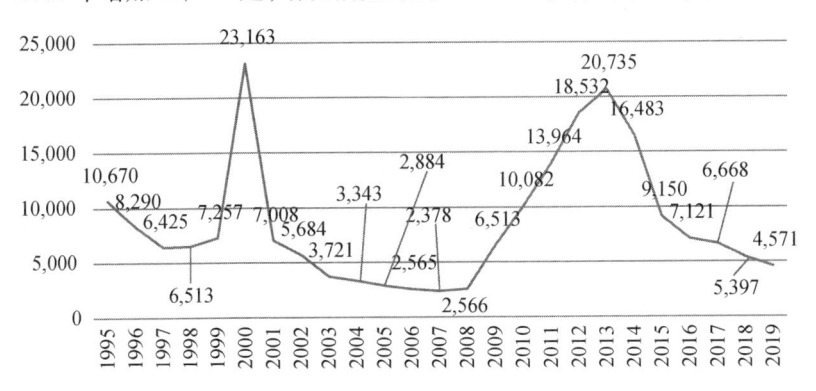

图 5-7 1995—2019 年公安机关立案的拐卖妇女儿童案件数量

(7) 抢劫案件。自 1995 年至 2002 年,公安机关立案的抢劫刑事案件数量总体呈上升趋势,2002 年较 1995 年增加 190,448 起,增长幅度约达 115.79%;自 2002 年至 2019 年,公安机关立案的抢劫刑事案件数量总体呈下降趋势,2019 年较 2002 年减少 337,820 起,下降幅度约达 95.18%(详见图 5-8)。

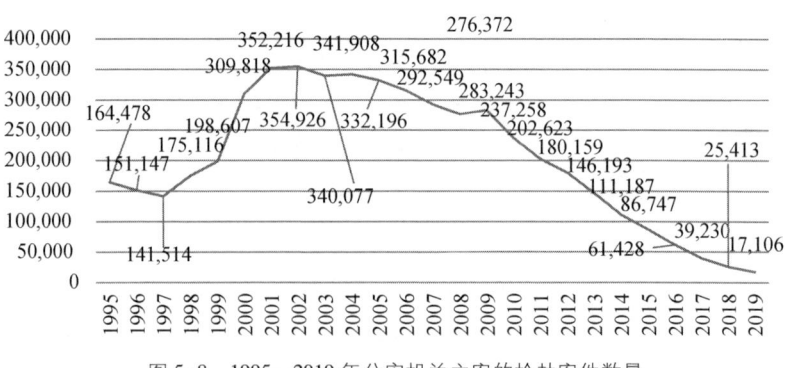

图 5-8　1995—2019 年公安机关立案的抢劫案件数量

(8) 盗窃案件。自 1995 年至 2015 年,公安机关立案的盗窃刑事案件数量总体呈上升趋势,2015 年较 1995 年增加 3,742,772 起,增长幅度约达 330.40%。自 2015 年至 2019 年,公安机关立案的盗窃刑事案件数量总体呈下降趋势,2019 年较 2015 年减少 2,617,325 起,下降幅度约达 53.68%(详见图 5-9)。

(9) 诈骗案件。自 1995 年至 2019 年,公安机关立案的诈骗刑事案件除 2015 年至 2017 年减少 122,258 起以外,总体呈上升趋势。2019 年公安机关立案的诈骗刑事案件较 1995 年增加 1,369,784 起,增长幅度约达 2138.72%(详见图 5-10)。

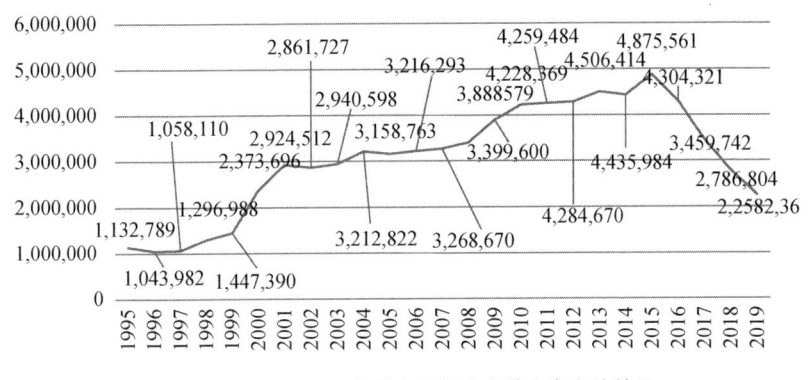

图 5-9 1995—2019 年公安机关立案的盗窃案件数量

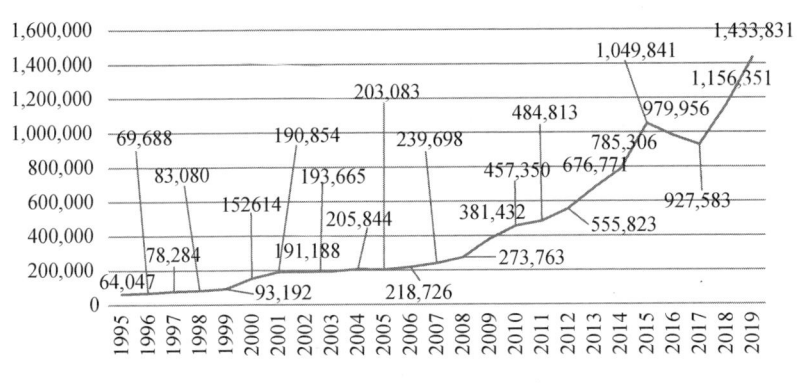

图 5-10 1995—2019 年公安机关立案的诈骗案件数量

（二）1998 年至 2017 年人民检察院直接立案侦查案件分析

自 1998 年至 2017 年，人民检察院直接立案侦查案件数量除 2000 年和 2014 年出现两个小高峰之外，总体变化较为平缓（详见图 5-11[①]）。

---

① 需要指出的是，对于人民检察院直接立案侦查的案件仅收集了 1998 年至 2017 年的数据。其中，对于人民检察院直接立案侦查的贪污贿赂案件和渎职案件，仅收集了 1998 年至 2012 年的数据。

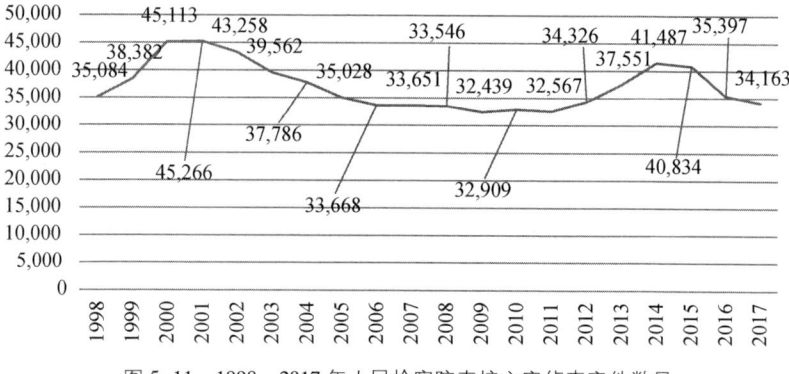

图 5-11　1998—2017 年人民检察院直接立案侦查案件数量

(1) 贪污贿赂案件。自 1998 年至 2000 年，人民检察院直接立案侦查贪污贿赂案件数量呈上升趋势，2000 年较 1998 年增加 6,513 件，增长幅度约达 21.24%；自 2000 年至 2012 年，人民检察院直接立案侦查贪污贿赂案件数量呈下降趋势，2012 年较 2000 年减少 10,936 件，下降幅度约达 29.41%（详见图 5-12）。

图 5-12　1998—2012 年人民检察院直接立案侦查贪污贿赂案件数量

(2) 渎职案件。自 1998 年至 2001 年，人民检察院直接立案侦查渎职案件数量总体呈上升趋势，2001 年较 1998 年增加 4,404 件，增长幅度约达 99.80%；自 2001 年至 2006 年，人民检察院直接立案侦查渎职案件数量总体呈下降趋势,2006年较2001年减少2,270件,下降幅度约达25.74%;自2006年至2012年,人民检察院直接立案侦查渎职案件数量总体呈上升趋势,2012年较2006年增加1,530件,增长幅度约达23.36%(详见图5-13)。

图5-13 1998—2012年人民检察院直接立案侦查渎职案件数量

(三) 1999年至2019年人民法院审理刑事一审案件中自诉案件分析

自1999年至2014年,人民法院审理刑事一审案件中自诉案件结案数总体呈下降趋势,2014年较1999年减少51,085件,下降幅度约达87.79%;自2014年至2016年,人民法院审理刑事一审案件中自诉案件结案数总体呈上升趋势,2016年较2014年增加10,069件,增长幅度约达141.78%;自2016年至2019年,人民法院审理刑事一审案件中自诉案件结案数总体呈下降趋势,2019年较2016年减少6,554件,下降幅度约达38.17%(详见图5-14①)。

---

① 需要指出的是,对于人民法院审理刑事一审案件中的自诉案件仅收集了1999年至2019年的数据。

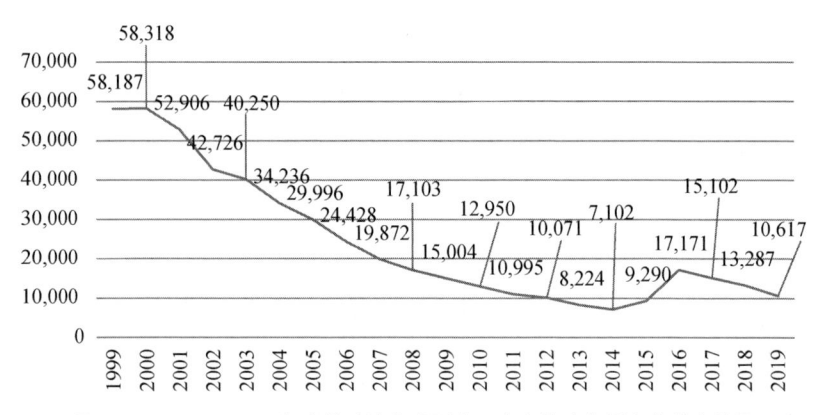

图 5-14 1999—2019 年人民法院审理刑事一审案件中自诉案件结案数量

第六章
刑事司法与犯罪治理

如前文所述,刑事司法通常是指公、检、法三机关在当事人和其他诉讼参与人的参加下,揭露、证实、惩罚犯罪的活动。[①]"徒法不足以自行",《刑法》条文只有通过刑事司法活动才能落实为具体的罪名和刑罚,国家的刑事政策才能得到贯彻和执行。因此,刑事司法是犯罪治理的核心环节之一。刑事司法活动追求两大目标:一是"公正",刑事司法承担着"打击犯罪"与"保护人权"的双重任务,既要保证有罪者得到惩罚,也要保证无罪者不受追究;二是"效率",刑事司法活动应当具备经济合理性,以较少的资源投入快速地处理案件,实现治理效能的最大化。对此,本章主要通过相关刑事司法制度来探讨犯罪治理的问题。

---

① 参见《刑事诉讼法》编写组:《刑事诉讼法》(第3版),高等教育出版社2019年版,第1页。

第一节　刑事司法制度与犯罪治理

一、刑事司法制度与犯罪治理中的权利保障

刑事诉讼中控辩双方的争诉,是一种力量对比不平衡的对抗。立足于犯罪治理现代化,我国构建了非法证据排除规则,加强了刑事诉讼中的人权保障。

所谓人权,是指人因其为人而应享有的权利,其核心目的在于维护人性尊严。从积极层面看,人性尊严要求国家法律赋予人"权利主体"的地位,承认并保护人的各项权利,即使因为公共利益的需要而对公民的权利进行限制,也要依法定的程序和手段为之。从消极层面看,人性尊严禁止国家把个人当作客体对待,防止人被矮化为"物体、手段与数值"。① 刑事司法活动一直是人权保障的重点领域,为此,犯罪嫌疑人、被告人应当受到人道的对待,具体包括两个方面:其一,犯罪嫌疑人、被告人能够享有法定的权利。此处的"法定权利"不仅包括申请回避、聘请律师、参与庭审等诉讼中权利,也包括人身权、财产权等其他公民权。其二,司法机关依职权实施的追诉行为应具有手段上的适当性。即使是基于打击犯罪的正当目的,司法机关也不能蔑视犯罪嫌疑人、被告人的人格,以残酷、暴虐的方式行使职权。在目前司法实践中,仍存在刑

---

① 参见郭春镇:《法律中"人"的形象变迁与"人权条款"之功能》,《学术月刊》2010年第3期。

讯逼供等程序违法行为,但刑讯逼供并不会促进案件实体正义,反而会成为滋生冤假错案的温床。21世纪以来,人权作为一种正义价值和道德观念日益深入人心,具体到刑事司法领域,2012年修订的《刑事诉讼法》增加了"尊重和保障人权"的内容,并正式确立了非法证据排除规则。

　　刑事诉讼中证据的运用,分为证据采纳与证据采信两个环节。①采纳环节解决的是证据资格的问题,不具备证据能力的证据应当直接被排除在诉讼程序之外,换言之,证据资格是证据进入诉讼"大门"的钥匙,只有被采纳的证据才可以进入正式的审判程序接受进一步的考察。在证据采纳的环节,法官适用的主要是证据能力规则。证据采信是指法官判断证据对案件事实的证明程度,法官根据自己的学识、经验、理性对证据能否充分证明案件事实进行判断,最终决定是否将证据作为定罪量刑的依据。在证据采信的环节,法官适用的主要是证明力规则。长期以来,我国刑事司法活动对证据能力规则的认识存在误区,理论界和实务界都认为证据能力规则的主要功能是权利保障,即确保犯罪嫌疑人、被告人得到文明的对待。但在刑事诉讼中不同群体的人权存在相互冲突,片面强调犯罪嫌疑人、被告人的人权会使其逃脱惩罚,这对被害人而言是非正义的。从朴素的正义观出发,社会公众普遍要求司法机关积极维护受害者的利益,尽可能多地收集证据指控犯罪,并通过对犯罪人施加刑罚的方式给予受害者必要的心理补偿,不能因为程序上的瑕疵而放弃指控犯罪的证据,尤其是口供等关键性证据。以上观点忽略了证据能力规则对证据真实性的保障功能,在以合法手段获取证据的过程中,证据的真实性可以得到充分保证。而在非法获

---

① 参见何家弘:《证据的采纳和采信——从两个"证据规定"的语言问题说起》,《法学研究》2011年第3期。

取证据的过程中,司法机关可以根据自己的意志对证据承载的信息进行篡改,最终得到一份符合司法机关预断但可能违背案件真实情况的证据材料。证据能力规则能够排除各类非法证据,保证了证据最基本的可信性,是保障证据真实性的第一道防线。因此,从保障实体正义的立场出发,证据能力规则和证明力规则在刑事诉讼制度中缺一不可。

1979年和1996年《刑事诉讼法》没有关于非法证据排除的明确规定,但也要求侦查人员、检察人员、审判人员必须按照法定程序收集与案件有关的证据,严禁刑讯逼供和以威胁、引诱、欺骗及其他方法收集证据。在以赵作海案为代表的一些冤假错案被曝光后,司法机关以死刑案件为突破口,开始推动非法证据排除规则。2010年最高人民法院、最高人民检察院、公安部、国家安全部、司法部(以下简称"两高三部")联合发布了《关于办理死刑案件审查判断证据若干问题的规定》《关于办理刑事案件排除非法证据若干问题的规定》,首次明确规定"采用刑讯逼供等非法手段取得的被告人供述,不能作为定案的根据"。2012年修正的《刑事诉讼法》则在基本法律的层面正式确立了非法证据排除规则,规定"采用刑讯逼供等非法方法收集的犯罪嫌疑人、被告人供述和采用暴力、威胁等非法方法收集的证人证言、被害人陈述,应当予以排除。收集物证、书证不符合法定程序,可能严重影响司法公正的,应当予以补正或者作出合理解释;不能补正或者作出合理解释的,对该证据应当予以排除"。《刑事诉讼法》是国家的基本法律之一,其规定具有原则性、概括性的特征,为了更好地执行非法证据排除规则,2017年"两高三部"又发布了《关于办理刑事案件严格排除非法证据若干问题的规定》,对刑事诉讼全过程中的非法证据排除问题作出了详细的规范。

二、刑事司法制度与犯罪治理的创新发展

(一) 刑事司法制度与犯罪治理效率

刑事诉讼的效率,是指诉讼中投入的司法资源与案件处理数量的比例。在刑事司法活动中,效率与公正的张力一直存在。对此,通说认为,公正与效率的关系应当是公正第一、效率第二,如果一味地强调"从快"会造成案件办理质量无法保证,司法机关不能为了提升效率而草率办案。但司法资源本身具有有限性,刑事司法活动只是社会整体运行中的一个环节,从社会整体利益的角度考虑,国家不可能对刑事司法活动进行无限的投入,司法系统必须以有限的人员、经费、场地处理案件。刑事司法效率的提升应当成为犯罪治理模式现代化的目标之一。

20世纪70年代末以来,中国的发展动能不断释放、社会活力不断增强,在经济增长的同时也带来了刑事案件数量激增的副作用。根据最高人民法院的工作报告披露的数据,各级人民法院一审审结的刑事案件数量从1980年的209,600件,增加到2018年的1,198,000件,增长5.7倍。特别是近十年来,随着劳动教养等行政处罚手段的废除,以前由公安机关依照行政处罚程序处理的案件大量涌入刑事诉讼程序,从最近十年间(2008年至2018年)的数据来看,刑事案件数量虽然在个别年份略有减少,但整体上呈现出增长的趋势,年均增长率为4.8%(详见图6-1[①])。办案人员并没有随着刑事案件的数量同步增长,特别是2016年以来,

---

[①] 参见最高人民法院历年工作报告;佟季:《2013年全国法院审理各类案件情况》,《人民司法》2014年第5期;毛盛勇、叶植材:《人民法院审理刑事一审案件收结案情况(2017)》,《中国统计年鉴》(2018年)。

全国检察、法院系统全面贯彻党的十八届四中全会精神推行检察官、法官员额制改革,这一改革措施增强了检察官、法官群体的正规化、专业化、职业化,但基于"专业化""精英化"的要求,能够被纳入员额的检察官、法官仅占法院干警总数的三分之一左右,改革之前很多具有办案资格的司法干警在改革之后只能作为司法辅助人员协助办案,这进一步加剧了案多人少的矛盾。在某些人口稠密、经济发达的地区,由于人口基数大、社会活跃度高等原因,刑事案件数量更多,案多人少的矛盾更为突出。以上海市浦东新区为例,2019 年度,浦东新区人民检察院有入额检察官 180 人左右,但仅提起公诉的犯罪嫌疑人就多达 7,830 人。①

图 6-1　2008—2018 年全国法院一审刑事案件结案数量

案多人少的现实困境使犯罪治理的效率面临着巨大挑战,所谓"迟到的正义非正义",如果因办案人员数量不足导致案件久拖不决,不仅无法实现《刑事诉讼法》"打击犯罪、保护人民"的目标,而且会使犯罪嫌疑人、被告人的正常生活长期受到诉讼活动的不利影响。应对案多人少矛盾的可能方案有三种:第一,加大司法资源的投入,增加员额检察官、法官的数量,以适应案件数量不断增多的趋势。这一解决方

---

① 参见《浦东新区人民检察院工作报告》(2015—2019 年)。

案需要解决编制和资金的问题,将耗费大量的公共资源,我们无法期待检察官、法官的员额与刑事案件数量等比例增长。第二,要求司法干警延长工作时间,增加每个司法干警个人工作量来应对不断增长的案件数量。刑事诉讼中案多人少的矛盾在我国长期存在,在过去相当长的时间内司法系统的应对方案就是对内增压,要求司法干警牺牲休息时间办案,现在"5+2""白加黑"已经成为很多检察官、法官的工作常态,通过延长工作时间提升工作量的做法已经走到了尽头。第三,对案件进行繁简分流,对于事实清楚、证据确实充分,犯罪嫌疑人、被告人对指控和量刑建议没有反对意见的案件从速审理,简化法庭调查和法庭辩论的程序,实现速审速裁。与此同时,将有限的司法资源留给那些情况复杂、争议较大,需要经过充分的调查研究才能作出决定的案件。对刑事案件进行合理的繁简分流能够实现司法资源的合理调配,是犯罪治理模式现代化的必由之路。

2016年,中央全面深化改革领导小组研究出台了《关于认罪认罚从宽制度改革试点方案》,根据这一方案的精神,全国人大常委会授权"两高"在全国18个城市组织开展刑事案件认罪认罚从宽制度试点工作。随后"两高三部"出台《关于在部分地区开展刑事案件认罪认罚从宽制度试点工作的办法》(以下简称《试点办法》),正式开始认罪认罚制度在实践中的试点工作。《试点办法》第1条规定:"犯罪嫌疑人、被告人自愿如实供述自己的罪行,对指控的犯罪事实没有异议,同意量刑建议,签署具结书的,可以依法从宽处理。"第16条规定:"对于基层人民法院管辖的可能判处三年有期徒刑以下刑罚的案件,事实清楚、证据充分,当事人对适用法律没有争议,被告人认罪认罚并同意适用速裁程序的,可以适用速裁程序,由审判员独任审判,送达期限不受刑事诉讼法规定的限制,不进行法庭调查、法庭辩论,当庭宣判,但在判决宣告前应当听取被告人的最后陈述。"在充分试点的基础上,2018年修正的《刑事诉讼法》正式确立了认罪认罚从宽制度,该法第201条规定:"对于认罪认罚案件,人民法院依法作出判决时,一般应当采纳人民检察院指控的罪名和量刑建议。"这使得控辩双方在庭前形成的处理意见具有了法定的效力。2019年"两高三部"又出台了《关于适用认罪认罚从宽制度的指导意见》,该意见指出"认罪认罚适用于侦查、起诉、审判各个阶段,所有刑事案件都可以适用"。由此实现了认罪认罚制度对所有诉讼阶段和所有类型刑事案件的全覆盖。总之,认罪认罚从宽制度显著节约了司法资源,符合我国刑事诉讼的历史传统,是一项正确的制度选择。

认罪认罚从宽程序极大地简化了诉讼程序,这固然有助于提升诉讼效率,但是简化后的诉讼程序省略了法庭调查和法庭辩论环节,认罪认罚具结书所载的罪名和刑罚可以直接转化为判决结果,被告人失去了行使抗辩权的机会。凡此种种,都是对犯罪嫌疑人、被告人诉讼权利的弱化。"公正"和"效率"同为刑事诉讼追求的目标,二者缺一不可,为了在提升刑事诉讼效率的同时保证案件程序和实体两方面的公正,应当针对认罪认罚从宽案件设计特别的诉讼权利保障措施。具体来说包括两方面:一方面,保障犯罪嫌疑人、被告人的知情权,从而作出理性的决策;另一方面,保障认罪认罚的自愿性,不能强迫犯罪嫌疑人、被告人认罪。适用认罪认罚程序的前提是控辩双方对罪名和量刑没有争议,如果辩方不认同控方的指控,那么就有权利在庭审中充分表达自己的观点来说服法官,为被告人争取无罪或罪轻,这是抗辩权的应有之义。为了保障认罪认罚犯罪嫌疑人、被告人的诉讼权利,2018年修正的《刑事诉讼法》确立了值班律师制度。值班律师可以为犯罪嫌疑人、被告人提供法律咨询、程序选择建议,申请变更强制措施等法律帮助。

通过约见值班律师,在押的犯罪嫌疑人、被告人可以及时获得法律咨询,听取值班律师对案件处理的意见,弥补自身法律知识的不足,避免轻率地决策。

(二) 刑事特别程序中的犯罪治理

刑事普通程序是立法者按照犯罪治理的一般规律所设计的诉讼程序,能够妥善处理绝大多数的刑事案件。但在部分刑事案件中,由于犯罪主体、犯罪行为的性质具有特殊性,僵化地适用普通程序会损害刑事诉讼的公正和效率。从域外经验来看,法国、德国、俄罗斯、日本等国家都在《刑事诉讼法》中以专编的形式规定了"刑事特别程序",由于各国具体国情的不同,特别程序的关注方向也各有侧重。例如《法国刑事诉讼法》第11编对军事犯罪、危害国家利益犯罪规定了特别程序,美国、英国则对恐怖主义犯罪、有组织犯罪的追诉进行了特别规定。[①] 我国改革开放以来的刑事司法实践一直坚持普遍性和特殊性相结合的原则,我国《刑事诉讼法》专编规定了"特别程序"。

第一,当事人和解的公诉案件诉讼程序。犯罪行为既损害了社会公共利益,也损害了具体受害人的利益。公共利益主要是各类抽象的秩序损失,而被害人遭受的是切实的人身、财产甚至生命损失。社会整体对于法益损失的承受能力较强,单个犯罪对社会秩序的破坏程度有限,但作为个体的被害人对于法益损失较为敏感,在某些严重的刑事案件中,受害人的人生轨迹都有可能被彻底改变,受害人才是犯罪损害后果最直接、具体的承受者。在犯罪治理的过程中,不能单纯地强调恢复社会秩序,还要充分补偿受害人的利益损失。如果受害人无法得到充

---

① 参见李勇、于逸生:《特别程序中的权力运行与权利保障——兼评新〈刑事诉讼法〉中相关规定的得与失》,《比较法研究》2012年第6期。

分的物质和心理补偿，那么刑事诉讼的结果将难言公正，更有甚者，受害人可能在不满情绪的支配下实施私力复仇或报复社会的行为，酿成新的犯罪。为了解决上述问题，20世纪70年代的西方逐渐兴起了"恢复性司法"的思潮，不再简单地将刑事司法视为国家与犯罪人之间的冲突和对抗，也不再强调通过刑罚威慑和预防犯罪，而是着眼于"恢复"，即通过一系列司法活动恢复犯罪前的社会秩序和个人状态。在恢复性刑事司法制度的视域下，补偿被害人受到的伤害、恢复加害人与被害人之间的和睦关系至关重要，这是加害人改过自新、回归社会的重要前提之一。在刑事司法活动中，如果犯罪人能够积极赔偿被害人，不仅说明犯罪人本身具有悔过自新的积极心态，而且能够使被害人的损失得到充分补偿，有助于化解社会矛盾，实现犯罪治理的最优结果，因此，刑事诉讼制度应当鼓励被告人与被害人之间达成和解。对此，2012年修正的《刑事诉讼法》专章规定了"当事人和解的公诉案件诉讼程序"。刑事和解成为从轻、减轻、免除处罚的酌定事由，可以通过诉讼利益的引导促成当事人达成和解协议，这对于修复被犯罪破坏的社会关系具有重要意义。

第二，缺席审判程序。刑事诉讼涉及犯罪嫌疑人、被告人的重大法益，刑事诉讼理论要求切实保障犯罪嫌疑人、被告人的抗辩权。从抗辩权行使的效果来看，犯罪嫌疑人、被告人亲自到庭接受审判能够直接、完整地表达自己的意见，避免因为语言的歧义而造成误解，是行使抗辩权的最佳方式，而且通常只有在被告人到案的情况下，剥夺被告人自由、生命等人身权利的判决才能交付执行，如果被告人未到案，这些判决实际上往往只具有宣示效果。基于以上理由，《刑事诉讼法》要求司法机关一般应在犯罪嫌疑人、被告人到案之后再启动审判工作。但刑事诉讼不仅处分犯罪嫌疑人、被告人的权利，也间接地影响被害人及其他社会公众的利益,司法机关在纠纷解决中奉行"刑事优先"的原则,在司法实践中有些刑事、民事、行政案件相互关联,民事、行政部分的审判往往需要等待刑事部分的判决结果,如果刑事诉讼久拖不决,那么其他利益相关人的损失将无法得到补偿。尤其是在党的十八大之后,我国反腐工作深入推进,一大批涉嫌职务犯罪的国家机关工作人员被查处,但是部分职务犯罪的犯罪嫌疑人、被告人潜逃海外,有些已经取得所在国居留权甚至国籍,暂时无法通过国际司法合作的形式将其引渡回国,人民法院无法及时宣告其有罪,部分腐败分子逍遥法外严重损害了国家司法尊严,不符合人民群众对严惩腐败行为的期待。鉴于以上原因,构建刑事诉讼的缺席审判程序势在必行。2018年修正的《刑事诉讼法》专章规定"缺席审判程序",这对于惩治贪污腐败犯罪具有重要的意义。

第三,犯罪嫌疑人、被告人逃匿、死亡案件违法所得的没收程序。2003年第58届联合国大会通过《联合国反腐败公约》,同年12月中国政府正式签署该公约,该公约第31条规定:"各缔约国均应当在本国法律制度的范围内尽最大可能采取必要的措施,以便能够没收:(1)来自根据本公约确立的犯罪的犯罪所得或者价值与这种所得相当的财产;(2)用于或者拟用于根据本公约确立的犯罪的财产、设备或者其他工具。"与此同时,该公约第54条要求各成员国"考虑采取必要的措施,以便在因为犯罪人死亡、潜逃或者缺席而无法对其起诉的情形或者其他有关情形下,能够不经过刑事定罪而没收这类财产"。[①] 为了履行条约所设定的国际义务,也为了严厉打击腐败犯罪、恐怖活动犯罪,对犯

---

① 参见《联合国反腐败公约》,载中共中央纪律检查委员会、中华人民共和国国家监察委员会网站,http://www.ccdi.gov.cn/special/lygz/flfg/201310/t20131008_11282.html。

罪所得及时采取冻结追缴措施,①2012年修订的《刑事诉讼法》专章规定了"犯罪嫌疑人、被告人逃匿、死亡案件违法所得的没收程序"。

第二节　刑事司法制度的优化与犯罪治理

随着一系列改革措施的不断推进,我国的刑事司法程序不断优化,充分保障犯罪嫌疑人、被告人的诉讼权利,实现"打击犯罪、保护人权"的立法目标,促进了犯罪治理的成效。

一、刑事司法理念的转变

受长期革命战争历史和苏联经验的双重影响,在新中国成立之初,刑事司法活动被视为革命斗争的延续,犯罪嫌疑人、被告人被视为"阶级敌人",公安机关、检察机关则是代表国家"镇压反革命"的暴力机关。在这样的身份定位之下,刑事司法活动不可能允许反革命分子享有和追诉机关平等的地位,更无法接受反革命分子以诉讼权利为武器与追诉机关展开对抗,犯罪嫌疑人、被告人实际上处于诉讼客体的地位。而且,受到革命战争时期斗争残酷性的影响,犯罪治理一味地追求"从严""从重",存在着重刑主义的倾向。例如,1979年《刑事诉讼法》第1条规定:"中华人民共和国刑事诉讼法……结合我国各族人民实行无产

---

① 参见《刑事诉讼法修正案(草案)条文及其草案说明》,载全国人大网,http://www.npc.gov.cn/zgrdw/huiyi/lfzt/xsssfxg/2011-08/30/content_1717832.htm。

阶级领导的、工农联盟为基础的人民民主专政即无产阶级专政的具体经验和打击敌人、保护人民的实际需要制定。"而贯穿于20世纪80—90年代的"严打"活动也能从革命镇反的犯罪治理思路中找到思想源头。

随着我国法治建设的不断推进，人权观念得到了广泛传播，我国逐步摒弃了革命镇反的犯罪治理思路。1996年《刑事诉讼法》将刑事诉讼的目的阐述为"打击犯罪、保护人民，保障国家安全和社会公共安全，维护社会主义社会秩序"。与程序法上的修改相配套，1997年《刑法》也作出修订，将"反革命罪"改为"危害国家安全罪"。经过大幅度的刑事法律的修改，我国刑事司法活动中体现出如下特征：一是承认犯罪嫌疑人、被告人的主体地位，保障其享有的各项诉讼权利；二是尊重和保障人权，谨慎地行使强制措施，严禁刑讯逼供；三是改变了单纯注重打击犯罪的偏颇做法，注重社会矛盾的化解，最大限度地减少社会对立面；四是修正了"严打"的刑事政策，提出了"宽严相济"的犯罪治理思路，克服重刑主义思想影响，防止片面从严，争取教育、感化和挽救大多数犯罪人。

二、刑事诉讼构造不断优化

所谓诉讼构造，又称诉讼结构，是指刑事司法活动中控辩审三方的法律地位和相互关系，其核心问题在于犯罪嫌疑人、被告人是否能够被公正地对待。在我国刑事司法实践中，实际上存在着两重构造：一是庭审程序中"等腰三角形"的关系格局，具体表现为法官居于等腰三角形的顶点，控辩双方则居于等腰三角形的两个底点。① 在"等腰三角形"结构中，控辩双方居于平等的法律地位，在诉讼中享有平等的发言权，

---

① 参见马贵翔：《刑事诉讼的"两重结构论"质疑——与龙宗智同志商榷》，《现代法学》1996年第6期。

而法官距离争议双方距离相等,平等地听取双方意见,在兼听则明的基础上作出正确的判断。二是审前程序中"线性构造"的关系格局,具体表现为案件在公检法三机关之间的程序性流转。与庭审呈现出的开放性、对抗性特征不同,侦查、审查起诉阶段的诉讼活动主要由有权机关依职权展开,犯罪嫌疑人表达意见的机会较少。而且犯罪嫌疑人处在与三机关对立的位置,受到三机关的怀疑和调查,并且负有配合三机关的法律义务,所以"线性构造"是一种职权主义的构造。在很长一段时期的犯罪治理活动中,职权主义的"线性构造"是刑事诉讼的基本样态。1979年《刑事诉讼法》虽然规定公检法三机关在刑事诉讼中应当"相互配合,相互监督",但在司法实践中三机关片面地强调"相互配合",甚至"合署办公",造成控审职能在实际上合二为一。在此情形下三个机关实际上是"一个车间的三道不同工序"[1],以"追诉共同体"的姿态面对犯罪嫌疑人、被告人。在这种状况下司法机关既做运动员又做裁判员,审判的公正性无法保证。

在犯罪治理体系不断完善的过程中,我国的刑事诉讼构造也不断优化。1996年《刑事诉讼法》从制度上理顺了公检法的关系,明确三机关分别承担侦、控、审的职能,并且确立了检法机关独立行使职权的原则,真正实现了控审分离,增强了法官的中立性,而控辩式审判的推行则保障了辩方在庭审中可以获得充分的发言权。在党的十八大之后,新一轮的司法改革深入推进,党的十八届四中全会通过的《中共中央关于全面推进依法治国若干重大问题的决定》,提出要"推进以审判为中心的刑事诉讼制度改革",庭审在刑事诉讼中的核心性与实质性不断增强。总体而言,我国的刑事诉讼构造已经基本符合科学诉讼构造

---

[1] 李向东、韩曼:《刑事再审程序之重构》,《河北法学》2003年第4期。

的要求,能够满足犯罪治理现代化的需要。

三、刑事司法与犯罪治理成效

刑事诉讼程序的优化提升了犯罪治理的成效,主要包括两方面的内容:一方面,犯罪数量持续减少,社会治安不断向好,群众安全感明显提高。根据公安机关所作统计,2019 年公安机关刑事立案数量较 2016 年下降 24.3%;杀人、伤害、强奸、绑架等八类主要刑事犯罪案件数持续明显下降,2019 年比 2016 年下降 34.9%;命案发案数逐年下降、破案率逐年上升,2019 年命案的现案破案率达 99.8%;2019 年盗抢等多发性侵财案件数比 2016 年下降 48.5%。① 当前,中国已经成为全世界范围内命案发案率最低的国家之一,每十万人发生命案 0.62 起,这和世界主要法治国家相比明显处于低位(详见表 6-1②)。

表 6-1 部分国家命案发生率

国别	命案案发率(起/每十万人)	统计年份
中国	0.62	2016
英国	0.92	2014
法国	1.58	2015
加拿大	1.68	2014
美国	4.88	2015

---

① 参见赵克志:《国务院关于公安机关执法规范化建设工作情况的报告》,载全国人大网,http://www.npc.gov.cn/npc/c30834/202008/808335098ca74fb69de8ffe32006556c.shtml,2021 年 3 月 1 日访问。

② 参见支振锋:《法治建设是中国持续发展的重要保障》,载中华人民共和国最高人民法院网,http://www.court.gov.cn/zixun-xiangqing-182902.html,2021 年 3 月 1 日访问。

另一方面,犯罪治理效能持续提升。由于认罪认罚从宽程序、速裁程序的广泛适用,我国刑事案件实现了大规模的繁简分流,司法资源的利用效率不断提高,实现了轻案速审、大案精审,犯罪治理效能持续提升。对此,有实证研究指出,适用速裁程序的案件一般可以在 6 日内审结,有些法院甚至将结案时间压缩到 1.8 天,平均个案的开庭审理时间大约为 5—10 分钟。虽然审判速度提升,但速裁案件的上诉率极低,仅为 4.3%,总体上来看有利于当事人服判息诉。① 可以说,速裁程序实现了效率与公正的兼顾。

---

① 参见刘方权:《刑事速裁程序试点效果实证研究》,《国家检察官学院学报》2018 年第 2 期。

第七章
刑罚执行与犯罪治理

第一节 概述

1978年召开的党的十一届三中全会,开启了改革开放和社会主义现代化建设新的历史时期,党和国家工作重点转为以经济建设为中心。伴随着改革开放的是中国社会的现代化,而现代社会的复杂化是以逐渐分化为其主要特征的,基于财富和地位的社会分层把人们和家庭分成不同的阶层团体。权威的观点认为,社会转型是指我国社会从传统社会到现代社会的社会变迁与发展,具体体现为从农业社会到工业社会的转型,从封闭社会到开放社会的转型。而在这种变迁与发展中,中国的社会结构也将发生一个根本的转变。[①] 不平等和异质性的增加意味着社会关系中出现更多矛盾和摩擦,激发更深层次的社会矛盾,甚至犯罪。社会学家默顿指出,不遵从(nonconformity)的出现反映了社会结构所产生的压力,当某种文化推崇有价值的成功目标但是社会结构

---

① 参见吴何奇:《社会转型背景下恢复性刑罚执行模式的建构》,《犯罪研究》2019年第4期。

却限制一部分人取得成功时就会产生失范(anomie)。① 在现代化的进程中,社会治理就成为了治理社会矛盾的重要方面,而犯罪治理则直接回应了上述的种种结构压力,是社会治理的重要组成部分,深刻影响着社会治理效果。有学者认为,犯罪治理是指人类有组织地对刑事犯罪和严重社会越轨行为进行打击、控制和预防的应对措施、策略与实践。② 犯罪治理是一个长期性、系统性工程,而刑罚执行则是犯罪治理中的重要一环:一方面承担着对司法制裁的完成实现,另一方面也肩负着对再犯罪的预防工作。

我国刑罚现代化的起点可以追溯到清末以来的刑罚改良。从借鉴国外模式逐步确立监禁刑在刑罚体系中的主导地位开始,刑罚现代化历经清末、民国和新中国三个重大历史时期。特别是1979年至今,在改革开放的时代背景之下,刑罚现代化在刑罚思想和刑罚实践两方面都得以快速推进。③ 1979—2013年中国监狱在押犯人数总量总体呈日趋增长趋势,从1979年的62万人上涨到2013年的180.7万人,绝对数量增加了118.7万人,增幅约为190%。1979—2013年中国监禁率从1979年的63.56/100,000上升至2013年的132.8/100,000,增幅约为109%。监狱在押人口总数的急速增加以及监禁率的缓慢增长反映了中国社会转型期犯罪数量与类型的急剧增多。④ 需要说明的是,新中国成立以来,我国组织开展的大规模重新犯罪问题调查主要有

---

① 参见肖方仁:《社会治理的复杂性思维:聚焦监狱管理效能提升》,《湖州师范学院学报》2019年第3期。
② 参见曾永忠、颜泳涛、孙建书:《现代社会治理视域下的重新犯罪研究》,《犯罪与改造研究》2019年第12期。
③ 参见杨军:《刑罚现代化本体初论:目的与路径》,《行政与法》2018年第6期。
④ 参见徐伟:《改革开放40年来中国刑法结构的动态走势和变化规律》,《深圳大学学报(人文社会科学版)》2018年第3期。

三次,①这些调查对于研究刑罚执行与犯罪治理具有重要意义。

我国刑罚执行以自由刑为主,也就是监狱服刑的形式,本章也主要讨论改革开放40年以来监狱的现代化变迁。监狱是国家刑罚执行机关,也是整个社会管理的一部分,国家现代化进程、社会发展状况如何,必然影响到监狱的发展,监狱现代化是国家现代化在刑罚执行领域的具体体现。改革开放至今,现代监狱制度总体体现为法治化、科学化、现代化、社会化、人性化。② ①在法治化方面,主要体现在全面修订和完善《监狱法》;建立满足监狱工作需要的高水平的全额经费保障制度;建立与公检法相对接、协调、制约的机制。②在科学化方面,以满足罪犯的矫正需要为出发点和归宿,相应地调整、修订刑事执行政策、规则、体制机制、理念、方法手段,倡导和推广矫正技术的普及和应用。③在现代化方面,以大数据、物联网、云技术为支撑,大力推进监狱的信息技术建设步伐。④在社会化方面,监狱是社会的一部分,经过一段时间的刑罚执行,绝大多数罪犯都会刑满释放回归社会。社会支持、社会关

---

① 第一次是1986年至1990年,当时的司法部预防犯罪与劳动改造研究所与劳改局联合组织了对刑满释放人员重新犯罪问题的调查研究。这是我国关于重新犯罪问题的首次大规模调查,先后参加调查的有27个省、市和自治区。1992年8月,国务院新闻办发布的《中国改造罪犯的状况》白皮书以此调查结果为依据指出,中国重新犯罪率保持在6%—8%的水平。第二次是1996年,司法部预防犯罪研究所与司法部监狱管理局组织全国部分省市在新收押罪犯中开展了重新犯罪调查研究,共有12个省市参加。调查结果表明:1996年全国在押罪犯中判刑2次以上的比重已达11.1%,比1990年的8.55%上升2.55个百分点。第三次是2003年,司法部预防犯罪研究所组织开展了对1997—2001年全国监狱释放罪犯重新犯罪调查研究,在2003年12月至2004年8月间对全国31个省(区、市)和新疆生产建设兵团的679所监狱或关押点2003年12月31日在押的近20万名判刑2次及以上的罪犯进行了全员普查,与我国1982年至1986年监狱刑释罪犯的三年内重新犯罪率5.19%相比,1997—2001年监狱释放罪犯的三年内重新犯罪率增长了57%。目前在国内关于刑事司法统计的《中国法律年鉴》中,审判机关、检察机关、公安机关和司法行政机关所发布的全国刑事司法统计数据资料,没有重新犯罪率的统计。参见周勇:《开展重新犯罪问题调查研究的价值意义与思路构想》,《犯罪与改造研究》2019年第7期。

② 参见张晶:《统一刑罚执行体制框架下建设现代监狱制度的思考》,《中国监狱学刊》2017年第17期。

注、社会帮教、社会援助等无疑是政府、社会的职责。监狱工作、罪犯矫正等都无法脱离社会单独存在。⑤在人性化方面,罪犯刑满释放后要融入社会,成为一名社会人。在服刑期间,让他们恢复做人的尊严,修复做人的良知,找回做人的勇气,是极为重要的。这个目的的实现,需要法治前提下的监狱管理、教育、矫正的人文关怀。

第二节　监狱管理现代化

根据贾洛川教授的时段分类,改革开放以来的监狱建设主要分为以下4个时期。① ①拨乱反正和改革开启推进时期(1978—1993年)。1979年《刑法》关于刑罚执行的条款达14条之多,在监狱业务上有了明确的政策规定和指导,整顿了监管秩序,对劳改生产初步进行了整顿和调整改组。在组织上,全国监狱管理机构——公安部监狱管理局1979年得以恢复;各层级劳改局以及监狱、劳改队的领导班子得到了充实和加强,明确了劳改干警的人民警察身份。1982年2月公安部颁行了《监狱、劳改队管教工作细则》,丰富并发展了1954年政务院颁行的《劳动改造条例》的内容。此外还发布了《对罪犯教育改造工作的三年规划》《犯人生活卫生管理办法》《犯人守则》等一系列规章制度,促进了劳动改造罪犯工作的法制化和规范化。为适应新的工作形势,1983年6月,按照中央的部署,劳动改造罪犯的工作由公安部移交给司法部领导管理。②依法治监与建设现代化文明监狱时期(1994—

---

① 参见贾洛川:《改革开放四十年中国监狱发展的回顾与展望》,《河南司法警官职业学院学报》2018年第4期。

2002年)。全国人大常委会于1994年12月29日通过《监狱法》,《监狱法》明确界定了监狱的性质、工作原则、目的与任务,规定了监狱人民警察的法律地位,确认了罪犯的权利与义务,确立了监狱财政、投资保障体制。③监狱体制改革与"三化"建设推进时期(2003—2011年)。该时期以2003年1月《国务院批转司法部关于监狱体制改革试点工作指导意见的通知》的发布为标志。司法部提出了"全额保障、监企分开、收支分开、规范运行"的目标,在黑龙江、上海等六省市进行监狱体制改革试点,并于2004年8月扩大到辽宁、宁夏等八省区进行试点。2008年6月,国务院决定在全国范围内全面实行监狱体制改革。④监狱的历史性变革时期(2012年至今)。2014年1月,《关于严格规范减刑、假释、暂予监外执行,切实防止司法腐败的意见》对"三类罪犯"减刑、假释、暂予监外执行的实体条件作出从严规定。大力推进监狱信息化建设,对全国司法行政信息化建设进一步作了全面部署。

一、监狱的环境与管理的变化

从新中国成立初期到改革开放初期,物质条件十分匮乏,劳改干部、职工生活条件十分艰苦、简陋。从改革开放初期到20世纪90年代初期,监狱社区有了监狱企业或农业经济的发展支撑,大多数监狱为解决民警、职工后顾之忧,稳定人心,留住干部,推进了城镇化发展,逐步建成了住宅、商店、学校、食堂、旅馆等一体化发展区域。但在形成一个功能较为齐全的小社会的同时,也增加了监狱负担,弱化了监狱的主要职能。20世纪90年代初,监狱体制改革开始,为了纯化监狱职能、减轻监狱负担,中央提出了监狱工作社会化的要求。随着社会主义市场经济体制的逐步建立,原有的监狱体制越来越不适应形势的发展变化。

在市场经济条件下实行监企合一的体制,使监狱职能严重错位。由于监狱和企业捆绑在一起,而监狱所要实现的刑罚执行功能与企业追求经济效益的目的又完全不同,这给监狱执法带来了一系列问题,影响了监狱行刑职能的正确行使。同时,由于长期以来国家对监狱的财政投入严重不足,监狱经费不能足额到位,监狱将监狱经费与生产收入直接挂钩,把罪犯劳动生产作为维持监狱运转的重要手段,把警察福利与生产效益挂钩,背离了监狱生产为改造罪犯服务的目的。[①] 监狱作为行政机构与狱内企业长期并存,导致监狱一方面要负责犯罪人的矫治,另一方面又要忙着"挣钱"。司法与金钱挂钩会造成监企职能混乱、财务混乱,甚至司法不公的现象。

1990年11月6日,司法部发布《监管改造环境规范》,该规范要求监管警戒设施,罪犯生活区、生产区和学习场所要规划合理,确保安全,利于监管,方便生产和生活,做到监院建筑物布局、建造规范合理,教室、监区环境清洁整齐,车间、场院设置有序;并对监管警戒设施规范、罪犯生活区规范、生产区规范作了具体规定。监狱不再办学校、开商店等,而是引入社会便民服务。监狱社区管理趋向社会化,逐渐融入当地的经济社会发展格局。[②] 20世纪90年代以来,随着社会主义市场经济体制的建立,"在监狱工作的'生产线'上则提出了'监企分离、双轨运行',并反复地进行了试点,企图找到适合的能够推而广之的办法"。2001年,国家开始着手实施监狱体制改革工作。2003年1月,国务院下发《国务院转批司法部关于监狱体制改革试点工作指导意见的通知》,标志着我国监狱体制改革正式开始。2008年年底,监

---

① 参见王志绥:《改革开放以来我国监狱工作的进步与转型》,《中国司法》2011年第7期。

② 参见周耕妥、方扬松:《监狱社区建设社会化思考——以浙江省监狱社区建设为例》,《犯罪与改造研究》2018年第11期。

狱体制改革在全国推开。2010年3月,全国20个省市组建了监狱企业集团公司。①

二、服刑人员考核管理

20世纪80年代在罪犯改造方面频频出台改革举措,"三个像""六个字""特殊学校""三课教育""百分考核""三个延伸""社会帮教""监区文化建设""三分""规范化管理"等成为这个时期罪犯改造工作的鲜活话语。《监狱法》第29条规定:"被判处无期徒刑、有期徒刑的罪犯,在服刑期间确有悔改或者立功表现,根据监狱考核的结果,可以减刑。"由此可见,计分考核罪犯对于刑罚执行的法律意义主要在于,计分考核结果是对罪犯提请减刑或假释最主要的依据,其是否合法、正义、有效,决定了减刑假释结是否客观公正,直接影响刑罚执行的目的能否最终实现。在狱内行刑中,计分考核罪犯有明确的考核标准,使计分考核对罪犯狱内服刑行为具有明确的指引作用,在罪犯狱内服刑过程中发挥着重要的教育功能,使罪犯在事前就能预计自身行为是否合规以及会有什么样的后果,并通过制裁措施来强制罪犯狱内服刑必须服从。同时,计分考核标准也是执法民警具体判断、衡量罪犯行为是否合规的依据。

20世纪90年代初,随着司法部正式下发《关于计分考核奖惩罪犯的规定》,我国监狱开始全面采用以对罪犯改造定量考核为主的计分考核法,形成以分计奖的罪犯考核制度模式。经过数十年的发展,计分考核罪犯制度不断完善,成为我国监狱行刑的主要基础制度。但随着

---

① 参见李腾:《论我国监狱劳动组织形式的改革及完善措施》,《常州工学院学报(社会科学版)》2014年第2期。

法治的进步和20多年的监狱行刑的变化,原有规定的局限性也逐渐凸显。2016年司法部为了进一步规范罪犯考核制度,统一计分办法,出台了新的《关于计分考核罪犯的规定》。《关于计分考核罪犯的规定》采用以月为周期的百分制计分规则,将罪犯考核内容分为教育改造和劳动改造两个部分。在教育改造方面,在服刑改造的过程中,罪犯若满足下列条件,则当月给予教育改造基础分65分:其一,对法院判决表示服从并认罪、悔罪;其二,对监狱的规章制度、纪律要求及服刑人员行为规范等严格遵守;其三,对公共财物能够爱护有加,注重文明礼貌且讲究卫生;其四,听从管理,积极如实将自身的改造情况反馈给监狱人民警察;其五,积极参与各项学习活动,且顺利通过考核;其六,积极参与监狱组织的文体活动,主动参与心理健康教育活动;其七,其他接受教育改造的情形。在劳动改造方面,在服刑改造的过程中,罪犯若满足下列条件,则当月给予劳动改造基础分35分:其一,有端正的劳动态度,听从管理人员的调配,准时出工并且积极参与劳动习艺活动;其二,对相关的劳动操作规程、安全生产规定等严格遵守,对劳动工具、产品等积极爱护;其三,在规定时间内对核定的劳动任务进行践行,从而使劳动质量要求得以满足,若没有劳动定额,则需要对岗位职责认真履行;其四,其他接受劳动改造的情形。

计分考核的分数计算模式为:基础分分值与加分分值总和减去扣分分值为最终分值,从考核内容、标准等着眼,对有突出表现的罪犯给予加分奖励,对符合标准的罪犯赋予基础分,对有悖于相关规定的罪犯则需予以扣分处罚,最终得分为计分总和。教育、劳动改造的分值禁止彼此替补。在考核程序上,新的计分考核规定要求监狱对罪犯实施的考核制度是"日记载、周评议、月公示",针对罪犯的表现,就其是加分或者扣分、奖励或者处罚,要求监狱民警提出看法并给出建议,监区警察再展开集体讨论,然后上报给监狱、监区计分考核小组开展审批工作。

在奖励方面,对于符合《监狱、劳改队管教工作细则》规定的加分情形可以加分。考核分累计达到600分,教育改造和劳动改造任何一部分累计考核分不低于其累计基础分60%的,给予物质奖励。该细则对于处罚的具体情形和扣分制度都进行了明确的规定,统一了标准。《监狱、劳改队管教工作细则》规定了罪犯的处罚程序:由管理警察提出书面意见,填报罪犯处罚审批表,经罪犯所在监区警察集体讨论通过、监区考核小组讨论通过后,针对不同程度的处罚,交由不同级别的监狱考核小组进行审批。在计分结果运用方面,监狱不仅以计分考核结果为依据,针对罪犯作出表扬、奖励等决定,还以相关规定为依据,就通信会见、活动范围、文体活动及生活待遇等诸多内容提供有差别性的待遇,且依法提请减刑、假释。① 在具体考核标准上,对劳动改造部分只作了原则性规定,需要各地在制定制度实施细则时,根据各地区情况进行细化完善,形成中央与地方制度配套衔接的劳动改造考核制度体系。②

在监狱一直以来的行刑中,考核权行使主体中立性不足是罪犯考核工作的一个争议问题,在2016年司法部新出台的《关于计分考核罪犯的规定》中仍没能得到有效解决。在考核权行使的主体上,现有制度只是在监狱层面、监区层面以及具体民警在组织形式及考核权行使程序上作了具体规定,没有保障中立性的设计。警察队伍的纪律性和服从命令的特殊要求与罪犯考核主体的中立性存在天然的矛盾,因此,

---

① 参见王敬贤:《监狱考核制度研究》,聊城大学2018年博士学位论文。
② 参见许峻玮:《甘肃省罪犯劳动改造考核制度研究》,兰州大学2018年博士学位论文。

应该在制度订立过程中研究如何最大程度地保障考核的中立和考核结果的公正,使计分考核罪犯制度与其他制度配套,并通过监督、问责和严格的程序设计等方式来维护考核结果的客观公正,减少考核权行使主体在对罪犯进行考核时受到的不正常影响因素。

三、监狱管理科技化

2001年司法部印发《全国司法行政系统信息化建设规划》,标志着司法系统信息化建设正式起步;2007年司法部召开全国监狱信息化建设工作会议并发布《全国监狱信息化建设规划》,标志着监狱信息化建设步入正轨;2017年司法部印发《"十三五"全国司法行政信息化发展规划》,为"十三五"期间的监狱信息化建设指明了方向。

2018年12月司法部制定了《关于加快推进"智慧监狱"建设的实施意见》,发布了《智慧监狱技术规范》,主要涉及大数据、云计算、物联网、人工智能、移动互联网等新一代信息技术与监狱应用及业务的融合,实现对监狱各类信息的感知、分析、处理和整合,通过信息的变量实现智能的控制,通过更深度的融合达到更紧密的协同。经历监狱安防智能化主要用于安全保障的阶段后,监狱安防智能化将全面地和监狱各业务系统、业务数据进行多维融合,推动监狱安防智能化从感知智能向认知智能发展,通过监狱业务数据加载及人工智能技术的匹配,让智能化会根据监狱业务类型、监狱不同的事件类型等去思考、推理出处理方法,可以根据每个阶段以及对应的问题指导监狱工作。①

---

① 参见段宝泉:《浅谈智慧监狱建设中安防智能化的应用与趋势》,《中国安防》2019年第8期。

四、监狱管理与犯罪治理现代化

科技创新为犯罪治理注入强大动能,既增强了犯罪治理的快速性、精确性和有效性,同时,犯罪治理提出的新要求也会促使相关科学技术不断发展,推动更多科技成果应用于犯罪治理工作。这一互动过程在监狱管理现代化的过程中能明显被观察到,科技的创新和发展作为现代性的核心内涵对监狱管理工作提出了巨大的挑战和要求,在日异月新的信息时代,监狱和其他社会与政府机构一样需要足够的投入与研发。但是监狱管理科技化应用的过程也需要时时监测和观察,科技的介入无可避免地会对监狱内的人际关系、罪犯管理和民警考核的方方面面带来深刻的挑战,产生新的秩序。监狱作为犯罪治理的一环,有义务在降低再犯罪的框架下审视自己的发展,科技监管的新秩序与预防再犯罪的关系还需要实证研究来进行持续的评估。

从监狱机构运行模式看,行政化倾向与职能实现之间仍然存在诸多制约,不利于实现现代化的关押矫正需求。多数监狱按国家机关内设机构设置监管、生产、行政等多套体系,有的机关科室设置多达18—25个,但往往缺乏心理矫治、改造评估等专业团队。从监狱行刑辅助手段来看,过度依赖现代信息手段也为民警直接管理埋下了隐忧。部分监狱对监控、评估软件等技术的过度依赖,在一定程度提升了监管效率,但也弱化了民警直接管理和把握改造规律的能力。行刑手段科学化在于技术方法运用必须遵循改造规律。另外,监狱民警队伍专业化能力不够也是监狱管理现代化途中的一大阻碍。监狱看守、改造等专业岗位分工不明,专业人员缺乏等不但对罪犯管理有负面影响,更是影响了监禁刑过程中对罪犯的教育改造,不利于罪犯释放后的社会回归和对再犯罪的预防。专业化发展受阻对于年轻一代的监狱民警来说也会造成职业上的沮丧感和倦怠感,同样不利于对罪犯的改造工作。

第三节　减刑假释的变迁

减刑制度,是指根据被判处自由刑的罪犯在服刑期间的改造表现而适度减轻其原判刑期的刑罚执行制度。假释制度,是指通过对被判处徒刑的罪犯在服刑期间的悔改表现的认定以及再犯可能性的评估,将其在执行一定刑期之后附条件地予以提前释放的刑罚执行制度。

2009—2013 年,我国人民法院办理的减刑、假释案件数一直呈上升趋势。① 2005 年最高人民法院姜兴长副院长在全国法院减刑、假释工作座谈会上提出"人民法院在决定适用减刑、假释时,应当全面审查、区别对待、准确把握标准"②。2009 年最高人民法院江必新副院长在全国部分法院减刑、假释工作座谈会上也指出,要探索减刑假释的综合考核制度,使减刑假释的条件更加科学和规范。2010 年最高人民法院发布了《关于贯彻宽严相济刑事政策的若干意见》,明确了宽严相济刑事政策是贯穿于我国刑事立法、刑事司法和刑罚执行全过程的基本刑事政策。2011 年《刑法修正案(八)》颁布实施,其中对严重暴力犯罪和严重危害社会犯罪罪犯的减刑假释予以从严掌握并加以限制的规定,与《关于贯彻宽严相济刑事政策的若干意见》的精神一脉相承,是

---

① 参见程绍燕:《我国减刑、假释听证制度研究》,《政法论坛》2016 年第 4 期。
② 《最高人民法院副院长姜兴长在全国法院减刑、假释工作座谈会上的讲话》,载《刑事审判参考》总第 46 集,法律出版社 2006 年版,第 147—161 页。

以国家基本法律的形式对宽严相济刑事政策在减刑假释制度中贯彻的体现。2014年中央政法委发布了《关于严格规范减刑、假释、暂予监外执行，切实防止司法腐败的意见》，对涉及职务犯罪、金融犯罪以及涉黑犯罪的服刑人员的减刑、假释及暂予监外执行设定了更为具体和严格的标准，要求严把实体之关，规范办理程序，强化责任追究，严惩行刑腐败。2016年最高人民法院发布《关于办理减刑、假释案件具体应用法律的规定》，进一步从程序上推动减刑、假释审理工作更加规范完善、公开透明，从实体上明确减刑、假释案件的裁判尺度与执法标准。

一、减刑制度的变迁与实践

《刑法》第78条规定："被判处管制、拘役、有期徒刑、无期徒刑的犯罪分子，在执行期间，如果认真遵守监规，接受教育改造，确有悔改表现的，或者有立功表现的，可以减刑；有下列重大立功表现之一的，应当减刑……"根据该条规定，减刑的条件包括两种情形：一是认真遵守监规，接受教育改造，确有悔改表现的；二是有立功表现的。对于第一种情形，比较难以把握的就是"确有悔改表现"。《关于办理减刑、假释案件具体应用法律的规定》第1条对"确有悔改表现"进行了解释，该条款在司法实践中比较容易理解和把握，但其他条款把"悔改表现突出"作为减刑假释的必要条件，"悔改表现突出"则比较难以把握，在司法实践中容易发生歧义。

1978年至2004年期间，由监狱机关提请减刑假释，法院根据监狱机关报送的案卷材料对是否具备减刑假释的条件实行形式审查。由于不能直接接触被提请人，无法深入了解其日常具体的工作表现，也无法判断罪犯是否真诚悔罪、悔改,仅能依靠行刑机关报送的案卷材料进行初步判断。基于对国家公权力的信任和部门协调工作的考虑,法院对于监狱报送的申请几乎每案必批。2004年最高人民法院开始引入听证程序,将听证作为司法公开、接受社会监督的一种形式,由此掀起了各地探索实践听证会模式作为减刑假释案件审理的热潮。但是立法并没有对听证会这种形式予以明确,导致在实践中各地推行力度不一,在推行一段时间后,并没有得到深入推广,未成为"常态化"的审理机制。

2010年后,开庭审理模式逐步确立。2014年最高人民法院发布《关于减刑、假释案件审理程序的规定》,规定减刑假释必须由合议庭审理,并更为具体地明确了六类必须开庭审理案件的适用范围。从此,在立法上明确了开庭审理的案件范围,减刑假释开庭审进入一个新的阶段。在这一阶段中各地根据最高人民法院的规定纷纷开展了各具特色的开庭审理模式。2016年最高人民法院发布《关于办理减刑、假释案件具体应用法律的规定》,其中关于减刑、假释的内容给监狱刑罚执行工作带来了重大影响。根据《关于办理减刑、假释案件具体应用法律的规定》第2条,办理时应当综合考察罪犯犯罪的性质和具体情节、社会危害程度、财产刑等因素。审监庭的法官不仅要审查罪犯在监狱内的表现,同时还要审查罪犯过去的罪行以及社会影响程度、财产刑执行状况等。因此,对于办案法官来说,减刑假释审理是一个"系统性工程"。法院既要对行刑期间罪犯的劳动改造和教育学习情况进行审核,同时也要基于罪犯过去所犯的罪行能否进行减刑假释做"风险评估"。[1]

目前的计分减刑考核制度使得罪犯改造表现的考核标准由笼统抽

---

[1] 参见鲍春晓:《减刑假释开庭程序:溯源、困境与重构》,《河南广播电视大学学报》2018年第4期。

象逐渐转变为量化,具有规范罪犯考核、量化改造、客观执法的优势;但客观上也存在重行为表现轻思想改造、重狱内稳定轻社会效果的问题,形式公正,但实质上的公正性有待考证。各地执行的考核标准并不统一,各基层监狱根据在押犯的刑期、刑种、危害程度等,都会在原有法条的框架内有所侧重。在刑罚执行过程中,大部分监狱将监管标准等同于法律标准,将计分考核作为罪犯获得自由的唯一标准,对表现好者加分,表现坏者减分。这一执行方式忽视了罪犯的主客观性,过度依赖监管警察来进行选择和决定,然而监管警察也很难把握罪犯到底是否认罪伏法,是否真实改造。①

二、假释制度的变迁与实践

对假释之法律性质,国际学界有两大观点:一者认为,假释是国家对受刑人之恩惠;另者认为,假释是受刑人自身享有之权利。② 假释恩惠说认为假释如同赦免一样,是国家对受刑人的恩典,即对于服自由刑的受刑人,如果在服刑期间长期保持良好的行为状态,则由国家赐予其在刑期届满前提前释放,以作为对其良善行为的一种奖赏,有利于受刑人的自新、改造。假释权利说主张假释是基于自由刑的弹性,受刑人自己在徒刑执行中因努力表现而得到的成果,因而获得假释的基础是受刑人的权利。

假释制度在我国的确立,最早见之于 1911 年颁布的《大清新刑律》。1979 年《刑法》,特别是 1997 年修正的《刑法》,对假释作了较全

---

① 参见陶新胜、束妮娜:《监狱行刑策略调整与减刑、假释制度改革》,《吉林公安高等专科学校学报》2012 年第 3 期。
② 参见吴志梅、罗开卷:《假释法律性质论》,《上海政法学院学报》2011 年第 5 期。

面、系统的规定。直到今天,假释恩惠说仍是我国假释实践的理论取向。1979年《刑法》、1982年公安部《监狱、劳改队管教工作细则》、最高人民法院关于减刑假释的司法解释和批复以及1997年《刑法》都要求假释罪犯"确有悔改表现,不再危害社会"。1989年最高人民法院《全国法院减刑、假释工作座谈会纪要》提出对于罪行严重的反革命分子,犯罪集团的首要犯、主犯,累犯,惯犯的假释"要特别慎重,严格掌握"。1997年《刑法》第81条第2款规定:"对累犯以及因杀人、爆炸、抢劫、强奸、绑架等暴力性犯罪被判处十年以上有期徒刑、无期徒刑的犯罪分子,不得假释。"1997年10月,最高人民法院发布的《关于办理减刑、假释案件具体应用法律若干问题的规定》对于未成年犯和老病残犯的假释条件也均有调整。关于假释的条件,我国立法日益完善,对假释犯的要求也越来越严格。

假释更多地体现为对刑罚执行场所的变更,基本上不会对原判造成冲击。但是在实际操作中,假释制度得到的重视程度与其在刑罚执行制度中的地位远不相称。全国假释适用率大大落后于减刑适用率,且常年处在3%以下的低位水平,以2006年为例,我国的假释率约为1.23%。[①]

我国法律未明文规定减刑、假释制度的主次关系,但在实际操作过程中基本是重减刑、轻假释。在减刑假释制度中,设计宽与严的情形是根据罪犯所犯罪行和人身危害性来确定的。从严针对的是所犯罪行严重,具有比较大的再犯可能性的罪犯;从宽则针对原犯罪行相对较轻,再犯的可能性较小的罪犯。监狱在办理假释案件过程中,虽然对符合假释条件的罪犯进行了人身危险性评估,但假释人员回归社会后是否

---

① 参见马旭:《论我国减刑、假释制度的运行困境与改革路径》,《黑河学刊》2018年第6期。

会再犯罪根本就不存在可预测性,用监狱的现实表现来对等释放后的表现本身就不具有科学性。因此,基层监狱为了规避不必要的风险,大多采取保守措施,普遍缩减假释比例。

三、减刑假释制度与犯罪治理

比起监狱的管理,减刑假释制度与再犯罪治理更加直接相关。根据刑法规定,服刑人员在服刑期间"确有悔改表现"(或有立功表现),可以适用减刑。而如果要获得假释,罪犯不仅要有悔改表现,还得"不致再危害社会"。所以罪犯如果仅有悔改表现,也不符合假释条件。减刑制度的设计仅以"确有悔改表现"为基本条件,而减刑之后犯人的刑期必然减少,没有后续的监督措施。假释人员则必须继续服刑,因为假释仅仅是假释放而已,被假释的服刑人员仍然要受到监管,其人身自由会受到限制。① 比较减刑和假释人员的刑罚处遇,假释的条件规定更加严格。据统计,美国年均65%以上的假释犯未违反假释规定,再犯新罪者不到13%;加拿大90%的假释犯在假释考验期内没有重新犯罪。国际经验证明了假释对于预防再犯罪的积极意义,然而1995—2001年我国监狱假释罪犯占在押罪犯总数的比例分别只有2.3%、2.68%、2.93%、2.07%、2.13%、2.25%、1.43%,而目前我国服刑罪犯的假释率约为2%。②

2017年是假释率提升的拐点,这一年司法部提出依法扩大假释率

---

① 参见董邦俊、赵聪:《假释的实质条件及其评估保障机制研究》,《政法论丛》2019年第5期。
② 参见湖北省监狱局课题组:《监狱刑罚执行制度的完善与创新——以构建和谐社会为视角》,《河南司法警官职业学院学报》2008年第3期。

的要求。四川省监狱管理局课题组研究发现原判刑期与假释考验期之间不存在明显的正相关或者负相关关系,假释考验期相对固定,这就导致了罪犯尤其是重刑犯假释积极性不高,假释激励效果较难有效发挥。在我国,"没有再犯罪危险"是裁定能否假释的决定性指标,但在假释制度中却体现为粗放的定性判断,难以形成科学的评判标准,客观造成自由裁量权的放大。在满足法定假释条件的基础上,被调查监狱结合实际就"没有再犯罪危险"增加了一些评价办法,但全省尚未形成统一的评价标准和操作办法。①

我国假释制度对预防再犯罪的作用还有很大的发展空间,比如可参考其他做法,由监狱、检察院、法院、司法行政机关组成"假释委员会",建立健全部门信息交流互信机制,优化办理流程。另外,假释制度的发展必须依靠一支可持续建设、职业化发展的执法队伍,即社区矫正官队伍。假释矫正官将是社区矫正官的重要组成部分,专门负责假释人员的教育管理,扮演着执法者、管理者、教育者、监控者、协调者等多重角色。

第四节 罪犯教育与改造现代化

当代中国监狱的罪犯改造手段主要体现在以下三个方面:其一,监管改造。监管改造特指对罪犯进行依法监督管理,这种改造手段不仅能对罪犯实施应有的惩罚与科学性管理,而且有助于矫正罪犯的不良

---

① 参见四川省监狱管理局课题组:《监狱依法扩大假释适用的问题及对策》,《中国司法》2019年第11期。

行为,为做好教育改造与劳动改造工作奠定良好的基础。其二,教育改造。教育改造具有柔性作用,主要是通过开展科学文化、思想品德和心理行为意识等方面的教育来塑造罪犯的科学文化素养,提高他们的思想道德修养与心理素质,增强罪犯的精神力量,促进罪犯的良好转化。其三,劳动改造。劳动改造简称为"劳改",这种改造通常是组织罪犯参与各种劳动生产活动来提高社会劳动技能,形成良好的劳动习惯。传统的三大块教育改造模式和中国监狱半军事化的管理方式是否还适合当代的社会需求,值得进一步研究。对 500 位刑期在 10 年以上的罪犯进行调查的问卷表明,主观上愿意接受队列训练的只占总数的 12.6%,认为有利于转变改造态度的只占 15.6%,大部分罪犯更愿意选择心理疏导。调查统计表明,军事化管理本身在狱政管理中并不会明显有利于提高行刑效益,且更为值得注意的是,以队列训练为主的军事化的狱政管理不仅使得罪犯自主改造意愿丧失,而且还会使罪犯权利空间面临被压缩的处境。相反,对罪犯改造自主性的提倡则会拓展罪犯权利空间。①

1982 年 2 月 18 日,公安部发布《犯人守则》,这是我国第一部系统的罪犯改造行为规范。1990 年 11 月 6 日,司法部发布的《罪犯改造行为规范》规定了基本规范、生活规范、生产劳动规范、学习规范、文明礼貌规范,是罪犯接受改造必须遵守的言行准则,是考核罪犯改造表现、实施奖罚的重要依据。随着形势发展,《监狱服刑人员行为规范》已于 2004 年 3 月 2 日由司法部部务会议审议通过,自 2004 年 5 月 1 日起施行,原《罪犯改造行为规范》同时废止。

---

① 参见刘崇亮:《罪犯改造自治权论》,《当代法学》2016 年第 3 期。

一、基础与技能教育

1981年12月,中共中央办公厅、国务院办公厅转发的《第八次全国劳改工作会议纪要》首次提出:"要加强对罪犯的教育改造工作,把劳改场所办成改造罪犯的学校。要设置教育机构,配备专职教员,增加教育的设备和经费,健全教学制度,进行系统的教育,罪犯文化学习考试合格的,技术学习考工合格的,由劳改单位发给证书。"1982年2月,公安部发布的《关于对罪犯教育改造工作的三年规划》明确指出,"组织罪犯学政治、学文化、学技术","须始终如一地坚持下去,真正当做学校来办,对罪犯进行政治教育、文化教育和技术教育,应当以政治教育为重点,三者密切结合,不可偏废"。1985年召开的全国司法厅(局)长会议提出,争取在三五年内基本上把全国劳改场所办成特殊学校。为落实这一要求,1985年6月11日,司法部、教育部、劳动人事部联合发出《关于加强对劳改、劳教人员文化、技术教育的通知》,首次将劳改场所的办学工作纳入当地教育、劳动部门的统一规划之中。

1995年9月,司法部发布的《关于创建现代化文明监狱的标准和实施意见》指出:"现代化文明监狱是以比较先进、完善的监狱设施和健全、有效的改造制度为基础,依法对罪犯实施科学、文明管理和教育改造,具有较高改造质量的场所。"2003年1月,国务院印发了《国务院批转司法部关于监狱体制改革试点工作指导意见的通知》,由此我国监狱体制改革正式启动。2007年1月,国务院印发了《国务院批转司法部关于全面实行监狱体制改革指导意见的通知》,决定从2008年开始在全国全面实行监狱体制改革。

多年来,国家把监狱罪犯的教育纳入国民教育计划,要求监狱设立专门的教育机构,建立完备的教育制度,使对罪犯的法制、道德、文化教育正规化、系统化;不断开展罪犯普法教育,组织罪犯学习《宪法》《刑法》《刑事诉讼法》《民法通则》《民事诉讼法》《监狱法》等法律,使其了解公民的基本权利和义务,犯罪的刑事责任等刑法的基本内容,刑事民事诉讼制度,以及关于婚姻、家庭、人身和财产权利的民事基本法律;加强罪犯道德和人生观教育。①

二、矫正学的本土化

据统计,2015年上海市提蓝桥监狱二次以上犯罪的罪犯共占在押犯总数的27%,并且此种情况还有加重的趋势,反映出当前我国的重新犯罪形势非常严峻,对罪犯改造现代化的需求迫在眉睫。②

1974年美国社会学家马丁逊经过对美国矫正工作的分析后提出"矫正无效"的判断。他认为,很多矫正工作虽然开展,但是并不能有效地矫正罪犯。有关矫正是否有效的讨论随之展开。于是,有关"矫正无效"的讨论变成"如何有效"的研究。"矫正项目"概念应运而生。所谓"矫正项目",就是具有矫正内容、矫正量与矫正程序的矫正模块。矫正项目随之出现,并成为罪犯矫正发展的新旗帜。矫正项目是矫正罪犯的具体方法。矫正项目需要进行循证,意为获得支持证据,或者是寻找支持证据。根据循证原则,所有的矫正项目都需要进行循证,而运用于矫正实践的矫正项目,必须经过循证以证明其具有好的矫正效果。

罪犯教育改革的根本目标应当放在解决罪犯教育形式化、效能低

---

① 参见李豫黔:《新中国监狱70年改造罪犯的成功发展之路》,《犯罪与改造研究》2019年第10期。
② 参见刘崇亮:《罪犯改造自治权论》,《当代法学》2016年第3期。

下的问题上。而改革的具体目标就是逐步发展我国的矫正项目,并建立起我国的矫正项目群。我国的矫正项目建设可以按照以点带面的形式推进,先设计、试验基本的矫正项目,逐步积少成多,建构起我国的矫正项目群。① 2016 年以来,司法部监狱管理局部署在全国 11 个省(市区)开展罪犯危险性评估试点,制定下发了《关于开展罪犯危险性评估的意见(试行)》。目前,监狱管理局会同司法部预防犯罪研究所、中央司法警官学院和部分省市监狱局研制开发中国罪犯危险性评估的量表工具和技术规范。② 当前,各地监狱在服刑人员心理治疗方面的工作建设和开展还处于初步的阶段。一项调研对 13 所监狱心理矫治科室的干警发放了问卷并进行了访谈。研究发现,100%的监狱均设置了专门的心理矫治机构,隶属教育改造科(处)。但只有 23.1%的心理矫治机构有明确、具体的年度计划、制度规范和可操作方案;只有 53.8%的监狱配有专职的心理矫治干警,其中只有 20.6%的心理矫治干警来自教育、医学和心理学等专业。这说明矫正专业化还需要更多的政策和制度支持才能更好地落实。③

三、罪犯改造与犯罪治理

一项对江西、云南、上海三地再犯罪的量表研究调查了监狱内外因

---

① 参见翟中东、孙霞:《关于我国罪犯教育改革的思考》,《犯罪与改造研究》2017 年第 2 期。
② 参见刘振宇:《努力推进罪犯教育管理工作科学化》,《犯罪与改造研究》2017 年第 1 期。
③ 参见张丽欣:《监狱心理矫治组织机构规范化建设评价》,《黑龙江省政法管理干部学院学报》2019 年第 3 期。

素对再犯罪的影响。① 狱外的社会性因素即非改造性因素包括：城镇居民可支配性收入；农村居民纯收入；城镇登记失业率；城乡收入比；中学以上文化程度人口比率；社会对具有前科刑释人员的接纳值。狱内的改造性因素包括：监狱干警为大专以上学历的人员比率；警囚比；监狱干警月平均个别教育谈话次数；罪犯每周平均劳动时间；罪犯每周平均参加"三课学习"时间；罪犯每周平均文娱时间；罪犯年参加心理矫治率。经过两项相关分析与多元回归分析之后，考察的13项因素仅检测到城镇居民可支配性收入（包括多重共性之农村居民纯收入）、社会接纳值与重新犯罪率存在着显著相关，而这两个因素都是非改造性因素。虽然这并不能证明监狱内目前的教育改造工作没有作用，但是研究发现社会性因素关联性更高。研究者认同一百多年前李斯特的名言，即"最好的社会政策，也就是最好的刑事政策"。这说明监狱内的教育改造工作需要结构性的调整，放眼罪犯入狱前、服刑中和出狱后的整个过程，而非仅着眼于高墙之内。

2015年12月17日，国际社会最具权威性和普遍适用性的标准文件《联合国囚犯待遇最低限度标准规则》（也称《纳尔逊·曼德拉规则》，简称《曼德拉规则》）在适用了近半个世纪之后，在修订中明确提出，唯有利用监禁期间在可能范围内确保罪犯释放后重新融入社会，从而能够遵守法律、自食其力，才能达到这一目的（指保护社会免受犯罪之害和减少再犯）。控制犯罪是一个极其复杂的综合系统，它既包括刑罚权运行机制的合理设置，使每个个案改造得以科学实施，从而使刑罚执行得以发挥最大的效益；也包括整个社会控制的过程。中国的罪犯教育改造工作需要在更高的层面建设自己的工作内容，才能协同其

---

① 参见王红斌、徐杨：《再犯罪原因调研及对策思考》，《犯罪与改造研究》2018年第9期。

他部门一起更好地对降低再犯罪率做出贡献。

第五节　刑罚执行社会化

改革开放至今,随着社会的发展和变化,刑罚执行也从边缘、封闭和神秘逐渐走向开放、社会化。刑事司法系统的各个部门与社会机构、非政府组织、教育机构、社区和罪犯家庭都是对罪犯重新融入社会必不可少的机构和主体,只是它们在罪犯重新融入社会进程中的地位和作用各不相同。

一、帮教与安置

安置帮教工作,是在各级政府领导下,依靠各有关部门和社会力量对刑满释放、解除社区矫正人员进行的一种非强制性的引导、扶助、教育和管理活动。[①] 2010年中央社会治安综合治理委员会发布《关于进一步加强刑满释放解除劳教人员安置帮教工作的意见》后,2014年又发布《关于司法体制和社会体制改革的意见》及其贯彻实施方案,具体指导社会帮教工作。社会帮教主体主要包括单位社团人员、亲友、志愿者等,形式多为帮教大会、座谈交流、看望,通过规劝感化教育、温暖关怀帮助、解决具体难题等途径帮助监狱服刑人员,提高监狱工作效率。

---

① 参见贾林:《新时代开创安置帮教工作新局面的探索与思考》,《中国司法》2019年第4期。

目前,安置帮教法律支撑不足,国家层面没有一部专门的《安置帮教法》。1984年公安部、司法部联合发出《关于加强对刑满释放和解除劳教人员教育管理工作的通知》;开展安置帮教工作的法律依据主要是1994年施行的《监狱法》,而《监狱法》中涉及安置帮教的条文数量较少,表述较为原则,操作性不强。实践工作主要依据中央、国务院和省级政府下发的政策性文件,如2010年中共中央办公厅、国务院办公厅转发《中央社会治安综合治理委员会关于进一步加强刑满释放解除劳教人员安置帮教工作的意见》的通知,2011年江苏省委办公厅、省政府办公厅转发《省综治委关于进一步加强刑满释放解除劳教人员安置帮教工作的实施意见》的通知,这些文件往往不对社会公开,使得安置帮教工作开展的法律保障和支撑不足,缺乏强制力和约束力。[1]

在当前监狱信息化管理及与社会帮教部门信息共享建设过程中,管理和建设重设备、轻信息,缺乏对社会帮教力量的充分利用,社会帮教力量对服刑人员的教育改造参与不足,帮教信息合作有待加强。在目前具体管理中,由于监狱条件限制,各级领导往往对社会帮教工作重视不够,并没有在帮教部门建设中投入足够的人力、物力,缺乏对社会帮教工作的深度挖掘。同时,在思想意识方面,某些监狱工作人员认为改造、教育服刑人员是监狱自身的职责所在,对社会公众参与教育改造工作不甚认同,从而降低了社会帮教工作的积极性。另外,目前一些监狱并没有建立服刑人员改造质量的综合评估系统,监狱信息化水平建设不足。例如,在对服刑人员改造质量评估方面,监狱提供的评估方式较为单一,多数是简单地通过改造工作表现来判断服刑人员的改造水

---

[1] 参见杨学农:《江苏省安置帮教工作高质量发展的探索与实践》,《中国司法》2019年第5期。

平,并没有与服刑人员深入交流,缺乏对服刑人员思想、意识的量化评估,且不能将这些评估信息及时地反馈给社会帮教部门,存在教育间断现象。因此,各部门应相互联系,建立完善的资源信息库。同时,还需要各部门加强信任,加强网上帮教合作、信息沟通、制度保障。①

二、社区矫正

社区矫正是与监禁矫正相对的行刑方式,是指将符合社区矫正条件的罪犯于社区内,由专门的国家机关在相关社会团体和民间组织以及社会志愿者的协助下,在判决、裁定或决定确定的期限内,矫正其犯罪心理和行为恶习,并促进其顺利回归社会的非监禁刑罚执行活动。社区矫正还具有司法行政的性质,与监狱狱政管理的性质相似。因此,在立法中应体现社区矫正刑罚执行和司法行政管理的双重性质。2002年8月,社区矫正试点工作在上海率先启动。2003年,最高人民法院、最高人民检察院、公安部和司法部联合发布《关于开展社区矫正试点工作的通知》,开始了社区矫正的试点工作。2009年,最高人民法院、最高人民检察院、公安部、司法部联合发布《关于在全国试行社区矫正工作的意见》,自此社区矫正在全国范围内全面铺开。② 2016年,全国累计接收社区矫正对象431万人,累计解除矫正361万人。目前在册的社区矫正对象有70万人,正在接受社区矫正的未成年人共9,562人,占社区服刑人员总数的1.38%。③ 2018年,司法部发布《关于推进

---

① 参见刘菲、高冠东、王子贤:《监狱与社会帮教部门的信息共享研究》,《无线互联科技》2015年第3期。
② 参见赵咏梅:《中国刑罚执行制度改革背景下的社区矫正》,《福州党校学报》2010年第6期。
③ 参见张宝山:《社区矫正:立法迈出重要一步》,《中国人大》2019年第13期。

刑罚执行一体化建设工作的意见》中指出应"有序推进监狱警察支持和参与社区矫正工作",全国监狱系统与社区矫正机构在调查评估、交付接收、日常管理、收监执行、矫正中止与终止等方面既依法履职、分工负责,又相互贯通、协调配合,开创司法行政刑罚执行工作新局面。社区矫正启动之前,监狱罪犯假释是交给公安机关派出所监管的。社区矫正实施以来,监狱假释的罪犯则交给其居住地或者户籍地社区矫正机构监管。毫无疑问,监狱、社区矫正一体化建设势必将促进我国假释率的稳步提升。

2014 年,上海按照党中央关于"健全社区矫正制度"的决定,抓住司法体制改革的有利契机,选派 218 名原戒毒民警参与社区矫正工作,并明确了集中配置使用警力的原则要求。根据各区社区服刑人员数量,综合考虑社区矫正中心建设情况、街镇数、地域面积等因素,确定各区配警人数,在区司法局的统一管理和安排下承担社区矫正的具体执法工作。目前,上海 16 个区共有 22 个社区矫正中心,平均配置选派民警 10 人左右;制定了《上海市社区矫正工作岗位责任制》,建立与社区矫正集中执法模式相匹配的岗位责任体系。《上海市社区矫正管理标准》已正式出版发行,涵盖 70 项标准。[①] 目前,全市共有社区矫正社工 711 名,其中有本科及以上学历的占 85%,有社会工作学、法学、社会学、教育学、心理学等相关专业背景的占 43%,具有社工师资质的占 75%,中级社工占 29%。全市共建立 22 个"中途之家"、300 余个过渡性就业基地,为有特殊需求的对象提供临时就业、住宿等帮扶服务。[②]

然而,上海之外的地区,社区矫正的发展情况还处于比较初步的阶

---

① 参见陈耀鑫:《上海社区矫正改革发展的探索与实践》,《中国司法》2019 年第 4 期。

② 参见陈耀鑫:《上海社区矫正改革发展的探索与实践》,《中国司法》2019 年第 4 期。

段,社区矫正工作面临如下困境:一方面,全国范围内乡镇司法所的人员编制严重不足,一般仅有1至2名工作人员负责各类工作;另一方面,处于社区矫正状态的人员数量又远远多于司法所人员数量,人手不够,精力有限,以致司法实践中各种问题丛生。另外,截至2017年3月底,各地累计接收社区服刑人员3,240,688人,自2012年以来大约有3万多社区服刑人员因违反法律和监管规定而被收监执行。对此,需要组织专门警力来执行押解、送监等工作,但是,我国基层派出所自身的社会管控工作十分繁重,有限的警力本已捉襟见肘。[①] 可见,社区矫正在中国仍然有很大的发展空间,需要法规、政策和制度的进一步规范和细化来支持基层工作的专业化进程。

三、刑罚执行社会化与犯罪治理

2017年,山东省曾被判刑罪犯达24%,四川省达23%,刑满释放人员再犯罪形势不容乐观。[②] 在应对这一形势的时候,刑罚执行的社会化措施尤为重要,尤其是社区矫正在其中发挥的作用。而决定社区矫正的工作方向和内容则要从理解再犯罪的现象出发。再犯罪的人群特征包括很多方面,犯罪数据能够帮助我们实事求是地了解与再犯罪行为最为相关的因素有哪些。

就业状况与再犯罪的关系明显。北京、天津、广西等地的调查表明,重新犯罪的罪犯被捕前为无业人员的超过60%,也就是说,没有固定职业和收入来源是重新犯罪的重要因素。然而,尽管公安机关对有

---

① 参见陈卫东:《关于社区矫正立法的三点意见》,《中国司法》2017年第9期。
② 参见王红斌、徐杨:《再犯罪原因调研及对策思考》,《犯罪与改造研究》2018年第9期。

关政审早有规定,仅限特种行业和从事特种活动,但多数企业仍要求应聘人员出具无犯罪证明,导致一些希望合法谋生的刑释人员在正规工作途径中遇到重重困难和阻碍,这或许对他们"重操旧业"有着推动的作用。另外,我国没有前科消灭制度,没有规定出具有无犯罪记录的时间限制,政策的限制也影响了刑释人员就业。相对于犯罪记录可能带来的负面影响,社区矫正可以发挥积极的作用,通过司法和社会力量,对用人单位和公众进行教育和倡议,在不同方面协助和缓解刑释人员的就业问题。

重新犯罪率随间隔时间的增加而递减,刑释两年内是重新犯罪的"危险期"。重新犯罪与刑罚体验呈负相关,刑期越短,重新犯罪的概率越大。所以刑释人员出狱后的这段时间,社区矫正可以发挥的作用最大。然而,目前实践中普遍存在过渡对接不畅通。四川省调查显示,70.8%的重新犯罪罪犯在刑释后没有去当地部门采录信息;83%的刑释人员表示"安置帮教部门没找过自己"。刑释人员回归社会后的初始阶段是防止重新犯罪的黄金期,相关部门未形成对刑释人员回归社会后必要的对接救助机制,社会对刑释人员也普遍心存戒备,这都不利于再犯罪危险期的平安度过。例如,某司法局社区对服务的共250名服刑人员进行问卷调查,研究发现,社区服刑人员的社会适应与重新犯罪风险之间呈显著负相关关系,同时社会适应对重新犯罪风险具有预测作用,这说明如果想要降低社区服刑人员的重新犯罪风险,社会适应是重大影响因素。监禁通常会严重影响罪犯重新融入社会进程,罪犯被关押时间越长,他们与犯罪因素的联系就越强,对犯罪价值认可程度就越高,他们的家庭关系和社会关系遭受破坏的程度就越强,他们重返社会进程中遇到的困难就越多。支持罪犯融入社会的干预措施不需要以罪犯的监禁为前提。相反,实践已经证明,在社区中实施比在监禁设施中实施更为有效。① 社区矫正目的能否实现,在很大程度上取决于社会力量的参与程度。因此,需要加强对社区矫正制度的宣传,消除人们对社区矫正制度的疑虑,鼓励社区居民亲身参与到社区矫正中去,提高社区服刑人员的社会适应能力。②

教育和技能背景与犯罪和重新犯罪更是息息相关。在四川省的重新犯罪罪犯中,初中和小学学历的分别占42%和40%。55%的重新犯罪罪犯表示,"在过去刑满后没有技能";24.62%的表示"再次犯罪主要是因为生活困难"。福建省统计显示,重新犯罪人员中为初中及以下学历的占93.6%。③ 这表明,教育程度、技能水平低的刑释人员更易重新犯罪,所以在社区矫正中,帮扶单位和社会群体需要回应这一显著的需求。同时,国家在政策方面也要更加注重提高欠发达地区的基础教育和技能培训水平,从社会治理的全景来治理犯罪与再犯罪的问题。

---

① 参见葛向伟:《罪犯重新融入社会问题研究》,《犯罪与改造研究》2019年第8期。
② 参见王维皓等:《社会适应与社区服刑人员再犯罪风险的关系》,《心理月刊》2019年第17期。
③ 参见王红斌、徐杨:《再犯罪原因调研及对策思考》,《犯罪与改造研究》2018年第9期。

下 篇

第八章
未成年人犯罪治理的现代化

第二次世界大战之后,未成年人犯罪与环境污染、吸毒贩毒被视为世界三大公害。"我国从改革开放至今,在整整30年的城市化、工业化发展过程中,未成年人犯罪问题始终是改革开放和现代化建设中亟待解决的现实问题。"[①]对此,本章将具体分析改革开放40年以来我国未成年人犯罪的状况、原因及其治理的现代化。

第一节 未成年人犯罪的界定

一、未成年人的定义

"未成年人概念的核心问题是年龄。"[②]当前,对未成年人的界定主要以年龄为标准。一方面,从国际法律文件来看,联合国大会1985年通过的《联合国少年司法最低限度标准规则》(即《北京规则》)第2.2

---

① 丛梅:《新时期未成年人犯罪的特征及发展趋势分析——基于犯罪调查的三十年比较》,《预防青少年犯罪研究》2018年第1期。
② 王牧主编:《新犯罪学》(第3版),高等教育出版社2016年版,第191页。

(a)条中规定,"少年系指按照各国法律制度,对其违法行为可以不同于成年人的方式进行处理的儿童或少年人"。《联合国少年司法最低限度标准规则》第2条的说明中指出,年龄限度将取决于各国本身的法律制度,并对此作了明文规定,从而充分尊重各会员国的经济、社会、政治、文化和法律制度,这样,有关"少年"的定义,年龄幅度很大,从7岁到18岁或18岁以上不等。联合国大会1989年通过的《儿童权利公约》第1条规定:"为本公约之目的,儿童系指18岁以下的任何人,除非对其适用之法律规定成年年龄低于18岁。"联合国大会1990年通过的《联合国保护被剥夺自由少年规则》第11(a)条中规定:"少年系指未满18岁者。"另一方面,从各国刑事立法看,对未成年人年龄下限的确定是在7岁到16岁之间不等,而大多数国家都把这个年龄确定为14岁,例如欧洲的多数国家和亚洲的中国、日本等。对未成年人年龄上限的确定差别也很大,在15岁到21岁之间不等,而包括我国在内的大部分国家均为18岁。① 概言之,从未成年人年龄上限的标准来看,将未满18周岁的视为未成年人在世界范围内得到较为广泛的认同。

从我国相关立法规定来看,未成年人是指未满18周岁的公民。《民法典》第17条规定:"十八周岁以上的自然人为成年人。不满十八周岁的自然人为未成年人。"《刑法》第17条第3款规定:"已满十四周岁不满十八周岁的人犯罪,应当从轻或者减轻处罚。"2020年修订的《未成年人保护法》第2条规定:"本法所称未成年人是指未满十八周岁的公民。"2020年修订的《预防未成年人犯罪法》第27条规定:"职业培训机构、用人单位在对已满十六周岁准备就业的未成年人进行职业培训时,应当将预防犯罪教育纳入培训内容。"可见,根据我国相关法

---

① 参见王牧主编:《新犯罪学》(第3版),高等教育出版社2016年版,第191页。

律规定，在我国未成年人是指不满18周岁的公民。对此，有学者认为："根据我国的社会、经济、文化的发展水平和我国地理、气候、传统习俗、人口生理成熟周期等因素综合考虑，以18周岁作为划分未成年人与成年人的标准还是较为科学的。"①

二、未成年人犯罪的定义

关于未成年人犯罪的界定，存在广义说和狭义说之分。狭义理解就是将未成年人犯罪的范围界定于刑法规定应当追究刑事责任的行为之列，②根据我国《刑法》规定，未成年人犯罪是指已满12周岁不满18周岁的人实施的犯罪行为。③ 广义的未成年人犯罪（罪错）是指未成年人背离社会规范的一切不良行为。④ 可见，狭义的未成年人犯罪概念立足于刑法学的视角，广义的未成年人犯罪概念则是立足于事实层面或者犯罪学的视角，二者各有其优势。就狭义未成年人犯罪概念而言，"狭义的未成年人犯罪概念是最精确的，有利于在司法实践中正确认定犯罪和适用刑罚，防止滥用权力，可以避免出现司法混乱和专横"⑤。但是，"由于刑法在形式上只是传统意义上的规制成年人犯罪的法典，

---

① 卢建平：《未成年人犯罪刑事政策与少年司法制度变革》，《法治研究》2011年第3期。
② 参见卢建平：《未成年人犯罪刑事政策与少年司法制度变革》，《法治研究》2011年第3期。
③ 我国《刑法》第17条中规定："已满十六周岁的人犯罪，应当负刑事责任。已满十四周岁不满十六周岁的人，犯故意杀人、故意伤害致人重伤或者死亡、强奸、抢劫、贩卖毒品、放火、爆炸、投放危险物质罪的，应当负刑事责任。已满十二周岁不满十四周岁的人，犯故意杀人、故意伤害罪，致人死亡或者以特别残忍手段致人重伤造成严重残疾，情节恶劣，经最高人民检察院核准追诉的，应当负刑事责任。对依照前三款规定追究刑事责任的不满十八周岁的人，应当从轻或者减轻处罚。"
④ 参见王牧主编：《新犯罪学》（第3版），高等教育出版社2016年版，第194页。
⑤ 王牧主编：《新犯罪学》（第3版），高等教育出版社2016年版，第194页。

因而在立法政策上对未成年人犯罪的观念体现得不充分"①。因此,如果从预防和控制犯罪的立场出发,广义的未成年人犯罪概念更为妥适。当前,在国际社会,广义的未成年人犯罪概念也较为流行。1980年联合国预防和控制犯罪委员会秘书处在为第六届联合国预防犯罪和罪犯待遇大会编制的工作文件中指出,两大类未成年人犯罪行为,一类即犯罪,另一类包括逃学、逃跑、不正当性行为等等。② 究其原因,"未成年人的犯罪、违法、不道德、越轨行为等都是很难划分清楚的,犯罪行为一般都是从越轨行为、不道德行为和违法行为等这些'前犯罪'行为逐渐演化发展而形成的。为了预防犯罪,就应当及时地对前违法犯罪人进行有效的社会干预"③。对此,我国《预防未成年人犯罪法》根据未成年人违法犯罪的发生规律,将未成年人罪错行为划分为不良行为、严重不良行为和犯罪行为,这显然也是基于广义的未成年人犯罪概念。因此,如果从广义的刑事政策概念出发,基于对未成年人犯罪的有效预防和控制,应当采用广义的未成年人犯罪概念。④

需要说明的是,在我国犯罪学研究中,与未成年人犯罪密切相关的一个概念是青少年犯罪,虽然"青少年犯罪"这一概念尚不是严格意义上

---

① 张远煌主编:《中国未成年人犯罪的犯罪学研究》,北京师范大学出版社2012年版,第5页。
② 转引自卢建平:《未成年人犯罪刑事政策与少年司法制度变革》,《法治研究》2011年第3期。
③ 王牧:《论青少年犯罪的概念(下)》,《当代法学》1991年第2期。
④ 有学者认为,就我国而言,未成年人犯罪的范围还是应当立足于刑法意义上的划定。究其原因:其一,我国的犯罪圈与许多西方国家的犯罪圈口径并不相同,我国是将相当程度危害社会的行为才视为犯罪,纳入刑法调整范围,因而我国的未成年人犯罪一定得与我国的刑事立法、刑事司法制度相衔接;其二,我国抗制犯罪的有限资源与当前的犯罪严峻态势之间的矛盾较为突出,在此情形下,对未成年人犯罪的治理显然更应当放到刑法意义上的犯罪范围之内。参见卢建平:《未成年人犯罪刑事政策与少年司法制度变革》,《法治研究》2011年第3期。

的法律概念,而是社会学或犯罪学研究中使用的概念,①但"我国的未成年人犯罪研究脱胎于先前的青少年犯罪研究"②。一般认为,青少年犯罪是指已满14周岁未满25周岁或26周岁的人实施的犯罪行为。③ 根据我国《刑法》关于刑事责任年龄的规定,青少年犯罪既包括未成年人犯罪,又包括部分成年人犯罪,而"将未成年人违法犯罪从青少年违法犯罪中独立出来进行研究、分析,既有深刻的理论价值,又有紧迫的实践意义"④。

第二节　未成年人犯罪的现状与特征

一、未成年人犯罪的现状

自20世纪70年代末改革开放以来,直至整个20世纪80年代,我国青少年犯罪的总体形势一直很严峻。⑤ 在"文革"以后至1983年之前,青少年犯罪出现了第二次高峰,在此间的1980年至1983年中,青少年犯罪案件占全部刑事案件总数的70%—80%;在1983年"严打"后的几年里,青少年犯罪比例有所降低,但自1985年起又开始上升,青少

---

① 参见康树华:《青少年犯罪、未成年人犯罪概念的界定与涵义》,《公安学刊》2000年第2期。
② 张远煌主编:《中国未成年人犯罪的犯罪学研究》,北京师范大学出版社2012年版,第5页。
③ 参见徐建主编:《青少年法学新视野》(上),中国人民公安大学出版社2005年版,第47页;康树华:《青少年犯罪、未成年人犯罪概念的界定与涵义》,《公安学刊》2000年第2期。
④ 徐建主编:《青少年法学新视野》(上),中国人民公安大学出版社2005年版,第47页。
⑤ 参见张远煌主编:《中国未成年人犯罪的犯罪学研究》,北京师范大学出版社2012年版,第63页。

年犯罪案件占全部刑事案件总数的比例在1985年为71.3%,1986年为72.5%,1987年为74.3%,1988年为75.6%。① 同时,在青少年犯罪人数中,未成年人犯罪人数增长很快。②

20世纪90年代上半期,未成年人违法犯罪的高发态势得到了有效遏制,但未成年人犯罪率仍然居高不下。③ 具体而言,1991年到1999年,未成年人犯罪占犯罪总数的情况逐年依次为:6.58%、7.2%、7.2%、7.04%、6.6%、6.04%、5.78%、6.36%、6.64%,在略有变化的情况下,基本稳定。④

21世纪初期,我国未成年人犯罪整体上仍呈现上升态势。2000—2007年的八年间,全国法院共审判未成年犯52.4万余人,比整个20世纪90年代(1990—1999年)审理判决的未成年犯总和(35.7万)还要多16万余人。⑤ 国家统计局发布的人民法院判处的未成年犯数据显示,未成年罪犯占刑事罪犯的比例从2000年开始上升,由6.5%(2000年)上升到9.8%(2005年),从2006年开始下降,由9.8%(2006年)下降到2.9%(2016年),平均每年下降0.6个百分点。⑥ 根据《中国法律年鉴》的统计数据:2002年全国法院审理未成年人犯罪50,030人;⑦

---

① 参见卢建平:《未成年人犯罪刑事政策与少年司法制度变革》,《法治研究》2011年第3期。
② 参见张远煌主编:《中国未成年人犯罪的犯罪学研究》,北京师范大学出版社2012年版,第64—67页。
③ 参见张远煌主编:《中国未成年人犯罪的犯罪学研究》,北京师范大学出版社2012年版,第75—76页。
④ 参见王牧主编:《新犯罪学》(第3版),高等教育出版社2016年版,第196—197页。
⑤ 参见张远煌主编:《中国未成年人犯罪的犯罪学研究》,北京师范大学出版社2012年版,第89页。
⑥ 参见路琦、郭开元、张萌等:《2017年我国未成年人犯罪研究报告——基于未成年犯与其他群体的比较研究》,《青少年犯罪问题》2018年第6期。
⑦ 参见丛梅:《新时期未成年人犯罪的特征及发展趋势分析——基于犯罪调查的三十年比较》,《预防青少年犯罪研究》2018年第1期。

2005年至2008年全国法院审理未成年人犯罪分别为82,692人、83,697人、87,506人、88,891人。① 但自2009年开始,我国未成年人犯罪整体上已呈现下降态势。根据《中国法律年鉴》的统计数据:2009年至2015年全国法院审理未成年人犯罪分别为:77,604人、68,193人、67,280人、63,782人、55,817人②、50,415人、43,839人③。

综上可见,自改革开放以来,在很长一段时期内,我国未成年人犯罪整体上呈现上升态势。但近年来,未成年人犯罪已得到较为有效的控制,发展态势呈现明显回落。未成年人犯罪持续下降,有两点需要指出:一是未成年人犯罪趋势连续下降的现象与未成年人人口在全部人口所占比例减少有关;二是未成年人犯罪下降趋势是宽严相济刑事政策的贯彻和实施的结果,如司法实践中附条件不起诉、刑事和解等。④ 因此,总体上我国未成年人犯罪数量趋于稳定,整体上呈现下降态势。

二、未成年人犯罪的主要特征

(一) 未成年人犯罪类型相对集中

未成年人犯罪类型较为多元化,但主要集中在财产型犯罪和暴力型犯罪。21世纪以来,随着互联网的逐渐普及,未成年人犯罪也开始

---

① 参见李春雷、靳高风主编:《犯罪预防学》,中国人民大学出版社2016年版,第259页。
② 参见李春雷、靳高风主编:《犯罪预防学》,中国人民大学出版社2016年版,第259页。
③ 参见丛梅:《新时期未成年人犯罪的特征及发展趋势分析——基于犯罪调查的三十年比较》,《预防青少年犯罪研究》2018年第1期。
④ 参见李春雷、靳高风主编:《犯罪预防学》,中国人民大学出版社2016年版,第260页。

出现涉互联网的犯罪类型。

1997年《刑法》之前,即1977年至1996年间,我国未成年人犯罪的主要类型表现为如下几个特征:一是以盗窃为主要手段的财产犯罪仍然是未成年人犯罪的主要类型;二是未成年人实施的暴力犯罪日益增多;三是未成年人实施的性犯罪比较突出。① 据1992年的一次全国青少年犯罪抽样调查,有68%的青少年罪犯的作案动机是图财。②

21世纪以来,我国未成年人犯罪的主要类型仍为财产犯罪与暴力犯罪。例如,2001—2002年和2010年两次全国未成年犯抽样调查显示,2001年和2010年两个年度都是抢劫罪居首,强奸罪位居第二;2001年犯盗窃罪的比例位居第三,2010年故意伤害致人重伤死亡罪的比例高于2001年,并超过盗窃罪排在第三位。③ 在2008年11月—2009年3月对北京、湖北、贵州三地的未成年犯管教所进行的抽样问卷(有效问卷966份)调查显示,未成年人犯罪的暴力化倾向进一步加强:一是当实施犯罪过程中遭遇到被害人的反抗时,总计有77.6%的未成年犯倾向于选择对被害人实施暴力攻击;二是暴力犯罪已成为最主要的犯罪类型,未成年人犯罪结构发生了从过去主要集中于财产犯罪转为以暴力犯罪为主的整体性变化,以抢劫为首的暴力犯罪已经稳居我国目前未成年人犯罪的主体位置。④ 北京市海淀法院2008—2012年的统计数据显示:盗窃、抢劫犯罪人数占全部未成年犯总数的比例分别为

---

① 参见张远煌主编:《中国未成年人犯罪的犯罪学研究》,北京师范大学出版社2012年版,第143—146页。
② 参见贾宇、舒洪水等:《未成年人犯罪的刑事司法制度研究》,知识产权出版社2015年版,第7—8页。
③ 参见关颖:《未成年人犯罪特征十年比较——基于两次全国未成年犯调查》,《中国青年研究》2012年第6期。
④ 参见张远煌、姚兵:《从未成年人犯罪的新特点看宽严相济刑事政策的全面贯彻》,《法学杂志》2009年第11期。

58.09%、57.22%、49.70%、54.39%、48.61%。①操学诚、路琦等人完成的《2010年我国未成年犯抽样调查分析报告》显示,2010年侵犯财产罪占未成年人犯罪总数的80%以上,其中"抢劫"近60%,"盗窃"近20%。具体罪名集中在抢劫、盗劫、故意伤害、故意杀人、强奸、寻衅滋事、聚众斗殴等7项罪名。②路琦、牛凯等人完成的《2014年我国未成年人犯罪研究报告》显示,2014年未成年犯的主要罪行分布为:抢劫(夺)罪占36%,故意伤害罪占33.3%,盗窃罪占17.8%,强奸罪占8.5%,杀人罪占8.5%,贩卖毒品罪占2.7%。③2014年人民法院共判处抢劫、盗窃未成年罪犯占全部未成年罪犯的53.20%;判处故意杀人、故意伤害、强奸、绑架、聚众斗殴罪犯占全部未成年罪犯的25.91%。④路琦、郭开元等人完成的《2017年我国未成年人犯罪研究报告》显示,2009年抢劫罪和盗窃罪占未成年人犯罪总数的60%—80%;2013年未成年人犯罪类型中,抢劫罪占35.8%,故意伤害罪占33.2%,盗窃罪占17.73%,强奸罪占8.45%;2017年未成年人犯罪类型中,抢劫罪占52.3%,故意伤害罪占18.6%,强奸罪占11.2%,盗窃罪占9%。其中,未成年人在犯罪中使用暴力手段的占74.4%,使用盗窃手段的占9.0%,使用欺骗手段的占0.9%。⑤

从上述未成年人犯罪的全国或地方数据可见,未成年人犯罪类型

---

① 参见李玫瑾、靳高风主编:《未成年人犯罪与少年司法制度创新》,中国人民公安大学出版社2015年版,第8页。
② 参见操学诚、路琦、牛凯、王星:《2010年我国未成年犯抽样调查分析报告》,《青少年犯罪问题》2011年第6期。
③ 参见路琦、牛凯、刘慧娟、王志超:《2014年我国未成年人犯罪研究报告——基于行为规范量表的分析》,《中国青年社会科学》2015年第3期。
④ 参见马剑:《2014年人民法院审理未成年人犯罪情况分析》,载沈德咏主编:《中国少年司法》2015年第1辑,第177页。
⑤ 参见路琦、郭开元、张萌等:《2017年我国未成年人犯罪研究报告——基于未成年犯与其他群体的比较研究》,《青少年犯罪问题》2018年第6期。

相对集中,且主要为财产犯罪和暴力犯罪。除了传统的盗窃型的财产犯罪外,未成年人犯罪中暴力犯罪呈现上升态势,抑或说,未成年人犯罪手段明显具有暴力性,如未成年人实施的抢劫、强奸、故意伤害、故意杀人等犯罪活动,"就犯罪类型恶性化看,当前我国青少年犯罪的类型已由过去的以轻微犯罪为主向以严重侵财犯罪和暴力犯罪为主转化"①。

(二) 未成年人共同犯罪比例较高

根据有关数据统计,2000—2003 年,天津、上海、甘肃、青海、宁夏、江苏、海南等地未成年人犯罪案件 70%以上属于团伙犯罪,河北、内蒙古、四川、浙江、湖南也占 40%左右。② 根据 2008 年 11 月—2009 年 3 月对北京、湖北、贵州三地的未成年犯管教所进行的抽样调查,在被调查的 966 名未成年在押人员中,只有 14.3%的人是单独犯罪,85.7%的人与他人共同实施犯罪。③ 2009—2014 年,河南全省法院共审理未成年人共同犯罪(含集体犯罪)案件 1,217 件,判处犯罪分子 2,935 人,占判处未成年罪犯总数的 13.34%。④ 浙江省未成年人共同犯罪、团伙犯罪较多,法院近五年来审理的未成年人犯罪案件中,40.7%系共同犯

---

① 参见卢建平:《未成年人犯罪刑事政策与少年司法制度变革》,《法治研究》2011 年第 3 期。

② 参见罗开卷、郭振兰:《转型社会中未成年人违法犯罪的现状分析与防治对策》,载《中国刑法学年会文集(2004 年度)第二卷:实务问题研究(下册)》,中国人民公安大学出版社 2004 年版。转引自贾宇、舒洪水等:《未成年人犯罪的刑事司法制度研究》,知识产权出版社 2015 年版,第 9 页。

③ 参见张远煌主编:《中国未成年人犯罪的犯罪学研究》,北京师范大学出版社 2012 年版,第 105 页。

④ 参见《河南省法院未成年人犯罪案件司法审查报告(2009 年—2014 年)》,载沈德咏主编:《中国少年司法》2015 年第 1 辑,第 36 页。

罪。① 2010年全国未成年犯抽样调查(有效样本1,224个)统计结果表明,未成年人与他人共同犯罪高达84.8%,其中3人以上团伙犯罪达到68.2%。② 2014年全国未成年人共同犯罪或集体犯罪人数为11,354人,占未成年人罪犯的22.53%,所占比例比同期全部刑事案件高0.94个百分点。③

从上述未成年人犯罪的全国或地方数据可见,未成年人犯罪的行为方式主要为共同犯罪、结伙作案,此类犯罪方式在未成年人犯罪中占有较大比重。社会心理学研究表明,群体不仅可以消解社会规范给予群体中个人的压力,减轻恐惧感,也会增强群体内个体成员的行为能力。未成年人在心理上盲目讲"义气",拉帮结派,是非标准模糊,易受周围不良因素的影响;未成年人在生理上不具有成年人的体力、胆量等,共同实施犯罪能够减轻未成年人的恐惧,所以"在未成年人犯罪中,团伙化趋势越来越明显。一些双差生、辍学生、流失生往往是学校的落后群体,他们往往基于邻里关系、游戏场所的玩伴关系而聚合在一起"④。需要指出的是,近年来未成年人团伙犯罪的组织化程度呈上升趋势,他们的作案手段也呈现出成人化的特点,未成年人犯罪的社会危害性也有所增大。

(三) 未成年人犯罪呈现低龄化的趋势

从20世纪90年代开始,未成年人实施犯罪的年龄呈现下降趋势。

---

① 参见王春等:《未成年人团伙犯罪多因盲目讲义气》,《法制日报》2015年6月3日,第8版。
② 参见关颖:《未成年人犯罪特征十年比较——基于两次全国未成年犯调查》,《中国青年研究》2012年第6期。
③ 参见马剑:《2014年人民法院审理未成年人犯罪情况分析》,载沈德咏主编:《中国少年司法》2015年第1辑,第178页。
④ 吴宗宪主编:《未成年犯矫正研究》,北京师范大学出版社2012年版,第79页。

对此,有研究指出,20世纪90年代以来,我国未成年人违法犯罪的初始年龄比20世纪70年代约提前了2—3岁。① 2000年以来,未成年人犯罪初犯年龄比20世纪90年代又有所下降。② 2010年犯罪时年龄是14岁的占14.5%、15岁占27.8%、16岁占35.6%、17岁(包括自述18岁)占22%,平均年龄为15.67岁;2001年14岁占12.1%、15岁占26.8%、16岁占36.6%、17岁占24.4%,平均年龄为15.76岁。2010年不满16岁犯罪人比例比2001年略有上升。③ 2013年我国未成年犯抽样调查报告显示,未成年人犯罪时的年龄以14岁、15岁、16岁居多,其中14岁未成年人犯罪比例明显上升。④ 另外,2013年调查数据显示,未成年人犯罪平均年龄为17岁。其中,故意杀人罪的首次犯罪年龄平均值为14.1岁;抢劫罪的首次犯罪年龄平均值为14.3岁;故意伤害罪、强奸罪的首次犯罪年龄平均值均为14.5岁。2017年未成年人犯罪平均年龄为16.6岁。⑤ 2009—2011年,河南省每年判处的不满16周岁的未成年罪犯数量占当年判处未成年罪犯总数的比例基本稳定在12.5%左右,但自2012年以来,这一比例呈现逐年上升趋势,至2014年,该比例为19.82%。⑥ 根据对天津市少年犯管教所在押犯的统计资

---

① 参见李春雷、靳高风主编:《犯罪预防学》,中国人民大学出版社2016年版,第260页。
② 参见张远煌主编:《中国未成年人犯罪的犯罪学研究》,北京师范大学出版社2012年版,第119页。
③ 参见关颖:《未成年人犯罪特征十年比较——基于两次全国未成年犯调查》,《中国青年研究》2012年第6期。
④ 参见朱磊:《尽快修改相关法律健全未成年人法律体系》,《法制日报》2014年1月28日,第3版。
⑤ 参见路琦、郭开元、张萌等:《2017年我国未成年人犯罪研究报告——基于未成年犯与其他群体的比较研究》,《青少年犯罪问题》2018年第6期。
⑥ 参见《河南省法院未成年人犯罪案件司法审查报告(2009年—2014年)》,载沈德咏主编:《中国少年司法》2015年第1辑,第35页。

料分析,14—15岁走上犯罪道路的占在押犯总数的7.1%。①

从上述未成年人犯罪的全国或地方数据可见,近年来我国未成年人犯罪呈现低龄化趋势。尤其是随着媒体不断报道低龄未成年人实施违法犯罪活动的新闻,引发了社会各界对刑事责任年龄是否应当降低的讨论。

(四)未成年罪犯中农民、在校学生、闲散人员、流动人口的比重较高

在未成年罪犯的身份中,农民、在校学生、闲散人员、流动人口的比重较高。根据公安机关1995年的统计,当时农民身份的未成年人占整个未成年刑事案件作案成员的比例最高,为35.67%;其次是在校学生,占31.27%。② 2001年、2010年两次全国未成年犯抽样调查统计结果显示,未成年犯中,2001年家住城市的占48.6%,家住农村的占51.4%;2010年家住城市的占32.8%,家住农村的占67.2%;其中城市未成年犯包括住"城乡接合部"者,2001年为18.5%,2010年为14.1%。③ 从生存状态来看,犯罪前处于闲散(不在学、无工作)状态的,2010年占全部未成年犯的67.6%,2001年占61.4%。④ 路琦、董泽史等人完成的《2013年我国未成年犯抽样调查分析报告》显示,未成年人犯罪时的身份主要是无业、农民、学生、工人。无业占57.1%,学生占22.4%,工人占9.7%。其中,无业未成年犯又以农村无业的最多,占52.3%,在未

---

① 参见未成年人犯罪刑事政策课题组:《未成年人犯罪刑事政策研究》,《人民检察》2003年第2期。
② 参见张远煌主编:《犯罪学》(第4版),中国人民大学出版社2020年版,第107页。
③ 参见关颖、刘娜:《未成年人犯罪主体特征跨年度比较——以两次全国未成年犯调查数据为基础》,《预防青少年犯罪研究》2012年第6期。
④ 参见关颖:《未成年人犯罪特征十年比较——基于两次全国未成年犯调查》,《中国青年研究》2012年第6期。

成年犯总量中占29.9%。①

城市中外来未成年人犯罪比例持续上升。2000年上海市少年管教所中关押的本市与外省籍的未成年犯人数比例大致为6∶4,2003年起这个比例开始倒置,成为4∶6,2005年时这个比例已经达到3∶7,2007年时这个比例已经接近2∶8。② 有调研显示,2009—2011年间,上海青浦区检察院未检科共计受理未成年人犯罪案件253件,涉罪未成年犯罪嫌疑人343人。其中,非本地户籍293人,占涉罪未成年人总数的85.4%;非本地户籍中208人系随迁子女,占涉罪未成年人总数的60.6%。③ 从常熟市外来未成年人犯罪调查数据来看,2003—2008年,外来未成年人犯罪案件数量占未成年人犯罪案件总量的比例分别为:75.3%、78.9%、76%、73.9%、85.72%、84.07%。④

农村留守儿童犯罪问题较为严重。2004年公安部调查显示:全国未成年人受侵害及自身犯罪的案例大多数在农村,其中大多数又是留守儿童,留守儿童犯罪问题凸显。⑤ 可以说,农村留守儿童被侵害及自身犯罪问题,与监护制度、义务教育的不足存在很大的关联性。

(五) 未成年罪犯的文化程度总体偏低

根据2008年11月—2009年3月对北京、湖北、贵州三地的未成年

---

① 参见路琦、董泽史、姚东、胡发清:《2013年我国未成年犯抽样调查分析报告(上)》,《青少年犯罪问题》2014年第3期。
② 参见张炜、林慧、周翔、钱文滸:《上海市流动人口中的未成年人犯罪问题调查》,《青少年犯罪问题》2007年第5期。
③ 参见周峰、杨江:《农民工二代未成年人犯罪现象透视》,http://news.sina.com.cn/c/sd/2013-02-28/101326384357.shtml,2020年3月12日访问。
④ 参见张志超:《城市外来未成年人犯罪问题探讨——基于常熟市的调查(2003—2008年)》,《青年探索》2011年第1期。
⑤ 参见李春雷、靳高风主编:《犯罪预防学》,中国人民大学出版社2016年版,第261页。

犯管教所进行的抽样调查,与20世纪90年代相比,未成年犯罪人的文化程度有所提高。其中,未成年犯罪人中上过初中的人数最多,占66.2%;其次是上过小学的,占19.7%;上过高中、中专或职业高中的占12.9%;没上过学的仅有0.8%。① 2001年、2010年两次全国未成年犯抽样调查统计结果显示,2010年农村没有完成九年义务教育的尽管比2001年的88.3%减少了8.5个百分点,但依然高达79.8%;2010年城市没有完成九年义务教育的有68%,比2001年的79.8%减少了11.8%。② 路琦、郭开元等人完成的《2017年我国未成年人犯罪研究报告》显示,在文化程度方面,在所调查的未成年犯中,小学的占26%,初中的占63.9%,中专或高中的占9.9%,本科的占0.2%。③ 可见,未成年犯的文化程度总体偏低。

(六)未成年罪犯的重新犯罪率较高

人们一般会认为未成年罪犯大多属于初犯、偶犯,而累犯、惯犯的情形较少,但实践中未成年罪犯的重新犯罪率较高。一份针对1990—2005年天津重新犯罪人原判刑期情况的调查显示,初次实施犯罪行为时为青少年的占绝大多数。其中14—18岁的未成年人占31.8%,18—25岁之间的青年占51.5%,两者相加占83.3%;从25—35岁开始,犯罪能力逐渐下降;45—60岁之间,重新犯罪的比重仅占0.3%。④ 根据2008年11月—2009年3月对北京、湖北、贵州三地的未成年犯管教所

---

① 参见张远煌、姚兵:《中国现阶段未成年人犯罪的新趋势——以三省市未成年犯问卷调查为基础》,《法学论坛》2010年第1期。
② 参见关颖、刘娜:《未成年人犯罪主体特征跨年度比较——以两次全国未成年犯调查数据为基础》,《预防青少年犯罪研究》2012年第6期。
③ 路琦、郭开元、张萌等:《2017年我国未成年人犯罪研究报告——基于未成年犯与其他群体的比较研究》,《青少年犯罪问题》2018年第6期。
④ 参见丛梅:《未成年人重新犯罪实证研究》,《河南警察学院学报》2011年第5期。

进行的抽样调查,未成年犯中实施过一次犯罪行为的只占43.1%,实施过不止一次的占41.5%,实施过很多次犯罪的占15.4%,总计有二次以上犯罪经历的未成年犯达到56.9%。[1] 2001年、2010年两次全国未成年犯抽样调查统计结果显示,2010年在押的未成年犯中,"曾有过因犯罪被法院判决经历"的有9%,不满16岁为6.7%,低于总体;2001年有过"犯罪经历"的占27.2%,不满16岁为27.9%,略高于总体。十年间无论是总体还是不满16岁的未成年犯,重新犯罪的比例均大幅下降。2010年的重新犯罪次数也比2001年大为减少。[2] 需要指出的是,未成年犯罪人中具有多次犯罪经历者明显增多,这一趋势的严重影响在于:其一,多次实施犯罪不仅意味着未成年人实施犯罪能造成更大的社会危害,而且犯罪经历本身在不断强化未成年犯罪人犯罪心理的同时,使其可以掌握更多的与其生理年龄不相称的犯罪经验,从而使其人身危险性大大增强。其二,这一趋势也表明社会在处理未成年人初次犯罪方面的迟缓,以及初次处理在防止继发性犯罪行为方面存在的问题。[3] 总之,当前未成年人罪犯的重新犯罪率较高,这需要引起各方的高度重视。

(七) 未成年人网络犯罪问题较为严重

随着互联网的普及,未成年人开始受到网络中不良资讯的负面影响,如暴力、色情、恐怖、凶杀等网络信息对未成年人的毒害极大,这也使得未成年人形成错误的人生观、价值观,进而诱发其实施违法犯罪活

---

[1] 参见张远煌、姚兵:《从未成年人犯罪的新特点看宽严相济刑事政策的全面贯彻》,《法学杂志》2009年第11期。

[2] 参见关颖:《未成年人犯罪特征十年比较——基于两次全国未成年犯调查》,《中国青年研究》2012年第6期。

[3] 参见张远煌、姚兵:《中国现阶段未成年人犯罪的新趋势——以三省市未成年犯问卷调查为基础》,《法学论坛》2010年第1期。

动。北京市第一中级人民法院发布《未成年人权益保护创新发展白皮书(2009—2019)》显示,近半数的校园欺凌案件都发展为网络欺凌、网络恶意传播、网络暴力。近七成的未成年人犯罪案件与近六成的未成年人被害刑事案件都存在未成年人不正常接触网络不良信息的问题。未成年人网络犯罪与网络被害形成"双刃危机"。[①] 根据中国预防青少年犯罪研究会2011年的统计资料显示,未成年人犯罪总数中,有70%的少年犯是因受到互联网色情、暴力内容影响而诱发盗窃、抢劫、强奸等严重犯罪,形成一种"未成年人网络犯罪现象"。[②]

(八)未成年人被利用实施犯罪问题严重

由于未成年人心智不成熟,社会经验一般较为欠缺,生存能力也不足,故而一些未成年人成为其他犯罪分子利用的对象,实践中有的未成年罪犯是在引诱、威胁、欺骗、利用等手段下实施犯罪行为的。例如,成年人利用毒品控制未成年人进行犯罪活动,未成年人一般扮演毒品传递者的角色;有的成年人引诱未成年人沾染毒品,未成年人因吸毒沦为犯罪工具。另外,未成年残疾人被利用犯罪的现象也比较普遍。[③] 可见,未成年人容易被误导走入歧途,所以需要加大惩罚利用未成年人实施犯罪活动行为人的力度。

---

① 参见《北京一中院发布〈未成年人权益保护创新发展白皮书〉:校外培训机构人员侵害未成年人权益犯罪明显增加》,载北京市教育委员会网站,http://jw.beijing.gov.cn/jyzx/ztzl/bjjypf/fzzx/fzyw/201908/t20190813_536859.html,2021年1月15日访问。
② 参见宋英辉、苑宁宁等:《未成年人保护与犯罪预防问题专题研究》,中国检察出版社2020年版,第10页。
③ 参见李玫瑾、靳高风主编:《未成年人犯罪与少年司法制度创新》,中国人民公安大学出版社2015年版,第9页。

第三节　未成年人犯罪的原因分析

一、概说

德国刑事法学者冯·李斯特曾认为,"如果不从犯罪的真实的、外在的表现形式和内在原因上对犯罪进行科学的研究,那么,有目的地利用刑罚——与犯罪作斗争的武器——充其量只不过是一句空话"[①],所以"利用法制与犯罪作斗争要想取得成效,必须具备两个条件:一是正确认识犯罪的原因;二是正确认识国家刑罚可能达到的效果"[②]。日本学者森本益之等人认为:"为了达到犯罪防止的目的,有必要科学地分析犯罪现象、明确犯罪原因,并在此基础上制定对策。"[③]我国学者陈兴良教授也认为:"一个人去犯罪和不去犯罪并不完全取决于《刑法》的规定,而是有着《刑法》之外的其他原因。"[④]显然,研究犯罪原因,旨在提出有针对性的治理对策,"偏离原因论的刑事政策不是科学的刑事政策"[⑤]。因此,"如果说犯罪原因是'犯罪学'的出发点,那么,刑事政

---

① [德]弗兰茨·冯·李斯特:《德国刑法教科书》,徐久生译,法律出版社2000年版,第8页。
② [德]弗兰茨·冯·李斯特:《德国刑法教科书》,徐久生译,法律出版社2000年版,第13页。
③ [日]森本益之、瀬川晃、上田寛、三宅孝之:《刑事政策学》,戴波、江朔、丁婕译,中国人民公安大学出版社2004年版,第3页。
④ 陈兴良:《宽严相济政策与刑罚规制》,《法学杂志》2006年第4期。
⑤ [日]大谷实:《刑事政策学》,黎宏译,中国人民大学出版社2009年版,第89页。

策则是'犯罪学'的归宿点"①。

长期以来,在犯罪学研究领域,未成年人犯罪原因一直是人们关注的重要议题,因为如果不揭示未成年人犯罪的原因,就无法提出治理未成年人犯罪的有效对策。"20世纪初叶,犯罪实证主义波及北美,人们更多以社会学角度审视犯罪与未成年人偏差行为。社会学派对古典学派、心理学派及生物学派对犯罪起因的论断不以为然,认为其视阈狭小。在他们看来,社会变迁、家庭机能变化、道德转轨、多元化价值冲击甚至全球化等社会层面的风吹草动都会引发未成年人心灵的躁动,从而促发犯罪与偏差。"②对此,中外不少研究者探讨了未成年人犯罪的具体原因。

法国学者拉塞杰教授曾提出未成年人犯罪的三个原因:青少年向成年过渡期间因素、深刻的家庭或社会危机以及生活在封闭、贫穷落后、秩序混乱的城区。③ 日本学者大谷实认为,"和不能完全查明一般的犯罪原因一样,也难以发现少年非法行为中起决定性的因素。特别是,在少年非法行为的背景中,社会的、教育的、心理的各种因素复杂地交织在一起,查明其原因非常困难。但在现代,可以说,以家庭的机能障碍(放任、核心家庭、过剩保护、不和等)、学校的问题(缺乏对能力主义的判断、指导)、社会的有害环境(性的商品化、庸俗的大众传媒、成人社会的规范意识的低下)为原因的非法行为极多"④,因而"少年的非法行为是同他本人的素质、家庭、学校、社会环境等各种要素复杂地交

---

① 王牧主编:《新犯罪学》(第3版),高等教育出版社2016年版,第230页。
② 张鸿巍:《少年司法通论》,人民出版社2011年版,第258页。
③ 转引自[法]雅克·博里康、朱琳编著:《法国当代刑事政策研究及借鉴》,中国人民公安大学出版社2011年版,第354—355页。
④ [日]大谷实:《刑事政策学》,黎宏译,中国人民大学出版社2009年,第354页。

织在一起而发生的成长期的病理现象,因此,难以具体地说明其原因所在"①。

我国学者徐建教授认为:"十几岁的少年,还不能完全辨别是非善恶,控制自己行为的能力很差,虽然有的实施了违法犯罪行为,甚至是严重危害社会的犯罪行为,但在很大程度上是受不良环境影响和行为幼稚无知综合作用的结果,而并不能完全归咎于行为的自由意志的选择结果。"②张远煌主编的《犯罪学》一书认为,在犯罪原因的认识上,未成年人犯罪是犯罪学领域中少有的几类能在中外理论界达成基本共识的犯罪类型之一。即使在现代社会中,社会结构和生活方式发生了深刻变化,但源于家庭、学校教育的不良影响始终是未成年人犯罪最具普遍性的主要原因,其次是源于社区和大众传媒的不良影响。③宋英辉教授等人认为,未成年人实施违法行为的原因具有不同于成年人的特殊性:从外部因素来看,主要有家庭监护缺失、父母教养不当、学校教育偏差、社会消极环境或不良资讯的影响;从个体自身因素来看,主要是大脑中负责控制冲动与管理风险的前额叶皮层远未成熟,青春期阶段具有很强的叛逆性、冲动性。④李春雷和靳高风主编的《犯罪预防学》一书认为,对未成年人犯罪起到重要影响作用的包括个体因素、家庭功能、学校教育及微观社会环境。⑤

综上可见,未成年人犯罪的原因是多元的、复杂的。具言之,引发

---

① [日]大谷实:《刑事政策学》,黎宏译,中国人民大学出版社2009年版,第374页。
② 徐建主编:《青少年法学新视野》(上),中国人民公安大学出版社2005年版,第251页。
③ 参见张远煌主编:《犯罪学》(第4版),中国人民大学出版社2020年版,第105页。
④ 参见《法学专家:治安处罚对未成年人会产生负面影响》,载https://www.sohu.com/a/126620165_119038,2020年10月26日访问。
⑤ 参见李春雷、靳高风主编:《犯罪预防学》,中国人民大学出版社2016年版,第264页。

未成年人犯罪的主要因素包括个体因素、家庭因素、学校因素以及社会因素，"社会因素、家庭因素、学校因素、社区因素、媒介因素、个体因素等极容易导致未成年人涉罪触法"①。在很大程度上，未成年人犯罪是多种因素共同作用的结果。虽然个体因素在未成年人犯罪成因中起到较为重要的作用，"在确定未成年人犯罪的刑事政策时，首先必须从犯罪的原因上，了解未成年人与成年人的主要心理差异"②，但当前人们越来越关注导致未成年人犯罪的家庭、学校和社会因素。对此，卢建平教授认为："未成年人犯罪究竟是个人责任还是社会责任？因为犯罪学的研究表明，与成年人犯罪相比，未成年人犯罪不仅是一个简单的犯罪现象，不仅是个人对法律的违反，而是家庭、学校、社会等多方面消极因素在未成年人成长过程中综合作用的结果。因此，与其说是个人责任，不如说是社会责任。"③

二、个体因素

未成年时期是特殊的人生阶段，"人们对青春期的习惯见解也许大都遵循着发育这一认识路径：该群体里的每一个体都处于从儿童期向成人期发育的阶段——他们既非儿童也非成人"④。14—18岁是一个人生长发育的第二高峰期，这个时期，身体迅速生长、发育，外形也会发生较大变化，生理的发育、变化直接影响心理的发展和变化，这一时

---

① 刘仁琦：《少年司法国家责任论纲》，《浙江工商大学学报》2020年第5期。
② 袁彬：《未成年人犯罪刑事政策的心理学审视》，《青少年犯罪问题》2009年第4期。
③ 卢建平：《刑事政策与刑法变革》，中国人民公安大学出版社2011年版，第288页。
④ ［美］伊丽莎白·S.斯科特：《儿童期的法律建构》，载［美］玛格丽特·K.罗森海姆、富兰克林·E.齐姆林、戴维·S.坦嫩豪斯、伯纳德·多恩编：《少年司法的一个世纪》，高维俭译，商务印书馆2008年版，第130页。

期的人具有一般的、典型的生理和心理特征即年龄特征。① 但是,人的大脑发育直至青少年时期仍在进行,与成年人相比较,未成年人具有特殊的生理和心理,他们在这一时期逐渐由"本能"走向"理智",但他们时常表现出认知能力与控制能力的不足,或者说他们负责控制与认知的能力仍在发育的过程中,所以"青春期由于身心冲突极易引发违法犯罪行为"②。

未成年人具有冲动性与盲目性的心理特点,且常常不计后果,所以他们"易于采取不计后果、冲动的行为,不会认真考量行为对他们自己或者别人可能造成的伤害。不论这来自激素变化或者单纯缺乏评估形势的经验,任何一个曾经抚育过或者自己当过小孩的人都可以证实青少年轻率鲁莽、缺乏谨慎判断的倾向性"③。可见,相对于成年人,未成年人身心发育不成熟,头脑相对简单,辨认、控制行为的能力相对较弱,如果说成年人是自觉的趋利避害的理性人,未成年人则多是头脑简单的感性人。④ 对此,卢梭也曾感慨:"长大到16岁的少年能够懂得什么叫痛苦了,因为他自己就曾经受过痛苦;但是他还不大清楚别人也同样地遭受痛苦:看见别人的痛苦而自己没有那种痛苦的感觉,是不明白别人的痛苦是怎样一回事情的。"⑤

近年来,不少实证研究也指出未成年人的身心特点是导致他们实施犯罪活动的重要因素。例如,2001年、2010年两次全国未成年犯抽样调查统计结果显示,"犯罪的直接原因"所占比重排在前三位的均是

---

① 参见杨威:《罪犯心理学》,中国民主法制出版社2009年版,第121页。
② 李春雷、靳高风主编:《犯罪预防学》,中国人民大学出版社2016年版,第264页。
③ 杨飞雪主编:《未成年人司法制度探索研究》,法律出版社2014年版,序一。
④ 参见孙国祥:《从理念到践行:未成年人犯罪轻缓刑事政策的司法实现途径》,《法学论坛》2008年第4期。
⑤ [法]卢梭:《爱弥儿 论教育》(上),李平沤译,商务印书馆1978年版,第304页。

"一时冲动""朋友义气"和"好奇心"。在各种心理活动中,"一时冲动,什么都没想"在两个年度都是选择比例最高的,"不知道是违法犯罪,也不知道会受惩罚"位居其次,这表明未成年人犯罪的突发性、盲目性更为突出。[1] 操学诚、路琦等人完成的《2010年我国未成年犯抽样调查分析报告》显示,在"导致犯罪直接原因"的调查中,近60%的未成年犯选择"一时冲动",45%左右选择"朋友义气",其他比例较大的还有"好奇心""坏人教唆""网络信息"等。[2] 路琦、牛凯等人完成的《2014年我国未成年人犯罪研究报告》指出,未成年犯描述自身性格时,选择暴躁和自卑的所占比例最大,分别为37.1%和35.3%。[3] 另外,江苏省公安厅的调查显示,在2,425名被调查的未成年犯中,因一时冲动而作案的有807人,占33.3%;临时起意的有736人,占30.4%。[4] 可见,在未成年犯罪人中,临时起意或一时冲动是导致他们实施犯罪的重要因素,而这也恰恰是未成年人的身心特点之一。不过,需要说明的是,也有实证研究指出,当前未成年人犯罪大都属于"明知故犯",而真正因一时冲动在意识水平很低或无意识状态下实施犯罪的比例很少。尤其是有13.6%的未成年犯,明知自己是在实施犯罪行为,但对危害结果持无所谓的冷漠态度,甚至已经明确认识到了利用自己的特殊身份犯罪可以逃脱制裁,其主观恶性和人身危险性之大已经

---

[1] 参见关颖:《未成年人犯罪特征十年比较——基于两次全国未成年犯调查》,《中国青年研究》2012年第6期。
[2] 参见操学诚、路琦、牛凯、王星:《2010年我国未成年犯抽样调查分析报告》,《青少年犯罪问题》2011年第6期。
[3] 参见路琦、牛凯、刘慧娟、王志超:《2014年我国未成年人犯罪研究报告——基于行为规范量表的分析》,《中国青年社会科学》2015年第3期。
[4] 参见张蓉:《未成年人犯罪刑事政策研究》,中国人民公安大学出版社2011年版,第20页。

十分明显。①

在未成年人犯罪的个体因素中，未成年犯法律意识淡薄也是导致未成年人实施犯罪的重要因素，"较为年长的儿童和较为年幼的青春期少年可能缺乏完全充分发展的认知能力，以理解法律命令的道德内涵，以及将法律和道德规则应用于社会情形"②。例如，一份实证研究显示，在对"你认为导致你不良行为走向犯罪的主要原因"的调查中，76.56%的未成年犯选择"法律意识弱"，选择"文化程度低"的占30.68%，"社区环境不良"占23.77%，"不良文化影响"占22.93%，"家庭关系差"占21.58%，其他因素在20%以下。③ 还有研究指出，违法犯罪的未成年人往往忽视法制教育，法制观念淡薄，未成年犯中了解《未成年人保护法》和《预防未成年人犯罪法》的分别仅有2.5%和6%。④

三、家庭因素

在中外关于未成年人犯罪的原因分析中，家庭因素是颇受关注的一个原因。例如，大谷实教授认为："从对人格的形成具有重要影响的家庭来看，对孩子放任和毫不关心、过度保护以及过度期待等亲子教育、保护机能的下降极为明显。"⑤李春雷教授等人认为，家庭是一个互

---

① 参见张远煌、姚兵：《从未成年人犯罪的新特点看宽严相济刑事政策的全面贯彻》，《法学杂志》2009年第11期。
② [美]富兰克林·E.齐姆林：《美国少年司法》，高维俭译，中国人民公安大学出版社2010年版，第78页。
③ 参见操学诚、路琦、牛凯、王星：《2010年我国未成年犯抽样调查分析报告》，《青少年犯罪问题》2011年第6期。
④ 参见路琦、牛凯、刘慧娟、王志超：《2014年我国未成年人犯罪研究报告——基于行为规范量表的分析》，《中国青年社会科学》2015年第3期。
⑤ [日]大谷实：《刑事政策学》，黎宏译，中国人民大学出版社2009年版，第374页。

赖的开放系统。个人不能自外于家庭,子女不能自外于父母,家庭成员间相互联结和依赖,子女的违法犯罪行为在一定程度上反映了家庭有机体的问题。① 张远煌教授等人认为:"家庭功能异化或者部分丧失,都有可能成为诱发未成年人犯罪的重要因素。"② 总之,在未成年人犯罪原因中,家庭结构不完整、父母不良教育等所占比例较高。

家庭结构不完整往往是诱发未成年人犯罪的重要因素,对此,近年来不少实证研究也佐证了这一观点。例如,有研究指出,在各群体中,未成年犯的单亲家庭比例最高,为14.3%;未成年犯与祖辈或亲戚等其他家庭成员在一起生活的比例也最高,接近50%;未成年犯与双亲在一起生活的比例仅为37.9%,而成年犯与双亲在一起生活的比例为81.2%,普通中学生与普通大学生的这一比例高达90%。大多数未成年犯的家庭存在问题,35%的未成年犯认为人生最大的幸福是有温暖的家庭。③ 2015—2016年,共青团中央权益部和中国青少年研究中心联合在全国范围内开展了调研活动,调研显示,青少年犯尤其是未成年犯的双亲结构残缺现象严重,父母监护状况普遍不佳。调查显示,85.3%的普通学生与父母同住,仅有不到60%的青少年犯在犯罪前与父母同住;14.7%的青少年犯出身离异家庭,未成年犯的相应比例更是高达16%,普通学生父母离异的则为5%。犯罪前与父母同住的未成年犯仅占56.4%,普通学生的相应比例为85.3%。④ 中国司法大数据

---

① 参见李春雷、靳高风主编:《犯罪预防学》,中国人民大学出版社2016年版,第265页。
② 张远煌主编:《中国未成年人犯罪的犯罪学研究》,北京师范大学出版社2012年版,第208页。
③ 参见路琦、牛凯、刘慧娟、王志超:《2014年我国未成年人犯罪研究报告——基于行为规范量表的分析》,《中国青年社会科学》2015年第3期。
④ 参见林毓敏:《中国当代青少年犯罪状况调查》,《福建警察学院学报》2017年第2期。

研究院发布的报告显示,在2016年至2017年间,全国法院审结的未成年人犯罪案件中,来自流动家庭的未成年人最多,其次是离异、留守、单亲和再婚家庭。① 路琦、郭开元等人完成的《2017年我国未成年人犯罪研究报告》显示,未成年犯单亲家庭所占比例达到35.8%。②

在未成年犯中,父母不良行为、不良教育的比例较高。问题少年的背后往往存在问题父母。有研究指出,针对学习成绩不好、网瘾等问题,22.5%的未成年犯的父母选择打骂等简单粗暴的处理方式,14.3%的父母采取不管不问的方式;19.2%的未成年犯的家庭成员有犯罪记录。③ 还有研究指出,管教所的未成年人经常被父母打的比例(15.2%)远高于普通学生(2.6%)。④

诚如前文所述,未成年犯中家庭架构不完整的比例较高,这也导致了家庭监护不力。实践中,很多未成年犯在监护缺失的环境下成长,尤其是不少农村留守儿童面临着无人监护的状态。民政部、教育部、公安部公布的数据显示,目前我国16岁以下农村留守儿童由(外)祖父母监护的达805万,占89.3%,无人监护、父母一方在家但无监护能力等监护情况较差的合计99万。⑤ 未成年人一旦缺乏有效的家庭监护,就会"极易产生价值观偏离和心理异常"⑥,也会更易受到外界不良因素

---

① 参见罗沙等:《问题少年 何以为策——专家聚焦未成年人违法犯罪几个话题》,《公民与法》2019年第11期。
② 参见路琦、郭开元、张萌等:《2017年我国未成年人犯罪研究报告——基于未成年犯与其他群体的比较研究》,《青少年犯罪问题》2018年第6期。
③ 参见路琦、牛凯、刘慧娟、王志超:《2014年我国未成年人犯罪研究报告——基于行为规范量表的分析》,《中国青年社会科学》2015年第3期。
④ 转引自李春雷、新高风主编:《犯罪预防学》,中国人民大学出版社2016年版,第266页。
⑤ 转引自宋英辉、苑宁宁等:《未成年人保护与犯罪预防问题专题研究》,中国检察出版社2020年版,第190页。
⑥ 路琦、牛凯、刘慧娟、王志超:《2014年我国未成年人犯罪研究报告——基于行为规范量表的分析》,《中国青年社会科学》2015年第3期。

的影响,从而诱发实施违法犯罪活动。对此,有研究指出,"留守未成年人""流动未成年人"在我国违法犯罪的主体中分别占到27.3%、26.9%。[①]

四、学校因素

学校教育之于未成年人犯罪的影响,主要集中在六个方面:教育结构不合理;学校的教育实践偏离了素质教育的办学目标;部分教师素质不高,教育方法简单粗暴;学校管理存在缺陷;学校教育之间、校内外教育相互脱节;学校不注重对学生自我保护意识的培养。[②] 具言之,一是学校道德教育不足。对此,有学者指出,"自改革开放以来,尤其是20世纪90年代以来,与原计划模式相匹配的学校德育,受到了强烈的冲击与挑战","学校德育实效性问题成为教育,乃至整个社会关注的焦点。反思当前我国学校道德教育之艰难、实效性差的原因,尽管有很多,但究其根源,可以说是无'人'的、与学生生命-生活相脱节或相悖的、简单的、形式化的说教"。[③] 显然,有效的道德教育是培养未成年人健康人格的有效途径,也是预防未成年人违法犯罪的重要手段。二是学校法制教育缺失。路琦、董泽史等人完成的《2013年我国未成年犯抽样调查分析报告》显示,学校没有开设法制教育课程的占62.1%,开设了但没有坚持的占26.7%,长期开设的只占9.6%,这说明90%以上

[①] 参见李春雷、靳高风主编:《犯罪预防学》,中国人民大学出版社2016年版,第267页。
[②] 参见张远煌主编:《中国未成年人犯罪的犯罪学研究》,北京师范大学出版社2012年版,第282页。
[③] 刘慧、朱小蔓:《多元社会中学校道德教育:关注学生个体的生命世界》,《教育研究》2001年第9期。

的学校对未成年人的法制教育根本不重视,没有认识到加强法制教育对预防未成年人犯罪的必要性与重要性。① 路琦、牛凯等人完成的《2014年我国未成年人犯罪研究报告》显示,受访未成年犯中,仅10.3%的人所在学校长期开设法制教育课程。② 三是学校管理松散。有研究指出,在未成年犯中,有54.5%的学生有累积三个月以上的逃学经历,远远高于普通学校的水平,这说明未成年犯所在学校的管理比较松懈。③ 还有研究指出,32.8%的未成年犯表示,当出现不良行为时未受到教育和引导;部分学校管理不善,对校园周边环境的净化力度不足。④ 可见,学校教育存在的缺陷,与未成年人犯罪具有很大的关联性。

五、社会因素

在未成年人犯罪成因中,社会因素发挥着至为重要的作用。日本学者大谷实认为:"社会环境的变化,如深夜营业的便利店、烟酒自动贩卖机、互联网上有害信息的泛滥等,也容易成为诱发、助长青少年的不良行为、非法行为的恶劣环境。"⑤ 在当代社会,一方面互联网对未成年人的影响非常大,未成年人可以说是在社会环境中成长;另一方面由于社会转型时期贫富差距加大,在物质主义、拜金主义的诱惑下,谋取

---

① 参见路琦、董泽史、姚东、胡发清:《2013年我国未成年犯抽样调查分析报告(上)》,《青少年犯罪问题》2014年第4期。
② 参见路琦、牛凯、刘慧娟、王志超:《2014年我国未成年人犯罪研究报告——基于行为规范量表的分析》,《中国青年社会科学》2015年第3期。
③ 参见路琦、董泽史、姚东、胡发清:《2013年我国未成年犯抽样调查分析报告(上)》,《青少年犯罪问题》2014年第4期。
④ 参见路琦、牛凯、刘慧娟、王志超:《2014年我国未成年人犯罪研究报告——基于行为规范量表的分析》,《中国青年社会科学》2015年第3期。
⑤ [日]大谷实:《刑事政策学》,黎宏译,中国人民大学出版社2009年版,第374页。

财产利益成为未成年人实施犯罪活动的主要目标。总之,从微观社会因素来看,社会转型期的不良风气、贫富差距、非主流文化、社区治安环境、网络不良信息等因素与未成年人犯罪之间存在很大的关联性。例如,有研究指出,从未成年犯的上网时长来看,近45%的人每天上网3个小时以上,近15%的人每天上网时间超过6小时;将上网目的分为"浏览色情网页""玩网络游戏""网络聊天""网上邀约犯罪""与网友交流信息",选择其中4项以上的未成年犯占47.5%。[1] 还有研究指出,青少年犯与普通学生在对社区环境消极性指标的评价上出现明显分歧,认为"我家附近经常发生盗窃案件""我家附近社会治安不好""我家周围经常有小混混出现""我家附近有人或邻居有吸毒/贩毒的""时常听说我家的邻居中有人被警察抓了"等基本符合/完全符合的青少年犯明显多于普通学生,前者占青少年犯总数的比例大致相当于后者的2—3倍。[2]

第四节　未成年人犯罪的治理

我国历来重视治理未成年人犯罪问题,自改革开放以来,面对未成年人犯罪和原因的理性分析,对未成年人及其犯罪行为的认识也逐步深刻,形成了"教育为主、惩罚为辅"的未成年人犯罪刑事政策,未成年

---

[1] 参见路琦、牛凯、刘慧娟、王志超:《2014年我国未成年人犯罪研究报告——基于行为规范量表的分析》,《中国青年社会科学》2015年第3期。

[2] 参见林毓敏:《中国当代青少年犯罪状况调查》,《福建警察学院学报》2017年第2期。

人犯罪的治理逐渐趋于科学化、法治化,治理效果也较为显著,尤其是近些年来,未成年人犯罪在整体上呈现出下降态势。当然,随着近年来媒体不断曝光未成年人恶性暴力犯罪问题,未成年人犯罪治理也面临着新的挑战。

一、概说

(一)未成年人犯罪刑事政策的特殊性

从广义刑事政策出发,未成年人刑事政策是国家和社会整体应对未成年人犯罪问题而采取的各种对策。[①] 如何治理未成年人犯罪问题,一直以来都是中外学界关注的焦点。然而,长期以来人们在制定未成人犯罪刑事政策时,并没有认识到未成年人及其犯罪行为的特殊性,对此,美国学者伊丽莎白·S.斯科特认为:"当代的改革派已经从根本上彻底抛弃了进步党人关于少年犯是不成熟的儿童、比成年同等罪犯罪过更轻微的观念。这些改革者并不是简单地抛弃了少年犯是儿童的传统论调,他们走的甚至更远,似乎认为在与刑事责任有关的主观心理方面,少年犯与成年犯没有任何差别。少年犯'不过是正巧年轻的罪犯,而不是正巧触犯刑法的儿童'。"[②]"在20世纪,法律政策的制定者们往往忽视青春期,将少年或归于儿童或归于成人,儿童期的界限依所要达到的政策目标而变来变去。……在少年司法政策上,将少年犯过

---

① 参见吴羽:《未成年人构罪标准体系构罪之理据》,《青少年犯罪问题》2016年第6期。
② [美]伊丽莎白·S.斯科特:《儿童期的法律建构》,载[美]玛格丽特·K.罗森海姆·E.齐姆林、戴维·S.坦嫩豪斯、伯纳德·多恩编:《少年司法的一个世纪》,高维俭译,商务印书馆2008年版,第147页。

于简单地归入儿童或者成人的做法则不大行得通。它消弱了我们达至一个切实可行的、有效的、充满人性的少年司法政策的能力。在这一领域里,良好的政策不能够忽视青春期——作为一个人生发展阶段的经验事实。"[①]可见,人们曾经将未成年人犯罪视同为成年人犯罪,未成年人犯罪刑事政策并未体现出其应有的特殊性。随着人们逐渐认识到未成年人的生理与心理尚未成熟,易变性强,具有可塑性,他们即使实施了犯罪活动,如果进行及时、恰当、充分的教育和感化,仍可以重新融入社会。因此,未成年人犯罪与成年人犯罪存在"质"的区别,未成年罪犯具有可矫治性,治理涉罪未成年人的对策也应有其特殊性。如"从心理学的角度看,未成年人与成年人在身心上存在明显差异,进而导致未成年人与成年人在健康人格养成方法等方面的明显不同。从预防的目标出发,应对未成年人犯罪实行不同于成人的独立的刑事政策"[②]。质言之,未成年人犯罪刑事政策是刑事政策的重要组成部分,但又明显区别于成年人犯罪刑事对策。可以说,未成年人犯罪刑事政策的选择是五方面因素的产物:一是未成年人特殊的生理与心理;二是未成年人犯罪状况;三是未成年人犯罪的特性;四是未成年人犯罪的原因;五是处理涉罪未成年人的理论根据,如儿童最大利益原则、国家亲权原则、标签理论、刑法的谦抑性、恢复性司法等。

在国外,人们对未成年人犯罪刑事政策的特殊性已经达成基本的共识。例如,美国学者伊丽莎白·S.斯科特认为:"犯罪行为是'少年生活中的正常部分'。可是,绝大部分少年罪错行为是'限于青春期

---

① [美]伊丽莎白·S.斯科特:《儿童期的法律建构》,载[美]玛格丽特·K.罗森海姆·E.齐姆林、戴维·S.坦橄豪斯、伯纳德·多恩编:《少年司法的一个世纪》,高维俭译,商务印书馆2008年版,第154—155页。
② 袁彬:《未成年人犯罪刑事政策的心理学审视》,《青少年犯罪问题》2009年第4期。

的',也就是说,只要罪错少年能够挺过这个阶段,他们未来生活机会没有被终结,那么,他就完全有望发展成为一个有益于社会的公民(至少不是罪犯)。"①日本学者川出敏裕等人认为:"这些犯罪的动机单纯,少年个人没有特别背景情况,只是作为游戏、恶作剧的延伸而实施的。大部分情况下都是暂时性的,而且,许多人达到一定年龄之后就会终止这些行为。"②大谷实也认为:"少年年龄小,身心不成熟,社会经验不足,尚在接受家庭和社会的保护,人格还在形成过程中,由此也形成了未成年人犯罪刑事政策。因此,在对其采取防止犯罪对策的时候,必须考虑到这一点。如果将其作为刑事政策的对象,不仅要将犯罪,还要将与将来的犯罪有关的行为乃至行为状况作为对象,在人格尚未定形、具有可塑性的年轻时期,采取以教育为中心的保护,防止犯罪,这才是合理的。"③

在我国,学术界和实务界也逐渐认识到未成年人及其犯罪行为的特殊性。实践中,一些犯下严重罪行的罪犯,往往在未成年时期有过违法犯罪行为,却未得到适当的处罚以及有效的教育矫治。因此,未成年人犯罪刑事政策更应当关注"行为人",而非"行为";更应当强调教育与挽救,而非打击与惩罚。为此,我国不少学者开始主张未成年人犯罪的刑事政策应当有所区别于成年人犯罪的刑事政策。例如,康树华教授在20世纪80年代就撰文指出,未成年人属于年少时期,身心发育尚不成熟,辨别是非的能力薄弱,所以一般来说,他们对于自己行为的性质和法律后果是不明确的,某些人实施危害社会的行为,主要是因为他

---

① [美]伊丽莎白·S.斯科特:《儿童期的法律建构》,载[美]玛格丽特·K.罗森海姆、E.齐姆林、戴维·S.坦嫩豪斯、伯纳德·多恩编:《少年司法的一个世纪》,高维俭译,商务印书馆2008年版,第152页。
② [日]川出敏裕、金光旭:《刑事政策》,钱叶六等译,中国政法大学出版社2016年版,第264页。
③ [日]大谷实:《刑事政策学》,黎宏译,中国人民大学出版社2009年版,第351页。

们幼稚无知和是非观念不清。各国一般对少年犯罪都采取从轻处罚的措施,我国则一贯采取以教育、挽救为主,惩办为辅的政策。[①] 储槐植教授等人认为,未成年人犯罪较成年人犯罪有很大不同,犯罪动机相对简单,犯罪行为带有较大的盲目性和突发性,主观恶性不大。同时未成年人心智尚未发育健全,有很强的可塑性,对其进行教育改造,使其顺利复归社会,对于其本人和社会都有十分积极的意义。[②] 总之,"基于未成年人身心尚未成熟、可塑性强等特点,在未成年人刑事审判中应更多地强调教育和保护理念,强调有利于未成年人的健康成长及未来塑造,在定罪量刑上充分考虑其犯罪行为的社会危害性和被告人的人身危险性,立足'教育、感化、挽救',对于初犯、偶犯,且具有悔改表现不致再危害社会,具有帮教条件的未成年被告人加大非监禁刑罚的适用力度,并积极探索符合未成年人犯罪特点的规范化量刑指导意见"[③]。可见,我国理论界和实务界逐步认识到未成年人犯罪刑事政策的特殊性,进而确立了"教育为主、惩罚为辅"的未成年人犯罪刑事政策,并直接影响到未成年人犯罪的刑事立法、刑事司法和刑事执法。[④] 质言之,只有认识到未成人犯罪刑事政策的特殊性,才能制定有效的未成年人犯罪对策。

(二) 未成年人犯罪刑事政策的价值取向

"未成年人犯罪及其治理不是单纯的法律问题,而是复杂的社会

---

① 参见康树华:《关于未成年人犯罪的几个主要问题》,《法学评论》1984年第3期。
② 参见储槐植、闫雨:《社会管理创新视域下未成年人犯罪刑事政策研究》,《河北法学》2012年第10期。
③ 胡云腾:《宽严相济刑事政策与未成年人犯罪量刑》,《预防青少年犯罪研究》2017年第1期。
④ 例如,2006年《最高人民法院关于审理未成年人刑事案件具体应用法律若干问题的解释》就对未成年人犯罪与成年人犯罪予以了区别对待。

问题,与一个社会的价值观念和公共政策取向密切相关。"① 未成年人犯罪刑事政策应当选择何种价值取向,一直以来备受争论。对此,卢建平教授指出:"基于国家亲权主义,至今已经实行了多种治理模式:如以惩罚为主的刑罚模式(基于报应思想,注重严打,强调法治主义和罪刑相当,刑法明确而确定,刑罚严厉)、以医疗为主的治理模式(犯人就是病人,需要治疗和个别化的处遇,以社区处遇为主,以社会政策为主)和以保护与教育、帮助为主的福利模式(立足人道主义,着眼人权与发展,以教育代替惩罚,以保护代替监禁,保护优先主义)。各种模式可谓利弊纷呈,功过兼有,最终还是没有能够遏制未成年人犯罪上升、恶化的势头。"② 质言之,对涉罪未成年人应侧重"保护"立场,还是侧重"惩罚"立场?

世界各国往往在"保护"与"惩罚"两种刑事政策立场之间徘徊,尤其是在面对未成年人犯罪高发时,对未成年人犯罪的治理更倾向于"惩罚"立场。例如,美国在20世纪七八十年代之前,对未成年人犯罪主要采取宽松的刑事政策。但是,20世纪80年代中期到90年代初期,美国的少年暴力犯罪激增,引起了公众的严重不安和对少年罪错现象的高度关注。③ 然而,各国学者也在反思采用"惩罚"立场的未成年人犯罪刑事政策的弊端,"我们有可能把这些少年犯当作需要帮助的青少年来对待而不是当作只应该接受惩罚的罪犯对待,并由此促使整个社会变得更为安全"④。当今世界总体上还是确立了以教育和保护为

---

① 卢建平:《未成年人犯罪刑事政策的整体完善》,《青少年犯罪问题》2009年第4期。
② 卢建平:《刑事政策与刑法变革》,中国人民公安大学出版社2011年版,第295页。
③ 参见姚建龙:《超越刑事司法:美国少年司法史纲》,法律出版社2009年版,第155页。
④ [美]斯蒂芬·E.巴坎:《犯罪学:社会学的理解》(第4版),秦晨等译,上海人民出版社2011年版,第275页。

主旨的未成年人犯罪刑事政策,"针对未成年人犯罪的刑事政策,世界各国总体的刑事政策趋向是轻缓。对于未成年人犯罪更倾向于犯罪的预防、淡化诉讼强制性、强化矫治,对未成年人犯罪尽量避免适用刑事处罚,采取教育矫治和挽救的方式"①。例如,德国刑事政策主要是受"教育刑"思想的影响,确立了"教育优先"原则,对未成年犯罪人优先适用教育处分。对于未成年人犯罪,少年法院根据具体情况对未成年犯罪人施以教育处分、惩戒处分。② 即使20世纪80年代以来严惩主义成为美国少年刑事司法政策的主要特色,但严惩的矛头主要对准的是少年暴力犯罪、累犯和重罪,对其他少年犯罪仍坚持并发展了传统保护主义理念,可谓是"轻轻重重"刑事政策。③ 可见,在面对未成年人犯罪时,各国刑事政策制定者虽然一直在"惩罚"和"保护"之间进行抉择,但总体上倾向于对未成年罪犯采取"保护"立场的刑事政策,未成年人犯罪刑事政策具有轻缓化发展趋势。

长期以来,我国学术界和实务界围绕对涉罪未成年人采取"保护"立场还是"惩罚"立场,也展开了热烈讨论。例如,孙国祥教授认为,应对未成年人犯罪,宜采取非刑罚化(轻刑化)和刑罚严厉化两极化的刑事政策;未成年人犯罪的非刑罚化(或轻刑化)与刑罚化并行不悖。对犯罪较轻的未成年人,借鉴恢复性司法实践,更多地适用非监禁刑或者不起诉、免除处罚,以体现"教育为主、惩罚为辅"的政策;而对于危害

---

① 储槐植、闫雨:《社会管理创新视域下未成年人犯罪刑事政策研究》,《河北法学》2012年第10期。
② 参见郭开元:《青少年犯罪预防的理论和实务研究》,中国人民公安大学出版社2014年版,第51页。
③ 参见王宏玉、杨少锋:《我国未成年人犯罪刑事政策探析》,《中国人民公安大学学报(社会科学版)》2010年第2期。

严重的未成年人犯罪,则应加大惩处力度,以发挥刑罚的威慑效应。①张远煌教授等人认为,全面贯彻宽严相济刑事政策,既要坚持未成年人犯罪与成年人犯罪区别对待的原则,给予尽可能多的未成年犯罪人在正常环境下改正和健康成长的机会;同时也要防止对未成年犯罪人只讲从宽而不讲从严的认识偏差,纠正凡涉及未成年人犯罪就忌讳或不敢合理地从严的错误做法。② 王宏玉教授等人认为,我国对未成年人犯罪不适用死刑,这也正是宽严相济、严中有宽的体现;对未成年人轻罪和轻微罪,要坚持"宽",尽量采用非犯罪化和非刑罚化的措施;针对未成年人严重暴力犯罪、累犯等,还是要"严",但不是与成年犯一样严,而是要本着挽救的态度,"严"中有"宽"。③ 何秉松教授主编的《刑事政策学》一书指出,有效利用"轻轻重重"的刑事政策理念导向,对未成年人犯罪的轻微刑事案件尽量依法从轻处罚,而对利用未成年人实施犯罪或从事严重违法行为和不良行为的犯罪人则予以从重处罚。④卢建平教授认为,相比较于成年犯罪人,针对未成年犯罪人的定罪范围要有限(成年犯罪人的定罪范围为全部),刑事责任要不完全(成年犯罪人的刑事责任为完全),刑罚程度要减弱(成年犯罪人的刑罚程度为标准),干预手段要以刑罚为辅(成年犯罪人的干预手段以刑罚为主),处理机制要转化(成年犯罪人的处理机制和程序为标准)。⑤ 储槐植教

---

① 参见孙国祥:《保护与惩罚:未成年人犯罪刑事政策之选择》,《江苏行政学院学报》2005年第3期。
② 参见张远煌、姚兵:《从未成年人犯罪的新特点看宽严相济刑事政策的全面贯彻》,《法学杂志》2009年第11期。
③ 参见王宏玉、杨少锋:《我国未成年人犯罪刑事政策探析》,《中国人民公安大学学报(社会科学版)》2010年第2期。
④ 参见何秉松主编:《刑事政策学》,群众出版社2002年版,第429页。转引自卢建平:《未成年人犯罪刑事政策与少年司法制度变革》,《法治研究》2011年第3期。
⑤ 参见卢建平:《未成年人犯罪刑事政策与少年司法制度变革》,《法治研究》2011年第3期。

授等人认为,从长远发展的角度来看,对于未成年人犯罪还是要在贯彻"教育为主、惩罚为辅"的刑事政策的基础上,严格限制未成年人承担刑事责任的范围,完善相关立法解释和司法解释,将未成年人承担刑事责任的范围限于未成年人认知、控制基础上的严重的、特定的暴力犯罪。对于未成年人承担刑事责任的范围不能再做扩大。① 可以说,我国确立宽严相济刑事政策后,学术界和实务界对未成年人犯罪刑事政策价值取向的讨论更为成熟与理性。

(三) 我国未成年人犯罪刑事政策的确立与发展

鉴于未成年人犯罪的高发态势,"从1979年至1990年,虽然后期萌生出以打击为主的综合治理措施,但还是以'严打'为主要特征"②。在这一时期,人们也开始认识到未成年人犯罪有别于成年人犯罪,未成年人犯罪刑事政策应有其特殊性。1979年中共中央的58号文件提出对违法犯罪的未成年人实行教育、挽救、改造的方针。1982年1月13日中共中央《关于加强政法工作的指示》指出:"必须坚决实行教育、感化和挽救的方针,着眼于挽救。"上述文件确立了对涉罪未成年人实施"教育、感化、挽救"的方针,是科学化、理性化对待未成年人犯罪的开端。

随着人们对未成年人及其犯罪行为认识的逐步深化,"教育为主、惩罚为辅"的未成年人犯罪刑事政策逐渐形成。1991年《未成年人保护法》第38条规定:"对违法犯罪的未成年人,实行教育、感化、挽救的

---

① 参见储槐植、闫雨:《社会管理创新视域下未成年人犯罪刑事政策研究》,《河北法学》2012年第10期。
② 王宏玉、杨少锋:《我国未成年人犯罪刑事政策探析》,《中国人民公安大学学报(社会科学版)》2010年第2期。

方针,坚持教育为主、惩罚为辅的原则。"[1]1999年《预防未成年人犯罪法》第44条第1款规定:"对犯罪的未成年人追究刑事责任,实行教育、感化、挽救方针,坚持教育为主、惩罚为辅的原则。"正如有学者指出,"1990—1999年左右,以教育矫治为核心的未成年人犯罪刑事政策初步形成"[2]。党的十六届六中全会通过的《关于构建社会主义和谐社会若干重大问题的决定》明确提出"实施宽严相济的刑事司法政策,改革未成年人司法制度,积极推行社区矫正"。在"宽严相济"刑事政策确立之后,"教育为主、惩罚为辅"的未成年人犯罪刑事政策进入一个新的发展阶段。"21世纪后,尤其是2006年确立了宽严相济刑事政策,开启了未成年人犯罪处遇的新阶段,我国未成年人犯罪刑事政策发生改变,非刑罚化、非监禁化处遇的适用范围逐渐扩大。"[3]可见,宽严相济刑事政策将未成年人犯罪与成年人犯罪予以区别对待,从另一个角度上看,对涉罪未成年人"教育为主、惩罚为辅"的原则也是宽严相济刑事政策的体现。总之,宽严相济刑事政策在未成年罪犯与成年罪犯的适用上存在差异,这又直接影响到对未成年罪犯和成年罪犯的定罪、量刑、干预手段、处理机制。立足于宽严相济刑事政策,对未成年人犯罪主要采取"宽"的刑事政策,即"宽严相济,以宽为先"。2012年修订的《刑事诉讼法》首次专章规定了"未成年人刑事案件诉讼程序",并在第266条第1款明确规定:"对犯罪的未成年人实行教育、感化、挽救的方针,坚持教育为主、惩罚为辅的原则。"[4]《刑事诉讼法》从刑事法律的

---

[1] 2020年修订的《未成年人保护法》第113条第1款也有相同的规定。
[2] 王宏玉、杨少锋:《我国未成年人犯罪刑事政策探析》,《中国人民公安大学学报(社会科学版)》2010年第2期。
[3] 王宏玉、杨少锋:《我国未成年人犯罪刑事政策探析》,《中国人民公安大学学报(社会科学版)》2010年第2期。
[4] 2018年修订的《刑事诉讼法》第277条第1款也有相同的规定。

层面将"教育、感化、挽救"的方针,以及"教育为主、惩罚为辅"的原则予以法定化,未成年人犯罪刑事政策上升为刑事司法原则。可以说,"教育为主、惩罚为辅"的未成年人犯罪刑事政策成为一项法律原则,对未成年人犯罪的处理具有重要的指导意义。①

与此同时,21世纪以来我国最高司法机关颁布的多个规范性文件进一步肯定与丰富了"教育为主、惩罚为辅"的未成年人犯罪刑事政策。例如,2002年,最高人民检察院发布的《人民检察院办理未成年人刑事案件的规定》第2条规定:"人民检察院办理未成年人刑事案件,必须以事实为根据,以法律为准绳,坚持教育为主、惩罚为辅以及区别对待的原则,贯彻教育、感化、挽救的方针。"②《关于在检察工作中贯彻宽严相济刑事司法政策的若干意见》第11条中指出:"办理未成年人犯罪案件,应当坚持'教育、感化、挽救'的方针和'教育为主、惩罚为辅'的原则。"《关于贯彻宽严相济刑事政策的若干意见》第20条中指出:"对于未成年人犯罪,……坚持'教育为主、惩罚为辅'的原则和'教育、感化、挽救'的方针进行处理。"可见,"在审判实践中,对未成年人犯罪一贯坚持的'教育为主、惩罚为辅'的原则和'教育、感化、挽救'的方针与当前所倡导的宽严相济刑事政策是一脉相承的,是宽严相济刑事政策在少年司法领域的具体体现,符合未成年人犯罪的特点和规律,对于减少和预防未成年人犯罪,教育改造失足少年,促进社会的和谐稳定,意义重大"③。2014年,最高人民检察院发布的《最高人民检察院关

---

① 参见储槐植、闫雨:《社会管理创新视域下未成年人犯罪刑事政策研究》,《河北法学》2012年第10期。
② 该通知已失效。2013年修订的《人民检察院办理未成年人刑事案件的规定》第2条中规定:"人民检察院办理未成年人刑事案件,实行教育、感化、挽救的方针,坚持教育为主、惩罚为辅和特殊保护的原则。"
③ 胡云腾:《宽严相济刑事政策与未成年人犯罪量刑》,《预防青少年犯罪研究》2017年第1期。

于进一步加强未成年人刑事检察工作的通知》第 1 条中指出:"作为国家法律监督机关,充分发挥法律监督职能,确保国家对涉罪未成年人'教育、感化、挽救'方针和'教育为主、惩罚为辅'原则以及特殊刑事政策、特别诉讼程序统一实施是检察机关的重要责任。"2015 年,最高人民检察院发布的《检察机关加强未成年人司法保护八项措施》第 3 条指出:"贯彻国家对犯罪未成年人'教育、感化、挽救'方针和'教育为主、惩罚为辅'原则……"总之,"在未成年人刑事诉讼中对于有罪的未成年人要坚持教育和矫治为主,不能机械地强调处理结果与犯罪轻重相适应,而应当尽可能采取非刑罚化的处理方式,以利于未成年人改过自新、复归社会,这些都符合我国国情和世界标准"[①]。

综上所述,"教育为主、惩罚为辅"的未成年人犯罪刑事政策与宽严相济刑事政策的精神实质是一致的,对涉罪未成年人采取"教育为主、惩罚为辅"是我国改革开放 40 年以来治理未成年人犯罪的经验总结,也表明我国未成年人犯罪治理是一个不断发展、完善的过程,并逐步走向现代化、科学化、法治化。可以说,对涉罪未成年人"教育为主、惩罚为辅"更加侧重"教育"和"保护",而不仅是"惩罚"。需要指出的是,近年来未成年人犯罪呈现出低龄化、暴力化、成人化的特点,不少人质疑对涉罪未成年人注重"保护"立场的刑事政策。因此,理解宽严相济刑事政策在治理未成年人犯罪问题中具有重要的现实意义,这要求我们不能仅仅站在"宽"与"严"两个非此即彼的立场来看待未成年人犯罪问题,即不能仅仅从未成年人犯罪的状况来解读"宽"与"严"的立场,而是要站在与成年人犯罪刑事政策比较的角度。申言之,对涉罪未成年人实行"教育为主、惩罚为辅"原则是相对于涉罪成年人而言的,

---

[①] 代秋影:《司法改革背景下未成年人审判理论与实务专家论证会综述》,《预防青少年犯罪研究》2016 年第 1 期。

即在未成年人和成年人实施同等犯罪的情形下,对涉罪未成年人的处理要相较于成年人犯罪而言的"宽",而不能单纯地转向"严"。因为如果单纯地采用"惩罚"或"严"的立场来看待未成年人犯罪问题,在司法实践中容易导致同等对待未成年人犯罪和成年人犯罪,而这与未成年人犯罪刑事政策的价值取向是不一致的。

(四)未成年人犯罪刑事政策的主要内容

从广义刑事政策的角度出发,刑事政策的主要内容包括刑事惩罚政策和社会预防政策。简言之,对犯罪已经发生后的制裁,属于刑事惩罚政策;对犯罪发生前的防范,属于社会预防政策。在刑罚之外寻找犯罪对策,属于社会预防的范畴。[1] 刑事惩罚政策和社会预防政策在刑事政策体系中的作用与地位在很大程度上取决于对犯罪原因的认识,"如果认为犯罪的发生主要可归因于犯罪人方面的人性恶,则在犯罪对策观念上就会凸显包括刑罚在内的各种事后制裁方法在犯罪预防体系中的地位,在国家层面就会倚重严厉的刑罚处罚来预防犯罪;反之,如果确认社会的结构性缺陷和运行不良,才是导致犯罪高发的主要原因,则以刑罚为代表的各种制裁方法,在犯罪预防体系中的定位就会从'医治犯罪的万灵药'回归至'迫不得已的最后手段'"[2]。从某种角度上说,刑事惩罚政策和社会预防政策分别代表了古典学派和实证学派的主要理念,立足于不同的犯罪原因理论:刑事古典学派"应对犯罪的关键在于,给予犯罪与其客观危害相适应的事后刑事制裁,而不是基于犯罪形成机制的事前灵活预防";刑事近代学派"应对犯罪的关键在于,深刻揭示犯罪形成机制,针对不同原因的犯罪人采取区别对待的处

---

[1] 参见王牧主编:《新犯罪学》(第3版),高等教育出版社2016年版,第231页。
[2] 张远煌、吴宗宪主编:《犯罪学通论》,北京师范大学出版社2013年版,第4页。

置,刑事处置应当与犯罪人的人身危险性相适应,事后制裁不是主要的,重要的是事前的灵活预防"。①

那么,如何在犯罪治理中合理应用刑事惩罚政策和社会预防政策?一方面,发挥刑事处罚政策在犯罪治理中的基础作用,但不能过分夸大刑罚的功能。菲利曾深刻地分析了刑罚功能的有限性,他认为:"刑罚,并不像古典学派犯罪学者和立法者的主张影响之下而产生的公共舆论所想象得那样,是简单的犯罪万灵药。它对犯罪的威慑作用是很有限的。因此,犯罪社会学家自然应当在对犯罪及其自然起因的实际研究中去寻找其他社会防卫手段。"②冯·李斯特也认为:"在现代刑事政策研究方面一个重大成就就是,最终达成了这样一个共识:在与犯罪作斗争中,刑罚既非唯一的也非最安全的措施。对刑罚的效能必须批判性进行评估。"③所以"刑事制度的运行,虽可收短期压制犯罪、阻止犯罪形势恶化之功效,但刑事制度的不当运用,会带来广泛而深刻的负面效应"④。当然,认识到刑罚功能的有限性,并不是否定刑罚措施在刑事政策体系中的基础作用,"当然刑法依然存在,依然是刑事政策的最重要的核心、最高压区和最亮点。但在刑事政策的领域里,刑法实践并不是一枝独秀的,而是被其他的社会控制的实践所包围着"⑤。概言之,"刑罚如两刃之剑,用之不得其当,则国家与个人两受其害"⑥,因

---

① 参见张小虎:《宽严相济刑事政策的基本思想与制度建构》,北京大学出版社2018年版,第2页。
② [意]恩里科·菲利:《犯罪社会学》,郭建安译,商务印书馆2017年版,第93页。
③ [德]弗兰茨·冯·李斯特:《德国刑法教科书》,徐久生译,法律出版社2000年版,第20页。
④ 张远煌、吴宗宪主编:《犯罪学通论》,北京师范大学出版社2013年版,第8页。
⑤ [法]米海依尔·戴尔玛斯-马蒂:《刑事政策的主要体系》,卢建平译,法律出版社2000年版,第1页。
⑥ 转引自高铭暄、马克昌主编:《刑法学》(第7版),北京大学出版社2016年版,第220页。

此,"刑法的有效性是建立在其必要性、有限性和最后性基础上的"①。另一方面,发挥社会预防政策在犯罪治理中的核心作用。冯·李斯特曾言"最好的社会政策,也就是最好的刑事政策",这深刻地表明社会预防政策在治理犯罪问题中的地位与功能。事实上,贝卡里亚早就指出:"预防犯罪比惩罚犯罪更高明,这乃是一切优秀立法的主要目的。"②贝卡里亚强调犯罪预防,可以说是现代刑事政策极为重要的理论渊源,"人类对刑事政策问题的认识,应当归功于贝卡利亚的已经成为经典之作的《论犯罪与刑罚》,在该部著作中,他借助国家契约学说,首次提出了以预防为中心的刑法改革的完整计划"③。因此,20 世纪 50 年代以来,刑事政策主要是寻求社会预防的方法,而不是刑罚方面的方法。④ 其实,"在'惩罚'和'预防'这两个基本概念的比较中,可以清楚地发现它们各自明显不同的价值取向。从理论上看,刑事政策的概念中当然包括运用刑事法律对犯罪所进行的刑事惩罚,但是,刑事政策的概念天然就与刑事惩罚相对立"⑤。

在治理未成年人犯罪问题时,我们首先应当立足于对未成年人犯罪原因分析的基础上,既要肯定刑事处罚政策在治理未成年人犯罪中的基础作用,但更要考虑对未成年人犯罪的社会预防政策。在某种意义上,我们尤其要理性认识刑罚在治理未成年人犯罪中的功能。对此,有学者指出:"传统的刑罚惩治强调刑罚的威慑和预防功能,这对预防

---

① 卢建平:《刑事政策与刑法变革》,中国人民公安大学出版社 2011 年版,第 218 页。
② [意]切萨雷·贝卡里亚:《论犯罪与刑罚》,黄风译,商务印书馆 2017 年版,第 109 页。
③ [德]汉斯·海因里希·耶塞克、托马斯·魏根特:《德国刑法教科书》(上),徐久生译,中国法制出版社 2017 年版,第 101 页。
④ 参见严励:《问题意识与立场方法——中国刑事政策研究之反思》,《中国法学》2010 年第 1 期。
⑤ 王牧主编:《新犯罪学》(第 3 版),高等教育出版社 2016 年版,第 231 页。

未成年人犯罪而言,是不可或缺的。但研究已经表明,刑罚的威慑功能是有限的。犯罪原因的复杂性决定了刑罚的威慑作用不是绝对的,指望单纯用重刑遏制犯罪在历史上从来没有成功的。未成年人犯罪往往不是理性选择而常常是受激情支配,这恐怕不是刑罚威吓所能控制的。"[1]可见,在未成年人犯罪的刑事惩罚政策中,无论是侧重于"严",还是侧重于"宽",其治理效果都不容乐观。事实上,如果立足于未成年人犯罪的原因,由未成年人承担所有的刑事责任也是不够合理的,这容易导致人们忽视家庭、学校、社会在治理未成年人犯罪中所应承担的责任,最终也不利于预防未成年人犯罪。例如,近年来随着未成年人犯罪的暴力化、成人化、低龄化的倾向,人们在治理未成年人犯罪时,往往过于关注对涉罪未成年人采用刑罚手段,然而在合理应对未成年人犯罪的对策体系中,刑罚手段应当置于"迫不得已的最后手段",如果认为刑罚手段是万能的,那么要想真正控制与减少未成年人犯罪,恐怕会事与愿违。因此,在健全刑事惩罚政策的同时,我们更应完善对未成年人犯罪的社会预防政策。

综上所述,有效治理未成年人犯罪应当健全刑事惩罚政策和社会预防政策,同时完善未成年人犯罪的分级干预机制以及加强预防和控制未成年人犯罪工作的专业化建设,如构建相关立法、设立专门机构、培养专业队伍等。对此,下文将主要从健全刑事惩罚政策和社会预防政策两个角度展开论述。

---

[1] 孙国祥:《保护与惩罚:未成年人犯罪刑事政策之选择》,《江苏行政学院学报》2005年第3期。

二、未成年人犯罪的刑事惩罚政策

改革开放40年以来,我国治理未成年人犯罪的刑事惩罚政策逐渐走向现代化、科学化、法治化。"实践表明,未成年人犯罪有其特殊性,承认这一点,就需要制定特殊的定罪、量刑和处遇政策,需要有符合未成年人身心特点的预防对策,要有专门审理未成年人犯罪的实体法和程序法。对未成年人实行非刑化、轻刑化、非监禁化的司法保护,不仅可以维护他们的合法权益,保证对他们处理的公正合法性,同时也有助于对他们的教育、感化和挽救。"①

(一)未成年人犯罪的刑事立法政策

刑事立法政策是指导国家立法机关科学地制定和修改国家刑事立法的刑事政策。② 进而言之,未成年人犯罪刑事立法政策,是指导国家立法机关科学地制定和修改国家有关未成年人犯罪刑事立法的刑事政策,其中主要是关于未成年人刑事实体法、刑事程序法的立法政策。未成年人犯罪刑事立法政策在定罪方面强调非犯罪化,在刑罚方面强调非刑罚化,同时,鉴于未成年人犯罪与成年人犯罪的不同,未成年人犯罪刑事立法应当走向独立化、专业化。

1. 定罪制度

对未成年人犯罪的定罪应当遵循普通刑法确立的一般原则,"少年犯罪的定罪原则首先应服从定罪的基本原则,这符合共性与个性、普

---

① 卢建平:《未成年人犯罪刑事政策的整体完善》,《青少年犯罪问题》2009年第4期。
② 参见王牧主编:《新犯罪学》(第3版),高等教育出版社2016年版,第247页。

遍性与特殊性的关系"①,但又不能将"同罪同判"的理念简单地套用于未成年人犯罪与成年人犯罪,"未成年人的许多动机、目的,包括行为的客观表现经常会偏离类型化行为的特性,对这类行为完全适用成年人的行为类型进行评价,并不符合司法实际,也不符合罪责刑相统一的要求"②。因此,立足于"教育为主、惩罚为辅"原则和宽严相济刑事政策的要求,基于未成年人及其犯罪行为的特殊性,未成年人犯罪的定罪政策呈现出非犯罪化的特点。

(1) 刑事责任年龄的完善。诚如前述,界定未成年人的主要标准是年龄,年龄也是各国刑事立法规定的重要内容。刑事责任年龄的划定通常要根据未成年人的身心状态以及应对犯罪问题的现实需求:一是刑事责任年龄与人的辨认能力和控制能力的相关性。行为人是否具有刑事责任能力,是由辨认能力和控制能力所确定的,而不同年龄阶段的人,其辨认能力和控制能力是有所差异的,如未成年人与成年人对自己行为性质和结果的认识能力有所不同,支配自己行为的能力也有所差异,因此,年龄成为承担刑事责任的重要依据。二是刑事责任年龄与未成年人犯罪的实际状况的相关性。通常而言,在未成年人犯罪高发、低龄化的情况下,人们会呼吁降低刑事责任年龄。目前,世界上绝大多数国家的刑法既确定未成年人的年龄下限,也确定其年龄上限。从我国刑事立法来看,我国刑法规定的刑事责任年龄也趋于完善与科学化。1979年《刑法》第14条规定:"已满十六岁的人犯罪,应当负刑事责任。已满十四岁不满十六岁的人,犯杀人、重伤、抢劫、放火、惯窃罪或者其

---

① 徐建主编:《青少年法学新视野》(上),中国人民公安大学出版社2005年版,第301页。
② 胡云腾、刘晓虎:《对未成年人刑事司法解释若干争议条款的理解》,《人民司法》2006年第6期。

他严重破坏社会秩序罪,应当负刑事责任。已满十四岁不满十八岁的人犯罪,应当从轻或者减轻处罚。因不满十六岁不处罚的,责令他的家长或者监护人加以管教;在必要的时候,也可以由政府收容教养。"可见,1979年《刑法》关于刑事责任年龄的规定已经较为完善,如不满14周岁的人,实施任何危害行为都不构成犯罪,不负刑事责任,这有效地保护了未成年人的权益;但也存在不足之处,即"已满十四岁不满十六岁的人"负刑事责任的范围还不够明确。1997年《刑法》第17条规定:"已满十六周岁的人犯罪,应当负刑事责任。已满十四周岁不满十六周岁的人,犯故意杀人、故意伤害致人重伤或者死亡、强奸、抢劫、贩卖毒品、放火、爆炸、投毒罪的,应当负刑事责任。已满十四周岁不满十八周岁的人犯罪,应当从轻或者减轻处罚。因不满十六周岁不予刑事处罚的,责令他的家长或者监护人加以管教;在必要的时候,也可以由政府收容教养。"可见,1997年《刑法》将未成年人相对负刑事责任的范围限定为"犯故意杀人、故意伤害致人重伤或者死亡、强奸、抢劫、贩卖毒品、放火、爆炸、投毒罪的",明确了相对负刑事责任的范围,有利于罪刑法定原则的适用,也有助于保护未成年人的合法权益。① 近年来随着未成年人犯罪的低龄化问题出现,有观点主张应当降低刑事责任年龄,如把刑事责任年龄的起点降低至13周岁或者12周岁。为了回应这一呼声,中华人民共和国第十三届全国人民代表大会常务委员会第

---

① 需要指出的是,1997年《刑法》规定的相对负刑事责任的范围是8个"行为"还是8个"罪名",学界曾有分歧,2002年7月24日,《全国人民代表大会常务委员会法制工作委员会关于已满十四岁不满十六周岁的人承担刑事责任范围问题的答复意见》指出:"刑法第十七条第二款规定的八种犯罪,是指具体犯罪行为而不是具体罪名。对于刑法第十七条中规定的'犯故意杀人、故意伤害致人重伤或者死亡',是指只要故意实施了杀人、伤害行为并且造成了致人重伤、死亡后果的,都应负刑事责任。而不是指只有犯故意杀人罪、故意伤害罪的,才负刑事责任,绑架撕票的,不负刑事责任。对司法实践中出现的已满十四周岁不满十六周岁的人绑架人质后杀害被绑架人、拐卖妇女、儿童而故意造成被拐卖妇女、儿童重伤或死亡的行为,依据刑法是应当追究其刑事责任的。"

二十四次会议于2020年12月26日通过《中华人民共和国刑法修正案(十一)》,根据该修正案,"已满十二周岁不满十四周岁的人,犯故意杀人、故意伤害罪,致人死亡或者以特别残忍手段致人重伤造成严重残疾,情节恶劣,经最高人民检察院核准追诉的,应当负刑事责任"①。显然,刑罚并非治理未成年人犯罪的唯一方式,造成未成年人犯罪的原因是多方面的,加诸个人的刑罚手段能否起到真正的威慑作用,仍需要进一步的关注与探讨。同时,不能因为降低刑事责任年龄就忽视造成未成年人犯罪的家庭、学校和社会原因,今后完善社会预防政策更为关键。

(2)"出罪化"处理。所谓未成年人危害行为的"非犯罪化",是指在现行的法律制度框架内,通过相关司法解释或具体的司法活动,提高未成年人的入罪门槛,粗疏未成年人犯罪的法网,②简言之,"对未成年人具体行为的犯罪认定上作出不同于成年人的规定,比如规定对未成年人实施的情节轻微的触犯刑法行为,可不认定是犯罪"③。例如,《最高人民法院关于审理未成年人刑事案件具体应用法律若干问题的解释》第6条规定:"已满十四周岁不满十六周岁的人偶尔与幼女发生性行为,情节轻微、未造成严重后果的,不认为是犯罪。"第7条规定:"已满十四周岁不满十六周岁的人使用轻微暴力或者威胁,强行索要其他未成年人随身携带的生活、学习用品或者钱财数量不大,且未造成被害人轻微伤以上或者不敢正常到校学习、生活等危害后果的,不认为是犯罪。已满十六周岁不满十八周岁的人具有前款规定情形的,一般也不

---

① 《中华人民共和国刑法修正案(十一)》第1条。
② 参见孙国祥:《从理念到践行:未成年人犯罪轻缓刑事政策的司法实现途径》,《法学论坛》2008年第4期。
③ 宋英辉、苑宁宁等:《未成年人保护与犯罪预防问题专题研究》,中国检察出版社2020年版,第38页。

认为是犯罪。"第9条规定:"已满十六周岁不满十八周岁的人实施盗窃行为未超过三次,盗窃数额虽已达到'数额较大'标准,但案发后能如实供述全部盗窃事实并积极退赃,且具有下列情形之一的,可以认定为'情节显著轻微危害不大',不认为是犯罪:(一)系又聋又哑的人或者盲人;(二)在共同盗窃中起次要或者辅助作用,或者被胁迫;(三)具有其他轻微情节的。已满十六周岁不满十八周岁的人盗窃未遂或者中止的,可不认为是犯罪。已满十六周岁不满十八周岁的人盗窃自己家庭或者近亲属财物,或者盗窃其他亲属财物但其他亲属要求不予追究的,可不按犯罪处理。"可见,《最高人民法院关于审理未成年人刑事案件具体应用法律若干问题的解释》对某些未成年人犯罪进行了"出罪化"处理,这充分表明未成年人犯罪与成年人犯罪的刑事政策有所区别,体现了对涉罪未成年人慎用刑罚手段,"教育为主、惩罚为辅"的刑事政策。

2. 刑罚制度

刑罚是刑法规定的由国家审判机关依法对犯罪人适用的限制或剥夺其某种权益的最严厉的强制性制裁方法。[①] 总体而言,对于未成年人犯罪,如果能够使用非刑罚处理措施进行矫治,则优先适用非刑罚处理措施。非刑罚处理措施包括司法警告、担保释放令、管教协助令、向被害人致歉和赔偿令、行为规范令、教育矫治令、社会服务令、保护观察令、家庭教育令、转入专门学校等。同时,适用与执行刑罚的特殊制度,包括从宽处罚、不适用死刑和无期徒刑以及剥夺政治权利、不成立一般累犯、从宽适用缓刑、减刑与假释的特殊条件等。[②] 当前,我国未成年

[①] 参见高铭暄、马克昌主编:《刑法学》,北京大学出版社2016年版,第217页。
[②] 参见宋英辉、苑宁宁等:《未成年人保护与犯罪预防问题专题研究》,中国检察出版社2020年版,第38—39页。

人犯罪的刑罚政策总体上具有轻刑化、非刑罚化的特点。

（1）规定对未成年罪犯应当从轻或者减轻处罚。1979年《刑法》第14条第3款规定："已满十四岁不满十八岁的人犯罪，应当从轻或者减轻处罚。"1997年《刑法》第17条第3款也规定："已满十四周岁不满十八周岁的人犯罪，应当从轻或者减轻处罚。"

（2）死刑适用的限制。1979年《刑法》第44条规定："犯罪的时候不满十八岁的人和审判的时候怀孕的妇女，不适用死刑。已满十六岁不满十八岁的，如果所犯罪行特别严重，可以判处死刑缓期二年执行。"可见，1979年《刑法》规定已满十六岁不满十八岁的未成年人可以判处死刑缓期二年执行。1997年《刑法》第49条规定："犯罪的时候不满十八周岁的人和审判的时候怀孕的妇女，不适用死刑。"可见，1997年《刑法》明确规定对不满十八周岁的人不适用死刑，包括不得判处死刑缓期二年执行，"这就彻底贯彻了对未成年犯罪人不适用死刑的原则，从而与中国近年来参加的有关国际公约的规定相符，也充分体现了中国刑法的人道主义精神与对未成年犯罪人生命权利的依法保护"①。

（3）其他刑种的适用问题。近年来，根据未成人的特性，有学者主张应当废除不适合未成年人的刑种。一方面是关于无期徒刑的适用。1979年《刑法》和1997年《刑法》都没有关于对未成年犯罪人不适用无期徒刑的规定，《最高人民法院关于审理未成年人刑事案件具体应用法律若干问题的解释》第13条规定："未成年人犯罪只有罪行极其严重的，才可以适用无期徒刑。对已满十四周岁不满十六周岁的人犯罪一般不判处无期徒刑。"可见，我国可以对未成年犯罪人适用无期徒刑，不过近年来，不少学者主张对未成年人也应当明确规定不适用无期

---

① 卢建平：《未成年人犯罪的刑事政策完善——基于国际人权公约的分析》，《南都学坛（人文社会科学学报）》2009年第3期。

徒刑。另一方面是关于附加刑的适用。"对未成年人附加刑的适用，应当能轻则轻。"①需要指出的是，也有学者主张对未成年人不适用罚金、没收财产、剥夺政治权利，"未成年人一般没有固定的收入和财产，对其适用罚金刑，违背了罪责自负的原则，变相株连无辜，而且难免在未成年人心中滋生有钱可以免罪的错误认识。没收财产是较罚金更为严厉的财产刑，也不适合尚未以自己劳动收入为经济来源的未成年犯罪人。我国刑法第54条所规定的剥夺政治权利的内容对于不满18周岁的未成年人基本没有任何教育意义，除言论、出版等第(2)项外，他们还不能真正行使其他几项权利"②。另外，近年来还有学者提出对未成年犯罪人可以适用不定期刑。③

（4）未成年犯罪人不适用累犯制度。1997年《刑法》规定未成年犯罪人适用累犯制度，《刑法修正案（八）》第6条规定："被判处有期徒刑以上刑罚的犯罪分子，刑罚执行完毕或者赦免以后，在五年以内再犯应当判处有期徒刑以上刑罚之罪的，是累犯，应当从重处罚，但是过失犯罪和不满十八周岁的人犯罪的除外。"根据《刑法修正案（八）》，未成年犯罪人不适用累犯制度。究其原因，"未成年人辨别是非能力和自我控制能力都较成年人弱，容易出现反复，因而再次犯罪的未成年人，其主观恶性和人身危险性不一定大。因此，将未成年人像成年人一样作为累犯适格的主体，并不利于未成年人再犯的改造，只会将其进一步推向犯罪的深渊"④。

---

① 胡云腾：《宽严相济刑事政策与未成年人犯罪量刑》，《预防青少年犯罪研究》2017年第1期。
② 卢建平：《未成年人犯罪刑事政策的整体完善》，《青少年犯罪问题》2009年第4期。
③ 参见卢建平：《未成年人犯罪刑事政策的整体完善》，《青少年犯罪问题》2009年第4期；王宏玉、杨少锋：《我国未成年人犯罪刑事政策探析》，《中国人民公安大学学报（社会科学版）》2010年第2期。
④ 李希慧：《未成年人犯罪之刑事立法完善》，《国家检察官学院学报》2008年第5期。

(5) 未成年犯罪人适用缓刑制度。对未成年犯罪人适用缓刑,可以避免因监禁刑导致的交叉感染问题。对此,《刑法修正案(八)》第11条第1款明确规定:"对于被判处拘役、三年以下有期徒刑的犯罪分子,同时符合下列条件的,可以宣告缓刑,对其中不满十八周岁的人、怀孕的妇女和已满七十五周岁的人,应当宣告缓刑:(一)犯罪情节较轻;(二)有悔罪表现;(三)没有再犯罪的危险;(四)宣告缓刑对所居住社区没有重大不良影响。"

3. 未成年人犯罪刑事法的构建

未成年人犯罪刑事法主要包括未成年人刑法和未成年人刑事诉讼法。王牧教授曾指出,我国有关未成年人违法、犯罪问题的规定包括:《刑法》中关于未成年人犯罪的特殊处理的规定;《刑事诉讼法》中关于未成年人犯罪的特殊处理的规定;《监狱法》中关于未成年人犯罪的特殊处理的规定;《未成年人保护法》中关于未成年人犯罪的特殊处理的规定。可见,我国还没有把未成年人犯罪问题作为与成年人犯罪有本质不同的问题来对待和处理。[①] 为了有效控制和减少未成年人犯罪,笔者认为,今后有必要完善未成年人犯罪刑事法律制度,尤其是向独立的未成年人刑法和未成年人刑事诉讼法的方向发展。

(1) 未成年人刑法的构建。未成年人刑法也可称为少年刑法。有学者认为,少年刑法有广义与狭义之分:狭义的少年刑法仅仅是指规定少年犯罪与刑罚的法律规范的总称,以比照成人犯罪从轻、减轻或者免除处罚的"小刑法"模式为基本特征;广义的少年刑法则是指关于不良行为、少年犯罪,以及保护处分与少年刑罚的法律规范的总称。[②] 就狭

---

① 参见王牧:《关于预防未成年人犯罪的一点认识》,《光明日报》2004年11月10日。
② 参见姚建龙:《转变与革新:论少年刑法的基本立场》,《现代法学》2006年第1期。

义的少年刑法而言,目前主要有三种模式:一是在现行的刑法框架内采用单独的立法模式,如瑞士、俄罗斯、越南等国;二是在普通刑法典之外专设单行少年刑法的立法模式,如德国和日本;三是将相关规范分散地规定在普通刑法典之中,如意大利。① 在中国1997年《刑法》修订过程中,中国刑法学界和最高司法机关都曾提出在刑法典总则中设立未成年人犯罪的专章,但我国1997年《刑法》由于侧重分则的修订而未能在总则中增设此章。对此,卢建平教授认为,若能于刑法典总则中增设未成年人犯罪特殊处遇专章,就可以全面地设置对未成年人犯罪从刑事责任之追究、刑罚裁量之原则到刑种适用、刑罚制度适用乃至保安处分措施之配合等一整套必要的特殊处罚措施,从而有助于对未成年人犯罪的合理、有效的处理,并增强刑法对此一需要特殊保护之弱势群体的人权保障。② 宋英辉教授等人也认为,就刑事实体法而言,改变未成年人刑事立法的分散模式,在刑法典中设立"未成年人犯罪特殊处遇"专章。在专章中,集中规定未成年人在犯罪构成、刑事责任承担方式以及处刑方面的特殊性,特别是要明确对未成年人应当严格限制定罪和适用刑罚,代之以根据未成年人身心特点而建立的多元化的转处措施和转介机制。③ 总之,在我国当前的刑事立法框架下,要制定专门的"少年刑法"或者"未成年人刑法"还有一定的难度。但是从保证未成年人犯罪刑事立法完整性的角度,应在刑法典中设立专章规定"未成

---

① 参见刘凌梅:《我国未成年人犯罪刑事责任立法之展望——以〈国内法与国际法下的未成年人刑事责任决议〉为视角》,《青少年犯罪问题》2007年第1期。
② 参见卢建平:《刑事政策与刑法变革》,中国人民公安大学出版社2011年版,第393—394页。
③ 参见宋英辉、苑宁宁:《完善未成年人保护和犯罪预防法律体系与司法体制的构想》,《预防青少年犯罪研究》2016年第4期。

年人的刑事责任"或"未成年人犯罪特殊处遇"。①

（2）未成年人刑事诉讼法的构建。2012年修订的《刑事诉讼法》实施之前，我国有关未成年人刑事案件的诉讼程序都散见在刑事诉讼法典中，不过总体而言，相对于刑事实体法，针对未成年人犯罪的刑事程序制度更为具体、全面，几乎贯穿于刑事诉讼的诸环节。② 在总结多年少年司法经验的基础上，2012年修订的《刑事诉讼法》专章规定了"未成年人刑事案件诉讼程序"，集中规定了办理未成年人刑事案件的方针与原则、法律援助、社会调查、逮捕措施、讯问、合适成年人在场、附条件不起诉、不公开审理、犯罪记录封存等内容。《刑事诉讼法》有关"未成年人刑事案件诉讼程序"的规定，充分体现了对涉罪未成年人"教育为主、惩罚为辅"的原则，也体现了"保护"立场的未成年人犯罪刑事政策。虽然"未成年人刑事案件诉讼程序"的规定仍旧较为原则，但为今后独立的未成年人刑事诉讼法的构建迈出了关键的一步。在某种意义上，我国当前有关未成年人犯罪的程序法已经实现了在形式上的独立性与专门化，这也必将倒逼未成年人实体法的体系化、系统化建设。可以说，我国未成年人犯罪刑事法的发展路径表现为"司法先行，推动立法""程序法先行，推动实体法"。③

（二）未成年人犯罪的刑事司法政策

刑事司法政策是指导国家刑事司法机关科学地进行刑事司法活动

---

① 参见赵秉志、袁彬：《我国未成年人犯罪刑事立法的发展与完善》，《中国刑事法杂志》2010年第3期。
② 参见卢建平：《未成年人犯罪刑事政策与少年司法制度变革》，《法治研究》2011年第3期。
③ 参见吴羽：《未成年人构罪标准体系建构之理据》，《青少年犯罪问题》2016年第6期。

的刑事政策。① 进而言之,未成年人犯罪刑事司法政策,是指导国家刑事司法机关科学地进行未成年刑事司法活动的刑事政策。《刑事诉讼法》第 277 条第 1 款规定:"对犯罪的未成年人实行教育、感化、挽救的方针,坚持教育为主、惩罚为辅的原则。"该条是"未成年人刑事案件诉讼程序"专章中第一个条文,其明确指出办理未成年人案件应当遵循"教育、感化、挽救"的方针和"教育为主、惩罚为辅"的原则,这也是未成年人刑事司法运作的基本要求。同时,我国《刑事诉讼法》也规定了未成年人刑事诉讼独有的程序或制度。广义上而言,未成年人犯罪刑事司法政策贯穿于侦查、起诉、审判和执行各个阶段,本部分主要探讨侦查、起诉、审判中的刑事司法政策。

1. 全面调查制度

《刑事诉讼法》第 279 条规定:"公安机关、人民检察院、人民法院办理未成年人刑事案件,根据情况可以对未成年犯罪嫌疑人、被告人的成长经历、犯罪原因、监护教育等情况进行调查。"全面调查原则,是指在未成年人刑事诉讼活动中,除了要查清案件事实外,还要对未成年犯罪嫌疑人、被告人的性格特点、生理和心理特征、成长经历、教育背景、社会交往、家庭情况、生活环境、犯罪原因、监护条件、社会帮教情况等进行全面、细致的调查,必要时还可以进行医学、精神病学、心理学等方面的鉴定。② 对未成年人进行全面调查,说明未成年人刑事诉讼关注犯罪的未成年人,而不仅仅是未成年人犯下的罪行,只有对未成年人进行全面调查,才能作出有针对性的处遇,这也是对涉罪未成年人和涉罪成年人区别对待的前提。因此,全面调查原则体现了对涉罪未成年人

---

① 参见王牧主编:《新犯罪学》(第 3 版),高等教育出版社 2016 年版,第 249 页。
② 参见叶青主编:《未成年人刑事诉讼法学》,北京大学出版社 2019 年版,第 56 页。

教育和保护的立场。

2. 逮捕制度

对未成年人限制适用羁押性措施是国际社会通行的做法。《联合国少年司法最低限度标准规则》第13.1规定："审前拘留应仅作为万不得已的手段使用。"我国《刑事诉讼法》也特别强调对未成年人限制适用逮捕措施，《刑事诉讼法》第280条第1款中规定，"对未成年犯罪嫌疑人、被告人应当严格限制适用逮捕措施"，具言之，"在确定是否有逮捕必要时，要从严掌握，不是必须逮捕的，尽可能不采取逮捕措施。对于罪行较轻，具备有效监护条件或者社会帮教措施，没有社会危险性，不会妨害诉讼正常进行的未成年犯罪嫌疑人、被告人，不应适用逮捕措施"[1]。这凸显了保护未成年人的立法意图，也是"教育为主、惩罚为辅"刑事政策的体现，符合少年司法的发展潮流。[2] 有数据统计，2014年全国检察机关共受理审查批捕未成年人犯罪案件32,838件56,276人，其中，不批准逮捕未成年犯罪嫌疑人14,892人，不捕率为26.66%，比全国整体不捕率高7.26个百分点。[3] 因此，立足于对涉罪未成年人"教育为主、惩罚为辅"的原则，今后应当进一步提升对涉罪未成年人采取非羁押性强制措施的比例。

3. 合适成年人在场制度

合适成年人在场制度，是指在未成年人刑事诉讼活动中，法定代理人或者其他合适成年人应当在场以维护未成年人合法权益的制度。我

---

[1] 王爱立主编：《中华人民共和国刑事诉讼法释义》，法律出版社2018年版，第590页。
[2] 参见吴羽：《论未成年人逮捕制度》，《青少年犯罪问题》2018年第2期。
[3] 参见徐日丹：《坚持对未成年人犯罪少捕慎诉促进改过自新》，《检察日报》2015年5月28日。

国《刑事诉讼法》第281条第1款规定:"对于未成年人刑事案件,在讯问和审判的时候,应当通知未成年犯罪嫌疑人、被告人的法定代理人到场。无法通知、法定代理人不能到场或者法定代理人是共犯的,也可以通知未成年犯罪嫌疑人、被告人的其他成年亲属,所在学校、单位、居住地基层组织或者未成年人保护组织的代表到场,并将有关情况记录在案。到场的法定代理人可以代为行使未成年犯罪嫌疑人、被告人的诉讼权利。"合适成年人在场制度"一方面可以弥补未成年人诉讼能力局限的不足,消除未成年人心理上的恐惧和抗拒,有利于刑事诉讼的正常开展;另一方面,还可以防止在诉讼活动中,由于违法行为对未成年人合法权益造成侵害"①。对于未成年人进行讯问和审判时,"应当"通知其法定代理人或者其他合适成年人到场,这对有关机关而言,是法定义务;对未成年人而言,是重要的诉讼权利。质言之,合适成年人在场制度有助于维护未成年人的合法权益,保障刑事诉讼的顺利进行,它也体现了对涉罪未成年人保护、教育为主的刑事政策立场。②

4. 附条件不起诉制度

在起诉制度中,规定了对涉罪未成年人的附条件不起诉。我国《刑事诉讼法》第282条第1款规定:"对于未成年人涉嫌刑法分则第四章、第五章、第六章规定的犯罪,可能判处一年有期徒刑以下刑罚,符合起诉条件,但有悔罪表现的,人民检察院可以作出附条件不起诉的决定。人民检察院在作出附条件不起诉的决定以前,应当听取公安机关、被害人的意见。"显然,附条件不起诉制度体现了对涉罪未成年人"教育为主、惩罚为辅"的原则。附条件不起诉制度给犯轻罪的未成年人

---

① 王爱立主编:《中华人民共和国刑事诉讼法释义》,法律出版社2018年版,第592页。
② 参见叶青主编:《未成年人刑事诉讼法学》,北京大学出版社2019年版,第52—54页。

一次改过自新的机会,避免了执行刑罚对其造成的不利影响,有利于使其接受教育,重新融入正常的社会生活。①

5. 分案处理

分案处理,是指在办理刑事案件过程中,应当将未成年人刑事案件与成年人刑事案件分开处理,在侦查、起诉、审查环节进行程序分离,对未成年人和成年人进行分别关押、分别执行、分别教育、分别管理。②可见,分案处理包括分案侦查、分案起诉、分案审判。最高人民检察院发布的《人民检察院办理未成年人刑事案件的规定》第51条第1款规定:"人民检察院审查未成年人与成年人共同犯罪案件,一般应当将未成年人与成年人分案起诉。但是具有下列情形之一的,可以不分案起诉:(一)未成年人系犯罪集团的组织者或者其他共同犯罪中的主犯的;(二)案件重大、疑难、复杂,分案起诉可能妨碍案件审理的;(三)涉及刑事附带民事诉讼,分案起诉妨碍附带民事诉讼部分审理的;(四)具有其他不宜分案起诉情形的。"《最高人民法院关于适用〈中华人民共和国刑事诉讼法〉的解释》第551条规定:"对分案起诉至同一人民法院的未成年人与成年人共同犯罪案件,可以由同一个审判组织审理;不宜由同一个审判组织审理的,可以分别审理。未成年人与成年人共同犯罪案件,由不同人民法院或者不同审判组织分别审理的,有关人民法院或者审判组织应当互相了解共同犯罪被告人的审判情况,注意全案的量刑平衡。"总之,分案处理原则的首要价值取向在于保护涉罪未成年人的权益。

---

① 参见王爱立主编:《中华人民共和国刑事诉讼法释义》,法律出版社2018年版,第595—596页。
② 参见叶青主编:《未成年人刑事诉讼法学》,北京大学出版社2019年版,第61页。

（三）未成年人犯罪的刑事执行政策

刑事执行政策是指导国家刑罚执行机关科学地进行刑罚执行活动的刑事政策。① 进而言之，未成年人犯罪刑事执行政策，是指导国家刑罚执行机关科学地对未成年罪犯进行刑罚执行活动的刑事政策。总体而言，未成年人犯罪刑事执行政策的主要特征是非监禁化。

1. 减刑与假释制度

基于最有利于未成年人原则，对未成年犯罪人尽量采用非监禁方式是当今世界的通行做法，因为"刑罚是一种最为严厉的惩罚措施，监禁刑自身也存在着一定的弊端，容易造成交叉感染，不利于受监禁人回归社会。监禁刑适用不当将会对未成年人将来的发展造成非常不利的影响，对于整个社会的和谐也是一种潜在的威胁，这不利于构建和谐社会，与社会管理创新理念背道而驰"②。当前，对未成年犯罪人减少监禁刑适用体现在相关国际公约和各国的法律规定中，例如，《儿童权利公约》第37条（b）项规定："不得非法或任意剥夺任何儿童的自由。对儿童的逮捕、拘留或监禁应符合法律规定并仅应作为最后手段，期限应为最短的适当时间。"从国外刑法的规定看，不少国家都针对未成年犯罪人规定了较之成年人更为宽松的缓刑、减刑、假释的条件。③ 在我国，对未成年罪犯适用减刑、假释的标准也要宽松于成年犯罪人，例如，《最高人民法院关于审理未成年人刑事案件具体应用法律若干问题的

---

① 参见王牧主编：《新犯罪学》（第3版），高等教育出版社2016年版，第251页。
② 储槐植、闫雨：《社会管理创新视域下未成年人犯罪刑事政策研究》，《河北法学》2012年第10期。
③ 参见赵秉志、袁彬：《我国未成年人犯罪刑事立法的发展与完善》，《中国刑事法杂志》2010年第3期。

解释》第18条第1款明确规定:"对未成年罪犯的减刑、假释,在掌握标准上可以比照成年罪犯依法适度放宽。"

2. 矫正制度

当前,对未成年犯罪人的矫正类型包括监禁矫正、社区矫正等。监禁矫正是指未成年犯管教所对未成年犯罪人实施惩罚和改造的活动。基于"教育为主、惩罚为辅"的原则,对未成年犯罪人的监禁矫正也应有别于对成年犯罪的监禁矫正,如少年犯管教所实行"教育改造为主,轻微劳动为辅"的方针,实行"半天学习、半天劳动"的矫正方式。与普通监狱相比,少年犯管教所更注重结合未成年罪犯的生理、心理特点,着眼于未成年人尽快回归社会,在伙食标准、医疗条件、教育内容、劳动保护等方面都体现了对少年犯的特殊照顾。[1]

与监禁矫正相对应的行刑方式是社区矫正,社区矫正工作在我国的实践首先针对的是未成年犯罪人。2006年党的十六届六中全会通过的《关于构建社会主义和谐社会若干重大问题的决定》明确提出"实施宽严相济的刑事司法政策,改革未成年人司法制度,积极推行社区矫正"。未成年犯罪人社区矫正是指依法在社区中对未成年社区服刑人员实施惩罚和提供帮助,以促进其过守法生活的刑罚执行活动。[2] "相对于传统的监狱式矫正,社区矫正的最大优势在于可以使罪犯在相对的不与社会隔离的环境中接受教育改造,避免交叉感染,有机会获得社会帮助,接受改造后更有利于其融入社会,对于未成年犯罪人进行社区

---

[1] 参见卢建平:《未成年人犯罪刑事政策与少年司法制度变革》,《法治研究》2011年第3期。

[2] 参见吴宗宪主编:《未成年犯矫正研究》,北京师范大学出版社2012年版,第10页。

矫正是比较合适的矫治办法。"①质言之,社区矫正符合未成年犯罪人及其犯罪行为的特点,有助于未成年犯罪人重新回归社会,这与"教育为主、惩罚为辅"的原则也是相契合的。

三、未成年人犯罪的社会预防政策

社会预防的目的在于减少和消除影响犯罪现象产生的各种社会原因和条件。② 未成年人犯罪社会预防是指消除和削弱形成未成年人的消极个性并引起犯罪的原因、条件和因素,从而防止和减少未成年人犯罪的社会活动。③ 当前,加强社会预防体系建设是减少和控制未成年人犯罪的重要手段,这也是国际社会的通行做法。例如,《联合国预防少年犯罪准则》(《利雅得准则》)第1条中明确规定:"预防少年违法犯罪是社会预防犯罪的一个关键部分。"日本学者大谷实认为:"从刑事政策的角度出发,和成人一样,对少年犯罪也必须采取防止对策。但是,少年年龄小,身心不成熟,社会经验不足,尚在接受家庭和社会的保护,人格还在形成过程中,由此也形成了未成年人犯罪刑事政策。因此,在对其采取防止犯罪对策的时候,必须考虑到这一点。如果将其作为刑事政策的对象,不仅要将犯罪,还要将与将来的犯罪有关的行为乃至行为状况作为对象,在人格尚未定形、具有可塑性的年轻时期,采取以教育为中心的保护,防止犯罪,这才是合理的。从这种观点出发所考

---

① 储槐植、闫雨:《社会管理创新视域下未成年人犯罪刑事政策研究》,《河北法学》2012年第10期。
② 参见张远煌主编:《中国未成年人犯罪的犯罪学研究》,北京师范大学出版社2012年版,第477页。
③ 参见王牧主编:《新犯罪学》(第3版),高等教育出版社2016年版,第234页。

虑的,就是少年非法行为的观念。"①在我国,卢建平教授认为:"我们不能仅仅盯在'未成年人'及其'已然之罪'上,应该体现'提前干预'和'向后延伸'的特征,少年司法的主旨是教育,惩罚为辅助,其所针对的行为不再只是传统意义上的犯罪行为,还包括了一般不良行为和严重不良行为。"②宋英辉教授等人认为:"在处理未成年人犯罪问题时,越来越多的国家意识到未成年人问题的复杂性,要从根源上治理未成年人犯罪,必须综合施策、早期预防,特别是要加强未成年人保护工作,建立健全福利制度。"③

犯罪的社会预防是一个系统工程,需要各方的共同参与,"犯罪预防模式向多机构而非单一机构的方向发展,意味着社会、家庭、个人还有警务人员都将在丰富的犯罪预防体系中起到一定的作用"④。诚如前文所述,未成年人犯罪是由个体、家庭、学校、社会多重因素综合作用的结果,因此,预防未成年人犯罪需要综合治理、各方协同合作,如我国《预防未成年人犯罪法》第4条第1款规定:"预防未成年人犯罪,在各级人民政府组织下,实行综合治理。"可以说,未成年人犯罪的社会预防属于社会性的措施和对策,旨在发挥全社会的力量创造一个优良的社会环境,从而预防未成年人犯罪,未成年人犯罪社会预防体系的关键是要加强综合治理、协同作战。本质上,未成年人犯罪的社会预防是"防患于未然",是一种"治本"措施,是从根本上解决未成年人违法犯罪问题,具有重要的战略意义。⑤改革开放40年以来,我国逐步构建起

---

① [日]大谷实:《刑事政策学》,黎宏译,中国人民大学出版社2009年版,第351页。
② 卢建平:《刑事政策与刑法变革》,中国人民公安大学出版社2011年版,第298页。
③ 宋英辉、苑宁宁等:《未成年人保护与犯罪预防问题专题研究》,中国检察出版社2020年版,第42页。
④ [英]戈登·休斯:《解读犯罪预防——社会控制、风险与后现代》,刘晓梅、刘志松译,中国人民公安大学出版社2009年版,第104页。
⑤ 参见王牧主编:《新犯罪学》(第3版),高等教育出版社2016年版,第234—235页。

未成年人犯罪的社会预防体系,[①]对此,本部分主要从家庭预防、学校预防和社会预防三个方面展开分析。

(一) 家庭预防

在某种程度上,家庭教育是预防未成年人犯罪的第一道防线,是整个未成年人犯罪社会预防体系的中心环节。究其原因,"青少年时期的活动范围主要在家庭,家庭影响、教育对个人身体发育、知识的取得、品质的修养起着重要的作用,因此,和睦、和谐、活泼、积极向上的家庭环境,是抑制、减少犯罪的重要条件"[②]。因此,"通过家庭教育指导提高监护人家庭教育能力,改善未成年人的家庭教育环境,能够有效预防未成年人实施违法犯罪行为"[③]。我国《预防未成年人犯罪法》和《未成年人保护法》都明确规定了家庭教育在预防未成年人犯罪和保护未成年人方面的要求。例如,《预防未成年人犯罪法》第16条规定:"未成年人的父母或者其他监护人对未成年人的预防犯罪教育负有直接责任,应当依法履行监护职责,树立优良家风,培养未成年人良好品行;发现未成年人心理或者行为异常的,应当及时了解情况并进行教育、引导和劝诫,不得拒绝或者怠于履行监护职责。"《未成年人保护法》专章规定了"家庭保护",其中第15条规定:"未成年人的父母或者其他监护人应当学习家庭教育知识,接受家庭教育指导,创造良好、和睦、文明的

---

① 事实上,我国的刑事立法也规定了预防未成年人犯罪的制度措施。例如,《刑法》第100条第2款规定:"犯罪的时候不满十八周岁被判处五年有期徒刑以下刑罚的人,免除前款规定的报告义务。"《刑事诉讼法》第275条规定:"犯罪的时候不满十八周岁,被判处五年有期徒刑以下刑罚的,应当对相关犯罪记录予以封存。"免除前科报告义务和犯罪记录封存制度都有助于涉罪未成年人重新融入社会,防止其再犯。

② 严励:《广义刑事政策视角下的刑事政策横向结构分析》,《北方法学》2011年第3期。

③ 宋英辉、苑宁宁等:《未成年人保护与犯罪预防问题专题研究》,中国检察出版社2020年版,第222页。

家庭环境。共同生活的其他成年家庭成员应当协助未成年人的父母或者其他监护人抚养、教育和保护未成年人。"

一般而言,家庭预防措施内容包括:加强亲职教育,提升父母的家庭教育认知及能力;加强家庭监护,完善对未成年人的监护制度;立法明确家庭教育的职责,督促对未成年人的良好教育。① 有人认为,家庭教育失职导致未成年人犯罪的,未成年人的监护人也应当承担相应的责任。例如,《德国刑法典》第171条规定的"违反照顾与教养义务罪",即重大违背对未满十六岁之人照顾或教养义务者,致该受照顾教养之人因而承受重大损及其身心发展之危险、使其可能形成犯罪倾向,或恐需从事性交易者,处三年以下有期徒刑或罚金。② 还有人认为,当前应当制定"家庭教育立法"。目前,全国人大相关部门已经将家庭教育立法列入议事日程,通过制定专门法律进一步做好预防未成年人犯罪工作。③ 其中,《中华人民共和国家庭教育促进法》已由中华人民共和国第十三届全国人民代表大会常务委员会第三十一次会议于2021年10月23日通过,自2022年1月1日起施行,这无疑将保障家庭预防的成效。

(二)学校预防

学校教育在预防未成年人犯罪中发挥着关键的作用。在法国,校园犯罪预防主要从三个方面进行:一是信息的收集,二是采取有针对性

---

① 参见李春雷、靳高风主编:《犯罪预防学》,中国人民大学出版社2016年版,第279—284页。

② 转引自贾健:《我国未成年人犯罪刑事政策的反思与重构》,《西南政法大学学报》2020年第4期。

③ 参见赵祯祺:《减少未成年人犯罪,需事前预防与事后挽救并举》,《中国人大》2019年第9期。

的教育措施,三是加强相关部委间的合作。① 我国《预防未成年人犯罪法》和《未成年人保护法》都明确规定了学校教育在预防未成年人犯罪和保护未成年人方面的要求。例如,《预防未成年人犯罪法》第 18 条规定:"学校应当聘任从事法治教育的专职或者兼职教师,并可以从司法和执法机关、法学教育和法律服务机构等单位聘请法治副校长、校外法治辅导员。"当然,也有学者认为,法治副校长所起的作用有限,应当通过配备校园警察的方式推动不良行为学生教育。小学配备兼职校园警察,中等职业学校配备专职校园警察,这样可以有效预防中小学生违法犯罪,也可以预防周围违法犯罪分子侵害。②《预防未成年人犯罪法》第 19 条第 1 款规定:"学校应当配备专职或者兼职的心理健康教育教师,开展心理健康教育。学校可以根据实际情况与专业心理健康机构合作,建立心理健康筛查和早期干预机制,预防和解决学生心理、行为异常问题。"同时,《未成年人保护法》专章规定了"学校保护",该法第 25 条规定:"学校应当全面贯彻国家教育方针,坚持立德树人,实施素质教育,提高教育质量,注重培养未成年学生认知能力、合作能力、创新能力和实践能力,促进未成年学生全面发展。学校应当建立未成年学生保护工作制度,健全学生行为规范,培养未成年学生遵纪守法的良好行为习惯。"另外,"教师惩戒权的明确对于轻微触法未成年人的教育和惩罚非常重要,其能够较好地融惩罚于日常教育当中,对于去除轻微触法少年的恶习,具有不可替代的作用"③。

---

① 参见[法]雅克·博里康、朱琳编著:《法国当代刑事政策研究及借鉴》,中国人民公安大学出版社 2011 年版,第 417 页。
② 参见关新苗:《〈江苏省预防未成年人犯罪条例〉立法研讨会综述》,《预防青少年犯罪研究》2016 年第 5 期。
③ 贾健:《我国未成年人犯罪刑事政策的反思与重构》,《西南政法大学学报》2020 年第 4 期。

在学校预防体系中,基于构建完善的罪错未成年人分级干预体系的需要,还应当加强专门学校教育。"分级干预体系正是在尊重未成年人身心特殊性,并在遵循注重保护、强调恢复、积极预防的罪错未成年人处置规律基础上形成的轻重有别、逐渐递进的措施体系"[1],专门学校主要是对有严重不良行为的未成年学生进行教育矫治的场所,因而专门教育处在教育措施和刑罚措施之间,在分级干预体系中发挥着关键作用。《中华人民共和国刑法修正案(十一)》第1条第5款规定:"因不满十六周岁不予刑事处罚的,责令其父母或者其他监护人加以管教;在必要的时候,依法进行专门矫治教育。"同时,《预防未成年人犯罪法》第6条第1款规定:"国家加强专门学校建设,对有严重不良行为的未成年人进行专门教育。专门教育是国民教育体系的组成部分,是对有严重不良行为的未成年人进行教育和矫治的重要保护处分措施。"近年来,专门学校的数量有所增加,师资力量明显增强,教育矫治内容趋于科学化、专业化。[2] 但是,专门教育和专门学校仍无法满足预防未成年人犯罪工作的需求。据统计,目前我国具有专门(工读)学校89所(不包括港澳台地区),比2006年(67所)增加了32.8%,但分布不均(分布在25个省、自治区和直辖市,而且主要集中在大城市或省会城市,比如上海有12所,北京有6所;另外,还有一些人口大省目前尚没有一所专门[工读]学校)、发展层次不齐、分化明显。[3] 总之,当前专门教育仍面临着相关法律规定缺乏可操作性、专门学校缺乏、专门教育缺乏针对性等问题亟待解决。

---

[1] 何挺:《罪错未成年人分级干预的体系性要求》,《人民检察》2020年第19期。
[2] 参见路琦、郭开元、刘燕、张晓冰:《新时期专门学校教育发展研究》,《中国青年研究》2018年第5期。
[3] 参见宋英辉、范宁宁等:《未成年人保护与犯罪预防问题专题研究》,中国检察出版社2020年版,第237页。

（三）社会预防

治理未成年人犯罪的社会预防体系是一个系统工程。对此，我国《未成年人保护法》第 6 条规定："保护未成年人，是国家机关、武装力量、政党、人民团体、企业事业单位、社会组织、城乡基层群众性自治组织、未成年人的监护人以及其他成年人的共同责任。国家、社会、学校和家庭应当教育和帮助未成年人维护自身合法权益，增强自我保护的意识和能力。"同时，《预防未成年人犯罪法》第 4 条第 2 款也规定："国家机关、人民团体、社会组织、企业事业单位、居民委员会、村民委员会、学校、家庭等各负其责、相互配合，共同做好预防未成年人犯罪工作，及时消除滋生未成年人违法犯罪行为的各种消极因素，为未成年人身心健康发展创造良好的社会环境。"可见，广义上而言，社会预防包括家庭预防、学校预防在内的各方主体的社会预防措施。本部分的社会预防体系建设主要探讨实践中存在的两个比较重要的问题：一是健全国家监护制度。诚如前文所述，当前农村留守儿童存在监护缺失的问题，基于国家亲权理论，我们应当尽快完善国家监护制度。具言之，"民政部门是未成年人国家监护的主责机关。民政、公安、检察院、法院、司法行政、教育、卫生计生、医疗、食品药品监督、工商等职能部门，共同承担对儿童教育、健康、保护等职责，应当根据部门的职责分工、未成年人及其家庭的需要，制定各部门的具体措施和办法，并与其他相关国家机关、社会团体、社会力量协调开展工作"[①]。有研究者还提出，对于缺乏管教能力和条件的，应当赋予司法机关转移监护权的权力，将监护权交由社区或其他有能力承担

---

① 宋英辉、苑宁宁等：《未成年人保护与犯罪预防问题专题研究》，中国检察出版社 2020 年版，第 197 页。

责任的机构或个人。① 二是加强未成年人网络安全保护,以应对"未成年人网络犯罪现象"。网络产品和服务提供者应当避免提供可能诱导未成年人沉迷的内容,杜绝淫秽、色情、暴力、迷信、赌博或者涉毒等有害信息的网络传播。② 对此,宋英辉教授等人还提出应当将未成年人网络保护纳入国家网络安全和信息化发展战略、加强未成年人网络保护专门立法、加强未成年人网络素养教育等若干具体建议。③

---

① 参见姬艾佟、禹枫:《从五个方面强化未成年人犯罪预防体系》,《人民检察》2018年第11期。
② 参见仝兴福等:《构建犯罪预防机制 着力根除犯罪诱因——河南高院关于未成年人犯罪案件审理情况的调研报告》,《人民法院报》2020年6月25日,第8版。
③ 具体参见宋英辉、苑宁宁等:《未成年人保护与犯罪预防问题专题研究》,中国检察出版社2020年版,第297—300页。

第九章
金融犯罪治理的现代化

第一节 金融犯罪概述

一、金融犯罪的界定

金融犯罪研究的独立价值,抑或是其与传统犯罪、经济犯罪、财产型犯罪等概念的差异,是金融犯罪研究的起点。厘清金融犯罪的范畴,可以为此后的金融犯罪治理奠定基础。

关于金融犯罪涵盖的范围,有学者提出,金融领域中贪污、贿赂犯罪应从金融犯罪的外延中排除出去。支持此观点的研究认为,这类犯罪虽然破坏了金融管理秩序,但同时也侵犯了公司、企业人员和国家工作人员职务行为的廉洁性,而后者应为行为所侵害的主要的客体,因此,应属于普通的职务犯罪,不应被纳入金融犯罪的领域。① 还有观点认为,这类行为虽然危害了金融管理秩序,但没有"违法从事金融活动或其相关活动"的特征,与抢劫、盗窃银行的犯罪行为一样,不应界定

---

① 参见刘宪权:《金融犯罪刑法学新论》,上海人民出版社2014年版,第6页。

为金融犯罪。① 然而,《刑法》第 183 条对保险行业的职务侵占罪、贪污罪,第 184 条对银行或其他金融机构工作人员的受贿罪,第 185 条的挪用资金罪、挪用公款罪,在立法结构上却归属于《刑法》分则第三章第四节的"破坏金融管理秩序罪"。按照我们依据立法进行犯罪界定的逻辑,这些犯罪是否属于金融犯罪的范畴? 而按照前述,它们与普通的职务犯罪的界限并无实质差别,那么是否应当从金融犯罪中排除出去? 有观点认为,这些犯罪尽管在立法上被归入了金融犯罪类中,但是因侵犯的主要客体不是金融管理秩序,本质上不属于金融犯罪。这些条款仅仅是提示性规定,而不是归类性规定,仅仅是出于"提示金融领域中的贪污、贿赂犯罪时特别要注意划清此罪与彼罪的界限……指出具体的法条适用",因而不能仅仅凭借立法的设计而将它们视作侵害金融管理秩序的金融犯罪的范畴。②

与此相反,有些观点认为,金融犯罪不应当仅仅局限在《刑法》分则第三章第四、五节的内容,从维护金融秩序的角度讲,它的犯罪圈应当有所扩张,将部分传统犯罪也纳入其中。金融犯罪是指所有涉及金融机构以及金融过程的相关犯罪,除了《刑法》分则第三章第四、五节的所有犯罪,也包括第三节中的大部分犯罪以及其他章节的一些符合上述定义的犯罪,如走私假币罪、非法经营罪。③ 尤其是当面临金融创新引发的监管缝隙出现,而刑事司法实务部门受到案件处理的时限约束,不可能等待监管完善才处理案件的问题时,非法经营罪在刑事司法实务部门的流行也就不足为奇了。"既然行为已经呈现出一定的危害,那么寻找立法中一个最合适的罪名也未尝不可,而不能因为'非法经营罪'的'声誉欠佳'而排斥对于金融市场客观危害行为刑事责任的

---

① 参见胡启忠:《金融刑法适用论》,中国检察出版社 2003 年版,第 39 页。
② 参见胡启忠:《金融刑法适用论》,中国检察出版社 2003 年版,第 39 页。
③ 参见顾肖荣、陈玲:《必须防范金融刑事立法的过度扩张》,《法学》2011 年第 6 期。

追究。"所以,对金融犯罪的研究除了将刑事法律特定章节中所规定的金融犯罪作为基础内容,亦应当包括一些非典型性的金融犯罪问题,也可涉及金融职务犯罪或金融腐败问题。① 从刑法介入与金融国情相协调的角度,有观点提出了一种更为宽广的金融犯罪概念,认为金融犯罪的界定不需要再局限于金融领域,而只要是在金融活动中危害金融管理制度和金融市场秩序即可。②

一般认为,金融犯罪的概念中应当包括以下因素:发生在金融领域,违反金融管理法规,破坏金融管理秩序,依照刑法应受刑罚处罚,等等,这在理论上已经成为共识。③ 然而,随着金融体制改革的深化,金融市场的变化势必引发对金融犯罪治理必要性的再思考,对其范畴的界定也有进一步拓展的空间。同时,由于在不同时期的犯罪治理中,一方面多聚焦于金融领域进行犯罪治理;另一方面对于金融犯罪的认识也存在一个发展变化的动态过程。因此,为了方便讨论犯罪治理,本章将采取一种较为宽泛的界定,将金融犯罪界定为金融领域中危害金融管理秩序和市场秩序的违法犯罪行为。

二、金融犯罪的特点

(一) 金融犯罪隐含着巨大的金融风险,影响经济、社会秩序

风险是金融的固有属性,但是金融犯罪创设的风险超出了金融业

---

① 参见毛玲玲:《金融犯罪的实证研究》,法律出版社2014年版,第10、15页。
② 参见陈雪强:《浅议后金融危机时代我国金融犯罪的界定》,《犯罪研究》2012年第5期。
③ 参见刘宪权:《金融犯罪刑法学新论》,上海人民出版社2014年版,第3页。

所能承受的风险范围,给金融秩序与金融安全带来威胁,影响到经济、社会秩序。有学者指出,2008年美国次贷危机发生时,有四分之三的次级贷款存在虚假,甚至有观点认为危机发生的根源之一就在于次级贷款市场的借贷欺诈。① 这些欺诈可以隐含在金融市场上的操纵、盗窃、腐败等金融犯罪行为中。欺诈可以隐藏事实上存在的杠杆,让投资人难以基于事实作出判断。一旦曝光,将击碎市场信心,引发市场的连锁反应。当有人找到避免欺诈限制规则的新方法,一场金融危机往往紧随而至,2008年的金融危机也不例外。② 可见,金融犯罪因为其对金融风险的影响以及随之而来的系列负面影响超出了其他类型的经济犯罪或白领犯罪,呈现出与众不同的特性。

(二) 金融犯罪的边界呈现动态变化状态

一方面,金融业自身的特性决定了金融犯罪的边界始终处于变动中。金融自身的专业性、复杂性使得其中的犯罪行为因难以查处而容易被纵容。风险也意味着收益,金融业对收益的追求使其很容易纵容承担过度风险的行为,并且天然地缺少犯罪防控的内在动力。同时,金融创新、金融科技发展、金融全球化等因素不仅促使行业迅速发展,也给违法犯罪带来了更多的发展机会。另一方面,金融监管的能力和特点同样导致难以形成稳定的金融犯罪边界。在刑事领域,金融犯罪一般被认为是法定犯,因违反法律制度而被视为犯罪;而在行政领域,金融犯罪则是根据行政主体的判断进行界分的。显然,对金融行业的种种行为性质的筛选和处置建立在对金融风险的识别以及对行为和危害

---

① 参见[美]戴维·O.弗里德希斯:《背信犯罪:当代社会的白领犯罪》,刘荣译,法律出版社2018年版,第259—261页。
② 参见[美]弗雷德里克·费尔德坎普、克里斯托弗·惠伦:《金融稳定:欺诈、信心和国家财富》,胡志浩译,经济管理出版社2017年版,第5、209页。

关联性的认知基础上,在某种程度上监管认识和能力决定了金融犯罪的实际范围。监管对于何种行为应予以禁止,取决于当时的金融市场发展状况,同时受到监管外部环境、治理目标等诸多因素的影响。监管需要表现出与时俱进的灵活性,这意味着对金融犯罪的界定和打击措施也会相应变动。此外,每一次监管方案的变化同时会催生出新的犯罪,政策的变化也可能同时激发犯罪的新发展。所以说,与其他犯罪不同,哪些行为属于金融犯罪,实际上难以划分出稳定的边界。

(三)金融犯罪专业化差异明显

一般认为,金融犯罪的行为人需要较为了解金融行业,熟悉相关领域的专业知识和活动特性,具备相关的专业背景,甚至拥有长期从事相关金融业务的经验。加上金融犯罪的科技化、网络化、智能化程度不断提高,犯罪方法的专业性、智能性通常被认为是金融犯罪较为突出的特征之一。[①] 金融科技自身的发展进一步增加了犯罪发生和延伸的可能性,从事市场操纵的主体有能力在高频交易这类高度技术化手段中寻找市场操纵的机会,非法集资、洗钱等非法金融活动借助算法实现快速交易和可复制性,导致非法金融活动带来的金融风险更加具有隐蔽性、交叉性、传染性、复杂性和突发性。这些类型的金融犯罪隐蔽性强,调查难度高,同时犯罪性质更加复杂,有时候即使搜集到证据,对于证据的理解也需要充分的行业背景知识,在犯罪治理方面存在明显的专业壁垒。与此同时,也存在大量与常见的、传统犯罪行为方法相差不大的金融犯罪行为。例如,有的信用卡诈骗罪、保险诈骗罪与普通诈骗罪的行为方式高度一致,只是行为发生的场景不同。并且,如果将贪污贿赂等犯罪纳入金融犯罪的范畴,则更难以用金融方面的专业性作为犯罪

[①] 参见刘燕:《金融犯罪侦查热点问题研究》,知识产权出版社2014年版,第18页。

特性。此外,虽然金融犯罪多发生在金融领域,但金融领域内部细分的行业之间实际上也存在差异。即使是大致的分类,如直接融资与间接融资、证券与期货的基本原理和逻辑就存在显著差异。因此,这种行业内部差异也决定了不同领域、不同类型的金融犯罪之间存在较大的差异性。所以,金融犯罪内部专业性差异明显。

(四) 金融犯罪与其他犯罪关联性强

"金融犯罪是有关'钱'的犯罪,常与得到非法利益的其他犯罪相联系。"① 只要犯罪产生非法所得或者需要资金支持,必然需要解决资金的去向和使用问题。金融机构通过向行贿的公司或个人提供银行服务协助款项划拨,并且为受贿方开立账户等,对可疑交易视而不见或存在疏忽,导致金融体系成为隐匿非法所得资金的途径。恐怖主义需要的资金支持,既有毒品交易、军火贸易、走私等非法收入,又有捐赠、资助、商业收入等正常收入,均通过金融系统在全球进行流动,最终流向恐怖主义目标所在地。其中,不仅涉及典型的洗钱,也包括了部分看上去正常的业务。② 金融系统本身即容易被其他犯罪所利用。"因为有了金融机构,世界范围内的毒品交易、人口贩卖、偷税漏税、行贿受贿、恐怖主义等活动才有了可能。"③ 从这个层面来看,金融犯罪并不是完全独立的一个犯罪类型。金融犯罪与其他犯罪的关联性使得金融犯罪防控的价值不仅限

---

① 刘燕:《金融犯罪侦查热点问题研究》,知识产权出版社2014年版,第20页。
② 据调查,"9·11"从计划到执行所花费的金额为50万美元。其中主要来自德国和阿联酋的小额转账资助,资金全部通过通讯设备和信用卡等渠道提取。其中,策划人哈立德·谢赫·穆罕默德(Khaled Sheikh Mohammed)曾在巴基斯坦给事件参与者提供现金捐赠。这类活动当时并没有引起渣打银行检测模型的警惕。参见[美]史蒂芬·普拉特:《资本犯罪:金融业为何容易滋生犯罪》,赵晓英、张静娟译,中国人民大学出版社2017年版,第153—155页。
③ [美]史蒂芬·普拉特:《资本犯罪:金融业为何容易滋生犯罪》,赵晓英、张静娟译,中国人民大学出版社2017年版,第2页。

于金融领域,其意义和影响可以扩展到社会其他问题的治理上。

第二节 金融犯罪的现状

为了说明金融犯罪现代化治理的样貌与效果,首先需要借助犯罪统计把握金融犯罪的现状。目前,我国的金融犯罪统计主要依赖于公安、检察、法院等机关对其工作中的金融犯罪案件进行周期性的统计观察。这些数据在一定程度上反映了金融犯罪的现状与特征。[①]

一、金融犯罪的数量表现

(一) 1997年《刑法》前的金融犯罪

在我国金融体制改革初期,金融行业体量小,结构简单,从业人员少,违法犯罪情况也相对较轻。1978年,金融犯罪占经济犯罪及其他普通刑事犯罪的比例分别为7%和1.4%,案件标的也只有整个经济犯罪标的的12%。[②] 1979年至1984年,金融系统共立案查处经济案件2,175件,涉及金额只有493万元,犯罪人数为2,285人。[③] 此后,随着

[①] 需要注意的是,借助司法统计来认识犯罪现状受到"犯罪黑数"的限制。但由于除此之外我们别无他选,以及"犯罪黑数"相对稳定,根据犯罪统计来推出犯罪现象的变化是完全可能的。参见[日]大谷实:《刑事政策学》,黎宏译,中国人民大学出版社2009年版,第34、35页。

[②] 参见李晓勇:《金融犯罪及其防范》,杭州大学出版社1998年版,第15页。

[③] 参见赵东平:《历史告诉未来——金融系统打击经济犯罪活动斗争十四年》,载侯颖主编:《改革开放中的金融纪检监察工作》,中国金融出版社1993年版,第292、293页。

整个经济体制改革的推进,经济生活日渐活跃,金融系统经济案件增多的情况也日渐突出。

1985年以后,案件的变化呈现波浪式起伏,这种变化其实与当时的金融市场及监管背景相关。1984年出现了全国性大规模的重复建设、盲目建设,信贷规模失控,以贷谋私的情况频频出现,导致1985—1986年期间出现了案件高发的情况。经过三年"严打",1987年、1988年案件数量大幅下降。到了1988年,由于国家银根收紧,资金供求矛盾激化,以权谋私情况再度加重。由此,1989年、1990年相关案件再次高发。到了1992年,案件数量有所下降,这与金融系统经历了历时一年的"教育、清理、整顿"活动相关(详见图9-1[①])。[②] 此后,金融犯罪逐渐成为经济犯罪中最为突出的一类,无论在案件总量还是危害程度方面都呈现出规模性升级,到1996年,案件数量已经从1992年的4,415件增至8,400件。[③]

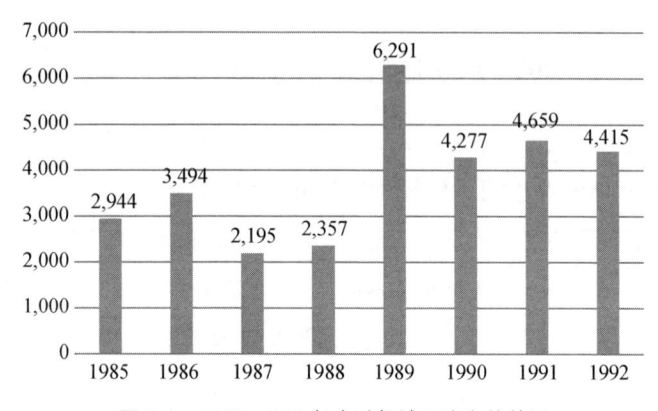

图9-1 1985—1992年金融领域经济案件数量

---

① 参见赵东平:《历史告诉未来——金融系统打击经济犯罪活动斗争十四年》,载侯颖主编:《改革开放中的金融纪检监察工作》,中国金融出版社1993年版,第291—370页。
② 参见秦醒民:《金融犯罪的惩治与预防》,中国检察出版社1996年版,第69页。
③ 参见李晓勇:《金融犯罪及其防范》,杭州大学出版社1998年版,第15、16页。

(二) 1997年《刑法》后的金融犯罪

根据我国法院系统的统计,金融犯罪案件数量整体表现波动较大。案件数量在2000年达到高峰,此后一直维持下降趋势,2006年到达最低谷。2007年开始,金融犯罪数量开始逐年上升,2009年起上升幅度较大(详见图9-2)。2011年、2012年破坏金融管理秩序案件数据不详,但仅金融诈骗案件便分别已经达到7,960件、15,480件。2014年,金融犯罪案件数据不详,但当年检察机关审查起诉的金融犯罪案件已达到22,015件。2015年,全国法院新收一审金融犯罪案件20,379件。2016年、2017年分别有16,406人、17,144人因非法集资等涉众型经济犯罪和互联网金融犯罪被检察机关起诉。因此,基本可以推断,自2007年始,金融犯罪案件数量整体呈现上升趋势,并保持高位。[①]

年份	案件数量
1998	6,302
1999	9,586
2000	10,375
2001	6,674
2002	5,165
2003	3,939
2004	3,428
2005	3,380
2006	3,229
2007	3,433
2008	4,495
2009	6,282
2010	9,062

图9-2 1998—2010年全国金融犯罪案件数量

(三) 区域金融犯罪数量统计——以上海市为例

根据上海市检察机关的统计数据,金融犯罪案件数量自2009年

---

① 参见《中国法律年鉴》(1999—2016年)。另外,案件类型包括破坏金融管理秩序和金融诈骗两种类型,部分统计不详。

始,开始稳步增加,在 2012 年达到峰值。在经历了 2013 年案件数量短暂下降之后,2014 年进一步回升,2016 年略有回落。但是,2016 年涉案人数增多,共计 2,895 人,较上一年度增加 8%,为五年来涉案人数次高的年度,仅次于 2012 年的 3,381 人。此后 2017 年、2018 年案件数量变化不大。在《2019 年上海金融检察情况通报》中,2019 年金融犯罪审查起诉案件数量为 2,063 件,涉案人数 4,228 人,较 2018 年度均略有增长(详见图 9-3①)。

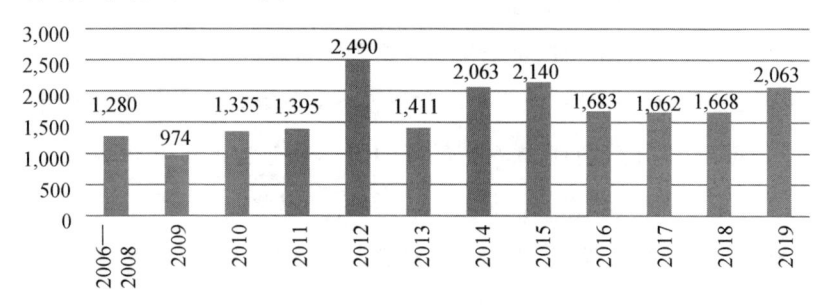

图 9-3 2006—2019 年上海市金融犯罪案件数量

二、金融犯罪的结构组成

(一) 1997 年《刑法》前的金融犯罪结构

在金融刑法体系形成之前,我国金融犯罪打击的主要犯罪类型是发生在金融领域的传统犯罪,主要集中在贪腐类犯罪以及盗窃、诈骗等传统财产犯罪方面(详见图 9-4②)。

---

① 数据来源于上海市人民检察院历年发布的《金融检察白皮书》。
② 参见赵东平:《历史告诉未来——金融系统打击经济犯罪活动斗争十四年》,载侯颖主编:《改革开放中的金融纪检监察工作》,中国金融出版社 1993 年版,第 362 页。

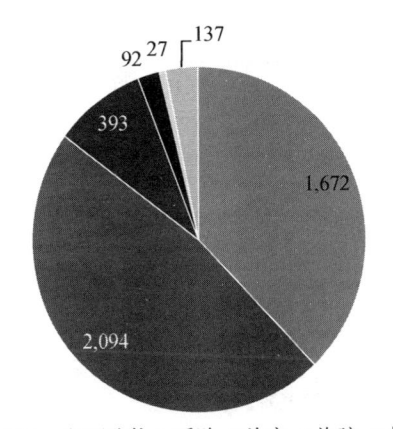

图 9-4 1992 年金融领域经济案件结构图

（饼图数据：贪污 2,094；挪用公款 1,672；受贿 393；盗窃 92；诈骗 27；其他 137）

（二）1997 年《刑法》后的金融犯罪结构

1997 年《刑法》颁布后，金融犯罪的范畴更加清晰，主要集中在分则第三章第四、五节的金融诈骗类犯罪和破坏金融管理秩序类犯罪方面。根据上海市人民检察院的统计，上海市近年来审查起诉金融犯罪案件的具体案件类型分布可参见表 9-1。[①]

表 9-1　2016—2018 年上海市金融犯罪十大罪名

序号	2016 年	2017 年	2018 年
1	信用卡诈骗罪	信用卡诈骗罪	非法吸收公众存款罪
2	非法吸收公众存款罪	非法吸收公众存款罪	信用卡诈骗罪
3	妨害信用卡管理罪	妨害信用卡管理罪	集资诈骗罪
4	保险诈骗罪	集资诈骗罪	妨害信用卡管理罪

---

① 如无特殊说明，上海金融犯罪数据来自上海人民检察院近年发布的《金融检察白皮书》。

（续表）

序号	2016 年	2017 年	2018 年
5	集资诈骗罪	保险诈骗罪	骗取贷款、票据承兑、金融票证罪
6	非法经营罪（金融业务）	骗取贷款、票据承兑、金融票证罪	保险诈骗罪
7	骗取贷款、票据承兑、金融票证罪	窃取、收买、非法提供信用卡信息罪	非法经营罪（金融业务）
8	窃取、收买、非法提供信用卡信息罪	贷款诈骗罪	贷款诈骗罪
9	票据诈骗罪	非法经营罪（金融业务）	窃取、收买、非法提供信用卡信息罪
10	利用未公开信息交易罪	利用未公开信息交易罪	票据诈骗罪

值得说明的是，在 2017 年之前，金融诈骗罪一直是金融犯罪司法统计中数量最多的犯罪类型（详见图 9-5）。由于非法集资问题的集中爆发，非法吸收公众存款罪成为 2019 年第一大罪名，也使得 2019 年上海市金融犯罪的犯罪类型延续了 2018 年的表现，破坏金融管理秩序类犯罪继续位列首位（详见图 9-6）。

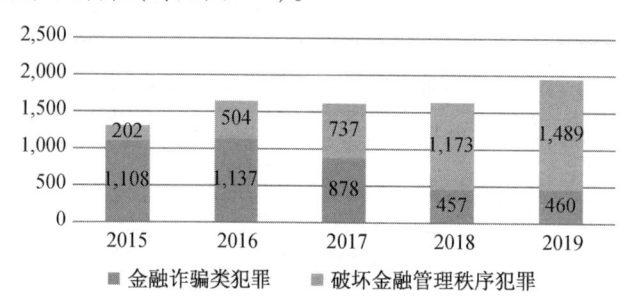

图 9-5 2015—2018 年上海市金融犯罪公诉案件类型对比图

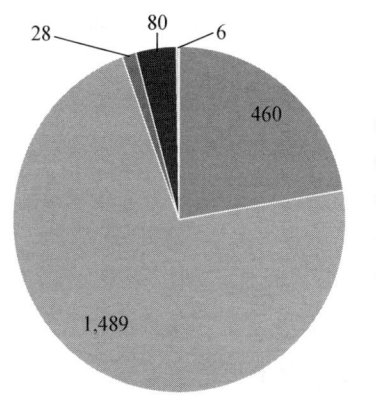

```
     28    80    6
              ╲ │ ╱
                       460    ■ 金融诈骗类犯罪
                              ■ 金融从业人员犯罪
                              ■ 妨害对公司、企业管理秩序类犯罪
                              ■ 破坏金融管理秩序类犯罪
                              ■ 扰乱市场秩序类犯罪

   1,489
```

图 9-6 2019 年度上海市金融犯罪类型结构图

三、金融犯罪的现状分析

纵观上述案件数量统计,可以发现我国的金融犯罪案件数量波动较大。这与我国金融市场及管理体制的发展过程相匹配。无论是打击金融违法行为的监管体系还是控制金融犯罪的刑事立法、司法体系均处于制度建设与摸索过程,并且随着市场发展情况的变化而不断调整,也导致司法成效所反映的犯罪数据的波动。具体而言,当前金融犯罪现状如下:

第一,在涉案行业分布方面,金融犯罪基本以涉银行业领域的犯罪为主,[①]但跨领域犯罪也日益增多。2017 年上海市检察机关共审查起诉涉银行业案件 1,560 件,共计 2,898 人,案件数和涉案人数分别占了全部金融案件的 93.9% 和 93.4%。2018 年银行业犯罪规模也保持数

---

① 涉银行业金融犯罪指涉及资金运行的金融活动中的犯罪,包括假币类犯罪、外汇类犯罪、信用卡类犯罪、非法集资犯罪、骗贷类犯罪、票据类犯罪、金融票证类犯罪、信用证类犯罪、非法经营银行业金融业务犯罪和银行业工作人员等犯罪。

量上的绝对优势,而涉证券业与涉保险业案件在金融犯罪的司法统计中长期占据较小比例。与此同时,随着金融业深化发展,相关犯罪开始呈现出跨领域发展的现象,呈现复合型犯罪特征。一是与传统犯罪领域的复合,比如非法集资与传销、合同诈骗等违法犯罪行为相互融合,采取"互联网+传销+非法集资"的犯罪模式。二是多个金融业务领域间的复合,金融犯罪呈现出交叉化、衍生化趋势。犯罪人利用新型金融产品和业务跨领域的复合性,在银行、保险和证券业交叉"缝隙"中完成犯罪。

第二,在涉及罪名方面,金融犯罪罪名类型稳中有变。一方面,排名前十的金融犯罪罪名类型基本稳定。2016年至2018年的金融检察统计中,除了个别罪名顺序稍有变化外,罪名类型基本保持稳定。鉴于涉嫌变动的罪名实际案件数量很少,这一细微的变动对整个形势的判断影响不大。另一方面,在诸多金融犯罪类型中,信用卡诈骗罪往年发案数量最多,其中又以恶意透支的行为类型为主。根据上海市高级人民法院对2015年金融刑事审判情况的通报,涉信用卡犯罪占全部审结生效的金融犯罪案件的90.9%,其中信用卡诈骗1,076件,占全部金融犯罪案件的81.5%,并且,以恶意透支型信用卡诈骗为主,共计1,018件,占全部信用卡诈骗犯罪的94.6%。但这一结构分布已经发生了改变。2018年,非法吸收公众存款罪的案件数量上升到1,065件,集资诈骗罪案件数量则为75件,非法集资犯罪数量同比上升72%,同时占据当年全部犯罪数量的68%,非法吸收公众存款罪超越信用卡诈骗罪成为数量最多的罪名。

第三,在行为类型方面,金融犯罪新类型案件不断出现,行为类型更加复杂多样。在2018年金融犯罪的司法统计中可以发现,目前金融犯罪的行为类型演化主要体现出以下特征:首先,利用互联网实施的金融犯罪越来越多,手法多元,使网络虚拟空间逐渐成为金融犯罪的风险区域。传统侵财类犯罪手法互联网化,如通过非法获取个人相关互联网账户密码或通过替换商家的微信、支付宝收款二维码实施盗窃、诈骗等财产型犯罪;结合互联网金融业务品种异化出新的金融违法犯罪样态,出现了以虚假订单骗取淘宝运费险以及借助 P2P 平台实施非法集资犯罪等案件;在传统金融市场和业务中的互联网运用场景中寻求犯罪机会,如利用国外网络非法经营境内证券产品等。其次,金融犯罪组织化、集团化特征明显,犯罪分工明确细致,整个犯罪链条不断拉长,准备型犯罪和后续型犯罪出现,同时跨境型犯罪的比重也逐渐增大。比如伴随着非法集资等金融犯罪高发,为金融违法犯罪活动处置、转移犯罪所得的洗钱犯罪近两年数量有所上升。跨境实施信用卡诈骗的新型犯罪活动频频发生,犯罪组织化、集团化趋势明显。最后,为了达成犯罪目标,犯罪人采取多种犯罪行为混合的手法。如在涉证券业犯罪中,行为人采取信息型操纵与交易型操纵交织手段实现证券市场的操纵。

第四,在社会影响方面,金融犯罪的社会影响明显增强,案件后续处置压力增大。这与涉众类金融犯罪案件数量增加、大案要案频发、涉案数额不断攀升的现实直接相关。2015 年,仅在"泛鑫案"一起案件中,集资诈骗金额就达到 13 亿余元,至案发共造成三千余名被害人实际损失 8 亿余元。2018 年新发非法集资案件中有数十件犯罪数额特别巨大。而在诸多非法集资案件中,借助网络借贷平台实施成为目前最常见的行为类型。网络借贷平台不仅信息传播速度更快,覆盖范围更大,涉及投资人更多更分散,涉及投资金额更大,而且资金汇集转移更迅速,交易透明度有限,容易被犯罪人所利用。这类案件不但犯罪手法复杂多变,难以甄别,而且涉案金额大、波及地域广、被害人人数众多,造成了不良的社会影响,刑事审判与追赃等处置压力日渐增大。

第五,在金融行业内部,金融从业人员犯罪涉案金额持续增长,从业人员共同犯罪、贪腐问题值得关注。一是涉案金额持续性增长。自2015年以来,上海检察机关每年受理金融从业人员犯罪案件数、涉案人数平稳,但涉案金额迅猛增长,大案要案频发。二是从业人员共同犯罪现象频发。2018年31件金融从业人员犯罪案件中,共同犯罪多达10件,占总数的32.26%,金融从业人员内部勾结或与社会人员内外勾结作案现象突出。三是金融业职务类犯罪案件增多,普通金融从业者职务侵占、非国家工作人员受贿、挪用资金、挪用公款等传统职务犯罪类案件数量持续增加。

第三节　金融犯罪的原因分析

一、金融市场因素

其一,金融市场现存缺陷成为部分金融犯罪发生的诱因。例如,目前企业融资渠道不畅,尤其是对中小私营企业的资金扶持渠道和力度不足。而在市场上,当前企业主要依赖的银行体系间接融资成本较高,难获取,导致部分企业在面临资金压力时,容易涉险自行向社会募集资金。如果经营不善,资金难以及时归还,或经营者携款跑路,将演化为非法集资类犯罪。

其二,金融市场的发展同时给犯罪带来"更新换代"的机会。例如,伴随互联网金融的高速发展和金融创新的深入,P2P网络借贷、众筹、金融互助等新型的金融工具层出不穷,传统的金融犯罪同时借助互联网进行了技术升级,行为更加复杂和隐蔽,往往披着合法的外衣出现,增加了犯罪预防和控制的难度。

其三,金融机构天然的逐利性在一定程度上纵容了犯罪的发生。随着金融业务的繁荣发展,市场上的金融机构面临越来越大的竞争压力。为了增强竞争力,抢占市场,增加短期利润,金融机构容易使风险控制流于表面。机构自管自控机制不够完善,内部管理失范,自有的金融监管规章制度失效,在一定程度上为金融犯罪活动提供了条件。可以说,金融机构奉行的用户至上主义,衍生了金融犯罪的空间。①

二、金融监管因素

虽然我国一直注重强化和完善金融监管制度,但是从实际效果来看,监管制度有待健全。例如,金融创新产生了一系列新型金融形式,而相关监管法律法规难以及时出台,相应监管措施滞后。如近年来P2P 频频暴雷,在一定程度上也与之前金融监管未能及时就位密切相关。而对于证券市场,目前的监管有效性也不高,监管缺少严密性和前瞻性,综合性考虑不够,针对性、权威性和及时性同样水平普通,而行政、政策手段运用也欠妥。这些原因导致证券领域违法违规现象频出,市场波动频率和幅度过高过大,未能达到健康、平稳发展的目标。②

三、犯罪人因素

当前金融犯罪组织严密,专业化、职业化、集团化特征明显,这与犯

---

① 参见毛玲玲:《金融犯罪的实证研究》,法律出版社 2014 年版,第 44 页。
② 参见郝旭光:《证券监管效果论》,对外经济贸易大学出版社 2017 年版,第 166—177 页。

罪人的职业化、专业化程度较高相关。由于金融行业门槛高,职业性强,这些犯罪人对市场和制度的了解程度更高,同时又掌握信息、资金、专业知识等优势资源,具备将犯罪行为隐蔽于正常的交易形式中的能力,容易助长犯罪的发生。

四、被害人因素

被害人自身的贪利心理和防范意识淡薄是诱发和强化金融犯罪发生的因素。[①] 例如,近年来民间流动性资本日渐增多,但是国内投资渠道相对有限,公众在经济利益的驱使下,往往贪图投资无风险的高额回报,在作出投资选择时往往欠缺理性思考。犯罪人正是抓住了公众的这种心理,编造各种投资理财项目和盈利假象,诱骗投资者参与,从而诱发多种涉众型金融犯罪。

第四节 金融犯罪的治理

在我国金融犯罪的治理过程中,刑事立法发挥着核心作用。通过梳理我国刑事立法的演化过程,可以发现金融犯罪治理的思路与特征。

---

① 参见吴羽、李振林:《金融犯罪防治研究》,中国政法大学出版社2018年版,第41页。

一、金融犯罪的刑事立法演化

(一) 1997年《刑法》前的金融犯罪刑事立法

改革开放初期,我国经济普遍受到计划经济体制思维的影响,金融活动相对简单,金融市场还没有形成,金融监管的压力较小,并不需要处理像今天这么多纷繁复杂的金融交易,应对如此复杂多变的金融环境。因此,受到历史发展阶段的限制,刑法规定中的金融犯罪范围也十分狭小,主要囊括外汇、货币、金融机构设立和运作中的犯罪行为。

我国1979年《刑法》规定金融相关犯罪的条文很少,在分则第三章"破坏社会主义市场经济秩序罪"中,仅仅在第122条规定了伪造和贩运伪造的国家货币罪,以及在第123条中规定了伪造有价证券罪。同时,受到当时计划经济思维的影响,投机倒把罪成为所谓的"口袋罪",在司法实践中也适用于一些严重违反当时金融法规的行为,如倒买倒卖外汇牟利或者从事高利贷、擅自设立金融机构等。而此时,金融诈骗类犯罪也没有从诈骗罪中独立出来。对于这部刑法典中涉及的金融诈骗行为,统一适用第152条诈骗罪的罪名。沿着类似的思路,全国人大常委会随后颁布了一系列"补充规定""决定",进一步明确对上述行为的严惩。例如,1982年3月8日,五届全国人大常委会第二十二次会议通过了《关于严惩严重破坏经济的犯罪的决定》,其中第1条修改了当时刑法中关于"走私、套汇、投机倒把牟取暴利罪"的刑事处罚,将原有的非死刑罪名升格为死刑罪名,以彰显坚决打击相关犯罪活动的决心。1988年1月21日,六届全国人大常委会第二十四次会议通过了

《关于惩治走私罪的补充规定》,开始把逃汇行为纳入刑法的规制范畴。1995年2月28日,八届全国人大常委会第十二次会议通过了《关于惩治违反公司法的犯罪的决定》,将擅自发行股票、公司债券行为划入刑法犯罪圈。同年6月30日,全国人大常委会第十四次会议通过《关于惩治破坏金融秩序犯罪的决定》,开启了我国系统规定金融相关犯罪的先河。①《关于惩治破坏金融秩序犯罪的决定》涉及货币、外汇、证券、金融机构经营管理、信贷、金融票证和金融诈骗等诸多领域的犯罪行为,初步形成了我国金融刑法的基本范畴。因其明确的指向性,被认为是"我国金融刑事立法发展道路上具有里程碑意义的一部法律"②。

(二) 1997年《刑法》后的金融犯罪刑事立法

1997年《刑法》对金融犯罪的罪名体系进行了大规模的扩充。分则第三章"破坏社会主义市场经济秩序罪"中的第四节"破坏金融管理秩序罪"、第五节"金融诈骗罪"分别包含破坏金融管理秩序罪名24个,金融诈骗罪名8个,共同构成了金融刑法的核心内容。此次修订的政策取向不同于1979年《刑法》,已经从强调保护计划经济秩序为核心转向强调保护社会主义市场经济秩序。而大规模的行为入罪则充分体现了刑法积极介入经济活动的倾向。同时,刑法选择金融管理秩序等作为保护的法益,明显强化了对集体法益的保护,致力于保护行政法构建的社会管理秩序,体现了立法者对社会风险的担忧。③

---

① 根据当时全国人大常委会法制工作委员会主任顾昂然先生在《关于惩治破坏金融秩序的犯罪分子的决定(草案)的说明》中提及的,金融犯罪是指金融领域中破坏金融秩序的犯罪活动。
② 胡启忠:《金融刑法适用论》,中国检察出版社2003年版,第17页。
③ 参见姜涛:《社会风险的刑法调控及其模式改造》,《中国社会科学》2019年第7期。

1998年12月29日,全国人大常委会通过《关于惩治骗购外汇、逃汇和非法买卖外汇犯罪的决定》,增加了骗购外汇的规定,以单行刑法的形式对外汇犯罪进行了规定,修改了1997年《刑法》关于逃汇罪的罪状和法定刑。此时,1997年《刑法》刚施行一年,在中国人民银行的要求下,国务院就提请全国人大常委会审议《关于惩治骗购外汇、逃汇和非法买卖外汇犯罪的决定(草案)》。立法的原因主要在于1997年第四季度以来,亚洲金融危机爆发,一些不法分子千方百计骗购外汇,非法截留、转移和买卖外汇,活动十分猖獗,发案数量激增,涉案金额巨大,而1997《刑法》颁布之初,因当时逐步放宽外汇管制形势的需要,只限于对部分逃汇行为的处罚,没有追究骗购外汇和非法买卖外汇的刑事责任。其实,1998年8月28日,最高人民法院为了惩治违反外汇管理的非法活动,加大打击力度,已经公布了《最高人民法院关于审理骗购外汇、非法买卖外汇刑事案件具体应用法律若干问题的解释》,为当时打击违反外汇管理的违法犯罪行为提供了法律依据。但是,这一司法解释并不能解决新发生的违法问题。例如,对骗购外汇只能按伪造公文罪处罚,难以对使用假单证骗汇者给予处罚;非国有单位只有勾结国有单位共同逃汇的,才能按共同犯罪追究刑事责任,而对没有勾结国有单位的逃汇行为,则无法追究刑事责任。① 于是,在1997《刑法》刚刚颁布一年、新的司法解释发布两个月之后,10月27日,中国人民银行在全国人民代表大会常务委员会第五次会议上提出了《关于惩治骗购外汇、逃汇和非法买卖外汇犯罪的决定(草案)》。

1999年《刑法修正案》结合金融市场发展情况,开始追究期货交易

---

① 参见戴相龙:《对〈关于惩治骗购外汇、逃汇和非法买卖外汇犯罪的决定(草案)〉的说明》,载中国人大网,http://www.npc.gov.cn/wxzl/gongbao/1998-10/27/content_1480042.htm,2021年1月15日访问。

中的内幕交易、泄露内幕信息,编造并传播期货交易虚假信息,诱骗投资者买卖期货合约和操纵期货交易价格行为的刑事责任;增加了对擅自设立证券、期货、保险机构和伪造、变造、转让其经营许可证或者批准文件行为追究刑事责任的规定;要求证券、期货、保险机构工作人员对挪用本单位或者客户资金的行为承担刑事责任。这些规定与当时司法实践中出现的问题及监管导向相关。以新纳入1997年《刑法》的期货市场的犯罪为例,在1990年期货市场开始试点以后,①期货市场发展迅速的同时也出现了很多问题。依据1999年6月国务院颁布的《期货交易管理暂行条例》,监管部门进行了大规模的清理整顿期货市场的工作,期间发现了影响期货市场健康发展的一些问题,如有些单位或个人以期货信息公司或咨询公司的名义进行欺诈,致使客户资金损失等。于是,国务院在此前的九届全国人大常委会第十次会议上提出了《关于惩治期货犯罪的决定(草案)》,建议将擅自设立期货交易所、期货经纪公司等行为规定为犯罪。最终,出于刑法典统一性、司法便利性的考量,立法机关认为不宜单独出台决定,而采取《刑法修正案》的形式,以"维护刑法典的完整性和稳定性"②。

2001年《刑法修正案(三)》将"恐怖活动犯罪"增设为洗钱罪的上游罪名,并针对单位主体增加了"情节严重的,处五年以上十年以下有期徒刑"的量刑幅度。此前,联合国已经在1999年12月通过了《制止向恐怖主义提供资助的国际公约》(International Convention for the Suppression of the Financing of Terrorism),要求成员国采取立法等措施杜绝恐怖主义者获得任何直接或间接的资助。2000年3月国务院颁布的

---

① 1990年10月12日,我国第一家以现货交易为基础,正式引入期货交易机制的全国性批发市场——郑州粮食批发市场正式开业,标志着当代中国期货市场的诞生和现代化期货交易所的出现。

② 黄太云:《刑法修正案涉及的主要问题》,《中国人大》2000年第1期。

《个人存款账户实名制规定》已经为反洗钱行动的客户尽职调查提供了金融制度上的依据。2001年,"9·11"事件发生以后,预防和打击恐怖主义活动成为国际上的普遍共识。受全球反恐潮流的影响,《刑法修正案(三)》把"恐怖活动犯罪"列为洗钱罪的上游罪名,重点在于从经济源头上遏制恐怖活动的发生,打击恐怖主义组织犯罪。

2005年《刑法修正案(五)》在伪造、变造金融票证罪的基础上,加入了妨害信用卡管理秩序的规定,并修改了信用卡诈骗罪的行为模式,增加了"使用以虚假的身份证明骗领的信用卡的"诈骗情形。此次修订源自2004年全国政协全会的一个提案,供职于中国建设银行信用卡中心的政协委员赵宇梓在该提案中提出"加快完善信用卡犯罪立法,加大信用卡犯罪打击力度"。随后,2004年3月12日,中国人民银行、银监会和中国银联专门就此项提案召开了"防范银行卡犯罪法律座谈会",呼吁加快有关立法。[①] 当时,我国每年银行卡犯罪金额在1亿元左右,随着银行卡产业的高速增长,各类银行卡犯罪日趋严重,仅2004年上半年的发案数就超过2003年全年。[②] 从刑事司法实践的反馈来看,信用卡犯罪已经形成了组织化的犯罪模式,各个信用卡犯罪组织进行细致分工,由不同犯罪组织的人分别实施各个环节,增加了罪名认定的难度。根据1997年《刑法》原有的规定,只能对伪造信用卡行为以伪造金融凭证罪定罪处罚,对伪造之外的其他的妨害信用卡管理、破坏金融管理秩序的行为无法定罪处罚。因此,《刑法修正案(五)》补充加入了妨害信用卡管理秩序罪的内容,将信用卡犯罪的各个环节独立定罪,以便应对信用卡犯罪专业化、组织化的趋势。同时,司法实务中也

---

① 参见俞明骁:《一个提案促成一个刑法修正案》,载新浪网,http://news.sina.com.cn/o/2005-03-04/15215268564s.shtml,2021年3月23日访问。

② 参见黄太云:《〈刑法修正案(五)〉的理解与适用》,《人民检察》2005年第6期。

出现了大量以虚假身份骗领信用卡的行为,关于如何对其定性的争议很大。有的主张定为诈骗罪,有的主张定为信用卡诈骗罪,有的则主张法无明文规定不为罪。① 对此,在第 196 条第 1 款第(一)项"使用伪造的信用卡的"情形中增加了"使用以虚假的身份证明骗领的信用卡的",进一步完善了 1997 年《刑法》关于信用卡诈骗罪的规定。

2006 年《刑法修正案(六)》的修订篇幅较大,其中三分之一涉及金融犯罪的修订。此次修正案新增了两项金融犯罪的规定,包括第 175 条之一的骗用贷款、金融票证的犯罪以及第 185 条之一有关擅自运用客户资金或其他委托、信托的财产和违规运用资金的犯罪;修正了"操纵证券、期货交易价格罪",将"操纵证券、期货交易价格"修改为"操纵证券、期货市场",同时删除了"获取不正当利益或转嫁风险"等内容;对违法向关系人发放贷款罪、违法发放贷款罪进行修正,并将认定标准改为涉及资金数额巨大或有其他严重情节,不再仅仅限于行为造成的损失;把用账外客户资金非法拆借、发放贷款罪修改为只要吸收客户资金不入账,数额巨大或造成重大损失的即可追究刑事责任,不再要求用于非法拆借、发放贷款;修订了非法出具金融票证罪,并进一步增加了洗钱罪的上游犯罪,使得洗钱罪的上游犯罪扩展为毒品犯罪、黑社会性质的组织犯罪、恐怖活动犯罪、走私犯罪、贪污贿赂犯罪、破坏金融管理秩序犯罪、金融诈骗犯罪。

2009 年《刑法修正案(七)》对内幕交易、泄露内幕信息罪进行了修补,增加了关于"老鼠仓"的规定。在此之前,证监会查处了一批"老鼠仓"案件,如上投摩根唐建案、南方基金王黎敏案等,这些案件危害较大,对业界影响深远,但是由于当时没有相关的刑法规定,只能进行

---

① 参见韩耀元、张玉梅:《对〈刑法修正案(五)〉的解读》,载中共中央纪律检查委员会网站,http://www.ccdi.gov.cn/djfg/fgsy/201308/t20130805_114196.html。

行政处罚。在证监会的推动下,《刑法修正案(七)》完成了相关内容的修改。

2011年《刑法修正案(八)》废止了票据诈骗罪、金融凭证诈骗罪、信用证诈骗罪的死刑,保留了集资诈骗罪的死刑。此前,2008年11月28日通过的《中央关于深化司法体制和工作机制改革若干问题的意见》曾提出:"完善死刑法律规定。适当减少死刑罪名,调整有期徒刑、无期徒刑和死刑之间的结构关系。"尤其是2007年死刑核准权收归最高人民法院之后,实际核准执行死刑案件数量下降,但严重命案数量并没有上升,说明死刑的威慑作用是有限的。同时,"根据我国现阶段经济社会发展实际,适当取消一些经济性非暴力犯罪的死刑,不会给我国社会稳定大局和治安形势带来负面影响"①。在这样的背景下,响应中央司法改革的号召,我国开始逐渐调整刑罚结构,缩减死刑适用的范围。

2015年《刑法修正案(九)》取消了集资诈骗罪、伪造货币罪的死刑。此前,在《刑法修正案(八)》审议讨论之时,曾有观点认为集资诈骗罪的被害人往往是不特定的群众,数量众多,涉案金额巨大,影响社会稳定,所以从审慎考虑的角度保留了该罪的死刑。但是,一方面,保留集资诈骗罪的死刑在条文逻辑关系上存在矛盾;②另一方面,集资诈骗罪毕竟属于金融诈骗犯罪,在性质上属于非暴力的经济性犯罪,最高判处无期徒刑已经符合罪刑相适应原则的要求。同时,吴英等案件的出现引发了社会上广泛的争议,反对对经济犯罪适用死刑的观点越来

---

① 李适时:《关于〈中华人民共和国刑法修正案(八)(草案)〉的说明》,载中国人大网,http://www.npc.gov.cn/huiyi/cwh/1116/2010-08/28/content_1593165.htm。

② 我国《刑法》第199条的内容原本是统一规定票据诈骗罪、金融凭证诈骗罪和信用证诈骗罪犯罪的死刑。在《刑法修正案(八)》取消票据诈骗罪、金融凭证诈骗罪和信用证诈骗罪的死刑后,只剩下集资诈骗罪保留死刑,这样在立法技术上就产生了矛盾,因为如果只有集资诈骗罪设死刑,可以直接规定在集资诈骗罪的条款里。

越多。① 而关于伪造货币罪,经过有关部门广泛研究和征询意见,在慎重评估之后,考虑到伪造货币犯罪属于牟利性犯罪,现实中很少适用死刑,无期徒刑足以适应打击需要,且能做到罪刑相适应,因此取消了伪造货币犯罪的死刑。② 自此,我国金融犯罪不再适用死刑。同时,还把集资诈骗罪的量刑幅度由原来的四档减为三档。此外,《刑法修正案(九)》新增了"从业禁止"的规定。从法条的位置和罪名的设置来看,"从业禁止"就是"非刑罚处罚措施"之一,可以被视为金融犯罪法定刑的一种进步与完善。③

2020年《刑法修正案(十一)》涉及金融犯罪的8个刑法条文,占据近六分之一的篇幅,体现了国家对于金融安全的重视。针对资本市场违法犯罪日益严重的现状,同时配合2019年《证券法》修订的内容,《刑法修正案(十一)》加大了对证券期货类犯罪的惩治范围和力度;④ 针对司法实践中出现了骗取贷款、票据承兑、金融票证罪打击面过宽的问题,修改了这类犯罪的入罪条件,⑤ 提升刑法规制范围的合理性;回应国务院办公厅2017年发布的《关于完善反洗钱、反恐怖融资和反逃税监管体制的意见》中"研究扩大洗钱罪的上游犯罪范围,将上游犯罪本犯纳入洗钱罪的主体范围",拓展了洗钱罪的打击范围;⑥ 结合非法

---

① 吴英因集资诈骗罪一审被判处死刑的结果引发社会强烈讨论,民意普遍对该一审结果持批评态度,这引起了最高人民法院的注意,最终在死刑复核该案时未核准吴英的死刑。
② 参见全国人大常委会法制工作委员会刑法室编著:《中华人民共和国刑法修正案(九)解读》,中国法制出版社2015年版,第87页。
③ 参见刘宪权:《我国金融犯罪刑事立法的逻辑与规律》,《政治与法律》2017年第4期。
④ 如在欺诈发行股票、债券罪中,扩大了隐瞒重要事实或编造重大虚假内容的文件范围,取消了对个人罚金处罚的数额限制等。
⑤ 如删除了内容过于模糊的"有其他严重情节的"入罪条件。
⑥ 如将洗钱罪客观行为方式的表述由"明知是……犯罪"修改为"为掩饰、隐瞒……犯罪",并删除原条文中所有"协助"的表述,从而使部分"自洗钱"行为进入洗钱罪的打击范围。

集资犯罪治理形势,对非法吸收公众存款、集资诈骗罪进行了完善。①

总之,自 1997 年《刑法》颁布至今,先后经历了 11 次《刑法修正案》的增补修订,其中有 8 次修订涉及金融犯罪的罪名、罪状和法定刑;最终形成了包含有 38 项罪名的金融犯罪刑法体系,其中包括 30 项破坏金融管理秩序罪、8 项金融诈骗罪。

二、金融犯罪的刑事司法政策

司法统计反映了金融犯罪刑事司法政策的直接成效。我国金融犯罪刑事司法治理有以下特征:

(一)金融犯罪刑事司法政策符合金融市场发展现状

从前述金融犯罪司法统计数据中可以看出,无论是从犯罪数量还是具体类型上来看,长期以来,银行业相关的犯罪占据绝对多数,其他金融行业犯罪数量占比很小。从金融的角度来说,银行是金融资源融通的载体,在世界各国的金融体系中,均处于核心地位。我国更是如此。据统计,截至 2019 年 4 月末,我国有 4,500 多家银行业金融机构,总资产 268 万亿元,而金融业总资产为 300 万亿元,银行业占据 89%。②因此,刑事司法对银行业加以重点关注,实际上与金融市场的构成结构

---

① 如将集资诈骗罪法定最低刑从拘役提高至三年有期徒刑,非法吸收公众存款罪增加一档法定刑,"数额特别巨大或者有其他特别严重情节的,处十年以上有期徒刑,并处罚金"。

② 参见《砥砺奋进、续写辉煌:三部门负责人回顾 70 年中国经济社会发展成就》,载新华网,http://www.xinhuanet.com//2019-09/24/c_1125035585.htm,2019 年 11 月 10 日访问。

相匹配。

在最新的统计数据中,金融犯罪数量最多的案件类型已经从以往的信用卡犯罪转变成非法集资犯罪,恰恰与近几年我国金融市场面临的严峻的非法集资形势密切相关。相关案件持续高发,手段不断翻新,金额不断攀升,并且借助互联网金融的兴起迅速在社会上蔓延,社会影响巨大。2018 年,上海市浦东新区人民检察院审查起诉了 302 件非法集资案件,其中涉案金额百亿以上的有 6 件。这些案件涉及数亿未兑付资金以及数以万计的参与人,给金融市场管理、社会治理带来了现实的压力。非法集资犯罪代替了信用卡犯罪成为司法关注的重点,在司法资源有限的当下具有充分的合理性。

此外,金融犯罪的刑事司法政策的效果与区域金融市场的发展状况有关。如前文所述,区域金融业越发达,金融资源越丰富,交易越频繁,犯罪机会越多,金融违法犯罪的数量也越多。相应地,在金融犯罪领域防控方面的司法资源投入更多,刑事司法政策效果也更明显,这一点从上海等少数金融发达区域的基层司法机关的数据统计中可见一斑。

可见,金融犯罪刑事司法政策一直试图回应金融市场发展的需求。金融市场结构组成与金融犯罪司法统计呈现的行业特征基本吻合,刑事司法也重视金融市场当下热点问题的处置,同时区域性司法资源投入的差异也符合实现政策效果的诉求,在一定程度上体现了刑事司法政策在金融犯罪防控方面的准确定位与灵活处置。

(二)金融犯罪刑事司法政策效果受到立法制约

立法是司法的基础,金融刑法在一定程度上限制了刑事司法政策的路径选择。从制度背景来看,我国金融刑法的核心体系搭建于 20 世纪90年代末期,当时我国金融业的发展程度和复杂程度均与当下不可同日而语,加上受计划经济思维的影响,我国金融刑法偏向于从管理秩序维护的角度关注银行业的秩序与安全。相应地,刑事司法也在金融刑法的立法目的与价值的指导下采取行动,更多地在涉银行业领域投入资源。相对于银行业,证券、期货、保险市场发展起步晚、体量小,但是行业专业性、复杂性却十分突出,监管难度及挑战大。这些领域的刑事立法设计粗糙、可操作性差,存在行为判断的实体规则不明确、行刑衔接程序不完善等现实问题,进一步加剧了刑事司法行动的难度,不仅限缩了刑事司法工作的空间,也降低了司法资源在某些金融犯罪打击中的实际效率。

现实中,金融刑法的稳定性、滞后性以及不周延性往往与复杂多变的金融市场形势和金融犯罪防控需求存在现实冲突,此时,刑事司法政策往往会采取一些弥合法条与现实的方式来解决这种冲突。其中,出台司法解释弥补法条的欠缺是刑事司法政策采取的典型路径之一。例如,受到非法集资的现实处置压力影响,先后有2010年12月和2011年8月最高人民法院颁布的《关于审理非法集资刑事案件具体应用法律若干问题的解释》《关于非法集资刑事案件性质认定问题的通知》,以及2014年3月和2019年1月最高人民法院、最高人民检察院、公安部联合颁布的《关于办理非法集资刑事案件适用法律若干问题的意见》《关于办理非法集资刑事案件若干问题的解释的意见》,共同组成我国打击非法集资犯罪的司法解释体系。再如,仅2018年就通过《关于办理操纵证券、期货市场刑事案件适用法律若干问题的解释》以解决操纵证券、期货市场罪的法条过于简化、滞后的问题,[1] 修订《关于办

---

[1] 例如,该解释对《刑法》第182条第1款第4项规定的空白罪状作出说明,明确拓展了操纵证券、期货市场行为的范围,使之更加符合当前市场操纵的行为样态。

理妨害信用卡管理刑事案件具体应用法律若干问题的解释》以调整信用卡犯罪的处置力度,①用《关于办理利用未公开信息交易刑事案件适用法律若干问题的解释》解决了法条内容过于简明、模糊导致的实践争议。② 可以说,我国金融犯罪司法解释出台频率较高,承担着弥合法条与现实的重任,成为司法政策实现的重要路径。在立法存在缺陷的情况下,司法机关事实上成为制度的供给方,直接影响金融犯罪的犯罪圈和刑罚圈大小,进而提升刑事介入的效果和力度。

除了较为正式、统一的司法解释途径,刑事司法政策也会通过司法能动性的发挥,在类案乃至个案的中观、微观场景中实现。围绕政策的价值判断或利益衡量决定法条适用、指导法律解释成为司法政策实现的方式。因为比起立法者,司法者处于直面各类社会冲突或纠纷的最前沿,对社会情势的变动也最为敏感,适宜承担通过个案来推动法律自我演进的任务,其中的主观性可以在法律的自我演进中发挥积极作用。③ 在金融犯罪领域,犯罪专业化、职业化特征突出,行为人的行为方式与法律所明文列举的方式不同或者更加具有隐蔽性,更加需要司法在证据基础之上,穿透表象,发现行为的本质,进而适用法律。近年来,金融犯罪的刑事司法实践中带有政策价值判断进行司法处置的情形并不少见。例如,比起部分信用卡诈骗犯罪,当前非法集资犯罪形势更为严峻,给金融市场、社会治理带来的影响更加深远,所以从此前出台的司法解释以及司法统计数据来看,司法政策近期的关注重点更多在于提升后者相关罪名的适用效率,限缩前者的刑法规制范围,实际上

---

① 例如,2018年对该解释的修订中,将恶意透支型信用卡诈骗的入罪数额上调到五万元,同时提升对银行一方的证据要求,明确数额范围,事实上缩小了该类犯罪的犯罪圈。
② 例如,该解释明确了内幕信息以外的其他未公开的信息的范围,解决了此前在马乐案中出现的法定刑适用争议问题。
③ 参见劳东燕:《能动司法与功能主义的刑法解释论》,《法学家》2016年第6期。

反映了司法政策集中有限的资源解决金融市场监管中最迫切的问题，有其合理性。而以操纵证券、期货市场罪的认定为例，则可以看出司法政策实现的微观路径。由于新出现的操纵市场的违法犯罪行为事实上均没有为刑法法条所明示，兜底条款的解释和适用成为司法能动发挥的空间。如汪建中操纵证券市场案①、伊世顿公司操纵期货市场案②等代表性案例，不仅将兜底条款所涉及的行为范围以司法判例的形式予以扩充或明确，同时也激起了相关行为属性问题的法理探讨和论辩，为此后相关法律制度的出台奠定了基础。因此，依托类案或个案的场景实现司法政策，以司法政策的价值判断或利益衡量指导法律适用，有其必然性和合理性。

整体上，刑事司法政策需要依据立法所提供的框架和方向来调整司法。同时，借助司法解释、类案或个案处理等方式，刑事司法政策也发挥着协调立法与司法之间的矛盾与错位的作用。

---

① 该案主要涉及"抢帽子"交易能否被解释为"以其他方法操纵证券、期货市场"的问题。被告人汪建中是北京首放投资顾问有限公司法定代表人，曾于2007年1月至2008年5月期间，利用其控制的证券投资咨询机构向公众推荐证券的特殊地位和影响，使用本人及他人名义开立多个证券账户，先行买入相关证券，后利用公司名义在"新浪网""搜狐网"和《上海证券报》《证券时报》等媒体上对外推荐该先行买入的相关证券，人为影响证券交易价格，并于上述信息公开后马上卖出持有的证券，非法获取个人利益。此前，从2008年10月开始，证监会已经查处了一批具有重大影响的证券投资咨询机构及其责任人员操纵证券市场的案件，然而，对于该类行为能否构成犯罪一直存在争议。该案经一审、二审被认定为构成犯罪，在一定程度上解决了抢帽子交易的定性问题。

② 该案主要涉及高频交易操纵能否被解释为"以其他方法操纵证券、期货市场"的问题，是我国首例因高频交易操纵被提起公诉的案件。一审法院认定，被告人伊世顿公司将自行开发的报单交易系统非法介入中金所交易系统，直接进行交易，进而逃避期货公司资金和持仓验证，获得交易速度的优势，违反相关期货行政监管法规，适用操纵证券、期货市场罪的兜底条款定罪处罚。该案发生于2015年股灾时期，是在股市出现异常波动后，证监会和公安机关针对高频交易操纵市场行为展开调查破获的案件，其判决在法条没有明确说明和监管规则欠缺的情况下，事实上拓展了"以其他方法操纵股票、期货市场"的行为范围。同时，由于高频交易相关监管规则欠缺，态度不明，该案也被视为监管信号的释放。

(三) 金融犯罪刑事司法政策与金融监管政策联系紧密

现实中,金融犯罪刑事司法与金融监管联系密切,重视建立并完善行刑衔接机制,强调行动上协作配合共同打击金融犯罪。二者在行动内容和步调上时常彼此配合、协调合作。例如,为了满足整顿和规范市场经济秩序的需要,2001年国务院发布了《关于整顿和规范市场经济秩序的决定》,开始谋求建立行政执法机关和刑事司法的衔接机制。随后,2005年公安部、中国人民银行联合发布的《关于可疑交易线索核查工作的合作规定》,公安部、财政部联合发布的《关于在查处经济犯罪案件工作中加强协作的通知》,2009年公安部、保监会联合发布的《关于加强协作配合共同打击保险领域违法犯罪行为的通知》以及中国人民银行、银监会、公安部、工商总局联合发布的《关于加强银行卡安全管理 预防和打击银行卡犯罪的通知》,在行政执法与刑事司法协助配合、信息共享等方面,规定了一系列具体的制度。于是,这种政策上的协同一致也直接反映在司法统计数据中。2009年全国查处金融犯罪案件数量较往年大幅增长。而2012年全国公安系统发起严厉打击经济犯罪的"破案会战",证监会、银监会等金融监管部门也加大了对市场违法违规行为的查处力度,处理历年积案,移交案件线索到司法程序,造成同期上海市金融犯罪案件数量出现明显增加。

逻辑上,金融犯罪刑事司法政策与金融监管政策天然地存在协调一致的必要性。一方面,二者通过协同合作,建立行刑衔接机制以形成流畅的金融犯罪防控系统,是由金融犯罪的本质特点所决定的。一般认为,金融犯罪通常首先属于金融违法行为,应当符合法定犯关于二次违法性的要求。按照二次违法理论的逻辑,如果行为不存在导致行政违法的情形,无论其对社会造成何种程度的危害,均不应当以犯罪定性处理,否则就是违反了罪刑法定原则。① 因此,比较理想的状态是,刑法作为最后的威慑手段,与行政监管实现相互配合、紧密衔接,分别且先后完成两次违法性的判断。所以,金融监管与刑事司法天然地需要联合,以共同实现金融违法犯罪的防控。另一方面,从犯罪治理效果的角度,刑事司法也需要与金融监管部门密切合作。比如非法集资发生的源头、后续的处置压力并非仅仅是刑事法律可以解决的问题。一些非法集资的发生与当地政府前期的无视或纵容相关,也与市场监管对于金融创新的认识和监管态度不明有关。因此,2019 年 1 月 30 日最高人民法院、最高人民检察院以及公安部联合发布的《关于办理非法集资刑事案件若干问题的意见》不仅列明业务办理、查处等环节的相关国家工作人员需要承担刑事责任的条件,而且强调在后期要综合运用刑事手段和行政手段处置和化解非法集资风险,试图在非法集资发生的源头及末端均增强行政监管环节的防控力量。② 实践也表明,对于后续动辄数亿的未兑付资金以及上万的参与人,刑事司法不仅需要加大部门内部的资源投入,而且需要寻找外部帮手,联合相关行政部门共

---

① 参见田宏杰:《行政优于刑事:行刑衔接的机制构建》,《人民司法》2010 年第 1 期。
② 最高人民法院、最高人民检察院、公安部《关于办理非法集资刑事案件若干问题的意见》规定:"……六、关于宽严相济刑事政策把握问题。办理非法集资刑事案件,应当贯彻宽严相济刑事政策,依法合理把握追究刑事责任的范围,综合运用刑事手段和行政手段处置和化解风险,做到惩处少数、教育挽救大多数。……十二、关于国家工作人员相关法律责任问题。国家工作人员具有下列行为之一,构成犯罪的,应当依法追究刑事责任:(一)明知单位和个人所申请机构或者业务涉嫌非法集资,仍为其办理行政许可或者注册手续的;(二)明知所主管、监管的单位有涉嫌非法集资行为,未依法及时处理或者移送处置非法集资职能部门的;(三)查处非法集资过程中滥用职权、玩忽职守、徇私舞弊的;(四)徇私舞弊不向司法机关移交非法集资刑事案件的;(五)其他通过职务行为或者利用职务影响,支持、帮助、纵容非法集资的。"

同解决这一类问题。①

因此,基于金融犯罪天然的法定犯的属性以及犯罪防控的需要,整体上金融犯罪刑事司法政策与金融监管政策联系紧密,并且不断探寻衔接合作、协调一致的路径,十分重视制度衔接和行动配合。

---

① 据报道,为了追赃挽损,上海市浦东新区人民检察院与公安、金融局等单位共同探索构建系统化的追赃挽损工作体系。参见王闲乐:《非吸案件一年增长287%百亿大案6件,检察官:有些地方金交所为非法理财产品背书》,载上观新闻网,https://www.shobserver.com/news/detail?id=141152。

第十章
新型毒品犯罪治理的现代化

21世纪以来,新精神活性物质在全球快速蔓延,滥用该类毒品的人数正在激增,新型毒品犯罪问题日益突出,新型毒品对广大民众尤其是青少年的身体和心理健康构成了严重的威胁。《2013年世界毒品问题报告》中指出,"新精神活性物质来势迅猛、创意迭出,在其影响下,国际管制制度首次失灵了"[①],新兴的毒品大有取代传统毒品的趋势。改革开放40年以来,我国对毒品犯罪的治理卓有成效。目前新精神活性物质在国内的受众没有传统毒品多,但如果任由其发展下去,其危害性将是巨大的。本章将结合以往治理毒品犯罪的成功经验,探讨对新型毒品犯罪的治理问题。

第一节 新型毒品犯罪的现状与特点

毒品犯罪与其他类型的犯罪一样,都是一定历史阶段必定会出

---

① UNODC, *World Drug Report 2018*, Booklets, Vienna: United Nations, 2013, Abstract XV.

现的现象。21世纪初,以新精神活性物质为代表的第三代毒品产生,这是一种不同于前两代毒品的新型毒品。新型毒品犯罪与传统毒品犯罪相类似,甚至在某些方面比传统毒品犯罪的危害性更强,新型毒品犯罪对人们身体健康的蚕食,对政治的稳定性、经济的平稳发展以及社会的安定性都产生了巨大的负面影响,其发展速度之快、危害性之大都是前所未有的,新型毒品犯罪被称为21世纪新的"世纪之患"。

一、新型毒品犯罪概述

(一)新型毒品的界定

所谓新型毒品是相对于以鸦片、海洛因为代表的传统毒品和以冰毒、摇头丸为代表的新型合成毒品而言的,主要是指国际禁毒公约和我国法律、法规所规定管制的,由人工化学合成的,直接作用于人的中枢神经系统,能使人兴奋或抑制,连续使用能使人产生依赖性的一类毒品。[①] 第三代毒品种类非常繁多,主要是"新精神活性物质",又称"实验室毒品",新精神活性物质从物质角度来看是不法分子为逃避打击而对管制毒品进行化学结构修饰,或全新设计和筛选而获得的毒品类似物,具有与管制毒品相似或更强的危害性,会产生和传统毒品相同的快感,主要包括兴奋、镇静、迷幻等。同时,因为新型毒品的滥用多发生在娱乐场所,所以又被称为"俱乐部毒品""休闲毒品""假日毒品"。[②]

[①] 参见骆光业:《新型毒品的整治和社会帮教的思考》,《中国药物滥用防治杂志》2016年第6期。

[②] 参见常颖等:《哌嗪类新精神活性物质综述》,《刑事技术》2016年第41期。

联合国毒品与犯罪问题办公室将新精神活性物质定义为:在《麻醉品单一公约》和《精神药物公约》的管制之外,无论是以纯净物还是制剂的形式被滥用,都将给公共健康安全带来威胁的物质。① 新精神活性物质这些年已经有了很多忠实的"拥护者",尤其是在年轻人中非常流行,因此很多卖家也将他们经营的重点放到新精神活性物质上来。新精神活性物质与传统的毒品既有相同之处,也有不同之处。相同之处就是新精神活性物质与传统毒品一样都具有成瘾性;不同之处在于传统毒品是国家作出明确规定的精神药品或麻醉药品,而新精神活性物质大部分并未被纳入法律法规的管理中来,一小部分也是在被滥用之后才纳入管理系统之中。

(二) 新型毒品犯罪的界定

从我国刑法用语的规范性上看,刑法学上的毒品犯罪概念首先是一个以犯罪学为主要特征的概念,②其次才是刑法学者对毒品犯罪立法的概括。毒品犯罪这个概念从严格意义上看不属于刑法学概念,刑法学中并没有毒品犯罪这一概念,我们所称的毒品犯罪是对与毒品相关的行为所作出的总结性的概括。所以要正确界定毒品犯罪的概念,必须首先从犯罪学意义上确定其核心内涵,对其入罪化的根本原因进行分析。但如果从刑法学角度论证,那么所谓的毒品犯罪应当属于类罪的范畴,即泛指所有涉及毒品的犯罪行为。③ 具体到法条中来说,毒品犯罪行为主要在《刑法》第347—357条规定的12个罪名中,另外毒品犯罪一词也偶尔出现于司法解释或司法解释类型的规范性文件中。

---

① 参见张黎、张拓:《新精神活性物质的滥用危害与防控问题研究——以构建我国禁毒防控体系为视角》,《中国人民公安大学学报(社会科学版)》2013年第4期。
② 参见孙雄:《犯罪学研究》,北京大学出版社2008年版,第47页。
③ 参见张洪成:《毒品犯罪争议问题研究》,武汉大学2010年博士学位论文。

因此,关于毒品犯罪的概念目前学界仍然没有一个权威的说法,更何况是新型毒品犯罪的概念。但是,毒品犯罪作为一个在刑法学上具有重要意义的事实,又不能不对其作出具体的界定,对新型毒品犯罪也同样如此。所以对新型毒品犯罪定义既要考虑形式上又要考虑实质上的概念,只有结合了形式与实质的新型毒品犯罪概念,才是真正具有长久生命力而又不失操作性的概念。① 因此,从实质与形式两个层面综合考虑新型毒品犯罪给社会带来的危害后,我们将新型毒品犯罪定义为:走私、贩卖、运输、制造新精神活性物质的新型毒品或者与其间接有关的违反毒品法律法规,破坏毒品管制活动,具有严重的人身伤害性和社会危害性,依法应受刑罚处罚的行为。

(三) 新型毒品的危害

新精神活性物质的危害在过去存在一定的争议,但目前已经形成基本共识,其危害主要表现在以下三个方面:

第一,新型毒品犯罪直接诱发各类犯罪。当前,我国正处于传统毒品、合成毒品和新精神活性物质三代毒品问题交织的复杂背景中,新型毒品的滥用呈现大众化、低龄化、娱乐化的发展趋势。吸毒者滥用毒品成瘾后往往很难正常工作,没有经济来源,生活困难,但是成瘾者为了满足自己吸食毒品的需求又需要源源不断的资金支持,所以当毒瘾发作而没有金钱购买毒品时,这些人就会想尽一切办法获取钱财,甚至不惜采取非法的手段,最常见的就是盗窃、抢劫等暴力性犯罪。滥用新型毒品还极易引发下游犯罪,因为吸毒者往往会产生幻觉,包括幻听、幻视等不同症状,这些症状导致行为人丧失理智、行为不受控。近年来,

---

① 参见任克勤:《新型毒品犯罪问题研究》,中国人民公安大学出版社2008年版,第26页。

因为滥用新精神活性物质引发的非正常暴力侵害案件和肇事肇祸事件不断涌现,这些危害行为不仅冲击着社会治安秩序,也对生活的各个领域产生剧烈的负面影响,社会危害性日益突出,常见的极端行为有绑架、抢劫、强奸、暴力杀人伤人、驾驶交通工具肇事、暴力攻击甚至自杀自残等。另外,因为贩卖毒品的暴利性,偶尔也出现公职人员参与贩卖毒品的行为,据全国公安系统破获的案件统计分析,可以发现一些负责强制隔离戒毒工作的工作人员向被强制隔离戒毒者贩卖毒品的现实案例。

　　第二,新型毒品给吸毒者的身心造成严重伤害。新型毒品也是合成毒品的一种,而合成毒品往往是人工合成的致幻剂、兴奋剂。传统毒品吸食后对大脑神经系统不会造成永久的损害,吸食者有彻底戒断的可能性,而新精神活性物质成瘾性极高,依赖性比传统毒品强,很难戒断,对大脑神经系统的伤害也是不可逆的,吸食后会出现精神极度空虚,期望得到刺激的心理,或者损伤大脑神经系统,出现精神错乱的现象,长期吸食新精神活性物质可能成为间歇性精神病患者。毒品大多具有耐药性,长期吸食者必须逐渐加大剂量才能获得满足感,而逐渐加大剂量会造成吸食者身体逐渐变得虚弱,最后中毒身亡。① 毒品吸食过程中如果没能把握住吸食的量也会出现猝死的情况。另外,使用注射方式吸毒的吸毒者往往会因为贪念一时之快而使用未消毒的注射器,成为艾滋病、肝病等传染性疾病的传播者。据某市疾控中心分析报告显示,2017年该市肝炎患者有四成以上、艾滋病患者有五成以上都是通过与吸毒者共同使用注射器被感染的。吸食新型毒品与前两代毒品一样会造成吸食者强烈的精神依赖性,成瘾者往往无法

---

① 参见郭凤军:《新型毒品问题研究》,吉林大学2019年硕士学位论文。

抵御毒品的诱惑,寻找毒品与吸食毒品获得快感占据他们的主要生活,他们没有心思也没有能力投入正常的工作和生活中去,逐渐失去生活的基本能力。

第三,吸食新型毒品造成了社会财富的大量流失。新型毒品犯罪与传统毒品犯罪一样都对社会财富方面造成很大程度的负面影响。首先,不论哪种毒品的成瘾者都基本丧失了工作能力,无法创造价值,从而成为社会的负担,每年因为吸毒造成死亡的人不计其数,这也使得社会丧失很多的劳动力。[1] 新精神活性物质的吸食人群以青少年为主,而吸食毒品的青少年注定不可能与正常同龄人一样健康成长,使得国家损失了很多人才,这些损失都是难以预估的。其次,新型毒品层出不穷,传统毒品也一直来势汹汹,国家每年投入禁毒工作的人力、物力、财力不计其数。例如,在缉毒方面,要培养大量的专业禁毒队伍,研发先进的毒品检测仪器;在戒毒方面,每年要派出大量的人员用于强制戒毒所、社区戒毒中心和社区戒毒志愿服务等,这些都会造成国家的财政损失。最后,毒品犯罪不仅对于国家是一种损失,对于每个家庭也是财富的流失,因为吸毒造成的家破人亡的情形不在少数,如西部某些地区出现的大量吸毒家庭,父母一方甚至双方吸毒导致孩子成为留守儿童甚至孤儿,而这些未来的青少年因为家庭的缘故,很少能受到良好的教育,因而比其他家庭美满的同龄人更加容易误入歧途。吸食新型毒品还会影响新生儿发育,现在有许多妇女在怀孕期吸毒,这将会造成新生儿先天性生理缺陷,给社会带来严重损失。[2]

---

[1] 参见韩丹:《吸毒人群调查》,江苏人民出版社2007年版,第63页。
[2] 参见林永清:《"新型毒品"及其危害》,载《2013浙江省医学会精神病学术年会暨浙江省医师协会精神科医师分会第六届年会论文汇编》,第73页。

二、新型毒品的主要特点

（一）新型毒品种类多样

自2009年开始对新精神活性物质进行监测以来，新精神活性物质就以大概每周产生一种新品种的平均速度出现。目前世界各地大都已报告发现新精神活性物质，2009—2017年总共报告了803种新精神活性物质。新精神活性物质的"新"并非意味着"新发明"，而是指最近或者以新的方式被滥用，它们中大多数在很多年前就被制造出来了。[①] 2017年《欧洲毒品问题报告：趋势与发展》显示，2016年1月人工合成大麻素在欧洲8个国家就造成了13人死亡和23人非致命损伤，而人工合成卡西酮类从2015年至今在欧洲造成了100余人的死亡。其中，英国与新精神活性物质有关的死亡人数增加了25%，由2014年的163人增加到2015年的204人。[②] 目前，对于新精神活性物质一般根据其化学结构分为九类，分别是：合成大麻素类、合成卡西酮类、苯乙胺类、色胺类、氨基茚类、哌嗪类、氯胺酮及苯环利啶类、植物类以及其他类。[③] 目前全球范围内查处较多的新精神活性物质是上述九类中的大麻素类、合成卡西酮类、植物类，这几种新精神活性物质的制造、贩卖和滥用情况较为严重。

[①] European Monitoring Centre for Drug and Drug Addiction (EMCDDA), *EMCDDA-Europol 2011 Annual Report on the Implementation of Council Decision 2005/387/JHA*, Luxembourg: Publications Office of the European Union, 2012, p.25.

[②] INCB, *Report of the International Narcotics Control Board 2017*, Vienna: United Nations, 2018, p.104.

[③] 参见李重阳、王乐、赵文成：《甲卡西酮类新型策划毒品的危害及其检测》，《中国司法鉴定》2014年第2期。

(二) 新型毒品更新换代速度快

由于新精神活性物质的更新速度快,传播范围不断扩大,近年来已经成为各国毒品方面专家研究的重点。以新精神活性物质为代表的第三代毒品就是为了规避法律而被设计出来的,只要犯罪分子将化学分子式中的某一位置进行小变动,就可以产生多种不同的化合物,所以当一种新型毒品被列管,犯罪分子可以在极短的时间内生产出新的未被列入管制的新毒品,以逃避法律的管制,更新换代的速度是前两代毒品不可比拟的。它们可以产生与传统毒品相似的快感,但因为更新换代的速度与纳管的速度不匹配,信息不对称,现有的运用于毒品检测的科技很难检测出新精神活性物质的特性,所以新精神活性物质大多不能被检测到,这使监管执法陷入了困境,也使得该类毒品成为贩卖者规避监管的隐身衣。

(三) 新型毒品具有被广泛滥用的趋势

随着制毒技术的日趋高超,境内外毒品的走私、贩卖活动的交叉感染,推动了非法制毒方式的进步,新型毒品被越来越多的人操控,具有极高的毒性和成瘾性,相关的应对措施相对被动,情况十分复杂,越来越多的新型毒品出现在各种娱乐场所,花样繁多,很难辨识其是否为管制品。同时,贩毒者热衷于给新毒品起各种各样具有迷惑性和隐蔽性的名称,这使得禁毒工作更难开展,禁毒工作者往往很难辨别出一个看似口语化的物品是否为新型毒品,也为毒品的检测和鉴别工作增加了难度。甚至还出现以前就存在的新精神活性物质,但是并不受人们欢迎,非法分子又将其另行命名,只是为了让其能得到吸毒者的喜爱,从而获得暴利。社会大众对此类药物知之甚少,尤其是青少年缺乏对毒品的正确认知,又极易受到外界的诱惑影响,所以,不法分子经常向青少年兜售此类药物。另外,由于各部门对新型毒品的成瘾机制和吸食危害宣传得不是特别明确,所以会给吸食者造成吸食新型毒品比传统毒品的危害性低的误解,从而更加愿意尝试新型毒品,形成新型毒品被广泛滥用的趋势。

(四) 新型毒品具有严重的危害性

新型毒品的危害性比传统毒品更加严重,有着与传统毒品不同的危害性。随着互联网和网上支付等技术的发展与成熟,新精神活性物质犯罪也呈现出智能化和专业化的特点,贩毒模式已经由原来的线下面对面、一手交钱一手交货的交易方式转变为网上沟通、手机支付、快递物流运输、快递柜交货的贩毒模式。2018 年,我国的公安系统总共移送检察机关起诉的涉及毒品的案件多达 11.6 万起,其中涉及新型毒品犯罪的案件占很大一部分,移送检察起诉的毒品犯罪嫌疑人多达 15.5 万名,总共除掉制毒团伙 7,500 多个,缴获各类毒品 67.9 吨。[①] 新型毒品与传统毒品对社会治安的危害不同之处在于,传统毒品吸食者在吸食毒品前往往有着强烈的吸食毒品的需求,他们为了获得资金购买毒品往往会实施抢劫、盗窃等违法犯罪行为;而新型毒品吸食者危害社会治安的行为往往发生在吸食毒品之后,因为新型毒品吸食后会引发幻觉、兴奋和麻醉等状态,他们往往会因此而行为失控,容易出现自杀、自残、群体性暴力事件,从而引发社会治安问题。

---

① 参见中国禁毒网,http://www.nncc626.com/2019-06/17/c_1210161797.htm,2019 年 12 月 2 日访问。

(五) 新型毒品的犯罪手段隐蔽化、多元化

不法分子为了获取更多的利益,同时躲避公安机关的缉毒行动,提高不法行为的成功率,他们不断利用新兴科技改变犯罪方式,主要表现方式有以下几方面:第一,贩卖方式发生改变。随着互联网的发展,犯罪分子会利用网络手段来贩卖新精神活性物质。在前期交流阶段,贩卖者与购买者通常利用微信、QQ 等社交软件进行聊天,聊天的方式多以视频通话或语音通话的方式进行,此类交流一般隐蔽性很强,难以被发现,即使被发现公安机关也无法取得相应的证据。第二,支付方式发生改变。传统的毒品交易一般都是一手交钱一手交货,只要公安机关严密布控就能将买卖双方一举抓获。但是,互联网时代的支付多以线上支付为主,支付宝、微信、网上银行等多种平台都可以为线上支付提供方式,甚至还可以通过境外银行或比特币这样的虚拟货币进行交易。这些交易方式不断加大公安机关破获毒品贩卖案件的难度,毒品交易的过程难以追踪查证,公安机关掌握的证据不充分,很难将不法分子绳之于法。第三,交货方式发生改变。互联网时代的交易不需要买卖双方了解对方,甚至双方可以不知道互相的姓名,只要有交易的意向就可以完成交易行为。卖方通常对新精神活性物质的成品或原材料稍加伪装,然后交由物流公司,再由物流公司将毒品运送到买方手中,完成交易行为。整个过程的隐蔽性不断加强,即使公安机关截获到正在运输的新型毒品或者抓获买卖双方其中一方犯罪嫌疑人,进而追查另一方,也是一件十分有难度的工作,因为通常不法分子都不会用自己的真实身份进行毒品交易,公安机关无法倒追到有关不法分子的信息,缺乏真实有效的线索更无法抓获相关的犯罪嫌疑人。

第二节　新型毒品犯罪治理的困境

一、新型毒品种类多导致列管困难

（一）新型毒品的演变特点

新型毒品的演变方式主要有两种：一种是通过对现有物质的化学结构进行改造，产生新的物质；另一种是模仿现有的物质直接制造出新的物质。前一种做法最早可以追溯到20世纪20年代，一些国家在发现吗啡和海洛因具有成瘾性之后将这两种物质纳入了毒品管制范围之内，不法分子为了在获得这些物质的同时不受到法律的制裁，将吗啡和海洛因的化学分子式进行了调整和修饰，制造成二苯甲酰吗啡和乙酰丙酰吗啡，这既保留了与前几种物质相同的药理学作用，又能逃避法律的管制。后一种做法最早出现在20世纪60年代至90年代，随着MDMA（摇头丸）的制造、贩卖与滥用的情况加剧，世界各国都将其纳入管制范围之内，制毒者便研制出三氟甲基苯基哌嗪，该物质不仅具有与MDMA相似的致幻作用和兴奋作用，还具有与MDMA完全不同的化学结构，使得新型毒品传播范围得到了扩张，这种物质摇身变成了逃避国家管制的合法替代品。[①] 由于新型毒品本身的特殊性，所有由化学结构构成的新型毒品都具有多种衍生物和变体，这就导致新型毒品数量

[①] 参见常靖等：《3种哌嗪类药物滥用研究进展》，《中国法医学杂志》2016年第4期。

可以呈几何式爆炸增长。即使某一物质被监测出从而被列入管制行列,制毒者也可以在极短的时间内找到其他替代品。因此,随着新型毒品与管制药品数量的增加,犯罪分子也会制造出更多数量的新型毒品。新型毒品的种类无法穷尽,列管工作也很难开展。

(二) 法律规制的滞后性与局限性

由于新型毒品更新换代速度快、衍生物替代物品类繁多等特点,一旦某种物质被列管,新的物质很快就会被制造出来,而且新的物质的产生方式简单、技术要求低、生产成本低、生产条件要求也低,甚至在实验室就可以制造出一种新的毒品。面对如此快速的演变频率,我国的立法速度必然达不到如此快速的地步。《非药用类麻醉药品和精神药品列管办法》中一次性增列116种新精神活性物质,到2017年2月,公安部、国家食品药品监督管理总局和国家卫生和计划生育委员会决定将卡芬太尼、呋喃芬太尼、丙烯酰芬太尼、戊酰芬太尼4种物质列入非药用类麻醉药品和精神药品管制品种增补目录,将我国列管的新精神活性物质增至134种。在短短的16个月里我国将18种新型毒品纳入管制范围,这种纳管速度应对传统毒品绰绰有余,但是应对新型毒品就显得捉襟见肘,只能对犯罪分子的行为进行补救性的预防,十分被动,相比已经被纳管的新型毒品,更多的是尚未被纳管的新型毒品。总之,我国目前存在着立法管制新精神活性物质的规范性文件法律层级低、配套措施不完善、办理新精神活性物质犯罪案件的法律适用水平有待提升等问题。[①] 另外,在对新型毒品的量刑标准方面也存在同样的问题,对于新出现的毒品的具体量刑标准不明确,规定很难出台,法律更新换

[①] 参见杨丽君:《我国新精神活性物质的立法管制》,《中国禁毒报》2020年5月15日,第6版。

代的速度过于缓慢,导致司法实践中在新型毒品的量刑上司法工作者很难衡量,也没有一个确切的标准,易出现混乱现象。例如,在2015年11月26日国家禁毒委员会办公室(以下简称"禁毒办")表示将推动最高人民法院、最高人民检察院等部门及时制定当时《非药用类麻醉药品和精神药品列管办法》中列管的116种新精神活性物质的量刑标准。至2016年6月8日,公安部在加强新精神活性物质打击和管制工作座谈会上再次强调,国家禁毒办应抓紧会同最高人民法院、最高人民检察院加快制定已列管新精神活性物质的定罪量刑数量标准。如今被列管的新精神活性物质已经达134种,但是国家对原来被列管的116种新精神活性物质量刑标准的规定至今仍然没有出台。[①]

二、新型毒品的贩运体系复杂导致难以合作应对

(一) 毒品贩运利用各国间毒品管制差异规避法律制裁

目前全球没有形成统一的毒品管制规则体系,在一些国家被纳入管制的物质在其他国家却属于合法流通的物质,不法分子正是利用这一差异,在合法流通的国家实现规模化生产,随后再贩运至消费国,在消费国零售以谋取巨额利益。我国新型毒品的纳管与发达国家相比较为滞后,例如,存在一些在西方发达国家属于被管制而在我国尚属于合法流通的物质,不法分子利用这一法律规制的空缺,在我国境内实现规模化生产。不法分子利用国际管制范围存在的差异进行生产、运输、贩

---

① 参见郭思宇:《新精神活性物质的防控对策研究》,中国人民公安大学2017年硕士学位论文。

卖新型毒品,降低了受到法律惩罚的可能性,提高了贩卖毒品的利益,使得新型毒品的传播日益猖獗。由于各国对于毒品的纳管范围不同,造成国家间打击毒品犯罪的合作出现困境,国际合作难度大,打击国际毒品犯罪的行动受到限制。另外,由于新型毒品更新速度快,国际列管速度缓慢,即使成功列管了一种物质很快又会出现另一种新的物质,不法分子始终以规避各国法律规制为导向,导致国际毒品规制出现难以穷尽的局面。因此,如果各国之间的管制范围难以一致,那么不法分子利用这一差异牟取暴利的局面就不会得到有效的治理,即使出台统一的管理方案也无法从根源上解决新型毒品的问题。

(二)不法分子利用互联网贩卖新型毒品

基于前述在互联网时代中新型毒品犯罪手段的隐蔽化、多元化特点,公安机关查处和取证的难度越来越大。[①]

(三)物流业的发展为新型毒品的贩卖提供了便利

物流行业因为线上购物平台而快速发展,在给普通民众的生活带来便利的同时也给一些不法分子提供了进行不法交易的途径。如今物流业已经成为毒品贩运的主要方式,基于这一现状,物流业对此保持高度的警惕性,实施的措施包括实名制寄件、严格的安检措施,监测和检测技术也发展得较为成熟,对于传统的毒品检出率较高,但是对于新型毒品的监测远不如传统毒品。新型毒品本身就具有隐蔽性好、更新换代快的特点,检测人员也不能完全掌握新型毒品的种类和特性,因此,新型毒品在物流中被检测出来的概率相对要小很多,它们一般被隐藏于普通货物间,只要通过了安检环节就可以顺利进入后续环节。目前,

---

① 参见王天:《我国网络毒品犯罪防控体系的构建》,《人民检察》2017年第17期。

我国是新型毒品犯罪的重要"出口国",国际物流监管本身就没有国内物流监管严格,不少不法分子为了降低风险,专门建立自己的物流公司,以便更加安全高效地运输新型毒品。这时海关就成为新型毒品出口国外的最后一道防线,然而海关人员对于新型毒品也很陌生,相应的检测配套措施也不齐全,缺乏快速有效的检验方法,这些因素都导致海关边检部门无法及时、全面地查处通关货物里的新型毒品。

三、新型毒品的隐蔽性强导致难查处

(一)化学属性是新型毒品的隐身衣

新型毒品的化学属性是造成其隐蔽性强的一个重要因素,一些新型毒品尤其是新精神活性物质本身就具有医用价值,所以这些物质通常具有两面性。但是目前对于此类物质的评估机构和评估标准并不健全,无法对其进行客观全面的评价,导致在衡量其社会危害性与社会有益性时存在困难,在管控方面也缺乏明显的依据。许多用来制造毒品的原材料也是正常生产生活中必不可少的原材料,对化学前体不宜采取刻板的管控模式,否则将对正常的医药和化工行业的发展造成负面的影响,阻碍经济社会的发展。不法分子正是利用这一因素生产、运输、贩卖新型毒品,他们经常将新型毒品混入物质成分差不多的合法医药化工原料中进行贩运,通过这种方式逃过稽查部门的检查。

(二)新型毒品的制备转向"合法化"工厂

传统毒品的制造为了躲避公安机关的侦查和打击通常选择较为偏远的郊区、废弃的出租屋等相对隐蔽的地点,而且毒品制造者通常具有极高的警惕性,一旦被警方发现立即弃物逃跑。而我国对新型毒品的列管范围十分有限,与此同时国外需求量巨大,公安、药监等部门对新型毒品的了解和监控力度相对于专门的禁毒部队来说更加少,所以不法分子通常将犯罪地点藏匿于"合法化"工厂之中,利用这些因素,以生产、贩卖合法化工产品为目的注册合法化工厂。因为这类不法分子熟知法律的漏洞,并且利用这些漏洞进行牟利,所以一般例行的生产检查不能发现问题,其违法犯罪行为隐藏于化工厂的合法外衣之下。例如,2016年湖北黄冈的高材生回乡创业制造新型毒品案中,犯罪嫌疑人曾就职于上海一家医药公司,在了解到新型毒品的管控现状和市场需求后辞职回乡,借着合法化工厂的名义制造新型毒品长达两年之久,向国外输出新型毒品 700 公斤以上,最终因公安机关发现其运输的 LED 灯管中有疑似毒品的物质而暴露罪行。① 现实中还存在很多利用合法化工厂掩盖毒品犯罪活动的行为,给公安机关的侦查工作带来了极大的困难。

(三) 新型毒品借助互联网交易隐蔽性强

自互联网建立以来,在线买卖非法毒品的行为就相伴而生。联合国毒品与犯罪问题办公室在《2014 年世界毒品问题报告》中指出,地下毒品市场在线交易在未来几年中,有"成为流行事物的可能"②。事实证明这一预言正在得到验证,互联网的出现使得毒品交易更加隐蔽,在网络巡查不力和毒品犯罪网络化的双重因素影响下,不法分子将各种毒品置于网站上销售,利用新型毒品的化学性,将其混迹在化工原料中贩卖。这种贩卖方式不容易被发现,只有输入特定关键词才能搜索到

---

① 参见《湖北高材生研制新型毒品震惊公安部》,https://www.sohu.com/a/117499326_344086,2020 年 1 月 2 日访问。
② United Nations Office on Drugs and Crime (UNODC), *World Drug Report 2014*, Vienna: United Nations, 2014, p. 18.

相关商品的链接,从而既能躲过网站自身的监管,也可以躲避国家禁毒部门的监管与打击。实践中常见将"香料""甲氧麻黄酮""浴盐"等字眼修改为"E3-Eric5 抗氧剂""中东茶"等字眼,并将相关链接发布于一些只限会员进入的论坛中,供买家点击购买。这种交易情况的侦查难度显著增大,侦查效率较为低下。

互联网的发展在为人们提供便利的同时加速了全球网络犯罪一体化的发展,加上传统的执法策略和治安技术反而促进了"暗网"上毒品交易平台技术的提升,特别是加密领域不断创新,毒品交易和贩卖日益去中心化。"暗网"不同于普通网站,只能通过动态网页技术和匿名方式访问,不能通过超链接和普通的引擎搜索。面对这种隐蔽性极强的犯罪方式,即使是技术发达的国家也感到束手无策。此类案件也往往涉及大量的跨国案件,侦查工作对国际合作的依赖性极强,仅靠一国之力难以开展侦查工作。

四、新型毒品的迷惑性强导致防范难

(一)新型毒品的预防教育工作不足

禁毒工作中对于毒品的预防教育工作是管控毒品的重要环节,发挥着无可替代的作用。但是,新型毒品种类繁多且层出不穷,当前禁毒宣传工作中大部分地区都是以传统毒品为宣传重点,对于新型毒品的宣传严重缺位,这显然无法满足现实中禁毒实践的需要。现实生活中大部分的民众尚不知新型毒品为何物,自然也就无法做到积极主动地抵制毒品。就算是北京、上海、四川等宣传教育工作开展得较为成熟的地区,对新型毒品的宣传内容也较为单一,大部分都仅限于列举少数被列管的毒品,对于新增的被列管的毒品和未列管但风险较高的毒品也难以做到有效宣传。

长期以来,在禁毒宣传教育工作中都比较偏重于宣传各类毒品的危害性,而未能重视毒品的识别教育,对于毒品的制造、贩运等方面的宣传教育也不到位,宣传工作不够深入。对于新型毒品的制造、贩卖、运输等环节的宣传教育有助于人们认识到毒品的危害性,抵抗毒品利益的诱惑,从源头上减少相关产业的产生。所以,各级政府应该将毒品预防内容的更新提上日程,对现有的宣传教育体系查漏补缺,及时更新,推进新精神活性物质的预防教育工作的开展。

(二) 未列管新型毒品借助"合法外衣"吸引大众

新型毒品具有很强的迷惑性,常以看似合法的药品出现在人们的视野中,给人以服用后不会有任何副作用的虚假印象。而且,此类毒品外观变化多端,伪装性极强,常混入巧克力、茶叶、饮料、饼干等物品中,不易被人察觉,甚至大多数人在不知不觉中已经沾染了此类毒品,尤其是辨认能力弱且抗诱惑能力差的青少年,他们都是毒品贩卖者重点培养的滥用新型毒品的人群。大众对于未列管的新型毒品的认识偏差在一定程度上也导致了新型毒品的滥用,人们普遍认为贩卖未列管新精神活性物质无法受到惩处。2016年10月9日,第七届中美禁毒情报交流会中美国缉毒署代理署长罗查克称,立法方面的缺失使得贩卖新精神活性物质的合法性难以界定,导致相关人员被捕后,通过辩护可以免于受到处罚。许多成瘾性极强的新精神活性物质尚不属于国家的管控对象,导致新精神活性物质相关犯罪与日俱增,逐步演化为美国的社会问题之一。① 我国禁毒实践中也存在相同的问题,根据"罪刑法定"的原则,对于未纳

---

① 参见《第七届中美禁毒情报交流会在华盛顿召开》,https://www.sohu.com/a/275329294_459902,2020年1月3日访问。

管的新型毒品,即使犯罪嫌疑人已经被抓获,证据链条充分,也无法对其提起公诉。① 这样的现状,让大众片面地认为吸食新精神活性物质是合法的,降低了对该种物质的警惕性,使得不法分子大行其道,一些贩毒团伙甚至聘请专门的法律顾问为其寻找法律的监管漏洞,指明犯罪的活动方向。

第三节　新型毒品犯罪的治理

一、完善新型毒品犯罪的法律规制体系

当前,我国新精神活性物质相关的犯罪管控工作出现一系列问题的原因在于立法的缺失和法律体系的不完善。② 突破这一困境首要解决的是当前我国对于新精神活性物质的纳管速度过于缓慢,纳管的新精神活性物质种类少,不足以解决现实中新毒品犯罪的问题,③应当建立完善的立法规制体系,加快立法的流程,建立符合我国国情的纳管方法,提高纳管的效率,加强纳管工作的灵活性。

(一)提高新精神活性物质纳管工作的效率

惩治违法犯罪行为的有效方法是利用法律的威慑力,而建立一套

---

① 2014年银川警方办理的"蓝莓案"即是典型的案例,案件中警方共缴获由药草、香料和其他化学物质混合制成的合成大麻素类新精神活性物质"蓝莓"400余克,但由于该类物质当时尚未被国家管制,处罚于法无据,因而司法机关最终无法对涉案人员提起诉讼。
② 参见金双:《"四大体系"推进毒品问题综合治理》,《中国禁毒报》2019年8月13日,第1版。
③ 参见李莉:《关于新型毒品犯罪立法完善的几点思考》,《前沿》2010年第5期。

完整、公正又有效率的法律体系是打击毒品犯罪的前提。具体而言：一是要做到治理新型毒品犯罪有法可依，填补法律空白，完善法律体系；二是要结合新型毒品更新速度快、花样繁多的特点，建立可以不断适应新型毒品犯罪变化的法律制度，能够与时俱进，快速适应新精神活性物质的变化。① 目前，我国对新精神活性物质的立法防控治理措施主要的问题就是过于缓慢，效率不高，纳管的速度与新型毒品更新的速度相差甚远。对此，可以从以下几个方面着手：

首先，新型毒品犯罪治理要加速排除纳管过程中出现的障碍。我国的麻醉药品、精神药品的纳管工作是由国务院食品药品监督管理部门牵头，协同国务院公安部和国务院卫生主管部门共同执行的。而按照《非药用类麻醉药品和精神药品列管办法》的规定，新精神活性物质的纳管工作应当由公安部主导，国家禁毒委员会负责对纳管工作提出意见和建议。由于上述主管部门不同，在对一种新物质进行评估时要先确定该物质是否是药用类，再确定按照哪种流程进行纳管工作。但是，实践中这一流程缺乏明确的规定，导致评估某种物质是否属于新精神活性物质的工作难以启动，同一环节需要反复论证，重复性工作使得工作效率大大降低。所以出台具体的规定，明确具体部门负责确定检测物质的性质，是提高效率的必要环节。

其次，调整新精神活性物质的纳管范围。当前，我国对新精神活性物质的纳管范围过于狭窄，原因在于，企业担心大量纳管新精神活性物质会影响到企业的正常生产和发展。然而，目前《非药用类麻醉药品和精神药品列管办法》纳管的新精神活性物质中只有极少部分可以用于企业的生产活动，企业按照流程规范化经营，纳管工作几乎不会对其生产经营产生影响。造成企业对纳管行为产生误会的原因主要是企业

---

① 参见刘谋斌：《我国新型毒品犯罪发展趋势预测》，《浙江公安高等专科学校学报》2007年第13期。

对新型毒品犯罪了解不透彻,认识不足,媒体在报道时也存在误导现象。另外,企业对纳管行为的意义不了解,对新型毒品犯罪的危害不清晰,甚至有少数企业想从中谋取不正当利益。① 因此,要通过立法调整新精神活性物质的纳管范围。

最后,提高纳管反应速度,加快增补目录更新。《非药用类麻醉药品和精神药品列管办法》中规定了新精神活性物质经禁毒办专业分析后,禁毒办认为有纳管必要的应当交由专业部门组成的专家委员会②再次进行风险评估和多次论证,并对列管提出具体建议,论证时间不得超过 3 个月;其后,由国家禁毒办提出纳管的建议,交由国务院公安部门会同其他部门完成纳管工作,完成时间不得超过 6 个月。可见,完成一项新精神活性物质的纳管工作最长需要 9 个月的时间,这样的增补速度显然不可能满足现实中治理新型毒品犯罪的需要。根据《2015 年世界毒品报告》,2016 年之前世界已经纳管的新型毒品总共 541 种,后续数据显示,截至 2016 年 6 月世界累计发现新型毒品共计 637 种,③可见,6 个月的时间内全球新型毒品就增加了将近一百种。因此,为了及时有效地管理新型毒品犯罪,应当将纳管时限进一步缩短,主要措施包括:一是加强对一线人员对于新精神活性物质的辨识能力的培训,提高一线工作人员的识别能力,加快反应速度,提高效率;二是在国家禁毒委指导下,全国各级禁毒机构协同合作,联合新精神活性物质方面的专家为各级禁毒机构进行专业知识培训,提高禁毒机构人员的专业性;三是按照新精神活性物质的紧急程度和风险系数划分不同的纳管时限,

---

① 参见丘志馨:《试论易制毒化学品违法犯罪的特点及防治对策》,《政法学刊》2015 年第 3 期。
② 专家委员会是指由国务院公安部门、食品药品监督管理部门、卫生计生行政部门、工业和信息化管理部门、海关部门等的专业人员以及医学、药学、法学、司法鉴定、化工等领域的专家学者组成的专家委员会。
③ 来源:http://zxzfxy.ynnu.edu.cn/jdzl/kxyj/03753818239654297199。

在追求效率的同时保证安全性。

(二) 增加纳管程序的灵活性与适应性

新精神活性物质的管制办法存在包容性差、适应性不强等问题。现有的新精神活性物质大多数是不法分子为了躲避法律的追究而变异出来的,所以当一种新精神活性物质被纳管之后,不法分子就会放弃制造此类物质,重新开发新的物质。对此,我们可以借鉴国际上的成功做法,例如,欧盟、美国、新西兰等设立新精神活性物质临时管制措施[①];又如,参照骨架管制措施进行管理[②]。骨架管制方法的优势在于只要新发现的新精神活性物质与已经在纳管范围的新精神活性物质具有相同或相似的化学结构,就可以将其纳入管制范围之内。

(三) 完善新型毒品犯罪案件定罪量刑的标准

我国《刑法》规定了鸦片、海洛因等前两代毒品的定罪量刑的具体标准,但并未对新精神活性物质的定罪量刑标准作出明确的规定。目前,我国各级禁毒管理部门办理新型毒品案件的依据是最高人民检察院与公安部发布的《关于公安机关管辖的刑事案件立案追诉标准的规

---

① 临时管制措施是指将各地禁毒办与公安部门在执法过程中发现的还未列管的新精神活性物质,经风险评估,认为滥用风险极大的,可采取为期6至9个月等同于正式列管的临时管制措施,从而避免在正式列管论证期间,给犯罪分子提供管控真空的机会。而且为了使临时管制工作具备高度的及时性,满足打击新精神活性物质犯罪活动的需要,相应的临时管制决定权应归属于国家禁毒办。

② 采取骨架管制是因为新精神活性物质犯罪出现"防不胜防"局面的关键原因在于犯罪分子能在现有新精神活性物质的化学骨架上随意改造,而且正是由于化学骨架相同,犯罪分子研制出的新品种才能与旧品种拥有相似的药理学属性。值得注意的是,此举对含有相同化学骨架的化学品会起到限制作用,从而会对制药、化工等领域的研究与应用造成不便,所以还应出台相应的配套管理措施,参照药用类麻醉药品和精神药品的管理模式,对于制药、化工等领域因科研、实验、生产需要,使用含有相关管制化学骨架的化学物质的,按照相关规定执行申请和批准。

定(三)》①,该规定只是笼统地提出可以参照相应药品进行折算,对于具体应该按照什么比例进行折算并没有明确规定。2016年最高人民法院通过审理毒品案件相关司法解释时对芬太尼类物质和甲卡西酮类物质的量刑标准作出了规定,但具体应该按照什么标准来操作,目前仍然没有明确的法律文件可查。由于没有对此类毒品案件形成统一的定罪量刑标准,使涉及新型毒品犯罪的案件无法可依,司法环节没有效率,也不利于提高司法公信力和促进公正廉洁执法政府的建立,无法保障公民最基本的权利。② 因此,我国亟须出台具体关于新型毒品犯罪的定罪量刑标准,实现新精神活性物质与传统毒品之间的折算,为相关的司法活动提供坚实的法律基础。

二、健全新型毒品犯罪的监测预警机制

(一) 完善新型毒品的监测机制

目前,我国对于新精神活性物质的监管存在很多不足之处,对新精神活性物质的流向管控不明,对易制化学品的监管不到位,国内外新精神活性物质的实时情况难以掌握,对滥用新精神活性物质的监测工作不到位,国内禁毒情报不能共享,各级禁毒委员会难以做到联合办案、联合监管、协调一致。完善新精神活性物质的监测机制应做到以下两点:

---

① 《关于公安机关管辖的刑事案件立案追诉标准的规定(三)》明确了12种毒品犯罪案件的立案与追诉标准,成为当前公安禁毒部门办理毒品犯罪案件的主要依据之一。该《规定》第14条规定:"未明确立案追诉标准的毒品,有条件折算为海洛因的,参照有关麻醉药品和精神药品折算标准进行折算。"

② 参见覃珠坚、伍光红、覃升锋:《毒品犯罪罪名适用及量刑情节探析》,《广西警察学院学报》2018年第1期。

一方面,建立专业的针对新型毒品的监测机构。对化工企业尤其是医药化工企业实行定期检查与不定期检查相结合的模式,对企业的原料、产品数量、销售渠道、资金等情况进行核查,尤其对开展对外贸易的企业需要重点进行关注。同时,应当建立新活性物质数据库共享机制,对全国新精神活性物质出现的各种情况进行汇总上报,各省市之间数据共享、联防联控,遏制新型毒品。各级禁毒办应当设立专门监测新精神活性物质的组织,这些组织负责专门统计本辖区内的新型毒品滥用的具体情况和数据,并且负责将数据上传至网络,实现数据共享。通过对这些数据进行对比、分析,总结出新的新精神活性物质是否有出现的可能性以及某种物质是否存在被滥用的风险。另外,对药品的监管要到位,对麻醉药品和镇定类药品的使用情况也要进行把控监测,通过需求量、购买量是否异常来监测是否有患者出现药品上瘾的现象。

另一方面,严密把控易制毒化学品的市场监管。易制毒化学品很容易发展成为毒品制造的原料,现实网络上该类化学原料交易频繁,而这些化学原料的来源就是与易制毒化学品相关的企业。因此,对该类化学品企业的监管可以在很大程度上减少毒品犯罪的可能性,从源头上将新型毒品犯罪扼制住。[①]

(二) 完善新型毒品的预警机制

禁毒部门应当密切关注在外国已经被纳入新型毒品管制范围的新精神活性物质,并将最新情况通报到各级禁毒管理部门,根据具体情况决定是否将该新精神活性物质纳入我国的管制范围内。对于已经在国外监控体系中的新精神活性物质,应当提醒相关部门尤其是边防、海关

---

① 参见于冲浪、王伟、徐磊:《动态化信息化条件下禁毒工作的实践探索》,第七届"吉林警务论坛"论文。

的注意,提高预警机制,严防、严控新型毒品进入我国境内。在防止国际上的新型毒品进入我国国内的同时,也要注意防控我国的新精神活性物质通过各种手段进入国际市场。各地禁毒办应针对性地加强新精神活性物质的排查工作,如对酒吧等娱乐场所需要加强监控,一旦发现该类公共场所出现滥用新型毒品的现象,应当立即对场所进行停业整顿。各地禁毒办在发现未纳管的新精神活性物质时应当及时上报到上级部门,上级部门在收到上报的信息时应当进行汇总分析,再将最新消息发布到全国各地,引起各地禁毒办的重视,并对该物质进行监测。同时定期对已经收集的新精神活性物质进行风险性评估,保证国内对该类物质的纳管与国际的纳管工作之间的差距尽可能小。风险级别越高的新精神活性物质的纳管工作应当相应地加快速度,而风险级别低的新精神活性物质可以充分考虑各方面因素,按照正常的程序进行纳管评估工作。[①]

三、制贩已纳管新型毒品案件的侦查对策

(一) 制造已纳管新型毒品案件的侦查对策

新精神活性物质的更新换代很迅速,但是制造该类毒品的人员相对较为固定,此类毒品的制造具有其自身的特点:一是制毒师大部分是有化学或医药学专业背景的人员;二是新精神活性物质的制造原料大多来源于互联网;三是制毒窝点多位于位置偏僻的工业厂房内。因此,对于新精神活性物质的制造应做到以下几点:首先,对于高危职业群体应该加强侦查监控,对具有化学制药等专业背景的高风险人员,结合其常联

---

① 参见武清华、张小华:《我国毒品定义之重构》,《云南警官学院学报》2012年第3期。

系和接触的人员进行排查,对其制造新精神活性物质的可能性进行评估,根据评估结果决定是否对其进行深入监查。在侦查过程中需要对购物网站进行追踪监控,依靠交易过程中留下的信息,加强情报建设,加大对高危人群的监控,防止专业人才利用专业知识进行犯罪活动。① 其次,加强对新精神活性物质的制造原料的管控,加强对易制毒化学品乱流通的缉查,尤其是加强对网络平台的管控,禁止易制毒化学物品在市场上随意流通,当出现新精神活性物质时要查清该物种使用的原料来自何处,由谁在何处制造而成,该物质还以何种方式流向了哪些市场。

(二) 贩卖已纳管新型毒品案件的侦查对策

新精神活性物质的主要消费群体以高学历的年轻人为主,贩卖新精神活性物质的犯罪主体也大多以年轻人为主,他们具有一定的反侦查能力,聊天大多用暗语、代号,在侦查中很难发现是正常的物品交易还是新型毒品的交易。聊天内容以英语为主,专业性强,这些都给侦查活动带来了不小的障碍。在我国已经查处的贩卖新型毒品的案件中,对该类案件的查处主要包括以下几方面:首先要提高对网络购物平台的监控和取证能力。实践中有些商家会将自己伪装起来,通过提供虚假信息躲避侦查人员的搜查,因此,需要侦查人员提高自己的辨识能力和综合侦查能力。其次,在国际邮件的监管方面,要警惕国际快递通过转运中心进行毒品交易的行为,要加强国际邮件的检验视察工作,要求寄件实名制,加强快件验视工作的进行,大力整治快递行业的乱象,尤其要注意没有实名认证或者提供虚假寄件信息的包裹,都要加大力度整治。再次,对重点企业加强追查。严密监测从事与化工行业相关的

---

① 参见秦总根:《完善我国易制毒化学品管制立法的思考》,《贵州警官职业学院学报》2009 期第 5 期。

企业的日常活动,尤其是在订购易制毒化学品方面,要严格审查相关交易记录。最后,对金融工作展开专业调查,加强相关问题的国际交流与合作,尤其是对境外银行账号的信息取证开展合作。

四、构建新型毒品犯罪的治理制度

(一) 完善主管部门与相关部门的联动机制

首先是主管部门即公安部门自身的协调。各警种中,公安机关网络安全部门可以起到有效的预警功能,其应当注重对涉及新型毒品犯罪的各种网络信息进行筛查、屏蔽、拦截。对已经收录的各种信息加强审查,加强对信息线索的判断能力,不断提升打击新型毒品犯罪的能力;对于尚未收录的各种信息进行跟踪追查,对各种可能性及风险进行估算,增强对新型毒品犯罪的侦查能力。在新型毒品犯罪侦查过程中,由公安机关禁毒部门进行组织,网络安全部门进行网络追踪、固定证据,刑事侦查部门进行调查取证。[①]

其次是公安部门与外部的联动机制。如公安机关与市监局、司法局、海关等各个部门之前的联合执法行动。第一,要注重探究联动的启动机制,各个部门在联合执法前务必开展联合执法专项会议,明确具体实施方案和各部门职责。第二,搭建信息共享平台,各部门相互分享各自获得的信息,通过各种信息的相互碰撞,不断地研究分析各种信息情报,寻找更有价值的线索。第三,明确各个部门的职能要求,选定领导部门,由该部门统筹各项工作与各种资源,尽量避免效率低下,提高工

---

① 参见胡达、贾元:《服用精神活性物质后犯罪的责任承担与立法完善》,《人民检察》2011 年第 13 期。

作效率。第四，各种工作完成后，及时总结归纳，不断积累经验，让联动机制逐渐形成固定机制，提高各个部门的合作能力。

（二）完善主管部门与相关行业的联动机制

公安机关在打击新型毒品犯罪过程中要联合各种行业、各类企业，以公安机关为主导，联合物流行业、医药公司、化工行业等，充分发挥各自的优势，为打击新型毒品犯罪贡献各自的力量。

第一，提高相关行业在打击新型毒品犯罪中的硬件需求。就物流公司而言，首先，通过升级物流公司的监控设备，提高监控的清晰度和质量，可以为公安机关侦查提供高清的视频资料。如为收件员和派件员提供随身记录仪，扩大信息收取范围。其次，可以为物流公司提供光学设备（如 X 光机），对收寄的包裹进行检查监控，提高打击新型毒品犯罪的效率与能力。最后，物流公司可以提升互联网模块建设，通过互联网与公安机关加强联系，建立统一互联网物流运输信息平台，加强物流运输实名制管理，加强互联网信息共享。如若在互联网信息平台上发现风险提示，就进行风险预警，并逐步排查，实现打击新型毒品犯罪的目的。[①]

第二，完善相关行业在打击新型毒品犯罪中的制度建设。相关行业在管理过程中要推陈出新，不断探索新的制度。首先，对物流行业、医药公司、化工行业等相关行业的奖惩制度不断进行完善，以调动上述行业及其在职人员打击新型毒品犯罪的积极性，在财力上应由公安部门予以支持。其次，提高物流行业、医药公司、化工行业等相关行业的社会责任感。在面对新型毒品犯罪时，勇于举报，在做好自我保护的前提下，勇于承担社会责任，不仅可以打击新型毒品犯罪，也能为各行业

---

① 参见梅传强、胡江：《我国毒品犯罪的基本态势与防治对策》，《法学杂志》2009 年第 3 期。

自身的发展提供美好的环境。最后,物流行业、医药公司、化工行业等相关行业的从业人员,在对打击新型毒品犯罪做出贡献后,应得到相关部门的特殊保护,消除举报者的顾虑,提高其检举揭发新型毒品犯罪的积极性。

第三,加强相关行业在打击新型毒品犯罪中的组织工作。政府部门应加强日常的行政管理水平,相关部门应组织建立安全监督部门,建设覆盖各级政府及村居的安全监督网格,实施网格化管理,努力汇集各种资源与信息,为公安机关打击新型毒品犯罪提供物质基础与信息保障。与此同时,物流行业、医药公司、化工行业等相关行业需要成立更有效和有序的运营模式,并逐步加强对工作人员的管理,使对新型毒品犯罪的打击更有力度。

(三) 提高执法人员的专业素养

在打击新型毒品犯罪的实践中,相关执法人员对新型毒品的化学特性、吸食过后的反应特征以及新型毒品的判断标准等相关知识不甚了解,从而导致无法及时有效地打击新型毒品犯罪。在日常的打击犯罪工作中,要加强对执法人员的专业知识培训,使理论与实践相结合,不断提高执法人员的业务素养与专业能力。[1] 具体而言:一是要了解新型毒品的特性与危害,如新型毒品的外貌、味道、危害特性、包装和与传统毒品的不同点;二是要掌握新型毒品的运送方式,是否通过物流行业,是国内物流还是涉外物流,是否属于走私,等等;三是要学习新型毒品的检验方法,如研制新型毒品快速检测试剂盒,以及研制并推广其他更便捷的检测方法;四是要学会判断吸食新型毒品人的行为特征,通过其言行举止、体貌特点、社会形态、社交情况等快速识别对象是否吸食

---

[1] 参见白岩:《浅谈毒品犯罪的综合治理》,《吉林日报》2019年12月14日,第5版。

新型毒品,加快打击新型毒品犯罪的速度;五是应注重自我防护,做到自我防护的基础上打击新型毒品犯罪。

五、提高对新型毒品犯罪的教育预防

随着新型毒品的出现,我们国家的禁毒形势越来越严峻,传统毒品的预防教育方法已经逐步落后,社会民众对新型毒品缺乏了解,容易防范不足。因此,应从内容上加大对新型毒品犯罪的预防教育。一方面,利用目前较为知名的项目,增强互联网的使用。例如,依靠互联网点击率爆炸式扩张的特性,以较低的成本达到最大的宣传效果;与知名电视台合作,录制打击新型毒品犯罪专项节目,借助明星效应宣传节目,并投放到网络平台,增加曝光率,提高预防教育的效率;结合政府各个部门、社会团体、社会企业,筹办各类打击新型毒品犯罪的活动,如中小学作文大赛、网络视频大赛、禁毒沙龙等,组织全社会的力量,整合全社会的资源,从而提高新型毒品犯罪预防教育的效率。2018 年,在各级禁毒部门的共同努力下,全国开展了面向流动人口、易涉毒行业场所从业人员、广大农民群众的新型毒品预防宣传教育活动近 3 万场,发放资料近 2,300 万份。① 另一方面,加强相关行业教育设施的建设。对打击新型毒品犯罪的执法人员和其他相关人员进行专项培养,提高他们的预防能力和水平。加强相关行业教育设施的建设可以最大程度地节省人力物力财力,扩大和提高新型毒品犯罪预防教育的范围和效率。

---

① 参见麦买提·乌斯曼:《我国惩治毒品犯罪刑事政策的调整》,《江西社会科学》2018 年第 10 期。

第十一章
网络犯罪治理的现代化

21世纪以来,网络犯罪逐渐成为一个新兴的犯罪类型,伴随其发生和发展的是电子计算机的传入和互联网技术的不断发展,因此,网络犯罪是一种典型的"后发型"犯罪。我国正式意义上接入互联网是在1994年,短短20多年的时间,我国互联网已经进入了快速发展的道路,创造了一个互联神话。截止到2019年,我国互联网用户已经超过八亿人,互联网普及率达到61.2%,其中未成年人互联网普及率更是达到93.1%,也就是说,基本上有读写能力的未成年人都加入了互联网大军之中。[1] 根据2019年最高人民法院发布的《司法大数据专题报告之网络犯罪特点和趋势》,2016年至2018年,网络犯罪案件已结4.8万余件,案件量在全部刑事案件总量中的占比均呈逐年上升趋势。目前,网络犯罪已占我国犯罪总数的1/3,且呈不断上升态势。[2] 网络黄赌毒、盗窃、诈骗、传销、贩枪、传授制爆技术、窃取公民个人信息等违法犯罪增多,严重影响公共安全。截至2018年年底,过半数的网络用户遇

---

[1] 参见《规模1.75亿!2019年我国未成年人互联网普及率达93.1%》,载新华网,http://www.xinhuanet.com/politics/2020-05/13/c_1125980030.htm,2020年8月15日访问。

[2] 参见中共中央网络安全和信息化委员会办公室:《打击网络犯罪要技术革新》,《人民日报》2019年11月25日,第5版。

到过各种各样的网络安全问题。[①] 网络犯罪的治理已经成为社会各界关注的重要问题。同时,网络犯罪的治理也是信息时代的产物,无论是法律治理抑或社会综合治理,总是滞后于犯罪态势的演变,网络犯罪问题亦是如此。在经历了网络犯罪成型、由网络作为工具转向作为对象等一系列的演变之后,网络犯罪的立法和司法的治理也随之经历了一系列由借鉴学习向总结提升、由粗犷管理向精细转化的过程。对比来看,网络犯罪态势的演变可以大致按照案件数量和类型的转变划分为2000年以前、2000—2010年、2010年以后三个阶段。而网络犯罪的相关立法按照颁布的时间节点,大致可以分为1997《刑法》颁布后至2009年《刑法修正案(七)》颁布前的阶段、2009年《刑法修正案(七)》颁布后的阶段。同时,相关司法解释和规范性文件又依照刑法罪名的修订陆续出台,其中的时间线索一脉相承。梳理改革开放40年以来网络犯罪治理的发展历程,有助于深入地了解和治理网络犯罪,为将来立法与司法的进一步发展奠定坚实的基础。

第一节 网络犯罪态势的演变

根据网络发展的代际变迁,可以总结出网络犯罪态势具有以下三个变化特征:一是从对计算机客户端的犯罪向对互联网网络的犯罪变化;二是从利用网络技术到以网络系统或空间为犯罪对象;三是从网络

[①] 参见中国互联网信息中心:《第44次〈中国互联网络发展状况统计报告〉》,载中共中央网络安全和信息化委员会办公室,http://www.cac.gov.cn/2019-08/30/c_1124938750.htm,2020年8月20日访问。

财产犯罪向网络秩序犯罪进行延伸。具体来说,从时间上可以进行如下大致分类:2000年以前为计算机犯罪向网络犯罪的过渡阶段;2000—2010年为网络技术犯罪高发阶段;2010年以后为网络空间成为犯罪高发地阶段。目前的网络犯罪格局呈现出多元并存的局面:以网络为"工具"的犯罪现象尤为突出;以网络为"空间"的犯罪开始兴起;以计算机为"对象"的传统犯罪逐渐减少;纯粹以计算机为"媒介"的犯罪几乎绝迹,剩下的则演变为以网络为"工具"的犯罪。①

一、计算机犯罪向互联网犯罪的延伸

改革开放初期的20世纪80年代初,计算机技术刚刚开始传入我国,在这个阶段,大部分用户并没有真正意义上"互联网"的计算机客户端,相对的网络概念主要以局域网为主。"计算机犯罪"与"网络犯罪"是两个概念,指两类不同的犯罪类型。前者更多的是指将计算机作为犯罪对象,针对计算机信息系统实施犯罪行为,强调的是纯粹的技术犯罪。后者主要指向利用网络本身实施的传统犯罪,是传统犯罪借助网络这一工具与平台所实施的犯罪行为。当时更受关注的是"计算机犯罪"而不是"网络犯罪"。此时网络的发展还没能达到"互通"的地步,无论是网民之间,还是网民与网络资源提供者之间,均无法实现"互动",网民在网络面前更多的是"受众",是信息的接受者。② 因此,此时的网络实际上更像是一个分布着众多小岛的巨大"棕榈岛",各个

---

① 参见孙道萃:《网络时代的中国刑法发展研究:回顾与展望》,《华南师范大学学报(社会科学版)》2021年第1期。

② 参见于志刚、吴尚聪:《我国网络犯罪发展及其立法、司法、理论应对的历史梳理》,《政治与法律》2018年第1期。

独立的小岛均与主岛相连,但各个小岛之间却好似孤岛,互不连通。正因如此,严格意义上说,此时只有"网络",而没有"互联网"。此时的网络,实际上是一个以"联"为主的网络世界,网民虽然可以连接网络进行上网,但当时更多的是网民与以门户网站为代表的网络资源提供者之间的交流,通过网络联结,网民能够进入网络世界。网络活动也主要以内容为主导,上网更多地是为了获取资讯,网络实际扮演着信息获取的通道角色,而门户网站把持着网络的信息渠道,网络的媒体属性凸显。因此,犯罪的特点主要是不涉及网络,也和计算机没有直接关系,而是属于"与计算机有关的犯罪"的问题,仅仅是传统犯罪中出现了涉及计算机因素的犯罪类型。通过盗版计算机软件、程序和影视资源,然后利用计算机作为读取工具进行使用,计算机本身仅仅是盗版软件等的读取工具和犯罪的"媒介",犯罪行为并未直接涉及计算机本身。

我国公安机关侦破的第一起计算机案件是 1986 年深圳市的利用计算机盗窃储户存款的案件。到 20 世纪 80 年代末,涉及计算机的犯罪数量都极为稀少(1987 年仅 9 起)。因此,当时我国法律打击的重点是利用计算机进行的本质上属于盗版软件、侵犯著作权的盗版行为,以及销售侵权复制品的行为。这一时期对应的 1997《刑法》中,重点规范和约束的是以"非法侵入计算机信息系统罪"和"破坏计算机信息系统罪"为代表的一系列计算机系统破坏类罪名,旨在解决以计算机为"对象"的,包括侵入重要领域计算机信息系统、非法获取他人电脑上的数据和设置木马病毒等破坏性程序等一系列的犯罪。

随着改革开放进程的深入,计算机技术和互联网的不断发展与普及逐渐将我们和世界连成一个整体。20 世纪 90 年代初,计算机类犯罪的数量开始呈现出爆发式增长,到 1995 年,年发案量已经达到 2,000

多起。① 随着网络在普通居民家中开始普及,木马程序等病毒软件成为"傻瓜式软件",即得即用,不再需要知识背景上的要求,犯罪的技术性色彩明显降低,普通人即可参与其中。因此,提供侵入、破坏计算机程序的帮助行为逐渐暴露出来,对其进行刑法规制越来越重要。由此,网络时代下帮助犯的异化开始显现。可以说,20世纪的最后十年,利用技术手段针对计算机信息系统进行侵害是主流,具体表现为非法侵入计算机信息系统、非法侵入计算机系统以后获取其中存储的数据、破坏计算机信息系统等行为。这实际上是将计算机作为犯罪"对象"加以侵害。如20世纪末著名的病毒软件"熊猫烧香",就曾给计算机网络用户带来过巨大的不便。因此,这一阶段打击的重点是技术攻击和破坏计算机信息系统的犯罪。此时的犯罪门槛较高,一般是掌握计算机知识与技术的人才有可能实施。

到20世纪90年代末至21世纪初,真正意义上的互联网开始展现。我们如今熟知的互联网公司大多都成立于这个时期。基本上也是从这个时期开始,网络犯罪的概念开始正式出现。伴随着这一阶段网络的普及,"计算机犯罪"和"网络犯罪"的概念不再处于并存状态,"计算机犯罪"的概念几乎不再被提起,"网络犯罪"的概念则越发重要,利用网络实施的传统犯罪在数量上和社会影响上占有绝对优势。无论是对于法学界还是社会公众而言,"网络犯罪"已经成为一个更被广泛认可的术语。同时,"计算机犯罪"与"网络犯罪"在概念上不再是并列的关系,而演变为一种"种属"关系,"计算机犯罪"完全成为"网络犯罪"的一个下位概念,成为"网络犯罪"的一种类型。此时,无论是就危害性还是法律资源的投放方向而言,更受关注的是"网络犯罪",打击重

---

① 参见康树华、张湘军主编:《刑事犯罪学》,群众出版社2000年版,第361页。

点不再是技术攻击和破坏计算机信息系统的犯罪,而是利用网络实施的传统犯罪。

21世纪的前十年,互联的概念更加鲜明,网络犯罪中以网络作为手段的犯罪风格在这一阶段非常鲜明。随着网民间"点对点"互动交流的普及,用户早已不再是网络信息的受众,亦是生产者和传播者。木马病毒被更轻易也更隐蔽地植入计算机中,黑客控制大量个人计算机的现象越来越普遍。因此,网络开端时代以计算机为"对象"的犯罪在进入网络普及时代后也发生了变异,对计算机信息系统的侵入、控制和侵害等犯罪行为不再是目的,而是作为整个犯罪产业链的初始一环,为后续的犯罪行为服务。换言之,针对计算机系统的犯罪不再是对象和目的,而是犯罪的工具,是借助互联网实施犯罪的工具。

2009年《刑法修正案(七)》就针对互联网络的发展扩展了原有的罪名和体系,在第285条增设第2款、第3款,即"非法获取计算机信息系统数据、非法控制计算机信息系统罪"和"提供侵入、非法控制计算机信息系统程序、工具罪",正式确立了对个人使用的计算机中数据的保护。

二、从工具向对象的转变

2000年以前,网络的发展程度还不足以使网民之间具有高度的互通与连接,进而未产生以网络为"工具"的犯罪的土壤。21世纪头十年,随着网络技术的快速升级,计算机与网络之间的地位悄然发生了改变,网络的地位日益突出,原本仅仅是作为计算机附属功能的网络,一跃成为计算机最重要的功能之一,而计算机本身则成为网络的物质载体,仅仅作为上网的工具而存在。在计算机与网络两者的关系中,网络成了目的本身,计算机则变为工具。这种转变也深刻影响到犯罪领域。

进入互联网时代之后,网络不仅把所有的网民联结到一起,而且还在此基础上具备了使网民之间互动的功能,原本只能"联结"的网络现在又实现了"互动",此时的网络成为了名副其实的"互联网"。在这个时期,网民之间的"互动"成为时代的主题,即时通讯工具在短时间内迅速普及,成为"装机必备"。以 QQ 为例,其在 1999 年 2 月成立并正式开通即时通讯服务;经过短短两年时间,到 2001 年 2 月,仅 QQ 在线用户就突破了 100 万大关,注册用户数已增至 2,000 万;而近年来普及率非常高的微信,其用户在 2018 年就突破了 10.4 亿。[①] 这一数字是非常惊人的,充分说明网民之间"点对点"的互动交流是这一时期网络的基本特征与主要模式。在计算机拥有与使用的"个人化"和联结的社会的"社会化"这一双重趋势下,网络的社交属性开始凸显,网络正式迈入了社会化阶段。攻击计算机系统的犯罪行为快速消减,网民之间"点对点"地利用网络为工具的侵害成为犯罪的标准模式,以诈骗为主的各类传统犯罪(尤其是涉财犯罪)的网络化呈爆发式增长,传统犯罪进入网络时代。此阶段网络犯罪的特点主要呈现为以下三个方面:

第一,传统犯罪的网络异化。传统犯罪借助网络因素而迅速扩散,网络开始以犯罪"工具"的形象展现。互联网取代计算机信息系统在整个网络犯罪中占据了核心地位,以计算机为"对象"的犯罪逐渐减少,以网络为"工具"的犯罪开始飙升,网络因素快速介入几乎所有的

[①] 参见《微信用户突破 11 亿 微信这些数据意味着什么》,载玖陆科技,https://baijiahao.baidu.com/s? id = 1634372729389717406&wfr = spider&for = pc,2020 年 8 月 15 日访问。

传统犯罪之中,传统犯罪开始跃升到网络这一平台之上。由于网络因素的介入,传统犯罪内部的构成要件要素、犯罪形态等产生了不同于过去的新的表现形式,并使传统的刑法理论、刑事立法和司法规则处于难以适用的尴尬境地,此即为"传统犯罪的网络异化"。传统犯罪在网络时代产生异化,从前网络时代以计算机为"媒介"的犯罪进阶为网络2.0时代以网络为"工具"的犯罪,旧貌换了新颜,骨子里仍然是传统犯罪的行为,但在借助互联网这一工具之后产生了更大的危害性。

第二,涉财犯罪的爆发式增长。由于网络上集聚了大量的网民,且彼此之间实现了互动交流,网络开始累积大量的财产利益,如网络游戏、密码账号等。犯罪也由此发生了转向,开始由侵犯计算机本身转向侵犯网络中的利益(尤其是财产利益)。因此,涉财犯罪在这一阶段的网络犯罪中占大多数,犯罪侵犯的法益主要是财产,犯罪的目的主要在于获利,如电信诈骗、贩卖淫秽物品、盗取网络游戏装备等等。

第三,帮助犯的地位凸显。网络犯罪呈现出大众化的趋势,犯罪的技术性色彩进一步降低,掌握技术的犯罪者从台前退居幕后,从犯罪的实施者转变为犯罪的帮助者,开始为广大犯罪人提供技术支持。网络犯罪的帮助犯在这一阶段真正发生了变异,危害性实现了扩大,独立性得到了提升。

三、从网络财产犯罪向网络秩序犯罪的延伸

当代社会已进入网络"空间化"时代,网络犯罪再一次发生变异与升级,犯罪已不局限于一对一的侵财行为(如电信诈骗),或是单纯的贩卖非法物品牟利行为(如贩卖淫秽物品)等,而是产生了"规模化",

通过对运行系统进行规模化的攻击,"人群"开始取代"个人"成为犯罪的主体。因此,犯罪的目的与侵害的客体随之转变。

随着以 iOS、Android 为代表的智能操作系统相继面世,以"微博"为代表的即时通讯平台借助移动互联网迅速发展,网络用户迅速聚集,网络平台逐步形成,其包括社交平台、支付平台、搜索平台、信息平台、其他服务平台等,其中尤以社交平台为主导领域。网络平台最大的优势在于个性化的定制服务、多样化的业务功能以及海量用户的黏性。每个网络平台都可能发展为一个独立的网络生态系统,用户可以在其中满足几乎所有需求。正是这样一个"独立王国"的出现,使得网络空间和网络社会开始形成,现实社会与网络社会同时存在的"双层社会"成为新的社会结构。网络在网络犯罪中的地位,也从作为犯罪对象、犯罪工具进入了一个全新的阶段——"犯罪空间"。此阶段,网络犯罪主要有两个特点:一是网络犯罪在空间上的整体迁移。由于网络空间的出现与发展,使得传统犯罪的发生平台已不再只局限于现实社会中的"现实空间",而是扩展到了网络社会中的"网络空间",几乎所有的犯罪都能够利用互联网在网络空间中生成,或并存于现实与网络的双层空间,或实现线上与线下的周密互动和无缝转换。二是网络犯罪开始冲击社会秩序。在这个时代,传统犯罪利用互联网,将网络作为犯罪的"工具"实施犯罪行为,其方式是将计算机信息系统及网络因素作为手段介入传统犯罪,整个犯罪行为针对的依旧是现实社会中的法益。可是,在网络"空间化"时代,网络作为一个犯罪空间,开始出现了一些完全不同于前一个时期的犯罪现象,它成为一些变异后的犯罪行为的独有土壤,一些犯罪行为离开了它要么根本就无法生存,要么根本就不可能爆发出令人关注的危害性。其中,伴随着网络空间的形成,对网络空间中社会秩序的冲击是这一时期的独有特点,煽动行为、侮辱诽谤行为和传播宣扬恐怖主义、邪教组织等行为完全可能借助网络空间的生成以及网络虚拟性带来的交流便捷、侦查困难等特性迅速扩张。秩序型犯罪很可能从对现实空间秩序的破坏转移到对网络空间秩序的摧毁。

第二节 网络犯罪态势演变的成因

一、互联网技术持续高速发展

在计算机诞生之初,其本身由于并非面向个人使用,没有以后来的Windows为代表的操作系统为支撑,并且造价高昂,远未被普及,而是仅用于尖端科学技术领域,甚至其本身就是当时最先进科技水平之成果,被视为"国之重器",往往只会出现在科研院所与军队部门。在当时的情况下,由于计算机使用的范围小,讨论计算机或者网络犯罪是不具有普适性的。因此,此时的计算机并没有与社会公众产生密切的联系。此后,随着计算机的小型化,供个人使用的单机系统开始出现,"PC"(personal computer)一词开始出现,计算机开始迅速普及,真正进入千家万户。此时,犯罪的触角也伸向了计算机。当时计算机虽已普及,但网络却落后一步,还没能进入大众社会,因此,计算机对于普通人而言仅仅是作为娱乐、学习的工具。

互联网信息技术革命的发展可以用狄更斯的话来描述:这是最好的时代、智慧的时代,但也是最坏的时代、愚蠢的时代。互联网信息技术推动了人类社会的进步,但也改变了犯罪行为发生的模式,并导致了新犯罪行为的增加。一方面,大部分犯罪行为都可以在网络空间或以网络为媒介、手段实施;另一方面,各种传统类型犯罪在网络空间都有所显现。互联网恶意病毒肆虐,据统计,利用互联网技术偷盗、诈骗、敲诈等案件每年以超过30%的速度增长,网络成了黄赌毒的主要阵地,网络传销花样百出,网络水军和网络造谣呈波涛汹涌之势,以互联网为基础的黑灰产业类型和规模大幅增加。近五年来,非接触性的、通过或发生在电信网络空间的侵犯财产犯罪逐步增加;非法集资、网络传销等涉众型经济犯罪持续高发;网络空间涉黄赌毒、贩卖枪支、倒卖公民个人信息等犯罪日益增多;互联网、大数据、云计算等技术的快速发展使市场的违规违法犯罪行为更趋复杂隐蔽。① 计算机网络技术的飞速普及使接触和使用计算机网络的群体日趋庞大,计算机网络的虚拟性和开放性也使得越来越多的不法分子利用计算机网络技术来实施犯罪。因此,计算机网络技术的发展对犯罪心理的形成也产生了重大的影响,而实施犯罪的群体受到信息社会中诸多新兴事物所造成的复杂心理因素的影响,导致了犯罪主体呈现出多元化趋势。

二、网络犯罪的低成本

网络犯罪实施的经济成本比传统犯罪低很多,尤其是对于本身掌握网络技术的年轻人来说更是如此,他们可以不需要另外学习相关的犯罪技术手段或者采购物品,仅仅通过互联网,利用自己掌握的一些技术知识,就可以侵入网络上另一方的账户或者利用网络技术漏洞实现自己的目的。

---

① 参见靳高风、守佳丽、林晞楠:《中国犯罪形势分析与预测(2018—2019)》,《中国人民公安大学学报(社会科学版)》2019年第3期。

首先,网络犯罪的技术成本呈现降低趋势。一方面,随着互联网本身的日益进步,公民数据和财产信息越来越全面地被互联网平台收集,如果技术水平足够,犯罪分子取得这些信息的成本将是非常低廉的;另一方面,网络犯罪技术的科技含量大幅度提升的同时,其使用也同时变得平民化和低成本化。大量的黑客软件和程序都可以实现傻瓜式操作,一次购买反复使用,不法分子并不需要理解其中的原理和技术,只要掌握软件程序本身,就可以反复使用它在网上实施犯罪行为。行为人匿名和化名现象大量存在,在接受网络信息过程中可以通过反复匿名登录的办法直奔犯罪目标。在虚拟空间内,不法分子与被害人毫无直接接触,只需要借助计算机网络,其网络犯罪的全部行为即可完成,且犯罪行为地与犯罪结果地也通常不一致。这种间接性的特点导致犯罪行为本身具有很大的隐蔽性,客观上极难被查处。不法分子只需要在设计好入侵计算机的程序后,通过轻触键盘,即可瞬间在任意一台计算机上实施犯罪行为,这体现了犯罪的瞬时性。

其次,相比于网络犯罪的高收益率,网络犯罪的成本很低。与网络犯罪的低成本、低风险形成鲜明对比,其作案成功率之高,往往出人意料。例如,当前时代数据为王,数据就是未来的"自然资源"。但目前数据的过度采集现象严重,各种应用软件、平台都深度、全面地采集用户数据,甚至要求一些与应用服务无关的数据信息,数据滥用严重。同时,在数据安全技术存在隐患的情况下,数据泄露、数据买卖的问题依然严重,网络犯罪成本越来越低。

最后,司法办案成本高,相对造成了犯罪分子所需承担的风险成本大幅度降低。由于网络对公民的信息收集越来越全面,信息的买卖在黑市上可以精准到姓名、住址、身份证、电话和近期消费记录等,但侦查机关却需要付出大量的时间和精力取证,侦破这类案件的办案成本高,侦查难、取证难、追赃难,极大影响了侦查人员的办案意愿和积极性。同时,法律规制的发展程度远远落后于网络技术和应用的推广速度,这些都会影响我国打击网络犯罪的效率和能力。

三、犯罪主体低龄化与犯罪技术智能化

网络犯罪在犯罪主体上呈现橄榄型的年龄特点,属于典型的年轻型犯罪,据统计,年龄在18—30岁之间的占了网络犯罪主体的近八成。有学者将未成年人网瘾的成因归结为:未成年人好奇心强等身心特点、亲子关系等人际关系紧张、课余闲暇生活指导不足等。[①] 对此,有学者呼吁社会充分关注未成年人网瘾与网络犯罪现象,提倡通过"建立健康绿色网吧""加强上网宣教""政府尽责预防""学校与家庭加强监管"等措施来防范未成年人涉网犯罪,通过网络综合治理避免未成年人形成网瘾。[②] 但实际上,青少年网络犯罪比例高的成因中,网络仅仅是时代背景下的诱因,其根本原因在于青少年的生理和心理特点与互联网发展的阶段和速度高度契合。具体而言,一方面,年轻人对互联网的了解和依赖度远比其他年龄段的人更深、更高,对互联网的应用、服务及各种技术的获取更加熟悉。互联网作为21世纪的新兴产物,在短短20年中经历了快速的发生和发展,这种迅速的演变状态天然地将一部分对新鲜事物接受能力较差的人群排斥在了网络犯罪的门槛之外。

[①] 参见张海芹、陈录生:《城乡未成年人网络成瘾及其归因研究》,《心理科学》2009年第3期。

[②] 参见关颖:《未成年人不良行为及其影响因素分析——基于全国未成年犯的调查》,《青少年犯罪问题》2013年第2期。

根据 2019 年的调查数据显示,截至 2018 年,我国 29 岁以下的互联网用户占到了网络用户总量的一半(约 48%),[①]可以说,互联网用户的低龄化间接造就了犯罪主体的低龄化。另一方面,青少年处在成长阶段,叛逆性强,责任意识和法律意识都相对比较淡薄,追求刺激的心理旺盛,甚至对自己的行为的违法性不以为然。尤其是在网络这个虚拟和隐蔽的空间中,不少年轻人的道德约束感更加低,自认为脱离了现实社会束缚的年轻人往往会更加肆无忌惮地进行犯罪行为。同时,从心理学的角度来看,未成人基于其年龄、身体、心理因素,有在成年人社会之外寻求安全感和归属感的渴望,当代独生子女也更多地倾向于从网络中寻找认同感和伙伴。相比之下,目前的学校教育、家庭教育还是更加注重于教未成年人成才,忽视了对未成年人人格的培养,导致很多未成年虽然"成才",但却没有"成人",缺乏社会责任感。

与犯罪主体低龄化相伴的是网络犯罪的智能化趋势。我国进入互联网不过 20 年,而网络普及不过 10 年左右,青少年思维敏捷,接受新事物能力强,正是网络技术应用探索的主力军。对于部分年轻人而言,受到早期黑客的"信息共享"的道德标准的影响,网络法律意识淡薄,对侵犯他人信息、隐私和数据的行为毫无违法自觉性,反而以"英雄"自居,他们在互联网的虚拟背景掩护下进行不法行为,把非法侵入、破坏计算机信息系统看作证明自己本领的行为。[②] 这些网络犯罪分子往往熟悉各种操作系统,掌握多种程序语言,洞悉网络的缺陷和漏洞,具备突破防火墙的专业技能。犯罪手段和方法也不断翻新,如黑客入侵、木马植入、病毒传播等等。另外,网络犯罪的针对性防控意识

---

① 参见中国互联网信息中心:《第 44 次〈中国互联网络发展状况统计报告〉》,载中共中央网络安全和信息化委员会办公室,http://www.cac.gov.cn/2019-08/30/c_1124938750.htm,2020 年 9 月 2 日访问。

② 参见[爱尔兰]玛丽·艾肯:《网络心理学》,中信出版社 2018 年版,第 277—278 页。

缺乏,但专业化和科技化又不断加深成为网络犯罪的另一大诱因。当今,越来越多年龄较大的民众开始加入互联网用户大军,他们防范意识差,不了解网络技术,甚至不懂得一些常见的互联网骗术和套路,再加上一些老年人容易产生贪图小便宜的心理,就容易成为犯罪分子的目标。而一些人利用当前网络犯罪治理法律规范尚不健全的漏洞,在法律尚无法规制的灰色地带,利用互联网老龄用户的心理,实施犯罪。

第三节 网络犯罪的治理

一、网络犯罪的刑事立法

(一) 网络犯罪的刑事立法沿革

网络犯罪的前身是计算机犯罪,现在理论上对于网络犯罪概念的理解,一般也包括了计算机犯罪。中国第一例涉及计算机的犯罪(利用计算机贪污)发生于1986年,而被破获的第一例纯粹计算机犯罪(制造计算机病毒案)则发生在1996年。早在20世纪80年代初,理论界就开始研究计算机犯罪,虽然多数属于对国外计算机犯罪立法的引介,但也可以视为中国网络犯罪研究的理论起点。大体上,中国网络犯罪的理论与实践是同步展开的。"网络犯罪"先后经历了犯罪学意义的"网络犯罪"、规范学意义的"网络犯罪"与作为传统犯罪网络异化的"网络犯罪"的内涵变迁。这些词语概念的变化,折射了"网络犯罪"刑

法地位的起伏。在网络犯罪的刑事立法探索中,立法者对网络犯罪的对策可以大致分为以下几个阶段:

计算机硬件系统阶段。1997年《刑法》第285条的"非法侵入计算机信息系统罪"和第286条"破坏计算机信息系统罪"首次涉及相关问题。前者是对国家事务、国防建设、尖端科学技术领域的计算机信息系统的访问权限进行保护;后者则规定了三种破坏计算机信息系统的行为:对计算机信息系统功能进行删除、修改、增加、干扰,对计算机信息系统中存储、处理或者传输的数据和应用程序进行删除、修改、增加,以及故意制作、传播计算机病毒等破坏性程序。

计算机信息系统阶段。2009年《刑法修正案(七)》进一步完善了对计算机犯罪的刑事立法,加强了对计算机犯罪的刑事打击力度:其中第285条增加了"非法获取计算机信息系统数据、非法控制计算机信息系统罪"和"提供侵入、非法控制计算机信息系统程序、工具罪"。《刑法修正案(七)》对计算机犯罪现象进行了细化式的立法,更加侧重对"计算机系统及其数据的安全性"予以保护,对计算机犯罪的帮助犯(提供侵入系统的程序工具)予以独立定罪处罚。可以说,这个阶段已经对计算机中的信息和系统数据的安全性有了足够的重视,但由于网络的互联性尚未成型,网上的交易、互联和支付功能没有形成规模。此时的罪名也主要是在原"计算机系统"为主的基础上前进一步,关注到了存储在计算机中的信息和计算机系统中的数据安全的问题,为后来的进一步发展奠定了坚实的基础。

明确和细化的"网络犯罪"类罪名阶段。2015年《刑法修正案(九)》对网络犯罪的修订较多。首先,修改了第246条"侮辱罪、诽谤罪"的处理原则,在原有基础上增加"利用网络实施侮辱、诽谤犯罪行为的,公安司法机关可为被害人提供固定证据的协助"的规定。同时增加了三个新罪名:拒不履行信息网络安全管理义务罪、非法利用信息网络罪和帮助信息网络犯罪活动罪。可以说,《刑法修正案(九)》细化了关于网络犯罪的相关规定,例如,对一些网络犯罪行为进行了规定(如建造伪基站、利用网络进行诈骗和传授犯罪方法等);扩充了网络犯罪罪名所包含的体系,对网络犯罪的预备行为和共犯行为问题进行了规范;还对互联网公民信息的保护及网络服务提供者的刑事责任问题进行了明确。[①] 可以看出,刑事立法对于侵犯公民个人信息犯罪的法网是越织越密的。

(二) 网络犯罪的刑事立法特点

1. 治理范围纵向前置与横向扩展

纵向前置主要是采用预防性处罚前置的思路。这主要是由于近年来网络犯罪高速增长,开始以链条化、产业化的方式发展,对网络犯罪的资金支持、技术支持、信息传播等行为与犯罪行为本身被巧妙地进行了割裂以逃避法律的追究。对此,立法者采用从网络犯罪链条上游进行早期遏制的立法思路,即对前置行为进行预防性处罚,引入了"预备行为实行化"的策略,这直接地体现在《刑法》第287条之一"非法利用信息网络犯罪活动罪"中。预备行为的实行化有两点直接体现:一是对预备行为处罚的独立化,因为其自身具有一定的社会危害性,因此,对于原本属于预备行为的帮助犯等,将其作为正犯进行处理;二是刑法打击时点的前移,这是基于如果凡事都等到危害结果发生再去处罚,往往不能有效保护法益的考虑。我国《刑法》第287条之一规定了"非法利用信息网络罪",对于利用网络设立违法

[①] 参见喻海松:《网络犯罪二十讲》,法律出版社2018年版,第48页。

犯罪的网站、通讯群组，以及发布违法犯罪信息的行为，予以定罪。①

横向扩展则是立法者着眼于网络共同犯罪中的诸多实践性难题，采纳了"共犯正犯化"的思路。在《刑法修正案（七）》中，立法者仅是通过第285条第3款将特定犯罪的特定技术帮助行为予以正犯化，这些特定技术主要限定于直接用于施行犯罪的计算机程序和工具等，主要是按照下游网络犯罪共犯的形式进行的，可以被视为"共犯"的范围较小，不仅较为落后，还不利于司法实践。而在《刑法修正案（九）》中，通过第287条第2款将明知他人利用网络实施犯罪行为，仍为其提供服务器托管、通信传输、支付结算、广告推广、网络存储、互联网接入等一系列行为都予以正犯化。这是由于网络犯罪呈现出大众化的趋势，犯罪的技术性色彩大大降低，掌握技术的犯罪者从台前退居幕后，从犯罪的实施者转变为犯罪的帮助者，开始为广大犯罪人提供技术支持。网络犯罪的帮助共犯在这一阶段真正发生了变异，危害性实现了扩大，独立性得到了提升。"共犯正犯化"的评价方式的重点有二：其一是对该行为的定性从原来的"帮助犯"到"正犯"，其认定是脱离后续的犯罪事实直接定罪的，这样有助于对网络犯罪的技术支持、资金支持等行为的打击和处罚；其二是从量刑上来说，从过去的从犯量刑标准变为主犯量刑标准。

总的来说，网络犯罪的刑事处罚不仅在干预阶段上纵向提前，而且也在规制范围上横向拓展。面对现代技术所带来的不可避免的不确定性，传统刑事立法范式可能已经无法全面准确地对现代网络虚拟形式的犯罪问题进行有效准确的规制，更加前置、自由的立法取向能够更好地回应网络犯罪较难预测后果的、不断发展演变的、预防性需求的整体趋势。

---

① 参见齐文远、杨柳：《网络犯罪问题研究》，中国法制出版社2019年版，第47—52页。

2. 概括性立法趋势

网络空间中犯罪行为的责任主体和权利义务关系尚在发展中,因此立法者对网络犯罪责任主体的对象和权利边界设置尝试采取了概括性和开放式的立场。例如,在《刑法修正案(九)》第286条之一"拒不履行信息网络安全管理义务罪"中就没有对"信息网络安全管理义务"的主体作出明确的界定,原因在于:网络服务提供者的概念与类型在理论上尚没有达成共识,学界对其法律定位也存在严重分歧,所以刑事义务的边界自然也难以划定。立法者实际上仅是通过该条款明确了网络服务提供者需要承担刑事义务的基本法律要求,其具体适用仍然有待深入讨论。再如,《刑法》第287条之二所规定的"帮助信息网络犯罪活动罪"也体现了同样的特征,所有可能帮助网络犯罪实施的上游犯罪或预备行为,包括技术支持、资金供应和传播信息等,以及下游的分赃、洗钱等,未来可能产生的新的帮助网络犯罪活动的行为,也可以被此罪名囊括。

随着大数据时代社会数据化程度的不断加深,信息的迅猛发展使得其内容不断增加。然而,由于刑法需要保持相当程度的稳定性,如果频繁变动法律中的相关规定和概念,其稳定性势必会受到冲击,最终的结果必定是两者的冲突,或者为了追求法律的稳定性而牺牲对互联网时代犯罪现状变动的反应能力,或者为了保证对新兴犯罪规制的及时性而放弃对法律稳定性的坚持。在这种两难的情况下,单靠明确的立法是难以解决问题的。在此基础之上的有节制的扩张解释,是不可避免的,"中国当下的选择,应当是在坚守相对罪刑法定的基础上,基于秩序维护的需要而进行有节制的扩张解释"[①]。从另一个角度来说,其

---

① 于志刚:《传统犯罪的网络异化研究》,中国检察出版社2010年版,第1页。

实这种扩张本身,不单单是受现实所迫的被动举措,也是为下一步立法进行探索的主动选择。概括性的开放立法是立法者的一种策略选择,它着眼于弥补可能的刑事法网疏漏,为司法者提供了辐射面较宽的规范依据,也为尚未成型的新型网络犯罪预留了较多的刑法规制可能。但是这类的立法趋势会给司法带来一定的困难,主要体现在目前相关立法较为概括的情况下,犯罪行为情节认定、后果认定、行为标准认定等一系列问题都缺乏相应明确的规范。

二、网络犯罪司法解释的沿革

我国网络犯罪的刑事司法对策一直是司法解释先行,而后法律加以确认。这一方面是由于网络信息技术的高速发展带来的法律规制更新的落后;另一方面也是由于规定犯罪与刑罚的《刑法》要保持相当程度的稳定性。在网络犯罪问题上,我国司法解释主要实现了对定性规则和定量规则两个问题的确立,目前主要的司法性文件包括两种类型:

一类是专门针对网络犯罪规定的司法文件。①2004 年《关于办理利用互联网、移动通讯终端、声讯台制作、复制、出版、贩卖、传播淫秽电子信息刑事案件具体应用法律若干问题的解释(一)》一方面规定了网络帮助行为不需要"双向的意思联络",仅以"单向明知"就可以构成共犯,这是首次通过司法解释的方式突破了共同犯罪的传统通说观点,为网络犯罪中共犯的定性问题提供了解决路径;另一方面又首次对违法信息传播的入罪标准进行了规定,"点击数""注册会员数"成为网络犯罪定罪和定量的新衡量标准。②2010 年《关于办理利用互联网、移动通讯终端、声讯台制作、复制、出版、贩卖、传播淫秽电子信息刑事案件具体应用法律若干问题的解释(二)》首次将行为本身具有违法性的网络犯罪共犯行为独立为正犯行为,并且在原有规定的基础上再次扩展了片面共犯的存在范围,将部分提供资金和宣传的行为也纳入了共犯的认定范围。③2010年,最高人民法院、最高人民检察院、公安部联合印发了《关于办理网络赌博犯罪案件适用法律若干问题的意见》,该意见明确将赌博网站与传统的、物理性的赌博场所统一视为刑法中的"赌场",进一步明确了法律适用标准。④2011年,最高人民法院、最高人民检察院联合发布了《关于办理危害计算机信息系统安全刑事案件应用法律若干问题的解释》,该意见针对危害计算机信息系统安全刑事犯罪及其单位犯罪、共同犯罪等问题,进一步明确了适用法律依据。⑤2013年,最高人民法院、最高人民检察院出台了《关于办理利用信息网络实施诽谤等刑事案件适用法律若干问题的解释》,该解释主要针对利用信息网络实施诽谤、寻衅滋事、敲诈勒索、非法经营等刑事案件的法律适用问题作出规定。

另一类是涉及网络犯罪的司法文件。涉及网络犯罪的司法文件共有7个,分别是:2006年最高人民检察院颁布的《关于渎职侵权犯罪案件立案标准的规定》、2007年最高人民法院发布的《关于审理危害军事通信刑事案件具体应用法律若干问题的解释》、2011年最高人民法院、最高人民检察院和公安部联合发布的《关于办理侵犯知识产权刑事案件适用法律若干问题的意见》、2011年最高人民法院、最高人民检察院颁布的《关于办理诈骗刑事案件具体应用法律若干问题的解释》、2011年最高人民法院颁布的《关于审理破坏广播电视设施等刑事案件具体应用法律若干问题的解释》、2017年《关于办理组织、利用邪教组织破坏法律实施等刑事案件适用法律若干问题的解释》、2017年《关于办理侵犯公民个人信息刑事案件适用法律若干问题的解释》等。其中,《关于办理侵犯公民个人信息刑事案件适用法律若干问题的解释》在《刑法修正案（九）》对公民个人信息的保护规定的基础上进一步强化了对公民个人信息的保护范围，如扩张了"公民个人信息"概念的内涵与外延；在个人信息类型的列举上，加入与互联网信息相关的"账号密码""财产状况""行踪轨迹"三种类型的个人信息；针对不同信息类别、犯罪主体设置了不同的入罪标准。

三、网络犯罪治理刑事司法的发展趋势

（一）网络犯罪侦查取证的技术性规范发展

在技术标准层面，我国打击网络犯罪侦查工作的取证操作规范标准化工作起步较晚，到目前为止统一的国家标准仅有3个（也有说4个），但公安部、最高人民检察院、司法部等出台的标准已经超过20个（包括已废止的），各项标准与技术规范共有近50条。进入21世纪以来，我国电子数据取证技术和取证技术性规范得到了长足的发展。2008年发布的行业标准仅4个，到2015年发布的行业标准就达到了19个，这种进步尤其体现在对取证步骤、细节的要求和规范化程度上，各类的数据挖掘和分析技能人才也越来越能够服务于侦查工作的需要。

一般来说，每出现较新的、波及较广的相关犯罪技术手段和现象，相关部门都会出台相应的取证方法指导，如2012年出台的《网络游戏私服检验技术方法》、2014年出台的《移动终端取证检验方法》等，都是应当时实际需求产生的。司法鉴定技术规范的数量也已经超过10个，这保证了公安、检察和民间的司法鉴定机构能够按照同一套标准进行操作。可以说，在技术规制的层面，网络犯罪的侦查并不存在难以解决的问题，其标准化和体系化已经基本实现。

从具体的操作要求上来说，我国对网络犯罪的侦查工作要求包括两方面：一是对有实体介质可以进行搜查、扣押、封存的，一般首先需要完成对原始存储介质的扣押和封存，并且对于不同的介质终端要求也是不同的，常见的包括电脑、移动硬盘、U 盘、手机等，但这些封存并不是简单地按照相关规定贴封条，或者断电、断网等，从检察院对证据资格审查的反馈来看，对于相关存储介质的品牌、型号、生产编号、相关序列号、颜色和其他可区分的外形标识、IMEI 号、ICCID 号的记录同样是有要求的，这些信息是能够证明"这个介质"的独特性的唯一证据。[①]同时，对于组装电脑、手机来说，分开记录外机和内存硬件的序列号也是必须的，这是由于在鉴定报告中，如果外型序列号与自动生成的鉴定报告中的存在差异，很明显会影响证据能力的认定。以上这些都是规范中没有要求却在实践中相对重要的。二是对无介质的或者原始介质不便封存的电子数据，按照规定需要进行远程勘验。在实际操作中，对实体介质的封存是原则，现阶段只有在无法实现对存储介质进行封存的基础上才可以以"例外"的方式进行远程勘验，远程勘验的方法通常是进行数据调取，即在公共环境中调取包括与案件有关的机构或者个人的相关数据信息。远程调取或者勘验一般都是通过第三方机构进行数据提取，这就要求侦查人员进行类似取证时要及时、准确，这是由于通信、网络服务商的数据存留一般都存在时限。另外，对于网络犯罪中证据的审查和以收集提取为目的的鉴定，目前我国侦查机关主要采取的方法是通过哈希值的计算。哈希值的计算方法有三种，每一个文件用一种计算方法计算后会有且只有一个哈希值，在之后相关证据的证据能力检验鉴定和审查判断中，都会需要这个数值来保证电子数据证

---

① 参见王群、李馥娟：《计算机取证技术实验室建设》，《实验室研究与探索》2013 年第 10 期。

据的完整性。

总体而言,近些年来电子数据取证程序正在朝着规范化和细致化方向发展,对新型的犯罪手段、技术的应对与研究也越来越及时和深入。但同时,我们也必须看到问题同样存在,这种问题不存在于技术实现层面,而存在于操作的实现和操作的目的性层面。例如,侦查人员可能会在取证的过程中由于人力、知识水平等的欠缺出现操作失误,导致证据灭失或者不可用,或者由于不理解检察机关对于电子数据证据能力审核的要点和重点,导致收集的证据无法满足起诉需要等类似的情况。

(二) 网络犯罪打击对策的规范化转型

2005年以前,仅有1996年最高人民检察院出台的《最高人民检察院关于检察机关侦查工作贯彻刑诉法若干问题的意见》(已失效)提到了将电子数据纳入视听资料的范围,按照视听资料的取证规则对电子数据的收集进行规范要求,这可以说是第一个对涉及网络犯罪的刑事司法行为进行规范的文件。

2005年到2011年,我国网络犯罪治理的刑事司法工作总体在司法解释工作中呈现出了巨大的发展。最高人民检察院、最高人民法院和公安部陆续颁布了一系列关于打击网络犯罪的司法解释、规则、规定,或者在相关文件中用专门的章节、条款进行了规定。[1]

2009年,最高人民检察院出台了《人民检察院电子证据鉴定程序规则(试行)》和《人民检察院电子证据勘验程序规则(试行)》;2010年,最高人民法院、最高人民检察院、公安部、国家安全部、司法部联合发布了《关于办理死刑案件审查判断证据若干问题的规定》和《关于办

---

[1] 参见王琳、刘建杰:《推进刑事电子证据取证行为的规范化》,《人民论坛》2013年第2期。

理刑事案件排除非法证据若干问题的规定》,同年国家安全部颁布了《关于办理网络赌博犯罪案件适用法律若干问题的意见》。上述规范性文件对不同类型案件中涉及网络犯罪事实的证据收集和整理认定工作程序进行了规范。

2012年《刑事诉讼法》将电子数据列为证据种类之一之后,各种文件、规范和司法解释都可以被看作是对这一规定的细化解释。如2012年《人民检察院刑事诉讼规则(试行)》《最高人民法院关于适用〈中华人民共和国刑事诉讼法〉的解释》的出台,都对网络犯罪中电子数据证据的收集认定工作程序进行了规范。

2014年,最高人民检察院、最高人民法院和公安部联合发布了《关于办理网络犯罪案件适用刑事诉讼程序若干问题的意见》,就处理网络犯罪的刑事司法流程进行了规范和明确。

2016年,公安部出台了《公安机关执法细则》,其中第七章对网络犯罪证据的提取收集和移送作出了执法规范。同年,最高人民检察院、最高人民法院、公安部联合发布了《关于办理刑事案件收集提取和审查判断电子数据若干问题的规定》,其中对涉及网络犯罪认定的电子数据取证的程序进行了全面规范,可以看作是目前最受认可的关于处理网络犯罪中电子化证据的司法工作规制。

2018年,公安部发布了《公安机关办理刑事案件电子数据取证规则》,从自身工作需求的角度出发,对打击网络犯罪中的具体工作方式和程序进行了细化和明确。

(三) 国际合作的不断深化

《布达佩斯公约》由欧洲委员会于1997年发起制定,并于2001年通过并开放签署,这是世界上第一部专门管制网络犯罪的国际公约。

但是,《布达佩斯公约》系地区性公约,广大区域外国家并未参与谈判,内容不具有代表性,且公约规定的加入程序苛刻,不具有国际性公约所具备的开放性。网络犯罪突破地域限制,日益猖獗,不是一个国家或一个地区可以独立应对的,加强国际合作、树立网络空间命运共同体意识是新阶段的要求。因此,在《布达佩斯公约》框架之外形成一个联合国框架下的更具有国际性的公约才是正确的方向。① 国家主权原则适用于国家在其领土内对其信息基础设施实施管辖权,这既与2003年信息社会世界峰会通过的《日内瓦原则宣言》相符合,也是由联合国信息安全政府专家组在2013年和2015年反馈意见中均得以确认的基本原则。在一定程度上,公约过度关注个人权利及其相关问题,但缺乏对国家主权等问题的关注。

目前涉及跨境取证的最为广泛接受的公约就是欧洲理事会的《网络犯罪公约》,其成员国到目前为止超过50个。从公约内容上可以看出,其中一些原则性规范与我国的主张有着一定的差异,欧美等一些电子数据规范发展较早的国家具有一定的话语权和先发优势。如果按照这个公约施行跨境数据调取,对我国与缔约国之间实现数据交换是非常不利的。而机遇在于,公约已经表现出一定的落后性和发展的停滞性,同时越来越多的发展中国家都注意到了该公约反映出欧美立法的一些不公正性,这就给了中国树立自己主张的机会。在兼顾利益和吸收包容的原则下,在联合国框架下实现相关规范、公约或者立法的协调应当是中国立法的最优选择。②

目前,解决重大案件或者系列案件中跨境取证的问题主要依靠公

---

① 参见王春晖:《互联网治理四项原则基于国际法理应成全球准则——"领网权"是国家主权在网络空间的继承与延伸》,《南京邮电大学学报(自然科学版)》2016年第1期。
② 参见皮勇:《论中国网络空间犯罪立法的本土化与国际化》,《比较法研究》2020年第1期。

安部门通过"高层"启动协调和沟通机制。我国主要通过与相关国家签署针对该系列案件的合作协定等类似的方式对跨境取证问题进行处理。《中华人民共和国国际刑事司法协助法》提出的网络主权原则与欧美等数据保有大国观念相左，而与之相对的，则是体量巨大的跨境交易和数据传输，对于这些数据的提取问题，目前仅依靠《电子数据规定》第9条进行远程勘验，[①]这不仅与我国相关法律中的理念不符，对于如何在这种条件下实行司法层面的合作也没有明确给出依据。在这种情况下，不仅一些涉及金额较小、案情影响不大的案件会被忽略，也会使得更多的不法分子利用这个漏洞将关键证据或资金转移到境外。另外，我国想要获取域外的电子数据取证就需要域外司法人员代为取证，即通过案件受理国的司法机关委托证据所在地国家的司法机关代为取证。尽管这种取证可以避免涉案双方产生直接的司法冲突，减少两国刑事法律问题的差异，但周期往往非常长，同时取证效果也非常差。越来越多的国际司法实践表明，许多国家都在实践上避开了协作取证的方式，选择依靠技术或法律手段进行自行取证。这些替代方式包括远程勘验、跨境搜查与强制披露等。但这些方法势必引起被勘验搜查国的反对，因为此种行为是否侵犯了他国司法主权、是否侵犯到他国的利益、其中可能隐藏的间谍或者网络攻击行为等问题都可能带来外交风波甚至法律冲突风险。[②]进行远程勘验或者跨境搜查所使用的攻击性黑客技术本身，亦可能造成法律上的争议。

[①] 该条规定为："对于原始存储介质位于境外或者远程计算机信息系统上的电子数据，可以通过网络在线提取。为进一步查明有关情况，必要时，可以对远程计算机信息系统进行网络远程勘验。进行网络远程勘验，需要采取技术侦查措施的，应当依法经过严格的批准手续。"

[②] 参见王立梅：《论跨境电子证据司法协助简易程序的构建》，《法学杂志》2020年第3期。

四、网络犯罪社会治理的变迁与发展

(一)群防群治

预防的词源含义是事先防备,本意在于防患于未然。犯罪预防理论有广义和狭义之分,广义是指一切与阻止犯罪行为有关的方法和手段。我国在理论和实践中都采用广义上的犯罪预防概念。犯罪预防是指从总体上调动一切积极因素和可能力量,最大限度地消除产生犯罪的主客观因素,并阻止犯罪行为与结果的发生的一种客观工作过程。

自 2014 年起,北京市公安局将群防群治理念引入网络虚拟社会,以"首都网警"网上巡查执法平台为依托,建立了一支"网警志愿者"队伍。截至 2015 年 12 月,"网警志愿者"队伍已拥有成员 3,000 余人,累计举报各类违法犯罪线索 1.5 万余条。① 从"网警志愿者"队伍组成来看,人员来自社会的不同领域,都是为了维护网络秩序与安全而自发加入的。从实际效果来看,"网警志愿者"较大地助益了首都警务工作,也成为维护首都社会治安的重要群众力量之一。

2016 年,法制日报社和阿里巴巴集团共同主办了"网络新'枫桥经验'高峰研讨会","网络新'枫桥经验'"是阿里巴巴安全部与全国政法机关在密切合作实践中逐渐探索并总结出来的一套互联网合作共治模式,在坚持群防群治的基础上提出了"警企合作、群防群治、敢于创变"

---

① 参见于立霄:《北京警方:"网警志愿者"已达 3000 余人》,载中国新闻网,http://www.chinanews.com/sh/2016/01-13/7715051.shtml,2020 年 8 月 22 日访问。

的网络治理新思路。① 阿里巴巴落实网络新"枫桥经验"的具体载体是国务院打击治理电信网络新型违法犯罪部际联席会议办公室与阿里巴巴集团联合开发的"反诈神器"——"钱盾反诈公益平台"。一方面,通过开设学生防骗课堂,将防骗知识普及给大学生,做到"群防";另一方面,通过数据联动,在高校进行诈骗举报公益宣讲,做到"群治",真正将"人人参与,打击诈骗""群防群治"的精神落到实处。② 以"钱盾反诈公益平台"为代表的反诈骗平台,针对目前网络犯罪治理中最为迫切的电信诈骗行为,实施警察、企业、网民三方的互动,网民为电信诈骗犯罪治理提供大数据来源,互联网企业通过信息技术对平台的大数据进行分析处理,对涉嫌电信诈骗的行为进行预警,并交由警察进一步处理,实现电信诈骗的有效防治,做到人人参与、群防群治,将网络犯罪扼杀在摇篮中。

(二) 数据治理

在大数据时代,社会治理应该由政府主动进行大数据治理走向平台共治。同时,法治建设应该由经验思维转向数据思维,由物理空间的法治建设转向数据空间的法治建设。③ 网络犯罪的群防群治必须充分利用大数据来实现,而数量庞大的网民则为大数据的采集提供了基础。在利用大数据实现群防群治的过程中,互联网企业应当发挥主要作用。互联网企业正在尝试充分利用自身技术、平台和大数据,与公安部门紧

---

① 参见唐伟:《让网络新枫桥经验更有生命力》,载河北新闻网,http://theory.hebnews.cn/2016-12/29/content_6188386.htm,2020年9月1日访问。
② 参见《钱盾反诈公益平台让"枫桥经验"更有张力》,载光明网,http://guancha.gmw.cn/2016-12/28/content_23355251.htm,2020年8月30日访问。
③ 参见操宏均:《大数据时代下的犯罪防控》,《检察日报》2017年9月14日,第3版。

密配合,实现优势互补,通过大数据技术,在数据分析、证据收集和行为研判等方面积极为公安部门打击网络犯罪提供线索,实现警企合作,共同治理网络社会,保障网络社会秩序。

"中国互联网违法和不良信息举报中心"于 2004 年 6 月 10 日成立,是中共中央网络安全和信息化委员会办公室(国家互联网信息办公室)直属事业单位,主要工作职责是负责全国互联网违法和不良信息举报工作。为了鼓励公众参与网络治理,"中国互联网违法和不良信息举报中心"通过微博、微信和手机客户端等新媒体扩大信息受理途径,同时还修改了《互联网违法和不良信息举报奖励办法》,扩大了有害信息受理的举报范围。截至 2019 年 12 月,全国网络违法和不良信息有效举报量达 1,222.4 万件。[①]

网络犯罪层出不穷、形式多样,单单靠制裁无法有效建立有序的网络社会,只有犯罪预防和犯罪治理两个方面同时着力,方能有效治理网络犯罪。网络犯罪的预防和治理,仅仅依靠公安、检察院及法院等专门机关的力量也是远远不够的,必须依靠全民参与、群众路线,发动一切可以发动的力量,投入到网络犯罪的防治中来,方能将网络犯罪行为扼杀在摇篮中。

(三) 网民自治

网络空间已经从最初的单项信息传播空间发展成为信息互联互动的社会空间,与传统社会一样,逐渐形成了由普通公民组成的虚拟网络社区。其中往往会产生意见领袖,他们通常在社区网络中占据更中心

---

① 参见《2019 年 12 月全国网络举报受理情况》,载中央网信办违法和不良信息举报中心,https://www.12377.cn/tzgg/2020/1f929c2a_web.html,2020 年 8 月 20 日访问。

的位置,拥有更多话语权和引导舆论走向的能力。[①] 因此,网络空间犯罪的治理,需要积极发挥网络社区意见领袖的作用,充分利用其影响力,带动普通网民关注网络安全、网络犯罪,并积极参与到网络犯罪的治理中来。发挥网络意见领袖的作用,带动网民参与网络社区治理,预防网络社区犯罪发生,是网民公众参与的又一种重要体现方式,同时可以通过网络社区建设提升网民素质,加强"网络空间不是法外之地"的认知,建设法治、文明、和谐的网络社区,进而构建一个清朗的网络空间。

[①] A. Merha, A. L. Dixon, D. J. Brass, B. Robertson, "The Social Network Ties of Group Leaders: Implications for Group Performance and Leader Reputation", *Organization Science*, Vol. 17, No. 1, 2006, pp. 64-77.

第十二章
职务犯罪治理的现代化

第一节 职务犯罪案件案发基本情况

1978年3月,五届全国人大一次会议通过的《宪法》决定重新设置人民检察院,同年6月1日,最高人民检察院挂牌办公。此后,全国检察系统逐步恢复重建,再次启动侦查办案工作,前后历经三个主要发展阶段,调查犯罪案件数量、类型和趋势呈现出不同特点。直到2016年监察体制改革之后,检察机关的自行侦查范围再次作出重大调整,有权侦查的案件范围主要集中于14类案件。改革开放40年以来的检察侦查范围,经历了从扩张到限缩,趋于稳定后再次缩减的过程。

一、检察自侦范围较广,立案总量处于高位(1978—1997年)

检察机关在1978年恢复重建之后,面临的首要任务是重组机构和充实人员,除此之外,新成立的检察机关积极参与犯罪侦查,逐步成为重要的犯罪侦查机关。

（一）检察侦查权范围边界从模糊不定到逐步固定明确

检察机关自行侦查案件的范围有一个逐步确定的过程。1979年7月1日通过的《人民检察院组织法》第5条规定，检察机关对直接受理的刑事案件进行侦查。同时通过的《刑事诉讼法》第13条规定，检察机关立案侦查贪污罪、侵犯公民民主权利罪、渎职罪以及其认为需要自己直接受理的其他案件。1979年12月15日发布的《最高人民法院、最高人民检察院、公安部关于执行刑事诉讼法规定的案件管辖范围的通知》明确将检察机关受理的案件分为三种情况：一是直接受理刑法规定的下列告诉才处理和其他不需要进行侦查的轻微刑事案件，包括伤害案，公然侮辱、诽谤案，抗拒执行判决、裁定案，暴力干涉婚姻自由案，重婚案，破坏现役军人婚姻案，虐待案，遗弃案等8类案件；二是贪污案，刑讯逼供案，行贿受贿案，侵犯通信自由案，重大责任事故案，假冒商标案，盗伐、滥伐森林案等21类案件；三是人民检察院认为需要自己直接受理的其他案件。① 可见，检察机关有权侦查的案件远超出职务犯罪的范围，涵盖部分后来划归公安机关和人民法院受理的案件。上述通知规定检察机关可以立案侦查自己认为需要直接受理的其他案件，"自己认为"是一个比较主观化的概念，这赋予了检察机关较大的自由裁量权，既导致检察侦查的案件范围边界不明，又可能造成检察机关和其他机关之间产生管辖冲突。

1988年，全国人大常委会通过《关于惩治贪污罪贿赂罪的补充规

---

① 参见《最高人民法院、最高人民检察院、公安部关于执行刑事诉讼法规定的案件管辖范围的通知》（已废止）。

定》,首次在单行刑法中将贪污贿赂犯罪规定为一类犯罪,[①]最高人民检察院开始将打击贪污贿赂犯罪作为工作重点之一。1988年10月22日发布的《最高人民法院、最高人民检察院、公安部关于全国人大常委会两个〈补充规定〉中有关几类案件管辖问题的通知》规定挪用公款案、巨额财产来源不明案、隐瞒不报境外存款案由人民检察院立案侦查。在此阶段,检察机关和公安机关的案件管辖范围也发生了改变。如最高人民法院、最高人民检察院与公安部将原由检察机关管辖的盗伐、滥伐森林案件改由公安机关管辖。[②] 1997年《刑事诉讼法》对检察机关的自行侦查权进行了限缩,如该法第18条第2款明确规定:贪污罪,"国家机关工作人员"实施的渎职罪和利用职权实施的非法拘禁、刑讯逼供、报复陷害、非法搜查等侵犯公民人身权利的犯罪以及侵犯公民民主权利的犯罪,检察机关有直接侦查权力,而"国家机关工作人员"利用职权实施的其他重大案件,只有在"需要"人民检察机关直接受理,且要求程序上经过"省级以上"人民检察院决定时,检察机关才享有自行侦查权。

(二) 自行侦查案件数量在多重因素影响下快速增长

检察机关自1978年重建之后,即开启立案侦查犯罪的业务,在自行侦查案件范围仍然存在不确定性的情况下,办案量出现连年快速增长态势。据统计,在1980年,24个省、自治区和直辖市的检察机关共

[①] 参见陈磊:《中国检察机关反贪局的来龙去脉》,《检察日报》2015年2月3日,第5版。
[②] 参见张兆松、罗薇:《检察侦查管辖权七十年:回顾与反思》,《河南警察学院学报》2019年第5期。

受理违法案件一万多起,已办结七千多起。其中属于非法拘捕、刑讯逼供、诬告陷害等政治方面的犯罪案件有三千多起;属于贪污、行贿受贿、重大责任事故、盗伐森林等经济方面的犯罪案件有四千多起。[1] 由于最高人民检察院在 1980 年至 1987 年的工作报告存在统计期间不够明确(比如 1980 年工作报告中只统计了 9 个月的办案数据,1983 年工作报告只统计了 6 个月的办案数据),以及统计标准不一致的问题(比如有些年份仅统计了贪污贿赂案件数据,有些年份则将贪污贿赂案件纳入经济犯罪案件中整体计算),因此,在 1978 年至 1997 年,单年的数据统计不甚精确,只有连续五年的数据较为准确。在此期间,检察机关将自行侦查的案件分成两部分:一部分是经济犯罪案件,包括贪污贿赂、涉税犯罪等;另一部分是渎职侵权类犯罪,包括玩忽职守、刑讯逼供等。从五年数据变化情况看,检察机关立案侦查的案件数量呈现快速增长趋势(详见图 12-1[2]),1978—1982 年为 47,000 件,1983—1987 年为 190,000 件,1988—1992 年为 391,646 件,1993—1997 年为 387,353 件。

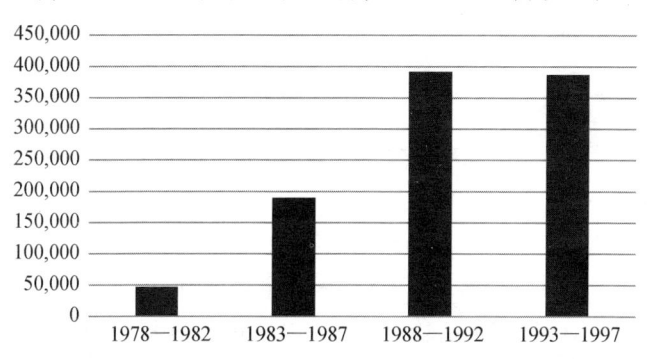

图 12-1 1978—1997 年全国检察机关立案侦查案件数量

---

[1] 参见最高人民检察院原检察长黄火青于 1980 年 9 月 2 日在第五届全国人民代表大会第三次会议上所作《最高人民检察院工作报告》。
[2] 参见张兆松、罗薇:《检察侦查管辖权七十年:回顾与反思》,《河南警察学院学报》2019 年第 5 期。

案件数量的快速增长受到多重因素影响：一是检察机关恢复重建后，人员和机构逐步扩张，办案力量得以恢复，具备侦查犯罪的能力和条件；二是检察侦查案件的范围较大，且边界不甚明确，检察机关有权侦查的案件类型多；三是党和国家打击犯罪政策的推动。中央在1983年和1996年分别开启两次"严打"，对检察机关加强侦查活动有直接影响。1982年1月11日《中共中央紧急通知》、全国人大常委会《关于严惩严重破坏经济的罪犯的决定》和中共中央、国务院《关于打击经济领域中严重犯罪活动的决定》发出后，各级人民检察院组织所属干部、司法民警认真学习贯彻上述决定，积极投入这场斗争，协同有关单位查处了大量经济犯罪案件。[①] 此后，全国检察机关在1983年至1987年的立案数据迅速增加，年均立案38,000件。1996年"严打"启动后，"各级检察机关把'严打'作为重大政治任务，精心组织，认真、扎实、有效地落实检察环节的各项'严打'措施，与公安、国家安全、法院、司法行政机关密切配合，突出打击重点，狠抓、快办、严惩"。全国检察机关在1996年立案侦查各类案件82,356件，[②] 出现前所未有的侦查办案高峰。

（三）检察机关内设侦查部门几经调整后趋于完善

为适应侦查办案需要，检察机关在重建后着力于建立内设侦查部门。1979年通过的《人民检察院组织法》第20条规定，最高人民检察院可以设置刑事、法纪、监所、经济等检察厅，根据需要设立其他内设机

[①] 参见最高人民检察院原检察长黄火青于1983年9月2日在第六届全国人民代表大会第一次会议上所作《最高人民检察院工作报告》。

[②] 参见最高人民检察院原检察长张思卿于1997年3月11日在第八届全国人民代表大会第五次会议上所作《最高人民检察院工作报告》。

构,地方检察机关根据需要设置相应的业务机构。其中,法纪和经济检察部门是主要的检察机关内设侦查部门,分别负责侦查渎职侵权犯罪和贪污贿赂等经济犯罪。到1982年6月,最高人民检察院将法纪检察厅与经济检察厅合并,设置独立的法纪经济检察厅,统一负责侦查各类犯罪案件。1985年以后各级人民检察机关为了便于侦查税务类犯罪,先后成立内设税务检察机构。1988年,最高人民检察院法纪经济检察厅重新分设为经济检察厅和法纪检察厅。1989年最高人民检察院经济检察厅更名为贪污贿赂检察厅。[①] 同年,广东省人民检察院成立全国第一个反贪污贿赂局,开中国反贪污贿赂局之先河。1995年11月,最高人民检察院设立反贪污贿赂总局,此后各地分别设立了不同层级的反贪污贿赂局。反贪污贿赂局成为主要的检察侦查部门,承担起主要的职务犯罪侦查工作。

二、案件总量持续下滑后出现稳步增长趋势 (1998—2016年)

1996年《刑事诉讼法》和1997年《刑法》相继修订之后,检察机关管辖职务犯罪范围基本确定,反腐领导体制逐步建立,依法治国的基本方略、国家尊重和保障人权等相继被写入《宪法》。在国家法治建设进步的背景之下,检察机关职务犯罪侦查开始纠正1996年"严打"及以前长期存在的办案不规范问题。在办案规范化水平不断提高的前提下,职务犯罪办案量基本处于稳定区间,呈现持续下降后稳步回升的趋势。

[①] 参见邱学强:《恢复重建以来检察机关内设机构改革的历史经验与启示》,《人民检察》2018年第23—24期。

（一）职务犯罪侦查权范围通过立法确定并长期稳定

鉴于过去检察机关管辖罪名边界不清对侦查效果的影响，1997年《刑法》对国家工作人员及职务犯罪类型进行明确界定，以行使公务作为界定国家工作人员的标准。随后，最高人民检察院先后制定《关于检察机关反贪污贿赂工作若干问题的决定》和《关于人民检察院直接受理立案侦查案件立案标准的规定》，进一步规范检察立案侦查工作。此后检察机关侦查案件的范围基本处于稳定状态，主要包括两类。第一类是贪污贿赂犯罪，规定于《刑法》分则第八章，涉及贪污罪、行贿罪、受贿罪等14个罪名。第二类是渎职侵权类犯罪，一是渎职类犯罪，涉及《刑法》分则第九章的滥用职权、玩忽职守、徇私舞弊等35个罪名；二是侵权类犯罪，涉及刑讯逼供、暴力取证、报复陷害、破坏选举等7个罪名。其中，检察机关反贪污贿赂局负责立案侦查贪污贿赂犯罪，2005年后统一更换名称为反渎职侵权局的法纪部门负责立案调查渎职侵权类犯罪。长期以来，贪污贿赂案件是检察机关侦查办案的重点，1998年之后渎职侵权类犯罪受到重视的程度提高，办案量也随之增长。2002年最高人民检察院发布《关于加强渎职"侵权"检察工作的决定》，与公安部、国家税务总局、海关总署等9个部门，建立了查办渎职犯罪案件的协调配合和案件移送制度，当年全国检察机关立案侦查渎职、侵权犯罪案件7,930件，比上年增加45%。[①]

检察机关的侦查权在该阶段也出现一定程度的扩大，主要体现在

---

① 参见最高人民检察院原检察长韩杼滨于2001年3月10日在第九届全国人民代表大会第四次会议上所作《最高人民检察院工作报告》。

技术侦查和指定居所监视居住的法律授权。2012年《刑事诉讼法》第148条第2款明确检察机关侦办重大职务犯罪案件过程中使用技术侦查措施的合法性,其中第149条至第152条对使用期限、使用规则、证据资格等作了较为详细的规定。2012年《刑事诉讼法》第73条增设检察机关侦办特别重大贿赂案件,规定如果在住处执行可能有碍侦查的,经上一级人民检察院批准,可以在指定的居所执行监视居住,丰富了职务犯罪案件的强制措施。但更主要的趋势是对检察侦查法律程序约束的强化,规范文明办案成为主流趋势,并通过多次立法予以保障。比如,2012年《刑事诉讼法》关于"尊重和保障人权基本原则""逮捕羁押必要性审查机制""非法证据排除规则""行政机关收集证据转化为刑事诉讼证据""辩护律师会见制度"等内容的规定和完善,对于进一步规范检察机关职务犯罪办案程序也起到了重要作用。

(二)立案量短暂上升后持续下降,此后出现稳步回升

从1998年至2016年的近20年,是检察机关自行侦查体制完全成型,检察反腐的社会影响逐步扩大的时期(详见图12-2),全国检察机关年度办案总量的变化表现出以下趋势:一是1998—2001年的年度立案总量持续上升,分别为35,084件、38,382件、45,113件、45,226件,2001年的立案量达到高峰。二是2002—2011年的年度立案总量持续下滑。其中,2002年的跌幅最大,从2001年的45,226件下降至35,176件,减少22.2%。2003年至2007年的职务犯罪年立案数每年递减5%。[①] 2008—2011年期间的办案数据基本稳定,年度数据差距不大。

---

① 参见李薇薇:《全国检察机关立案侦查职务犯罪数每年递减约5%》,载中国法院网,https://www.chinacourt.org/article/detail/2007/09/id/265635.shtml,2021年2月22日访问。

三是 2011—2016 年的年度立案量再度大幅回升,分别为:2011 年 32,567 件,2012 年 34,236 件,2013 年 37,551 件,2014 年 41,487 件,2015 年 40,834 件,2016 年 47,650 件。其中 2016 年的立案量达到近 20 年来的最高峰。

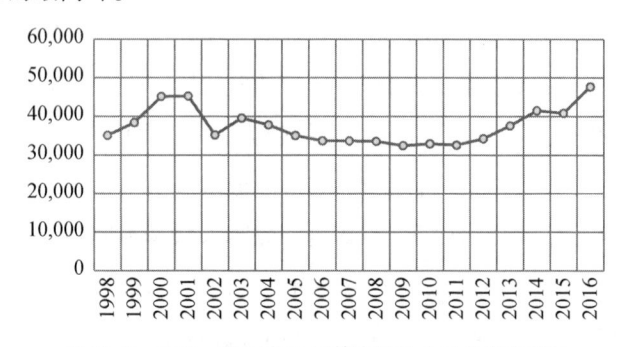

图 12-2　1998—2016 年全国检察机关立案量变化趋势

该阶段出现的两次立案波峰与国家刑事政策和反腐败导向有一定的关联。2000 年和 2001 年是国家新一轮"严打"时期,最高人民检察院要求全国各检察机关积极配合"严打"行动。最高人民检察院在 2001 年的报告中指出检察机关与有关部门密切配合,坚持"严打"方针。① 2002 年的工作报告中指出全国检察机关在 2001 年坚决贯彻党中央关于开展严打整治斗争的重大决策,坚持依法从重从快方针。② 进入 2010 年 12 月,"反腐风暴"在全国展开,中央连续发布了两项反腐倡廉的重要法规,多名中央高官被纪检监察机关立案调查。为加强和巩固反腐败斗争成果,党的十八大以来,党中央高度重视职务犯罪国际追逃追赃工作,将反腐败国际追赃追逃工作纳入国家反腐败斗争的总

---

① 参见最高人民检察院原检察长韩杼滨于 2001 年 3 月 10 日在第九届全国人民代表大会第四次会议上所作《最高人民检察院工作报告》。

② 参见最高人民检察院原检察长韩杼滨于 2002 年 3 月 11 日在第九届全国人民代表大会第五次会议上所作《最高人民检察院工作报告》。

体部署。2014年,我国掀起反腐败国际追赃追逃风暴,中共中央反腐败协调小组于2014年6月建立追逃追赃工作协调机制,设立国际追赃追逃工作办公室。2014年12月9日,中央纪委监察部网站开设反腐败国际追赃追逃网上举报专栏。2014年至2019年6月27日,全国共追回外逃人员5,974人,其中党员和国家工作人员1,425人,追回赃款142.48亿元。[1] 根据中央纪委国家监察委网站公布数据显示,2019年1月至11月,全国追回外逃人员1,814人,其中党员和国家工作人员816人,追赃金额约40.91亿元。随着"百名红通人员"莫佩芬、肖建明、刘宝凤、黄平等人先后回国,"百名红通人员"已有60人归案,[2] 反腐败追赃追逃工作取得显著成果。总体而言,此次反腐行动持续时间之长,为改革开放以来所未有,震荡余波至今仍在。

(三)"两反"部门设置基本固定,办案规范化水平逐步提高

在1998—2016年期间,反贪污贿赂局和反渎职侵权局两个内设侦查部门长期并立,分别负责调查两类职务犯罪案件,在实践中存在办案协作等侦查一体化做法。直到2015年前后,各地检察机关开始探索解决两个侦查部门并立造成的资源分散问题,并开启了"两反"部门的合并改革,多地检察机关将反渎职侵权部门并入反贪污贿赂局,建立"大反贪"侦查体制。只是这次改革启动后不久,国家监察体制改革亦全面开启,"两反"部门干警整体转隶至监察机关,反贪污贿赂局和反渎

---

[1] 参见中央反腐败协调小组国际追逃追赃工作办公室:《推动追逃追赃工作高质量发展 巩固发展反腐败斗争压倒性胜利》,《中国纪检监察杂志》2019年第13期。

[2] 参见柴雅欣、侯颗:《回望2019:一体推进追逃防逃追赃工作》,载中央纪委国家监委网站,http://www.ccdi.gov.cn/toutiao/202001/t20200106_207212.html,2021年2月22日访问。

职侵权局亦最终归于历史记忆。1998年前后,检察机关在侦查办案中仍然存在大量办案不规范的现象。因此最高人民检察院在1999年的工作报告中提出各级检察机关应当严格执行中央政法委的"四条禁令",并进一步作出9项硬性规定:①严禁超越管辖范围办案;②严禁对证人采取任何强制措施;③立案前不得对犯罪嫌疑人采取强制措施;④严禁超期羁押;⑤不得把检察院的讯问室当成羁押室;⑥讯问一般应在看守所进行,必须在检察院讯问室进行的,要严格执行还押制度;⑦凡在办案中搞刑讯逼供的,先停职,再处理;⑧因玩忽职守、非法拘禁、违法办案等致人死亡的,除依法依纪追究直接责任人员外,对于领导严重失职渎职的,要依照法定程序给予撤职处分;⑨严禁截留、挪用、私分扣押款物。① 最高人民检察院所列出的9类硬性规定都是针对当时侦查办案中出现的突出问题。此后,1999年至2016年的《最高人民检察院工作报告》中,均有对执法规范化的总结和要求。此外,最高人民检察院自行或者联合最高人民法院或其他部制定司法解释性质文件共12件,细化执法标准,落实和规范讯问职务犯罪嫌疑人全程同步录音录像制度,对侦查活动明确提出"十个依法、十个严禁"。② 经过最高人民检察院多年的指导改革,全国检察机关侦查办案规范化水平稳步提高,逐步消除了侦查取证中的刑讯逼供、暴力取证、违反法律程序等不规范问题,对犯罪嫌疑人的人权保障水平也相应提高。

---

① 参见最高人民检察院原检察长韩杼滨于1999年3月10日在第九届全国人民代表大会第二次会议上所作《最高人民检察院工作报告》。
② 参见最高人民检察院原检察长曹建明于2012年3月11日在第十一届全国人民代表大会第五次会议上所作《最高人民检察院工作报告》。

三、职务犯罪侦查范围大幅缩小,案件量快速下降(2017—2019年)

随着2018年《刑事诉讼法》及《人民检察院组织法》的修订,检察机关虽然保留了部分案件的侦查权,但侦查案件范围大幅缩小。2018年《刑事诉讼法》第3条规定,人民检察院负责检察机关直接受理的案件的侦查,这肯定了检察机关的犯罪侦查权。2018年《人民检察院组织法》第20条规定,人民检察院依照法律规定对有关刑事案件行使侦查权。最高人民检察院在2018年11月24日发布《关于人民检察院立案侦查司法工作人员相关职务犯罪案件若干问题的规定》,规定人民检察院在对诉讼活动实行法律监督中,发现司法工作人员涉嫌利用职权实施侵犯公民权利、损害司法公正的犯罪案件,可以立案侦查,具体涉及刑讯逼供、非法拘禁等14个罪名。检察机关可以立案侦查的案件范围从过去的50多个锐减至14个,而且此14个罪名与监察机关存在管辖重合,并不能排除监察机关的管辖权,所以实际上检察机关能够行使刑事侦查权的范围和领域均有所缩减,这对检察机关的办案数量产生直接的影响。数据显示,全国检察机关在2016年监察体制改革启动后,在2017年仍然立案侦查46,113人,[1]但监察体制改革2018年在全国范围内启动后,2018年全国20个省市检察机关的立案量只有71人。[2] 造成检察机关办案量下降的原因除了管辖的改变,还有其他因素影响:一是职务犯罪侦查专业人员集体转隶,造成检察机关的侦查人

---

[1] 参见《最高人民检察院工作报告》(2014—2018年)。
[2] 参见最高人民检察院原检察长张军于2019年3月12日在第十三届全国人民代表大会第二次会议上所作《最高人民检察院工作报告》。

才出现短时间"紧缺"。由于侦查专业人才培养需要数年的周期,且经过大量办案实践才能锻炼成长,而目前检察机关既无人才储备,又无大量案件给予现有检察干警以充足锻炼机会,延缓了检察侦查人才的培养进程,也造成检察机关将长期缺乏专业人才的局面。二是检察机关缺少专业侦查组织。自从检察机关"两反"部门撤销之后,检察机关并未重建新的侦查部门,而是交由监所部门承担侦查职责。专业的侦查工作机制重建仍需较长周期,而该部分工作在检察机关的受重视程度不如以往,资源支持也相应弱化。三是检察侦查手段不足。虽然《刑事诉讼法》赋予检察机关种类多样的侦查手段,但这些手段的适用均有严格限制条件,比如技术侦查、指定居所监视居住的适用案件标准严格。

第二节 职务犯罪治理的历史演变

一、职务犯罪治理的立法沿革

1979年《刑法》分则第八章规定了渎职犯罪,且将贿赂犯罪规定在渎职犯罪章节下面,而贪污犯罪则被归为侵犯财产犯罪类型,职务犯罪立法体系不够科学。为此,1988年,全国人民代表大会常务委员会颁布《关于惩治贪污罪贿赂罪的补充规定》,对贪污罪、受贿罪、挪用公款罪、巨额财产来源不明罪等职务犯罪罪名作了系统的规定,职务犯罪立法日渐完善,后该规定被1997年《刑法》所废止。

1997年《刑法》将"贪污贿赂罪"单列为一章,与"渎职罪"并列,并将不符合职务犯罪特征的虐待被监管人罪和私自开拆、隐匿、毁弃邮件、电报罪从渎职类犯罪中剥离出来,归入"侵犯公民人身权利、民主权利"一章,将渎职类犯罪罪名从 9 种增加到 36 种,进一步完善了我国职务犯罪的罪名体系设置。

2002 年《刑法修正案(四)》第 399 条中增设执行判决、裁定失职罪和执行判决、裁定滥用职权罪。2003 年最高人民法院印发的《全国法院审理经济犯罪案件工作座谈会纪要》就挪用公款中"单位决定将公款给个人使用行为""挪用公款供其他单位使用行为""挪用公款归还个人钱款行为""挪用公款转化为贪污"等法律适用问题进行专门解答,同时就受贿罪中"利用职务上的便利""利用职务或地位形成的便利条件""离职国家工作人员受贿财物行为的处理""共同犯罪""以借为名受贿""涉及股票受贿"等作出规定,为有效认定挪用公款犯罪行为和转化行为、受贿行为提供了明确的判断依据。2006 年《刑法修正案(六)》增设第 399 条之一枉法仲裁罪,职务犯罪的刑法罪名更加丰富。2007 年"两高"《关于办理受贿刑事案件适用法律若干问题的意见》对受贿罪中的"以交易形式受贿""收受干股""以开办公司等合作投资名义受贿""赌博形式受贿""特定关系人受贿""受贿物品未办理权属变更"等新类型的受贿问题作了系统的规定和解答。2009 年《刑法修正案(七)》从扩大职务犯罪主体的角度完善了职务犯罪立法,在《刑法》第 388 条后增加一条作为第 388 条之一,将国家工作人员近亲属或其他关系密切的人,以及离职的国家工作人员或者其近亲属以及其他与其关系密切的人利用国家机关工作人员影响力受贿纳入受贿罪范畴。2015 年《刑法修正案(九)》取消对贪污、受贿罪的具体数额规定,改为抽象地规定数额较大、巨大、特别巨大或者较重情节、严重情节、特别严重情节,同时规定对判处死刑缓期两年执行的重大贪污罪罪犯减为无期徒刑后终身监禁,不得减刑假释。针对 2015 年《刑法修正案(九)》对职务犯罪立法模式的修改,为增加法律的适用性,2016 年"两高"颁布《关于办理贪污贿赂刑事案件适用法律若干问题的解释》,明确了贪污、贿赂、挪用公款等职务犯罪入罪门槛、量刑跳档数额的标准,规定了不同档次量刑的财产刑幅度,并丰富了贿赂犯罪中的"财物"内涵,将货币、物品和可以折算为货币的物质利益如房屋装修、债务免除等,以及需要支付货币的其他利益如会员服务、旅游等财产性利益等均归于受贿财物范围。

2018 年 3 月 20 日十三届全国人大一次会议通过《监察法》,对监察机关的定位和职责、案件管辖范围、监察权限、监察程序以及反腐败国际合作等内容作了宏观规定。同年 4 月 16 日,中纪委、国家监察委发布《国家监察委员会管辖规定(试行)》,明确了监察委管辖的 88 个职务犯罪罪名。同日,中纪委、国家监察委、最高人民检察院联合发布《国家监察委员会与最高人民检察院办理职务犯罪案件工作衔接办法》《国家监察委员会移送最高人民检察院职务犯罪案件证据收集审查基本要求与案件材料移送清单》,对职务犯罪证据收集和审查标准提出总体要求。同年 6 月 24 日,《中央纪检国家监委监督检查审查调查措施适用规定(试行)》出台,明确监察委各部门采取调查措施的办案程序、证据法定标准等。

二、职务犯罪治理模式的转变

(一)纪检监察为主体的治理模式

"文化大革命"结束后,国家秩序重新开始恢复,党和国家的组织制度开始进入恢复和重建时期,国家监察体系也逐步重建起来,纪检监察体系的职能逐渐恢复并扩张。1977年,党的十一大重新在党章内写入设立各级纪委作为监督机构。1978年党的十一届三中全会选举了陈云等新一届中央纪律检查委员会,此后中央纪委先后通过了多部关于组织建设和调查职权的文件规定,党内监察系统逐步恢复并日趋完善起来,与此同时,人民政府内部的监察系统也逐渐恢复重建。1986年全国人大常委会通过决议,决定设立中华人民共和国监察部,监察部主要负责监督和调查行政机关内部违反行政纪律的行为,并有权对违反纪律行为进行处分。1987年,国务院下发通知,要求在县级以上人民政府内部设立监察部门,此后,地方政府开始建立起监察机关,自上而下的行政监察体系逐步成型。

由于党内监察和行政监察在业务上存在重复监察、工作交叉、监察漏洞等问题,党中央和国务院在1993年决定中央纪律检查委员会和监察部合署办公,实行"一套工作机构、两个机关名称",履行党纪监察和行政监察的双重职能。至此,党内监察和行政监察的关系终于确定下来,两者从双轨并行走向了合署办公,机构和职能的日益趋同,进一步强化了党对监察工作的领导力,社会主义监察体系也得到了强化和发展。

(二) 纪检、反贪并行的治理模式

1. 独立办案模式

严格意义上来说,监察改革前的独立办案模式是指检察院反贪局自行开展职务犯罪侦查,检察机关作为法定的职务犯罪侦查机关,依法有权调查国家工作人员涉嫌职务犯罪行为。检察机关于1978年恢复重建,1989年在广东建立第一个反贪局,此后全国各地全面建立了以反贪局和反渎局为核心的职务犯罪侦查体系,并逐步发展成为国家侦查职务犯罪的核心力量。

1979年《刑事诉讼法》赋予检察机关对贪污贿赂、渎职、侵犯公民民主权利以及人民检察院认为需要自己直接受理的其他案件等职务犯罪案件的侦查权,并对监察机关职务犯罪管辖范围作了明确规定。此后,1979年最高人民法院、最高人民检察院、公安部《关于执行刑事诉讼法规定的案件管辖范围的通知》、1986年最高人民检察院《人民检察院直接受理的经济检察案件立案标准的规定(试行)》相继确立了检察机关侦办职务犯罪的管辖范围以及贪污贿赂、挪用公款等罪名的立案标准。由于1979年《关于执行刑事诉讼法规定的案件管辖范围的通知》、1986年《人民检察院直接受理的经济检察案件立案标准的规定(试行)》在赋予检察机关以贪污贿赂、渎职等传统职务犯罪侦查权的基础上,将偷税、假冒商标等经济犯罪也纳入检察院自侦案件范围,检察机关职务犯罪侦查权呈现扩张趋势。

1986年《人民检察院直接受理侦查的刑事案件办案程序(试行)》(已失效)在1979年《刑事诉讼法》的基础上,专门对检察机关职务犯罪立案前的初查、立案、侦查、强制措施、侦查终结等办案程序作了具体规定,以确保检察机关职务犯罪案件侦查程序的规范化、可操作化。如第15条首次规定了职务犯罪讯问录音录像制度;第35条规定了逮捕县级以上干部、知名人士、人大代表的特殊审批或取得许可等手续;第36条规定了拘留、逮捕后的及时讯问和及时告知程序。

国家监察体制改革全面推行后,检察机关转移了绝大部分职务犯罪案件的侦查权,2018年《刑事诉讼法》仅保留了检察机关对"司法工作人员"实施的非法拘禁罪、刑讯逼供罪、暴力取证罪和"国家工作人员"利用职权实施的重大犯罪等14个罪名的自侦权。目前,检察机关只能对这 14 类犯罪实施侦查。

2. 联合办案模式

在监察体制改革之前,纪委在查办违纪案件时会发现大量涉嫌职务犯罪的线索,而且纪委拥有比较强大的"双规"等调查手段,从有利于突破案件的角度出发,纪委和检察机关开始在办案实践中进行大量的合作。随着两个调查机关在反腐败中的合作关系越来越密切,双方逐步形成了一种联合调查的办案模式,主要做法是纪检机关在调查违纪案件中发现了腐败问题,会主动将案件线索信息通报检察院,检察院将启动初查程序,并在人员、技术、场所等方面与纪检机关进行密切协作,甚至派检察院调查人员加入纪检机关的办案组,等到被调查对象的腐败问题查清之后,再由纪委将涉嫌犯罪案件移送检察机关进行立案侦查。1994 年《中国共产党纪律检查机关案件检查工作条例》规定了党员涉嫌违纪的同时涉嫌违法犯罪时由纪委与检察机关联合办案。

在这种联合调查模式下,检察机关能够提前介入纪检机关的案件调查程序,并全面了解案情,进而为以后的侦查和起诉打好基础。许多地方的检察机关也在积极借助纪检机关的调查手段和程序,充分利用纪检机关的调查时间。另外,纪检机关在查办一些高级官员犯罪案件过程中,也会遇到人力不足、手段限制等调查难题,于是也积极借助检察机关的侦查力量办案,以最大程度利用反腐调查资源和程序优势。这种联合办案模式具体又可分为以下三种:一是纪委主导调查程序,检察院提前介入违纪调查程序。这是办案实践中最常见的一类合作方式,即纪委和检察院在正式调查开始前进行沟通协商。一般由纪委启动违纪调查程序,检察院派遣干警参与案件调查取证,在案件调查终结后移送检察院,再由检察院进行刑事立案侦查。二是纪委、检察院先后开展调查,互相协助对方的调查工作。这种形式是纪委启动违纪调查程序,检察院启动初查或侦查程序,虽然两机关启动调查的顺序有先后,但是两机关在各自调查程序中互相沟通信息,协助对方进行某些取证工作。① 三是违纪调查程序和刑事初查程序的互相转换。这类模式是部分地区纪委和检察院在合作办案中采取的办法,即某些案件不符合"双规"的适用条件,就采取由纪委进行 24 小时询问,再移送检察院进行 24 小时询问,之后再移送纪委进行询问,如此反复进行程序转换来借助彼此的调查措施。纪委和检察院的这些合作办案或联合办案模式严重冲击了各自的案件管辖分工,模糊了违纪调查和刑事侦查程序的界限,导致违纪调查逐步变相成为刑事侦查的立案前必经程序,违纪调查程序开始逐步嵌入刑事侦查程序,造成两类程序在调查实践中出现不同程度地互相融合。

(三) 监察委员会主导反腐模式

为了加强党对反腐败工作的领导,进一步整合全国的廉政体系和反腐败力量,2016 年中共中央印发《关于在北京市、山西省、浙江省开展国家监察体制改革试点方案》,在北京市、山西省和浙江省及所辖县、市、市辖区设立监察委员会,开展监察体制改革。2018 年 3 月 20 日,十三届全国人大一次会议通过《监察法》,在全国建立起各级监察委员会,原来由检察机关行使的调查、预防职务犯罪的职权转移给监察委员会。监察委员会和纪委合署办公,有权监督所有行使公权力的人员,调查职务违法、职务犯罪行为,国家监察体系在这次改革中得到重构。在纪委和监察委合署办公的体制架构之下,两个性质不同的机关

---

① 参见许晓娟、彭志刚:《中国反腐败调查模式的本土化问题研究》,《江西社会科学》2016 年第 3 期。

在组织结构、领导体制等层面高度融合,形成了二位一体的工作模式。结合《国家监察委员会管辖规定(试行)》对职务犯罪管辖范围的界定,监察委管辖的罪名超过88个,远超过去检察院管辖的职务犯罪范围,理论上只要公务人员涉嫌这些犯罪,均有可能成为监察调查对象。此前,北京、浙江、山西三地试点改革数据显示,监察体制改革试点推行后,三地监察委监察的对象分别增加了78.7万人、31.8万人和53万人。①

根据国家监察体制改革的重大部署,截至2018年2月25日,全国31个省级、340个市级、2,849个县级监察委员会全部完成组建。按照各地纪委、监察委在改革期间对内部的机构组织改革探索的情况,地方纪委、监察委的内部机构主要包括三类:第一类是综合部门,包括办公室、组织部门、政策研究部门、信访部门、党风政风监督部门等;第二类是执纪监督部门,具体负责开展对党员干部及公务人员的日常监督工作;第三类是执纪审查部门,负责调查各类违反党纪、职务违法、职务犯罪的线索。北京、浙江、山西等地监察委均实行执纪监督和执纪审查部门分立的模式,另外其他有些地方也设立了国际追赃追逃部门、信息技术保障部门等特殊科室。② 在上述这些内设机构中,参与职务犯罪调查程序的主要有信访部门、案件监督管理部门、执纪审查部门、审理部门,其中信访部门负责举报线索的受理,案件监督管理部门负责统一管理案件线索、协调调查程序手续办理、监督调查措施实施和对整个调查过程进行监督管理,执纪审查部门负责调查党员违纪、职务违法和职务犯罪行为。完整的职务犯罪调查程序主要涉及这几个主要部门的工

---

① 参见《纪委监委合署办公机构、职能和人员全面融合》,《华西都市报》2017年11月6日,第7版。
② 参见本书编写组:《深化国家监察体制改革试点工作百问百答》,中国方正出版社2017年版,第62页。

作,这几个部门在分工负责、相互配合、相互制约的基本原则之下,共同将职务犯罪的监察调查程序有效运转起来。

此次监察体制改革对职务犯罪调查程序模式产生了根本影响,传统的违纪调查和职务犯罪侦查单轨衔接模式终结,取而代之的是监察调查和职务犯罪侦查双轨并行模式。这种双轨并行模式在内部表现为党纪调查程序、职务违法调查和犯罪调查程序并存的多轨程序,外部则表现为监察调查程序与职务犯罪侦查程序的并行。具体而言:一是内部多轨程序并行不悖。根据《监察法》规定,监察委依法享有开展职务违法调查和职务犯罪调查的职权,两类程序在办案实践中并没有进行明确区分。比如监察委以职务违法的名义立案后,如果在调查中发现嫌疑人涉嫌职务犯罪,无须再以职务犯罪的名义立案,调查人员可以在报领导审批后直接采取对职务犯罪的调查措施,在移送审理部门审理后,由审理部门根据职务违法或犯罪的不同处理方式作出处理决定。二是外部程序的多轨衔接。监察委对职务犯罪调查的外部程序主要涉及监察委与公安机关在留置等调查措施执行中的程序衔接,监察委与检察院在管辖、移送审查起诉等环节的程序衔接,监察委与法院在犯罪调查、刑事审判等方面的关系,以及监察委与公安等执法机关在线索移送、调查取证等方面的程序衔接。

此外,当前对职务犯罪的双轨调查模式也在一定程度上吸收和继承了此前职务犯罪调查模式的部分内容。比如,监察调查程序表现为初核、立案、调查、审理和移送处理等核心环节,这些流程环节与过去纪委的调查程序完全一致。另外,监察委内部的案件审批模式、集体讨论方式等也基本上沿袭了纪委原先的做法。此外,监察委调查程序也大量借鉴了检察院职务犯罪侦查程序中的讯问、勘验检查、搜查、鉴定、扣押等侦查手段及有关法律文书。可以说,监察委的职务犯罪调查程序与纪委违纪调查程序及检察院职务犯罪侦查程序都有很深的渊源。

第三节　职务犯罪的治理

一、职务犯罪治理法律体系的完善

当前,我国《监察法》关于职务犯罪治理的很多内容存在疏漏,监察委调查有关细则或办法等未跟进,且监察体制改革和监察立法的修改,导致当前《刑法》《刑事诉讼法》等部分规定空缺或滞后,职务犯罪治理法律体系有待完善。

(一)《刑法》有关职务犯罪主体和罪名的部分内容有必要修正

当前《监察法》规定的职务犯罪主体、职务犯罪行为远大于《刑法》规制的职务犯罪主体范围和犯罪行为表现,影响《监察法》的有效实施。《监察法》第15条规定,监察机关对下列公职人员和有关人员进行监察:"(一)中国共产党机关、人民代表大会及其常务委员会机关、人民政府、监察委员会、人民法院、人民检察院、中国人民政治协商会议各级委员会机关、民主党派机关和工商业联合会机关的公务员,以及参照《中华人民共和国公务员法》管理的人员;(二)法律、法规授权或者受国家机关依法委托管理公共事务的组织中从事公务的人员;(三)国有企业管理人员;(四)公办的教育、科研、文化、医疗卫生、体育等单位中从事管理的人员;(五)基层群众性自治组织中从事管理的人员;(六)其他依法履行公职的人员。"从上述条文可以看出,《监察法》规定的职务犯罪主体包括了所有行使公权力的公职人员、公务员、参照《公务员法》管理的人员、从事公务的人员、从事管理的人员、履行公职的人员等,以实现监察范围全覆盖,确保监督无死角。根据《刑法》第93、94条,《全国人大常委会关于〈中华人民共和国刑法〉第93条第2款的解释》《全国人民代表大会常务委员会关于〈中华人民共和国刑法〉第九章渎职罪主体适用问题的解释》规定,刑法规制的职务犯罪主体包括"国家工作人员""国家机关工作人员""司法工作人员""以国家工作人员论的"几类,即:(一)国家机关中从事公务的人员;在依照法律、法规规定行使国家行政管理职权的组织中从事公务的人员,在受国家机关委托代表国家机关行使职权的组织中从事公务的人员,虽未列入国家机关人员编制但在国家机关中从事公务的人员;(二)国有公司、企业、事业单位、人民团体中从事公务的人员和国家机关、国有公司、企业、事业单位委派到非国有公司、企业、事业单位、社会团体从事公务的人员;(三)有侦查、检察、审判、监管职责的工作人员;(四)以国家工作人员论的其他依照法律从事公务的人员,如协助人民政府从事救灾、抢险、防汛、优抚、扶贫、移民、救济款物、社会捐助公益事业款物、土地征收、征用补偿费用的管理,国有土地的经营和管理,计划生育、户籍、征兵有关工作的村民委员会等村基层组织人员。《监察法》规定的职务犯罪主体范围明显大于《刑法》及有关司法解释。此外,《监察法》第65条规定的有关违反规定处置问题线索和涉案财物、采取留置措施、限制他人出境等行为在《刑法》分则个罪客观行为中均未提及。为保障国家监察职能的有效发挥,打击各类职务犯罪行为,同时也为监督监察机关及其工作人员依法履行监察职能,避免被调查人员的合法权利受到非法侵害,建议对《刑法》总则及分则有关内容进行及时必要的修正。

(二)《监察法》与《刑事诉讼法》的衔接与完善

按照《监察法》和《刑事诉讼法》对监察、刑事程序的分别规范模式,监察调查程序适用《监察法》,监察案件进入刑事程序后适用《刑事诉讼法》等刑事法规范,司法机关等可以对监察案件进行审查,进行非法证据排除等等,这种处理方式并无太多的争议。有一点需要重视的是《监察法》和《刑事诉讼法》的程序规定仍有空白之处,需要继续完善监察委员会对职务犯罪的调查程序。

1. 辩护律师介入监察调查程序

目前,几乎所有国家和地区均把嫌疑人和被告人获得辩护的权利视为其最基本的诉讼权利。然而根据当前监察立法有关规定,辩护律师无法有效介入监察调查程序,剥夺了被调查对象获得律师帮助的权利,架空了被调查人的防御权,违背了程序法治价值,更可能造成《监察法》与《刑事诉讼法》在衔接上的不畅。[①] 为此,建议被调查对象被采取留置措施后,允许其聘请辩护律师,获得法律帮助,在监察委调查终结前必须给予被调查对象必要的机会会见律师。在一些重大职务犯罪案件中设置必要的限制会见条件,但是妨碍调查因素消失后应及时安排律师会见。

2. 监察调查人员出庭作证

《刑事诉讼法》第59条第2款规定:"现有证据材料不能证明证据

---

① 参见卞建林:《配合与制约:监察调查与刑事诉讼的衔接》,《法商研究》2019年第1期。

收集的合法性的,人民检察院可以提请人民法院通知有关侦查人员或者其他人员出庭说明情况。"侦查人员出庭作证是落实以审判为中心的刑事诉讼制度改革、促进庭审实质化的重要体现和保障。调查人员出庭作证正是落实《监察法》有关监察机关与审判机关相互配合、相互制约的要求,也是法庭质证和实现被告人对质权的需要。① 当前《监察法》和《刑事诉讼法》未对监察调查人员出庭进行明确规定,不利于当庭查明证据的合法性、真实性。为此,控辩双方、法院对证据收集的合法性有异议的,检察机关可以通过出示讯问笔录、羁押记录、出入看守所的健康检查记录、看守管教人员的谈话记录、监察委调查人员对调查取证过程合法性的说明、播放讯问同步录音录像等方式证明证据收集的合法性,必要时也可以通知监察调查人员出庭说明情况。

3. 非法证据排除规则的完善和落实

《监察法》第33、40条对规定监察委调查职务犯罪案件中取证、审查、运用证据的要求和标准与刑事审判证据规则相一致,且认可非法证据排除规则,但《监察法》对非法证据的规定仍有些笼统,且与《刑事诉讼法》等刑事法律法规并不完全一致。比如《刑事诉讼法》明确禁止刑讯逼供的取证方法,《监察法》列举的非法取证方法并没有刑讯逼供,当然《监察法》关于取证的禁止性规定中自然包括刑讯逼供。另外,司法机关出台的《关于办理刑事案件严格排除非法证据若干问题的规定》《关于严禁将刑讯逼供获取的犯罪嫌疑人供述作为定案依据的通知》等一系列关于禁止非法取证的规定能否直接约束监察委,《监察

---

① 参见杨宇冠、高童非:《职务犯罪调查人员出庭问题探讨》,《社会科学论坛》2018年第6期。

法》并未给出明确规定。鉴于职务犯罪案件最终可能要进入司法程序,《刑事诉讼法》及相关规定对非法证据排除的规定对监察委具有约束力。在立法时机成熟之后,监察机关应尽快完善关于调查取证的程序细则,尤其是针对非法证据排除的相关规定。

二、职务犯罪治理模式的现代化进程

从监察体制改革的实践运行情况来看,各地监察委内部出台了大量关于监察程序运行的内部规定,职务犯罪监察调查程序的运行已经较为流畅,公安机关、检察机关等均积极协助监察办案工作,调查程序运行的实践阻力和障碍较少,目前最主要的程序衔接争论点主要集中在留置、移送起诉、审判三个环节。

(一)留置程序运行和衔接的规范化

随着纪委过去常用的"双规"措施停止使用,留置成为监察办案比较依赖的调查措施,可以较长时间限制被留置对象的人身自由,并形成了一个较为完善的工作模式,但仍有一些争议点,需要在后续改革中予以改进。具体来说,主要有以下几个问题。

1. 留置场所界定和管理问题

《监察法》针对留置的规定比较灵活,仅规定留置场所的设置、管理和监督依照国家有关规定执行,造成实践中各地留置做法的差异比较大。比如有些地方监察委选择在看守所执行留置,有些地方监察委选择纪委原来的教育中心、"双规"执行点等场所,并在执行留置时实行监察委使用、公安机关管理的协作模式。留置场所的选择直接关系执行效率和被调查对象权利保护,之后的改革探索有必要对留置场所进行明确规制,对所谓特定场所进行解释说明,解决各地认识和实践探索差异较大的问题,同时注重理清监察委和公安机关在留置执行中的责任,规范留置执行和协作程序,建立比较规范、高效的留置程序衔接机制。

2. 留置适用条件问题

《监察法》规定留置措施的适用条件之一是被调查人涉嫌贪污贿赂、失职渎职等严重职务违法或者职务犯罪,监察机关已经掌握部分违法犯罪事实及证据,仍有重要问题需要进一步调查。该规定使用的立法语言和内容仍有许多不够明确的地方,比如严重职务违法的标准是什么,其与一般违法和犯罪的区别在哪里,目前尚无法律规定对此进行明确说明。另外,该规定中使用部分犯罪事实及证据这样的表述方式,"部分"的界定也很难有一个精确的尺度,"重要问题"到底怎么界定比较科学,也缺乏较为清晰的解释说明。为此,后续的监察改革立法需要对留置适用条件进行更为清晰的解释说明,尽量使用客观性强的标准,少使用主观性过强的标准,从而为留置操作提供更为明确的指导。

3. 留置配套措施问题

留置作为一种可能较长时间限制人身自由的强制调查措施,一方面可能存在期满解除留置后没有替代措施可用,导致留置决定作出后只能"一留到底"的问题;另一方面存在解除留置措施后缺乏限制措施的问题。建议在以后的改革中探索建立较低程度限制人身自由的措施,针对留置解除后被调查对象可能处于"脱管"的状态,可在解除留置时设立限制性条件,限制被调查对象的活动地域、业务活动、社交范围等,以确保被调查对象随时配合调查工作。与此同时,监察机关本身也拥有广泛监督权,可以针对那些被解除留置的对象使用监督职能,与基层公安派出所、街道、社区组织等进行协作,与基层力量共同加强对该类对象的监管。

（二）监察程序与刑事程序倒流之间的有效衔接

长期以来,我国刑事诉讼流程中存在一个比较特殊的补充侦查程序,《监察法》的制定实施使得该问题变为更加特殊。根据《监察法》《刑事诉讼法》有关规定,对监察案件在审查起诉环节需要补充核实的,立法采取了退回监察调查为主、检察机关自行补侦为辅的设计模式,两者的程序设计内容有部分类似,但也有明显的差异,对传统补充调查模式产生了较大冲击,其中重要的一点在于检察机关自行补侦程序与监察委调查程序运行中存在诸多转换障碍。首先,补充核实手段措施的转换问题。检察院在审查起诉中采取了逮捕等强制措施,如果决定将案件退回监察委补充调查,是否需要撤销刑事强制措施,改由监察委再次采取留置等措施,以及犯罪嫌疑人的称谓是否转换为被调查对象,需要在立法和实践中进一步予以明确。其次,补充核实程序中的人权保障标准。《监察法》和《刑事诉讼法》这两部法律关于被调查对象法律权利规定上的差异,将导致同一个监察案件进入不同的补充核实程序,被调查对象的法律权利保障出现差异,最明显的就是被调查对象在检察院自行补充侦查程序中可以获得律师帮助,而在退回监察委补充调查过程中将无法享受这些权利,这将导致被调查对象权利保护的不平衡。针对上述弊端,建议从以下几方面完善补充核实程序的监、检衔接：

一方面,探索建立规范化的退补指导机制。在过去的退回补充侦查实践中,公诉部门往往会根据审查中发现的问题,制作补充侦查决定书或取证提纲,并将该取证提纲交给公安机关等侦查机关予以参照。①但是这种取证指导机制并没有形成比较固定和规范的工作模式,补充取证很多时候要靠公诉人员和侦查人员之间的私人沟通完成,公诉人员提出的取证提纲仅仅是建议性质的,没有任何强制力,文书和提纲内容比较概括,②存在"函退"规避两次补充侦查限制的做法,③造成实践中大量存在"退而不侦"现象。可以通过建立更为规范的退补指导机制,制定标准化的退补取证提纲和法律文书,公诉部门要在取证提纲上列明取证要求,并对取证要求进行一定的说理和解释,监察委收到取证提纲后应尽量完成取证提纲的任务,不能完成的需要对具体的情况进行说明,并在补充调查结束后,将调取的证据材料和取证提纲一并移送检察院。通过建立这种标准化的取证指导模式,既能发挥公诉部门对退补调查取证的指导作用,也可以进一步提高退补的程序效率。

另一方面,对退回补充调查的强制措施转换作出明确规定。当前办案实践中比较通行的做法是继续保留检察院采取的强制措施,监察委在检察院刑事强制措施期限内开展调查取证。不过这种便宜处置方式也带来了程序衔接上的问题,即监察案件已经退回到了监察调查阶段,却仍然保留着刑事强制措施,这对传统的退回补充侦查理论是一个

---

① 参见李新、余响铃:《退回补充侦查与冤假错案防范》,《人民检察》2014年第2期。
② 有研究者在对北京市检察机关的退回补充侦查工作进行实证调研后,发现大多数案件的退补提纲的撰写过于简单,只写要求,不写理由或只写工作目的,也不写开展工作的方法,导致侦查人员很难领会公诉人员的真正取证目的和要求。参见徐航:《退回补充侦查制度的实证分析——以审查起诉环节为视角的观察》,《中国刑事法杂志》2007年第3期。
③ 参见周苹芳:《关于北京市检察机关审查起诉阶段补充侦查进行情况的调研报告》,《中国刑事法杂志》2002年第3期。

重大挑战。为保障被调查对象的合法诉讼权利,建议在退回监察委补充调查过程中,赋予被调查对象在审查起诉环节享有的聘请律师、会见律师等权利。

(三)监察程序向刑事程序的流转衔接

监察程序和刑事程序的衔接关系主要涉及监察调查程序和刑事侦查程序之间的协调和衔接,以及监察调查程序和审查起诉程序的衔接。目前国家立法以及监察委内部规定都对有关问题进行了初步规范,但是仍有一些衔接节点存在争论,有必要进一步予以探讨和理清。

1. 立案调查环节的协调对接

监察委立案调查的对象涉嫌职务违法或犯罪,这些对象触犯法律的行为必然也违反党纪规定,所有监察立案必然伴随着党纪立案,这两类立案针对的是同一个对象,并且由同一个调查主体办理所有的立案手续,但是两类立案审批程序必须分别进行,不能将两类性质不同的程序混合起来操作。此外,有些调查对象可能同时涉嫌普通刑事犯罪和职务犯罪,这两类犯罪分别属于侦查机关和监察机关管辖,侦查机关和监察机关应分别对各自管辖的犯罪进行立案,但是两机关在立案之后应协调职务犯罪和普通刑事犯罪的调查进度。一般情况下,两机关立案之后应确定一个主要的调查主体,并协调刑事侦查措施和监察调查措施、刑事强制措施和限制人身自由的监察措施、侦查进度和监察调查进度之间的关系,这几对关系在实践中主要通过两机关互相沟通来进行协调。

2. 提前介入审查案件的规范

目前监察委办案实践中有一个比较通常的做法是在案件调查终结

之前,协调监察委审理部门或检察机关公诉部门派员提前介入调查程序中,监察审理人员和检察公诉人员会借用调查时间对案卷进行全面审查,以确定案件是否符合移送起诉条件,以及是否需要进一步调查取证。这种提前介入的做法在改革试点初期有一定的现实必要性,主要是因为监察程序运行还在探索阶段,监察委和检察院都缺少可以参考的程序规程,不得不通过提前介入的方式摸索可行的程序操作方案,这也是为了尽可能提高办案效率。然而,随着监察体制改革的基本运行模式已经成型,各项程序操作规程也逐步完善起来,且2018年《刑事诉讼法》为检察院设定了采取先行拘留的衔接方案,检察院可以有充足的时间在受案后对案件进行审查,而这种提前介入的操作方式会挤压监察调查时间,变相延长留置时间,所以有必要在后续的改革中逐步减少提前介入的工作模式,避免出现监察调查程序和审理程序、监察程序和审查起诉程序之间边界不清的问题。为此,监察委可以自行制定或联合检察机关共同制定内部工作规定的形式明确提前介入的启动条件和案件适用范围,提前介入的申请以及审批程序,提前介入应当提供的案件资料范围,提前介入的地点以及人员安排,提前介入形成的工作资料的归档,提前介入程序中的回避方式,提前介入中提出的意见建议的法律效果,等等,规范监察案件提前介入机制。

3. 不起诉的协调

监察立法在审查起诉程序中规定了一个关于监察案件不起诉处理的制度。《监察法》第47条规定:"人民检察院对于有《中华人民共和国刑事诉讼法》规定的不起诉的情形的,经上一级人民检察院批准,依法作出不起诉的决定。监察机关认为不起诉的决定有错误的,可以向上一级人民检察院提请复议。"另外,在监察办案实践中,检察院在审查起诉之前会提前介入监察程序审查案件,审查起诉期间会继续与监察委沟通和协调案件进展情况,所以检察院受理案件后最终作出不起诉的案例应该是极为少见的。但是在某些特殊情况下,检察院在审查起诉过程中确实发现某些案件符合不起诉的条件,如果决定作出不起诉的处理方式,一方面仍然要与监察委进行提前沟通和协调,另一方面监察委可以在收到不起诉决定后选择向上级检察院申请复议,这对检察院的不起诉决定形成了进一步的制约。即使这类情况发生概率较小,如何建立监察委和检察院之间的不起诉衔接程序也是一个需要关注的问题。

4. 与审判机关的沟通协调

监察委作为监察案件的调查机关,仍然可能与法院在案件审判过程中发生联系。这主要集中在三种情况:一是异地审判的程序协调。异地审判程序的启动不仅仅需要监察委和检察院两方之间的协调,同时也需要人民法院参与该程序,并且最终由人民法院通过指定管辖来变更审判法院。在这个管辖变更过程中,监察委、检察院和法院三方主要通过沟通协调方式来确定新的审判法院,此时也存在监察委和法院之间的程序协调问题。二是调查人员出庭。人民法院作为监察案件的审判机关,在审判过程对证据收集的合法性进行审查判断,检察机关作为公诉机关应对证据收集的合法性进行证明,如果审判机关认为检察机关提交的证据材料可能系以非法方法获取的,检察机关可以出示有关书证、视听资料、证人证言等证据,必要时也可以要求监察调查人员出庭说明情况,这种监察调查人员出庭说明情况的模式与侦查人员出庭说明情况类似。三是审判情况的通报。根据当前各地监察委和法院就业务衔接建立的工作机制情况,法院有及时将审判进展情况向监察委通报的义务,这样的设置是为了保证监察委能够及时了解监察案件的最新处理情况。比较常见的信息通报方式是法院应在开庭审判前将开庭时间、地点等信息通知监察委,方便监察委派员参与案件审判的旁听。法院在对监察案件依法作出判决或裁定之后,应及时向监察委通报情况,并依法向监察委送达相应的判决或裁定文书。

(四) 强化职务犯罪治理的国际反腐败协作

目前我国的腐败犯罪分子外逃现象比较严重,一些腐败分子案发前后选择逃亡国外躲避调查,并将大量涉案资金转移到国外,这给国家造成了巨大的财产损失。2008 年 6 月,中国人民银行刊发《中国腐败分子向境外转移资产的途径及监测方法研究》课题报告援引中国社科院的资料:"从上世纪 90 年代中期以来,外逃党政干部,公安、司法干部和国家事业单位、国有企业高层管理人员,以及驻外中资机构外逃、失踪人员数目高达 1.6 万至 1.8 万人,携带款项达 8,000 亿元人民币。"[①]针对腐败犯罪的这种特点,加强反腐败国际合作成为必然选择。我国自 2014 年起掀起反腐败追赃追逃风暴,在国家层面成立专门办公室即中央反腐败协调小组国际追逃追赃工作办公室。在地方层面,31 个省区市和新疆生产建设兵团也都成立了省一级追逃办,成员单位一般有 8 到 12 家。[②] 此次监察体制改革特别明确了国家监察委作为反腐败国

[①] 2004 年,中华人民共和国商务部研究院的研究报告《离岸金融中心成为中国资本外逃"中转站"》中指出,改革开放以来中国外逃贪官数量约为 4000 人,携走资金约 500 亿美元,人均卷走 1 亿元人民币。参见《商务部:离岸金融中心成中国资本外逃中转站》,载新浪网,http://news.sina.com.cn/c/2004-08-17/14573418408s.shtml,2021 年 2 月 22 日访问。

[②] 参见《解密中央追逃办外逃人员是如何被追回来的?》,载人民网,http://fanfu.people.com.cn/n1/2017/0426/c64371-29237139.html,2021 年 2 月 22 日访问。

际合作的主体及相应工作机制,纪检监察机关既统筹协调追逃追赃工作,又主办职务犯罪追逃追赃案件。

《监察法》第50—52条明确了国家监察委作为反腐败国际合作主体的地位,赋予国家监察委员会与有关国家、地区、国际组织在反腐败执法、引渡、司法协助、被判刑人的移管、资产追回和信息交流等领域进行合作的职责。目前地方省级监察委普遍建立了专门的防逃追逃部门,但是具体的防逃追逃工作需要通过国家监察委员会来实施。具体到监察案件调查相关工作来说,针对腐败分子外逃和转移赃款等行为,由国家监察委员会负责联系国际刑警组织中国国家中心局以及域外相关对接机构,组织实施境外追逃和抓捕工作,向赃款赃物所在国请求查询、冻结、扣押、没收、追缴、返还涉案资产,查询、监控涉嫌职务犯罪的公务人员及其相关人员进出国(境)和跨境资金流动情况,做好日常防逃风险预防工作。

三、职务犯罪监督治理体系的完善

职务犯罪治理是一项系统综合的工程,除了完善职务犯罪法律体系,规范监察委职务犯罪调查程序,注重监察委调查程序和刑事审查起诉程序、审判程序的衔接,还要注重运用检察机关的法律监督权和自侦权,并借助人大监督、媒体监督、审计监督等多种监督手段,构建职务犯罪监督治理的综合体系,有效预防职务犯罪。

(一)检察机关自侦权和法律监督权的运用

国家监察体制改革后,根据《刑事诉讼法》第19条第2款及有关刑法规定,检察机关在对诉讼活动实行法律监督中发现司法工作人员利用职权实施非法拘禁、刑讯逼供、非法搜查、暴力取证、徇私枉法、民事行政枉法裁判、虐待被监管人等侵犯公民权利、损害司法公正的 14 项职务犯罪,可以自行侦查。该条款规定通过赋予检察机关部分职务犯罪侦查权,强调和巩固了检察机关的法律监督地位及法律监督职能,也有利于提升治理职务犯罪的整体效能。检察机关利用其对侦查、审判、执行等各阶段司法机关工作人员的诉讼活动进行法律监督的便利,具有发现各阶段司法机关工作人员利用职权实施侵犯公民权利、损害司法公正犯罪线索的天然优势,检察机关利用该天然优势开展职务犯罪侦查活动,有利于提高对此类职务犯罪的查处效率和效果。

虽然法律赋予检察机关部分职务犯罪的自侦权,但检察机关反贪、反渎等部门人员转隶后,检察机关又经历了内设机构调整,而面临缺乏专业侦查人员和侦查技术等问题,为此,检察机关可通过将以前在反贪、反渎等部门成长后被调至其他部门的人才集中起来和培养检察人员侦查技能等方式提高侦查人员的办案能力,将原先反贪、反渎部门购置的信息化技术设备有效运用起来,从而提高检察机关侦查职务犯罪案件的效能。[①]

检察机关行使职务犯罪自侦权的同时,应当注重与监察委调查职务犯罪案件的管辖衔接。根据《刑事诉讼法》《监察法》《人民检察院刑事诉讼规则》的有关规定,检察机关只是"可以"对部分职务犯罪案件立案侦查,监察委也享有对该部分职务犯罪的调查权,为此,检察机关发现犯罪嫌疑人同时涉嫌监察机关管辖的职务犯罪线索的,应当及时

[①] 参见王小光、米卿:《完善检察机关自行补充侦查制度的思考》,《河南财经政法大学学报》2018 年第 6 期。

与同级监察机关沟通。经沟通,认为全案由监察机关管辖更为适宜的,人民检察院应当将案件和相应职务犯罪线索一并移送监察机关;认为由监察机关和人民检察院分别管辖更为适宜的,人民检察院应当将监察机关管辖的相应职务犯罪线索移送监察机关,对依法由人民检察院管辖的犯罪案件继续侦查。人民检察院应当及时将沟通情况报告上一级人民检察院。沟通期间不得停止对案件的侦查。对于检察机关和监察委分别管辖的职务犯罪案件,在案件全案侦查或调查终结前,检察机关应当就移送审查起诉事宜加强与监察委的沟通协商,确定是否全案由检察机关移送审查起诉。

(二) 人大监督在职务犯罪预防中的作用

人大作为全国最高权力机关,根据宪法和法律赋予的职责,有权通过人事任免、听取和审议工作报告、立法修法等方式对国家各级行政机关、审判机关、检察机关、纪检监察机关等权力机关进行监督制约,防止有关机关工作人员滥用权力、不作为等渎职行为的发生。具体而言,人大监督在职务犯罪预防和治理方面的作用主要体现在以下三方面:一是立法调控。全国人大及其常委会享有立法权,为加强职务犯罪治理成效,可完善相关领域职务犯罪预防立法,规范权力行使,减少职务犯罪行为的发生,同时可通过立法对《刑法》《刑事诉讼法》《监察法》等职务犯罪法律治理体系中的空白、不完善等问题进行完善,为监察机关、检察机关、审判机关依法打击职务犯罪行为提供有力法律依据。二是人事任免。根据宪法规定,人大享有人事任免权,人大通过有效行使上述权力,把好用人关,把德才兼备的领导干部选任到国家机关各岗位,同时监督国家机关及其工作人员规范行使权力,从源头遏制国家机关及其工作人员腐败问题。三是监督作用。人大可通过听取和审议"一府一委两院"工作报告,审查和批准国家的预算和预算执行情况的报告,提出罢免、质询案等刚性监督手段,监督和制约国家机关及其工作人员。

(三) 媒体监督、审计监督在职务犯罪治理和预防中的作用

随着网络信息技术的发展,尤其是自媒体、融合媒体的发展,媒体监督影响面广、群众关注度高,容易形成舆论压力。媒体对职务犯罪线索的发现,能够帮助监察委、检察机关尽早发现职务犯罪的苗头和行为,而对职务犯罪查处、判决结果的曝光,对职务犯罪案件庭审的公开直播,能够起到良好的警示教育作用,达到查处一个、教育一片的效果。为发挥媒体监督在职务犯罪治理中的作用,要注重依法保护公民、法人和其他组织通过媒介或自媒体曝光方式对职务犯罪预防和治理工作提出批评、建议和意见的权利,对涉嫌职务犯罪行为的检举、控告权利,保护媒体对国家机关、国有公司、企事业、人民团体和其他依法行使公务的人员的违法违规行为进行舆论监督的权利。为依法保护和强化媒体监督在职务犯罪预防中的作用,浙江、四川、青海、江苏、湖北等多省市先后出台了专门的职务犯罪预防条例,强调借助新闻出版、广播电台、文化等部门发挥媒体舆论在职务犯罪预防中的宣传和警示作用,国家机关、国有企事业、人民团体等干扰和妨碍新闻媒体依法开展媒体监督的,要被追究行政责任甚至刑事责任。

加强审计监督对查处和预防职务犯罪具有重要意义。审计机关具有财政、财务等专业知识,精通查账,对查处和发现经济类职务犯罪线

索具有积极作用。为此,要强化审计机关对重点领域、重点单位和重点资金的审计监督,尤其要重点抓好财政预算执行、专项资金使用的审计工作。同时,要注重加强对单位内部审计的监督和指导,加强对单位内部控制的薄弱点、容易出问题的风险点的审计监督,从源头遏制和预防职务犯罪行为的发生。此外,审计机关要利用其专业知识,收集、分析、揭露有关单位、领域中的贪污、挪用、弄虚作假等腐败问题,加大对职务犯罪行为的监督检查力度,发挥审计监督对贪污、贿赂、挪用、渎职等职务犯罪治理和预防的作用。

第十三章
流动人口犯罪治理的现代化

改革开放以来,市场经济繁荣发展,劳动力的需求也越来越大,这导致社会流动程度加强,大量剩余劳动力从农村涌向城市,从经济不发达地区涌向经济发达地区,劳动资源得到合理配置,经济也随之发展,但同时,流动人口犯罪问题也日趋严重,成为影响社会治安和社会秩序稳定的重要因素。本章以改革开放以来的流动人口犯罪为关注点,以农村进城务工人员为例分析流动人口的代际特征,以S市近5年的流动人口犯罪来研究流动人口犯罪的特征,并用文化冲突理论、社会结构理论及社会控制理论对流动人口犯罪现象进行理论解释。在此基础上,以"严打"和"综合治理"背景下的流动人口犯罪治理的政策演变,展现改革开放以来我国流动人口犯罪治理的现代化。

第一节 流动人口的界定及其代际特征

目前,犯罪学学界对于流动人口的定义尚未形成统一的共识,大多引用、借鉴其他学科的相关定义。"流动人口"是中国特有的一个现象,与户籍制度有着密切的关系,①有其特殊的历史背景。从时间来看,本章所讨论的流动人口主要是指改革开放以来的流动人口;从主体上来看,主要是指以农民为主的进城务工人员。总体而言,以人类的繁衍周期为基础,结合经济和政策背景,改革开放以来的流动人口可分为四代。根据时间划分,在不同阶段,这些流动人口的代际特征略有不同。

一、流动人口的界定

对于流动人口的界定,不同的领域有着不同的考虑,常用的流动人口概念有以下三种:

一是公安机关使用的流动人口。所谓流动人口,是指未依法改变法定住址而在常住地市区或乡镇之外滞留过夜的移动人口。其中,滞留过夜但停留不满3天的被看作"在途人口",超过3天的为"暂住人口"。② 这个意义上的流动人口是与常住人口相对应的,两者区别是人口所在地与户籍所在地之间的关系,在户籍地居留的是常住人口,流动到一定的区域之外因时间的长短分为在途人口、暂住人口。2016年1月1日《居住证暂行条例》实施后,对离开常住户口所在地到其他城市居住半年以上,符合有合法稳定就业、合法稳定住所、连续就读条件之一的,可以依规申领居住证,这也是所谓的非户籍常住人口。

二是计划生育部门使用的流动人口。根据我国《流动人口计划生

---

① 参见张晨新、杨思思:《流动人口研究中的概念、数据及议题综述》,《中国人口科学》2013年第6期。
② 参见熊一新、李健和主编:《治安管理学概论》(修订本),中国人民公安大学出版社2017年版,第136页。

育工作条例》,流动人口是指离开户籍所在地的县、市或者市辖区,以工作、生活为目的异地居住的成年育龄人员,但不包括因出差、就医、上学、旅游、探亲、访友等事由异地居住、预期将返回户籍所在地居住的人员,以及在直辖市、设区的市行政区域内区与区之间异地居住的人员。可见,计划生育部门使用的流动人口概念是基于本部门工作目的而设的,但并不能否定其对界定流动人口的参考意义。其着眼于以下三个方面:一是成年育龄人员,直接排除了未成年人;二是从乡村到城市的流动;三是流动的目的是工作、生活,同时排除了出差、就医、上学、旅游、探亲、访友等事项导致的短期居留。

三是国家统计局使用的流动人口。根据 2010 年第六次人口普查对人口流动情况的统计,其标准是"居住地与户口登记地所在的乡镇街道不一致且离开户口登记地半年以上的人口",国家统计局又将其分为市辖区内人户分离的人口和非市辖区内人户分离的人口。市辖区内人户分离的人口是指一个直辖市或地级市所辖的区内和区与区之间,居住地和户口登记地不在同一乡镇街道的人口。同时,使用人户分离半年以上的标准也基本排除了出差、就医、上学、旅游、探亲、访友等事由导致的流动。

可见,对流动人口的界定主要有以下四种依据:第一,以产业结构为依据,流动人口指从第一产业中游离出来的未能进入城市正规部门的劳动力;第二,以某人是否具有某地常住户口为依据,流动人口指在某地滞留而无常住户口的人;第三,以常住地是否改变为依据,流动人口指暂时离开常住地而非迁移的各种人口;第四,以人口流动的原因为依据,流动人口指不改变常住户口而进入某一地区从事社会经济活动的人。因此,界定流动人口,可以从三方面进行探讨:流动性、时间性和目的性。一是流动性,这包含了人户分离的行政区域界定和离开户籍地的行为确认。二是时限性,流动人口应在非户籍所在地居住一定的时间,这就将短期频繁往返的人员排除在外。三是目的性,指流动人口在非户籍所在地一定时间,主要目的是择业或就业,除去一些仅仅是为探亲访友、旅行、出差、游玩等原因短时期离开居住地的流动人口,这些人的流动性的目的比较明确,偶尔有犯罪的现象,但也不常见,研究价值不大。综上,我们对于流动人口的界定为:离开户籍所在地,跨越一定行政辖区,在异地暂住一定时限,从事各种社会经济活动的中国公民,主要包括通常所说的进城务工人员。

二、流动人口的历史背景

改革开放之后,伴随着经济体制改革和城市化进程的快速发展,我国社会正经历由计划经济向市场经济、由传统社会向现代社会的社会转型变革,不论是经济体制还是人们的日常生活都发生了翻天覆地的变化。在全球化的发展新形势下,中国社会经济发展一致保持着快速前进的大好局面,不论是综合国力和国际影响力,还是工业化发展和城市化及城乡一体化的建设均取得了举世瞩目的成就。在这一城市化进程中,人口的频繁流动成为常态,并且规模持续扩大。社会主义市场经济体制的不断完善,城市化进程的不断推进,城乡一体化的户籍制度尝试性改革,以及旨在促进人口流动与定居城市政策的推出,使得我国以往固有的城乡分割的二元局面逐步改变。我国农村土地上大量的剩余劳动力还在持续地大批流入城市,在城市中寻觅新的发展机遇,寻找发家致富、提高生活品质的新空间,形成了大规模的"流动潮"。

从历次人口普查和小普查的流动人口调查数据可以看到,从1982年第三次人口普查到1990年的第四次人口普查,我国流动人口数量由

1,000多万人增加到3,700多万人,2000年流动人口超过1亿人。2005年全国抽样调查显示,我国流动人口多达近1.5亿人。根据《2019年国民经济和社会发展统计公报》显示,2019年流动人口达到2.36亿人。① 从20世纪80年代到现在,我国流动人口达到了空前的增长水平,且大部分的人口流动为由农村流向城市,这个过程受到农地关系转变、经济体制改革、政策转变等综合因素的影响。

一是农村家庭联产承包责任制改变了农民与土地的关系。改革开放初期,我国农村地区的农作制度从集体经营的状态转变为以农户为基本决策单位,到20世纪末形成了比较完善的家庭联产承包责任制,调动了农民生产的积极性,带来了农业生产的快速发展和农民增收的效果,为农业现代化和市场经济的发展奠定了重要的物质基础。包产到户的农地制度改革,加上农业生产技术的改进和提升,使得我国农村和城市人口的温饱和生存问题逐步得以解决,有富余劳动力的家庭不必所有成员都依附于土地,这是后来大量的农村剩余劳动力发生人口流动的先决条件。

二是人口增长高峰为后来大规模流动人口的涌现提供了动力。20世纪50年代及1963—1973年的两次人口增长高峰期的出生人口,在20世纪70年代末和80年代初陆续进入劳动力市场,劳动力数量增长很快。改革开放初期,我国80%的人口生活在农村,这意味着增加的劳动力绝大部分蓄积在农村地区,但是农业生产率的提升其实已经导致农业生产对劳动力的需求下降,这使农村地区产生了巨大的就业压力,为后来大规模流动人口的涌现提供了动力。

三是市场经济和城镇化的发展产生了人口流动的需求。改革开放

---

① 参见国家统计局:《中华人民共和国2019年国民经济和社会发展统计公报》,http://www.stats.gov.cn/tjsj/zxfb/202002/t20200228_1728913.html,2020年3月2日访问。

以来,我国逐渐从农业大国转变为工业大国,工业化水平显著提升,市场经济的发展产生了对大量劳动力的需要。而且,改革开放以来城镇化明显速度加快,大中型城市数量快速增加,吸引了越来越多的人口进行流动。

四是政策的松动使大规模人口流动成为现实。流动人口的背景是现行户籍管理制度下的人户分离,与人口流动有关的政策逐步调整,对迁移限制的松动最终使得我国大规模的人口乡城转移成为可能。改革开放初期,人口的流动仍然受到较多政策的限制。但是,农村大量剩余劳动力的客观存在和城市对劳动力的强烈需要,在城乡之间形成了一种十分强烈的"推拉"力量,我国农村和城市同时对人口空间上的自由流动形成了强烈的诉求,最终促使政策松动,允许人口的自由流动。

三、流动人口的代际特征——以农村进城务工人员为例

改革开放以来,市场经济制度逐渐确立并发展完善,社会结构也发生了变化。在城市化、现代化的建设发展过程中,原有的乡土结构被打破。人口组成发生变化,人口的流动性加剧,形成了由西部向东部沿海、由农村向城市流动的格局。

根据统计,从2000年到2018年,我国的人户分离人口和流动人口的数量均成倍增长(详见图13-1①)。而流动人口增长的同时,社会结构和社会治安也受到较大的冲击和考验。

---

① 参见国家统计局官网,http://www.stats.gov.cn/tjsj/ndsj/2019/indexch.htm,2020年9月14日访问。

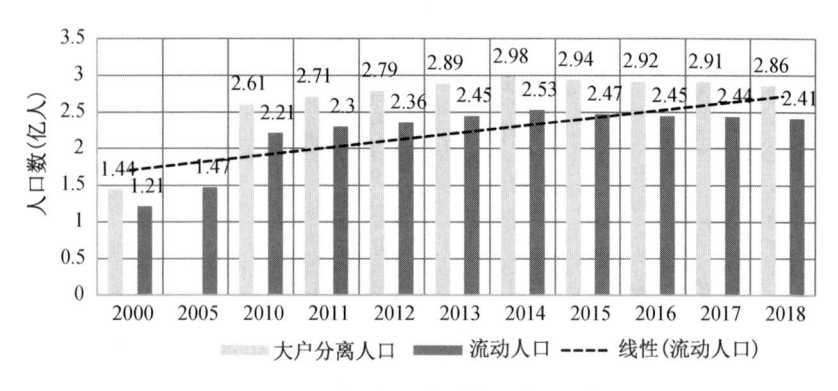

图 13-1 2000—2018 年我国流动人口情况

根据《中国流动人口发展报告 2018》,从 20 世纪 80 年代至今,按照人口规模,我国流动人口情况可分为三个阶段。第一个阶段是 20 世纪 80 年代初期至 90 年代初期,国家放宽了对农村人口进入中小城镇就业生活的限制,我国流动人口规模从 1982 年的 657 万人增加至 1990 年的 2,135 万人,年均增长约 7%。第二个阶段是 1990—2010 年,流动人口从 1990 年的 2,135 万人增加至 2010 年的 22,143 万人,年均增长约 12%,增长速度较快。第三个阶段是 2010 年以来至今,2010—2015 年的流动人口增长速度明显下降,年均增长约 2%,增长相对缓和;从 2015 年开始,全国流动人口数量从此前的持续上升转为缓慢下降,2015 年国家统计局公布全国流动人口总量为 2.47 亿人,比 2014 年减少了约 600 万人;2016 年全国流动人口比 2015 年份减少了 171 万人,2017 年继续减少了 82 万人。①

改革开放 40 年以来,按照人类的繁衍周期,约有两代人。从改革开放到 21 世纪初期,有三代打工者,20 世纪 70 年代末 80 年代初期分田到

---

① 参见国家卫生健康委官网,http://www.nhc.gov.cn/wjw/xwdt/201812/a32a43b225a740c4bff8f2168b0e9688.shtml,2020 年 9 月 14 日访问。

户后外出打工者可以称为第一代打工者,20世纪90年代外出打工者可以称为第二代打工者,2000年以后外出打工者称为第三代打工者。①

由于21世纪初期距现在已经过了十多年,社会背景发生了较大变化,从宏观层面和连续性来看,已经形成了四代打工者。因此,在此基础上,我们采用四代打工者的说法。要知道流动人口犯罪情况,就要从不同年代背景下的人口入手。每一代人的文化背景、需求、动机和流动背景都有所不同。

(一)第一代进城务工人员

第一代进城务工人员指分田到户后的第一批外出务工人员。他们的主要目标是解决温饱问题。第一代打工者主要出现在人均耕地少、农业收成无法满足家庭生存的地区。②

20世纪80年代,中国经济体制建设中心由农村转向城市,城镇化建设启动,企业改制开始。1980年,全国劳动就业工作会议召开,随后下发会议文件放开了对农村劳动力的限制。1980年中共中央、国务院《关于进一步做好城镇劳动就业工作的意见》指出,对农村剩余劳动力,要采取发展社队企业和城乡联合办企业等办法吸收。③ 这些文件虽然也在一定程度上限制了农村进城务工人员,但客观上还是给了务工人员成长的空间。基于城镇化的需要,农村务工人员群体开始逐渐发展,尤其是沿海地区。

从社会背景看,当时的中国还处于城镇化探索阶段,处于解决温饱

---

① 参见邓大才:《农民打工:动机与行为逻辑——劳动力社会化的动机—行为分析框架》,《社会科学战线》2008第9期。
② 参见邓大才:《农民打工:动机与行为逻辑——劳动力社会化的动机—行为分析框架》,《社会科学战线》2008年第9期。
③ 参见张勇濂:《流动与犯罪:转型期中国农民流动的社会秩序研究》,华中师范大学2009年博士学位论文。

的阶段。因此这一阶段进城务工人员的动机是解决温饱问题。而政策在鼓励农民工的同时,并没有做好迎接这些大量涌进城镇化建设的务工人员的准备。交通运输、社会治安、劳动力市场、法律保障、住房福利等方面都面临着压力。从文化背景看,这一阶段的进城务工人员大都出生于五六十年代,进城务工人员大都是低文化水平背景。从家庭背景看,这一时期的家庭结构稳固,传统的影响根深蒂固,受到计划生育政策的影响,家庭规模开始受到限制。在其他方面,这一代的进城务工人员以男性居多,外出务工主要从事体力繁重的活,工资比较低,选择的空间较少。与此同时,他们需要在农忙时期返回农村,在城镇和农村之间往返。除此之外,第一代打工者以个体为移动单位,一般是青壮年男性外出,妇女儿童则留在农村。

(二) 第二代进城务工人员

20世纪90年代进城务工人员被视为第二代进城务工人员。这一时期,流动人口数量逐渐增加。政策和需求两方面的推力和拉力促进了进城务工人员的增加。

从需求来看,第二代打工者除了温饱目标之外,更重要的是金钱上的充足。这一时期,城镇化建设进入了新的阶段。丰富多彩的城市生活,让大家的需求逐渐多元化。除此之外,虽然家庭联产责任承包制已实施,但是光靠务农收入并不能满足农民的生产、生活需求。生产过程逐步走向市场化、社会化,农民的生产成本增加;在生活方面,子女读书、婚嫁、人情往来等均需要金钱。① 而从当时的农村收入来看,务农并不能满足农村的各方面需求。

---

① 参见邓大才:《农民打工:动机与行为逻辑——劳动力社会化的动机—行为分析框架》,《社会科学战线》2008年第9期。

在政策上，20世纪90年代初，我国经济步入发展轨道，对进城务工人员的管理和控制也有所改善。1993年，劳动部印发了《再就业工程》和《农村劳动力跨地区流动有序化》。从政策来看，其致力于完善流动人口的就业管理、发展各种服务组织、完善信息网络、强化区域协作和部门配合。

总体上看，第二代进城务工者仍以青壮年为主，青壮年及其伴侣同时进城务工的现象增多，与此同时，老人和儿童被留在乡村的现象增加；从文化背景来看，这一时期的文化教育处在过渡期，第二代进程务工者的文化水平不是很高，多为小学、初中文化水平；从家庭结构来看，传统家庭结构受到冲击，家庭规模变小。

（三）第三代进城务工人员

第三代进城务工人员指20世纪80年代出生、2000年以后外出打工的青年农民。[①] 这一时期，中国经济建设"三步走"战略中的第二步提前完成，温饱问题解决之后，国民生产总值实现了再增长。这给这一代打工者提供了很好的机遇。2006年，国务院出台了《关于解决农民工问题的若干意见》，提出"公平对待、一视同仁"的原则。这给予了外出务工者保障。20世纪80年代末期，九年义务教育开始逐渐实施，外出务工者的文化背景开始分层。根据相关调查研究，农村外出流动人口的平均年龄为29岁，多在35岁以下。从性别上看，男性居多。2004年，流动农民中男性占比例为66%。与此同时，流动人口中文化程度为初中的占65%，其次是小学和高中文化，所占比例较大。[②] 因此，可以

---

① 参见邓大才：《农民打工：动机与行为逻辑——劳动力社会化的动机—行为分析框架》，《社会科学战线》2008年第9期。

② 参见张勇濂：《流动与犯罪：转型期中国农民流动的社会秩序研究》，华中师范大学2009年博士学位论文。

看出这一阶段的年龄结构、文化背景都变得更多元化。

2000年后,第二代务工子女长大,他们大都具有留守儿童的背景,因为在此之前的外出务工者以个人流动为主。与此同时,传统家庭结构发生改变,无论是家庭稳定程度还是家庭规模,都发生了变化。根据民政部报告,2000年以来,我国离婚人数不断增加,离婚率越来越高。

(四) 第四代进城务工人员

第四代进城务工人员是指出生于20世纪90年代的外出打工者。2010年人口普查,流动人口平均年龄约28岁。根据《中国流动人口发展报告2014》,新生代流动人口在20岁之前就已外出的达到75%。至2014年,我国城镇化率已经超过50%,城镇化进入"结构调整为主""中小城市"加速发展和"回流阶段",随迁子女增多。[①] 在政策方面,2014年,中共中央、国务院印发《国家新型城镇化规划(2014—2020年)》《关于进一步做好为农民工服务工作的意见》和《关于进一步推进户籍制度改革的意见》,在一定程度上保障了流动人口的利益。

在文化背景上,由于这一代人中高中毕业和大学毕业的人数较多,他们的社会视野更广。在工作机会上,相对于第三代进城务工人员,他们的机会更加丰富,就业保障也很全面。在需求上,随着城市化、现代化的发展,城市生活更加多彩。因此,对于这一代进城务工人员来说,他们外出务工的需求也更加多元化,除了金钱上的需求,还有身份地位上的追求,他们更希望通过工作和能力改变农村身份,扎根于城市。简言之,他们打工的目的是为了谋取更好的利益——身份动机和利益逻辑。在血缘关系上,其与第二代打工者具有血缘关系。因此,他们之中

---

① 参见国家卫生健康委网站,http://www.nhc.gov.cn/xcs/s3574/201411/dc3ba043cbf74e2d8fe68000d4651505.shtml,2020年9月14日访问。

大部分还有一个特点,就是具有留守儿童的成长背景。

除此之外,在这一阶段,家庭结构模式松散,乡土结构被打破。近五年来,离婚率超过了结婚率,离婚人数不断增长。虽然离婚因素有很多,而离婚也并不必然会导致子女步入歧途,但是高离婚率表明我国现在的家庭结构松散,未成年人成长环境复杂,不利于下一代的性格养成和心理发展。

第二节　流动人口犯罪的特征与危害

流动人口犯罪主体是犯罪学意义上的流动人口犯罪的主体,是因就业等经济目的而流动的人口,主要指进城务工的农民工。流动人口犯罪,一般是指人口在流动过程中实施的犯罪。而根据人口流动的方向,流动人口犯罪主要是指从经济欠发达地区流入经济发达地区的农村人口实施的具有社会危害性的行为的总称。

一、流动人口犯罪的特征——以 S 市为例

从生物学角度来看,外来物种的入侵会影响当地的生物环境,打破当地的生态平衡和秩序结构,甚至带去更严重的问题。而人口流动导致城市的原有秩序结构受到冲击,在新的秩序形成和发展之前,问题接踵而至,其中最严重的是犯罪问题。从世界范围来看,移民与迁移也会给一些区域带去很多问题,尤其是犯罪问题。由此及彼,区域间的人口流动只是其中的一部分。随着流动人口产生,流动人口犯罪的现象也

随之产生。

站在现代化的立场来看,科学、公正、客观的研究态度是讨论流动人口犯罪的基础,这样可以避免为流动人口(进城务工人员)贴上莫须有的标签。我们不能将我国总体的犯罪趋势与流动人口的趋势结合起来进行关联性推测,这失之偏颇,且关联性因素不具有唯一性;但从某种意义上来说,改革开放以来,我国犯罪形势与人口流动以及因此而产生的冲突与矛盾具有关联性。根据上海统计局《上海市 2003 年外来流动人口调查数据手册》显示,从 1988 年开始至 2005 年,流动人口增长了 5 倍。1988 年上海市流动人口为 105 万人,2005 年,流动人口为 581 万人。[①] 而至今,流动人口数量仍然呈现上升趋势。庞大的流动人口数量意味着治安上的压力确实会与日俱增;但流动人口与犯罪之间的关联还需要相应的数据支撑。

(一) 犯罪趋势

2001—2017 年间,S 市法院办理的刑事案件数量总体呈现上升趋势(详见图 13-2[②])。虽然还没有明确的研究证明流动人口与犯罪数量之间的因果关系,但是根据很多犯罪学家和社会学家的研究,不能否认两者之间的相关性。

从法院接收的案件总体数据来看,从 2003 年开始,法院接收的刑事案件数量一直呈现增长的形势,2008 年和 2014 年是 2000 年以来刑事案件数量变化的拐点年,达到了相对时期中的高峰(详见图 13-2、图 13-3)。

[①] 参见苏鹏:《城市中农民工犯罪问题研究:以上海市为研究视角》,华东政法大学 2010 年硕士学位论文。

[②] 数据来源于上海统计局官网,http://tjj.sh.gov.cn/tjnj/index.html,2020 年 9 月 14 日访问。

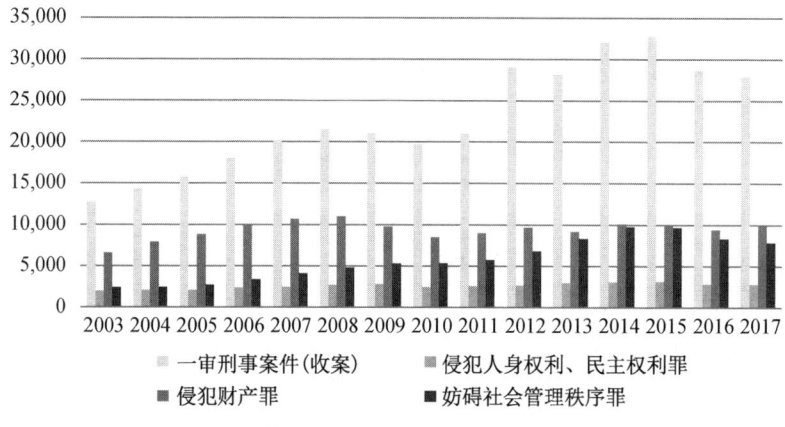

图 13-2　2003—2017 年 S 市法院各类案件办理情况

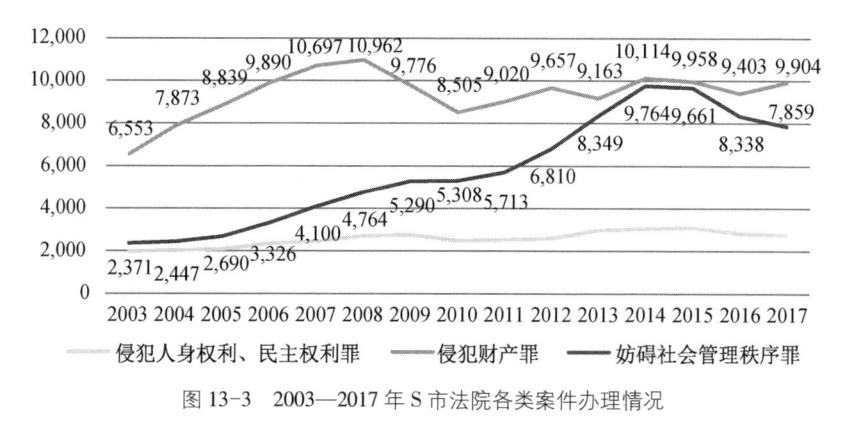

图 13-3　2003—2017 年 S 市法院各类案件办理情况

从案件的类型来看,侵犯人身权利、民主权利的犯罪行为较为稳定,且在三类大的犯罪案件中所占最少。与之相反,侵犯财产类犯罪行为,例如抢劫、盗窃等犯罪案件数量最多,呈现曲折增长的形式。但是可以看出,在 2008 年前后以及 2015 年前后,这一类型的犯罪数量增长的趋势有所压抑,增势不明显。值得注意的是,妨碍社会管理秩序罪的案件数量一直呈现增长的趋势,甚至在 2014 年前后,和侵犯财产罪的数量趋近。

另外,除了法院数据反映出的犯罪趋势,公安机关的数据直接反映出了外来人口的犯罪现象(详见表13-1[①])。

表13-1　1997—2007年S市刑事案件人数情况

年份	发案数	抓获刑事对象数	外来对象数	外来对象所占比例
1997	40,670	24,482	14,288	58.36%
1998	100,589	24,213	14,215	58.71%
1999	96,855	30,553	16,533	54.12%
2000	104,946	30,032	15,285	50.82%
2001	107,449	31,086	15,430	49.64%
2002	101,052	29,337	15,229	51.91%
2003	104,452	25,993	15,617	60.08%
2004	127,143	31,753	20,987	66.09%
2005	127,757	40,809	28,446	69.71%
2006	139,060	51,406	37,593	73.13%
2007	137,391	53,977	40,979	75.92%

从以上数据可以看出,总体上来说,外来对象的发案数在S市刑事案件中占据较大的部分,而且所占比例有所增加。由于抓获刑事对象数的变化,外来对象所占比例也有所变化。从数据可以看出,从1998年到2002年,外来对象所占比例有所下降,但是这并不表明,外来对象作案数量在减少。从以上数据可以看出,所抓获的外来对象数在2002年以前呈现出略微增长的趋势,随后,外来对象数量增势明显。在相关的论文中,大量的数据也表明了外来犯罪人数情况。在远离上海市区

[①] 参见苏鹏:《城市中农民工犯罪问题研究:以上海市为研究视角》,华东政法大学2010年硕士学位论文。

的地区,比如嘉定区、青浦区,这一现象尤为严重。2005年至2007年,嘉定区案件受理数平均八百多件,外来犯罪人数占到80%以上。2001年至2007年,青浦区法院受理刑事案件平均大约450件,其中外来人员犯罪率由39.5%上升到81.5%。①

(二) 犯罪特征

从年龄上来看,因为务工人员主要是青壮年,所以流动人口犯罪人的年龄主要集中在20—35岁;从地理位置来看,北京、上海、广州和深圳等沿海及大城市发生案件较多,且大多数案件发生在城乡交界处等社会管理薄弱地带;根据流动人口的需求来看,流动人口犯罪的目的和动机从物质需求、情感需求到社会管理等复杂性需求转变,同时也说明案件的性质由重到轻。从上海的法院受理案件可以看出,总体而言,在早些年,上海的犯罪案件多以财产侵犯为主,其次是侵犯人身权利的犯罪案件。在近些年,妨害社会秩序管理罪逐渐增多。这与流动人口发展的历程和特征相符合。根据相关数据统计,21世纪初期,从报道的案件来看,外来人员犯罪的案件中,盗窃、抢劫、诈骗、贩卖假币等经济动机犯罪占了62.7%,其中盗窃、销赃最为严重。从犯罪模式来看,多为结伙作案,且以男性为主。②

二、流动人口犯罪的危害

从历史角度来看,国家曾一度对流动人口的管理缺乏一定的秩序,

---

① 参见程建、王春丽:《上海市流动人口犯罪问题研究——以嘉定区和青浦区的刑案数据为视点》,《法治论丛(上海政法学院学报)》2009年第5期。
② 参见丁金宏、杨鸿燕、杨杰、翁建红、张彬彬:《上海流动人口犯罪的特征及其社会控制——透过新闻资料的分析》,《人口研究》2001年第6期。

从而导致流动人口犯罪严重,造成了城市秩序的紊乱,严重危害居民的财产和人身安全。自 1978 年以来,流动人口不断增加,流动人口犯罪问题也逐步凸显。根据不同时期流动人口的犯罪情况,可以将流动人口犯罪分为三个阶段:

第一阶段为 1978 年至 1988 年。在党的十一届三中全会拉开农村经济体制改革序幕的背景下,部分农民摆脱土地进入了城市,为扩宽流动人口特别是农村流动人口的就业渠道,以及保障社会治安持续稳定,国家加强了对流动人口的管理,但一些大中城市刑事犯罪问题日益突出,流动人口犯罪占全部犯罪的比重仍然较高。例如,北京市流动人口犯罪所占比重由 1980 年的 3.14% 上升到了 1988 年的 23.3%;上海市流动人口犯罪所占比重由 1984 年的 10.8% 上升到了 1988 年的 31.4%。在这一阶段,流动人口犯罪虽然已呈现出上升趋势,但因犯罪的破坏性不强等因素,未对我国城镇化进程带来严重影响。

第二阶段为 1989 年至 1999 年。随着我国经济的高速增长和城镇化发展,特别是 1992 年党的十四大的召开,国家对流动人口的管理政策调整为实行宏观调控下的鼓励和引导人口的有序流动。我国的流动人口大规模增加的同时,流动人口犯罪问题也日趋严重,呈现出骚扰面广、破坏性强、社会危害大等新特点,严重危害社会治安、扰乱公共秩序。例如,上海市流动人口犯罪所占比重由 1989 年的 31.4% 上升到了 1998 年的 58.0%。

第三阶段为 2000 年以来。进入 21 世纪之初,我国经济体制改革步伐加快,在各类社会矛盾交织的背景下,流动人口数量不断增加,犯罪性质恶劣,并与城市本土居民产生了严重的对立情绪,流动人口犯罪问题在一定程度上成为影响我国城镇化发展的重要因素。杀人、强奸等暴力性侵害案件及财产性犯罪数量增多,如深圳的"砍手党"。据不完全统计,2004年,全国公安机关共抓获流动人口刑事案件作案人员60.4万人,比重超40%,到2006年达56.5万人,2009年达到64.9万人,可以说流动人口已经成为当时我国刑事案件的主要犯罪群体,流动人口的犯罪形势严峻。

流动人口犯罪问题已经对我国的城市社会治安管理造成较大的威胁。根据调查的数据显示,2016年北京市犯罪的人群中,流动人口犯罪的比例高达56%。同样的情况存在于珠江三角洲地区的城市,在广州、深圳等大城市中,流动人口中的无业人员犯罪占据城市犯罪数量的80%。《2015年中国广州社会形势分析与预测》蓝皮书指出,流动人口违法犯罪日益凸显,占广州市犯罪总量的86%。这些数据反映出当前流动人口犯罪的严峻性,治理流动人口犯罪已成为当前维护社会治安稳定的重中之重。①

第三节　流动人口犯罪的原因

流动人口犯罪问题是城市化进程中社会冲突与矛盾不相调和的产物。一方面,在不同的阶段和不同的发展时期成长的人,他们所面临的社会背景、文化背景、社会政策不同,因此他们的需求与机会也会有所不同;另一方面,需求的满足程度与犯罪行为的形成没有必然的因果关系。从人性到需求、动机、行为,从犯罪行为到犯罪现象,都有多重中介因素,如个体和群体自身的因素,而在流动人口犯罪的解释中,更多的

---

① 参见李培林、陈光金、张翼:《2015年中国广州社会形势分析与预测》,社会科学文献出版社2014年版,第287页。

是生存环境等外部因素的综合影响。学者们也从不同的角度尝试解释流动人口犯罪原因,其中最常见的是文化冲突、社会结构和社会控制理论。

一、文化冲突的视角

文化冲突与犯罪的理论被很多学者所接受,并被运用到流动人口与犯罪的原因分析中。他们认为文化冲突是导致流动人口犯罪的原因之一。

(一)文化冲突与犯罪

文化冲突与犯罪的解释和论证可以追溯到马克思、恩格斯关于文化与人性的论述。而后在犯罪学领域,科恩和塞林从种族文化的角度,提出了相关的理论。科恩提出了犯罪亚文化理论,用来解释青少年犯罪。科恩认为,底层阶级的男生表现差,他们没能接收到上层阶级勤奋、努力、追求学业进步的价值观,由于学业表现带来的地位落差和压力,产生了挫折感,于是具有相同处境的青少年就形成了群体之间的亚文化,与主流价值观差异甚远,甚至相悖。[①] 他们通过这种方式来寻求心理的平衡,找回尊严。美国犯罪学家索尔斯坦·塞林也提出了文化与犯罪之间的关系理论。根据塞林的观点,文化冲突的核心是行为规范文化的冲突。此种观点将复杂的文化概念简单化和清晰化了。移民群体因遵从母国的规范文化,自然与美国的规范文化相冲突,并与移民

[①] 参见[美]斯蒂芬·E.巴坎:《犯罪学:社会学的理解》,秦晨等译,上海人民出版社2011年版,第211页。

的犯罪相联系。①

不同的社会团体有着不同的生活方式与社会价值,但它们往往以行为规范的形式抽象出来。简言之,文化冲突则是由不同文化规范之间的差异而引发的冲突,而文化可以被理解为价值观和行为方式的差异。不同群体之间产生了文化冲突,并不必然导致犯罪的产生,其中还需要中介因素的诱导。于是,越轨和亚文化的产生就成了文化冲突与犯罪之间的催化剂。但是,文化冲突并不能单纯衡量某一种群体的优劣。文化冲突是社会变迁的自然结果,社会变迁导致无数社会群体的产生,而这些群体对其他群体的社会价值却全然无知或有误解。② 流动人口群体就是社会变迁所产生的群体之一。

(二) 文化冲突理论对流动人口犯罪的解释

将文化冲突理论的解释运用到流动人口犯罪解释的合理性在于在一定背景下,流动人口文化与城市生存文化存在差异,而差异是矛盾产生的前提条件。这种差异具体体现在以下三个方面:

首先,尊重与尊严。流动人口与城市人口在城市中的居住环境、工业环境、吃穿用度的差异,致使他们在城市人口心中的形象不是很好,导致流动人口得不到尊重。一些行为上的差异,在城市中被视为不好的习惯,也容易降低流动人口在城市中的尊重度。例如,在四代农民工中,他们多以青壮年为主,既是家庭的顶梁柱,也是族群中的希望。在家庭关系中得到的尊严与在城市中的相反处境形成了落差,加之环境相对不佳,欲望长期受到压制,容易形成暴力倾向。另外,以"80后"

---

① 参见张荆:《异质文化冲突中的犯罪现象研究》,《青少年犯罪问题》2014年第5期。
② 参见[英]布罗尼斯拉夫·马林诺夫斯基、[美]索尔斯坦·赛林:《犯罪:社会与文化》,许章润、么志龙译,广西师范大学出版社2003年版,第136页。

"90后"为代表的流动人口文化水平较高(于第一、第二代流动人口而言),更好面子,对尊严的要求也更加高。因此,现实的差异往往会导致情绪的积压和崩溃。

其次,情感寄托。文化冲突对流动人口犯罪的影响在四代农民工中均有体现。第一、第二代流动人口多是以个人为单位,而不是家庭。这导致的结果是,流动人口在尊严得不到满足时,没有办法及时找到感情寄托。加之,在劳动保护法没有完善的时期,劳动者的休息时间没有得到合理的保护。即使在当下某些领域中,比如建筑行业,仍然存在休息权得不到保障的现象。时间与距离导致了流动人口情感寄托上的差异。在第三、第四代流动人口中,虽然也有很多以家庭为单位流动,但是并不代表情感上的寄托能够得到及时反馈。与此同时,一些新时代青年因好奇和刺激而参与赌博等,以寻求寄托。常见的犯罪行为有赌博、寻衅滋事、聚众斗殴、容留他人吸毒等。这也能解释,为什么近几年城市的总体犯罪中,违反社会管理秩序罪的数量与日俱增。

最后,适应性。当城市文化不足以包容外来流动人口的文化时,需要双方妥协和适应。适应性强的流动人口,比如适应性强的农民工,他们要么接受新环境中的主流文化,要么不接受。不接受新环境中的主流文化,其结果就是产生一种新的文化;而接受新环境的主流文化则需要流动人口以牺牲自己的某些价值观和行为习惯为前提。这两者的结果都是产生差异。因为产生了变化,有变化就有差异。这些差异促进了流动人口亚文化的产生。除此之外,还有乡土中国的裙带特征,即以姓氏、村落为标志的零散族群关系、熟人社会理念影响下的兄弟关系、年轻人亚文化中的帮派关系。在这些亚文化群体中,当某些个体在纠纷解决机制中得不到公正的结果时,或者因为他们法律意识淡薄而产生矛盾时,亚文化群体就容易会产生一种共鸣的价值观。这些价值观对他们的影响是犯罪的无知化,是心理上、意识上对犯罪的淡化、合理化。比如报道上对以农民工为代表的流动人口的标签化,容易影响流动人口之间亚文化的传播。这也是为什么有学者提到要加强对流动人口的司法保护和纠纷化解。①

综上可见,并不是流动人口本身较之于城市人口而言具有较强的犯罪倾向,而是受到环境的综合影响。因此,在当下,文化冲突与流动人口犯罪的解释主要是侧重于环境对流动人口犯罪心理产生的作用以及流动人口亚文化的产生机制。

二、社会结构的视角

社会结构,广义上是指经济、政治、社会等各个领域多方面的结构状况;狭义地讲,在社会学中主要指社会阶层机构,即人与人之间的关系。20世纪,犯罪学理论繁荣,有很多以社会结构为视角的理论产生,如社会解组理论、失范与压力理论等,用以解释各种犯罪现象,尤其是青少年犯罪。社会解组从宏观方面揭示城市的发展模式与犯罪的关系,有名的破窗理论就是从社会解组理论发展而来的。而失范理论又被称为紧张理论,更多地是从微观角度来解释青少年犯罪原因。在这里,紧张理论更适合用来解释流动人口与犯罪。

(一) 社会紧张与犯罪

紧张理论的发展分为三个阶段:第一个阶段是"手段示范—紧张"

---

① 参见程建、王春丽:《上海市流动人口犯罪问题研究——以嘉定区和青浦区的刑案数据为视点》,《法治论丛(上海政法学院学报)》2009年第5期。

模式;第二阶段是"相对剥夺—紧张"模式;第三阶段是"一般性紧张理论"。① 从总体上看,该理论是继承并发展诸多理论的结果。理论的核心是目标、机会与手段。首先,在一定氛围中,社会为民众树立了成功的典范和模式,而金钱在一定时期成为人们追求的重要目标之一。其次,在市场中,成功的关键是机会的竞争。当一部分群体处于弱势地位,在市场中缺乏竞争优势时,这一群体中的部分人会提升自己去争取机会,甚至创造机会;而总有一部分剩下来的人,注定要面临被市场淘汰的命运。最后,在诸多失败和尝试后,他们在手段上进行思考与斟酌。从合法手段到非法手段,压力成为重要的导火索。最终,他们中的一部分人选择了非法手段,走向了犯罪。

(二)社会结构理论对流动人口犯罪的解释

将社会结构解释机制运用到流动人口犯罪上,其合理性在于流动人口尤其是农民工在市场中同时面临机会落差与经济落差的处境。如果说文化冲突是精神上的差异,那么社会紧张则是物质上的差异。当然,不可否认,社会还为人们树立了其他的目标,因为流动人口与犯罪是一个随着政策而发生阶段性变化的过程,从温饱到小康就是一个变化的表现。不少学者论述"相对剥夺感",即贫富差距导致流动人口犯罪的原因。也有犯罪经济学的学者进行计量分析,得出了相反的结论,即流动人口虽然与其他社会群体之间存在显著收入差距,但是该群体并不必然对社会刑事犯罪率产生直接的影响。②

在收入差距和贫富差距的背后,更深层次的是"社会资本"的差

---

① 参见任奕:《我国近年来报复社会型暴力犯罪的刺激因素及其社会对策分析——以"紧张理论"为视角》,《北京警察学院学报》2018年第4期。
② 参见吴兴杰:《我国流动人口收入差距与犯罪率的实证研究》,浙江大学2010年博士学位论文。

距。社会资本是指拥有共同规范、价值观与理解的社会网络。① 可以说,社会资本是个体在社会中的综合价值的衡量与发展前景的累积。社会资本差距意味着机会的多少和竞争结果的好坏。对于大部分流动人口而言,这无疑是一个恶循环。因此,这增加了流动人口无法通过合法手段获得机会,而不得已通过违法手段获取所需的可能性。但是,近几年,就业方面的政策支持缓解了机会紧张,使得流动人口在市场中的机会有所增加。而就业也是社会资本中的重要组成因素。从前文中上海法院的收案数量可以看出,近几年财产类犯罪数量的增长率缓慢;而与此同时,上海的就业机会与就业环境都有所改善。这从侧面反映出了机会的获得对犯罪率的影响。当然,就业只是社会资本中的一个因素,还有很多其他因素。但是这些因素都是可以通过就业和机会来改善的,比如人际圈和发展空间。通过政策缩小社会资本中的那些差异较大的影响因素,流动人口犯罪就会有所控制。

三、社会控制的视角

社会控制是指通过社会的力量,达到对个体的外部控制,从而防止其越轨和走向犯罪。在社会控制视角下,社会纽带理论影响最大,因此这里主要是指社会纽带理论。

(一) 社会纽带与犯罪

社会纽带理论是社会控制视角的关键理论,由美国犯罪学家特拉维斯·赫希于20世纪60年代提出。根据赫希的观点,控制源于社会

---

① 参见张彤进、万广华:《机会不均等、社会资本与农民主观幸福感——基于CGSS数据的实证分析》,《上海财经大学学报》2020年第5期。

纽带,即个体与传统社会的联系,后者包括父母、老师等重要他人及家庭、学校等基本社会设置。赫希进一步分析了社会纽带的四种成分:依恋、投入、参与、信念。① 他认为社会纽带的强弱决定一个人遵守规则的程度与犯罪水平。简言之,社会纽带较弱的人往往更容易走向犯罪。①依恋,是指个体对父母的情感,代表着家庭关系。个体与家庭越亲密,纽带越强。家庭在社会学和犯罪学被视为中心位置,对个人控制具有重要的作用。②投入,顾名思义,是指个体对工作或者学习所倾注的精力和前期成本。可以理解为事业。理所当然地,前期成本与收获会成为他们在选择遵守规则与违背规则时的顾虑。③参与,指将时间和精力花费到传统活动上。② 在当下,我们可以理解为社区活动。参与度越高,融入度越高,而且充分的社区活动能够减少个体无所事事的时间。④信念,抑或是一种信仰。信仰作为一种精神力量,是强大的社会控制。正确的信仰能够引导个体的行为,使之始终在规则的轨迹上有序地活动。这四种成分综合起来,即为社会控制力量。

(二) 社会纽带理论与流动人口犯罪

对于流动人口来说,依恋、投入、参与、信念四种成分与其他群体具有明显的差别,具体分析如下:

首先,依恋,即家庭方面。从四代流动人口的发展特点可以看出,流动人口经历了"个体—家庭—个体流动"的模式。即在流动人口群体早期,主要是青壮年个人的流动,而其家庭成员则留在农村;发展中期,主要是"70后""80后",他们以家庭为单位进行流动,还有一部分

---

① 参见杨学锋:《从社会纽带到自我控制:两种控制理论的竞争与调和》,《中国刑警学院学报》2017年第6期。
② 参见杨学锋:《从社会纽带到自我控制:两种控制理论的竞争与调和》,《中国刑警学院学报》2017年第6期。

"90后"的打工者,他们是以个体为单位进行流动。从家庭模式来看,他们经历了从大家族到小家庭的变化,家族观念弱化,群体纽带削弱。在小家庭模式中,留守儿童、空巢老人等现象的出现,弱化了父母、子女之间的依恋关系,影响着下一代。与此同时,农村离婚率也在升高,说明很多流动人口的家庭关系呈现出普遍的复杂化。

其次,投入。就投入来说,可以理解为工作和学习。对于早期的流动人口而言,就工作环境和城市融入度来说,投入与收获无疑不成比例,在事业上的付出和成就不成比例时,压力会增长,同时社会的控制能力会削弱。而在学习上,即使政策放宽,跟随父母进入城镇的青少年也面临着一些差别对待,这使得他们在学习上的成就不高,很难获得身份认同,容易越轨,甚至走向犯罪。这也是城市中很多外来未成年人犯罪的原因。

再次,参与。从流动人口融入城市的历程来看,他们的融入经历着漫长的过程,其中,能够起到纽带作用的就是社区功能。社区是流动人口能够直接感受到城市包容和接纳的地方。社区物理环境和人文环境都起着非常重要的作用,尤其是人文环境。然而,该基层组织也是有待发展的。社会治理将社区发展视为重要的环节,从侧面说明了社区对基层尤其是流动人口管理的重要作用。从城市的发展轨迹来看,社区发展与城市发展是比较一致的,而流动人口的犯罪率也会因此受到影响。当然,除了社区活动之外,在进行流动人口管理时,也可以从城市公益和团队活动入手。

最后,信念。信念对于流动人口和其他群体来说,并不具有很大差别。在新时代背景下,稍有差别之处可能在于信念在流动人口中的普及度以及流动人口对于信念的理解能力。

当然,这几种成分也是其他犯罪的影响因素。但是,对于流动人口来说,这几点因素影响着他们对城市的看法和对社会的理解,而且体现得更为明显。总而言之,将社会纽带作为解释流动人口犯罪的理论具有一定的合理性。

第四节 流动人口犯罪的治理

总体上来说,我国流动人口犯罪的治理经历了"严打"政策的从重从快严厉打击,到"宽严相济"的刑事政策下缓和打击,再到"综合治理理念"下更加注重流动人口犯罪的预防工作,即从根源上治理流动人口犯罪。可以看出,改革开放后,我国流动人口犯罪的治理正在不断朝着现代化的方向发展进步。

一、"严打"背景下的流动人口犯罪治理

20世纪80年代初期,随着我国的经济改革的变动的启动,社会面貌发生了重大的变化,犯罪高潮随之而来。① 面对日益严峻的社会治安形势,国家在20世纪80—90年代实施了"严打"的刑事政策,即依法从重从快惩处严重刑事犯罪。"严打"重视发挥刑罚的威慑功能,对严重的流动人口犯罪的确起到了打击作用,遏制了犯罪猖獗之势,但是只强调从快从重打击,而忽视犯罪的预防,不是流动人口犯罪治理的长久之计。

---

① 参见陈兴良:《刑法的刑事政策化及其限度》,《华东政法大学学报》2013年第4期。

1983年党中央、国务院作出了关于严厉打击刑事犯罪活动的重大战略决策,"严打"正式开始。邓小平同志指出:"对于严重的刑事犯罪分子,必须坚决打击,一网打尽。"打击的主要对象包括和重大盗窃犯子、流氓团伙分子、流窜犯、杀人犯、贩毒犯、爆炸犯、投毒犯、强奸犯、抢劫犯等,其中流动人口犯罪占有很大的比重,流动人口犯罪中以盗窃犯、流窜犯、抢劫犯、流氓团伙分子居多。对于上述几种犯罪分子,按照"严打"的要求,邓小平指示"该逮捕判刑的逮捕判刑,该劳教的劳教,该注销城市户口的注销城市户口,送边远地区劳动改造"①。流氓集团的首要分子和其他罪大恶极、民愤极大的罪犯,必须坚决依法严惩,从快从重严厉打击。

1984年7月全国公安厅局长会议把集中打击流窜犯作为重点。流窜犯是指以犯罪为目的,跨市、县流窜作案的犯罪分子。对流窜犯的打击处理,要坚决贯彻依法"从重从快,一网打尽"的方针,同时更要强调"稳、准、狠",特别是"准"字。对抓获的惯犯和杀人、抢劫、强奸、贩毒、重大盗窃、拐卖妇女儿童犯,以及各种流氓犯罪团伙头子和骨干分子,在查明罪行,挖净团伙后,要尽快依法从严惩处。对那些长期流窜、盗窃、扒窃,多次作案,多次查获而未发现严重罪行的,亦应依法提请检察机关向法院起诉,建议处以刑罚,或者予以劳教、治安处罚,不能随捉随放,使其继续贻害社会。据统计,1984年8月底到9月底以打击流窜犯罪分子为重点,共抓获12.16万人。②

1995年9月19日,中央社会治安综合治理委员会发布的《关于加强流动人口管理工作的意见》明确要求,要依法处理外来人员违法犯罪问题,严厉打击流窜犯罪活动。各级公安机关要认真调查研究外来

---

① 《邓小平文选》(第2卷),人民出版社1983年版,第416页。
② 参见何挺:《"严打"刑事政策研究》,中国政法大学2008年博士学位论文。

人员犯罪的特点和规律，坚持专门工作与依靠群众相结合的方针，加强对外来人员违法犯罪活动的打击、防范和控制工作。依法从重从快严厉打击杀人、抢劫、重大盗窃等严重危害社会治安的犯罪活动；对外来人员中多发性的治安问题要认真调查研究，及时予以整治；对混杂其中的流窜犯罪分子，要提高发现能力，加大打击力度；严格防止出现并坚决铲除带黑社会性质的犯罪团伙和恶势力。要增强全局观念，发扬协作精神，建立健全违法犯罪线索协查和通报制度，携手打击跨区域的犯罪活动，因地制宜地开展缉捕逃犯的专项斗争。

从1983年到2003年的20余年间，"严打"刑事政策事实上主导着我国的刑事立法和司法活动。"严打"是客观形势的需要，"严打"为扭转日益严峻的社会治安形势所必需。"严打"事实上成为20多年居于主导地位的基本刑事政策，对于扭转社会转型期严峻的犯罪形势，打击流动人口犯罪确实发挥了一定作用，但由于所立足的理论基础和过分功利的色彩，确实存在着不足与局限。每次"严打"的威力只能维持两到三年，其后犯罪率便出现反弹，案件数量激增。从总体上看，20世纪90年代中后期开始，流动人口犯罪总量虽偶有小幅回落，但总体呈现增长趋势并延续至今。

"严打"过度依赖刑罚的威慑功能，只注重对已经发生的严重的流动人口犯罪的打击工作，却忽视了对流动人口犯罪的预防工作，其只能作为短期内应对严峻的犯罪状况的非常态化的手段。在短时间内严打的效果还是明显的，能够将犯罪的气焰压下去，但是从长远来看，随着时间的推移，犯罪又会卷土重来，而且气焰更加嚣张。因此，依靠"严打"并不利于流动人口犯罪的预防和减少，"严打"只是治标之策，不是治本之道。

二、综合治理背景下的流动人口犯罪治理

综合治理背景下的流动人口犯罪治理的思路为"打防结合,以防为主,统筹兼顾,综合治理",由"单项管理为主"转变为"提供公共服务",通过运用政治、经济、法律文化等多种手段,综合治理流动人口犯罪问题,以达到预防和减少流动人口犯罪的目的。综合治理背景下的流动人口犯罪治理,主要包括以下几个方面:

(一)创新人口管理,保障合法权益

1. 由"暂住证"到"居住证"

2000年6月,中共中央、国务院共同发布了《关于促进小城镇健康发展的若干意见》,其中规定了从2000年起允许我国中小城镇对有合法固定住所、稳定职业或生活来源的农民给予城镇户口,并在子女入学、参军、就业等方面给予其与城镇居民同等的待遇。2007年中央综合治理委员会出台了《关于进一步加强流动人口服务和管理工作的意见》,实行统一的流动人口就业证和暂住证制度;2012年党的十八大提出了要推动农业转移人口市民化、户籍制度改革和基本公共服务常住人口全覆盖。2014年7月,国务院印发了《关于进一步推进户籍制度改革的意见》及相关改革方案,建立城乡统一的户口登记制度。取消农业户口与非农业户口的性质区分和由此衍生的蓝印户口等户口类型,统一登记为居民户口,取消暂住证制度,全面实施居住证制度,建立健全与居住年限等条件相挂钩的基本公共服务提供机制,健全人口信息管理制度和以公民身份号码为唯一标识、以人口基础信息为基准的

国家人口基础信息库,为人口服务和管理提供支撑。

由"暂住证"到"居住证"不仅是一个字的转变,更是由管理到服务的提升。促进有能力在城镇稳定就业和生活的常住人口有序实现市民化,以居住证为载体,建立健全与居住年限等条件相挂钩的基本公共服务提供机制。居住证持有人享有与当地户籍人口同等的劳动、教育、文化、医疗等权利;以连续居住年限和参加社会保险年限等为条件,逐步享有与当地户籍人口同等的中等职业教育资助、就业扶持、住房保障、养老服务、社会福利、社会救助等权利,同时结合随迁子女在当地连续就学年限等情况,逐步享有随迁子女在当地参加中考和高考的资格。这一举措给予了城市流动人口相对公平的待遇,有利于帮助其顺利融入当地生活,减少其犯罪的可能。

2. 收容遣送的建立与取消

1992年初,国务院《关于收容遣送工作改革问题的意见》的出台,收容对象被扩大到"三无(无合法证件、无固定住所、无稳定收入)人员",即无身份证、暂住证和务工证的流动人员。要求居住3天以上的非本地户口公民办理暂住证,否则视为非法居留,须被收容遣送。2003年3月发生孙志刚案,许多媒体详细报道了此事件,并曝光了许多同一性质的案件,在社会上掀起了对收容遣送制度的大讨论,引发了对收容遣送制度的反思和抨击,并发展为对违宪审查机制的讨论。2003年6月20日,国务院总理温家宝签署国务院令,公布《城市生活无着的流浪乞讨人员救助管理办法》,这标志着《城市流浪乞讨人员收容遣送办法》被废止,随后一些城市的收容遣送相关条例和制度也陆续废止。

收容遣送最初是用来对涌入城市的无业人员和灾民进行收容救济的带有社会福利性质的措施,是一种社会救助和维护城市形象的行为,后逐渐演变为限制外来人口流动,沦为一项严重威胁人权的带有惩罚性的强制措施。收容遣送的废止,显示了国家对流动人口、城市乞讨人员等社会弱势群体合法权益的重视及管理理念的变化,摒弃以重典整治街头犯罪的做法,转以综合治理的方式预防和减少街头犯罪。

(二)积极推进城镇化,保障城市农民工的权益

2001年,《"十五"城镇化发展重点专项规划》提出,统筹兼顾,促进城乡协调发展。推进城镇化,不能削弱农业的基础地位,不能违背农民意愿。既要促进人口向城镇有序转移,又要防止人口过度聚集的"城市病"。2016年,《国务院关于深入推进新型城镇化建设的若干意见》提出,牢固树立创新、协调、绿色、开放、共享的发展理念,坚持走以人为本、四化同步、优化布局、生态文明、文化传承的中国特色新型城镇化道路,以人的城镇化为核心,积极推进农业转移人口市民化,推进城镇基本公共服务常住人口全覆盖,加快城镇棚户区、城中村和危房改造。

2006年,国务院出台《国务院关于解决农民工问题的若干意见》,提出了一系列政策措施,如抓紧解决农民工工资偏低和拖欠问题,依法规范农民工劳动管理,推动农民工转移就业规模持续扩大,职业技能不断提高,工资收入大幅增加,参加社会保险人数较快增长,劳动保障权益维护明显加强,享受基本公共服务范围逐步扩大,关心关爱农民工的社会氛围逐渐形成。2014年,国务院出台《国务院关于进一步做好为农民工服务工作的意见》,以深入贯彻落实党的十八大、十八届三中全会、中央城镇化工作会议精神和国务院的决策部署,进一步做好新形势下为农民工服务工作,切实解决农民工面临的突出问题,有序推进农民工市民化。

在综合治理背景下,积极推进城镇化建设,关注并保障城市农民工

的权益,着力稳定和扩大农民工就业创业,维护农民工的劳动保障权益,规范使用农民工的劳动用工管理,保障农民工工资报酬权益,解决欠薪问题地方政府负总责制度,落实农民工与城镇职工同工同酬原则,在经济发展基础上合理调整最低工资标准,畅通农民工维权渠道,优化农民工在住房、医疗等方面的待遇,着力促进农民工社会融合,努力解决农民工最关心的随迁子女教育问题,通过一系列措施增加城市流动人口的社会支持,提升其幸福感,消除不安感。

(三)加强农村建设,促进城乡协调发展

1995年,中央社会治安综合治理委员会出台《关于加强流动人口管理工作的意见》,提出要通过加强农业综合开发、发展乡镇企业和加强小城镇建设,积极落实中西部乡镇企业贷款,加快实施"东西合作工程",鼓励东部企业到中西部投资、办厂,采取有力措施鼓励和促进小城镇的发展,就地消化和吸纳绝大部分剩余劳动力,避免大量农村剩余劳动力盲目流入城市。

2008年党的十七届三中全会通过《中共中央关于推进农村改革发展若干重大问题的决定》,提出不断解放和发展农村社会生产力,统筹城乡经济社会发展,始终把着力构建新型工农、巩固和完善强农惠农政策,把国家基础设施建设和社会事业发展重点放在农村,推进城乡基本公共服务均等化,实现城乡、区域协调发展,使广大农民平等参与现代化进程、共享改革发展成果。加快发展农村公共事业,促进农村社会全面进步建设社会主义新农村,形成城乡经济社会发展一体化新格局,必须扩大公共财政覆盖农村范围,发展农村公共事业,使广大农民学有所教、劳有所得、病有所医、老有所养、住有所居。

2017年12月29日,中央农村工作会议首次提出走中国特色社会

主义乡村振兴道路,让农业成为有奔头的产业,让农民成为有吸引力的职业,让农村成为安居乐业的美丽家园。2018年出台的《中共中央、国务院关于实施乡村振兴战略的意见》,提出加大强农惠农富农政策力度,扎实推进农业现代化和新农村建设,全面深化农村改革。2018年12月19日至21日的中央经济工作会议指出,打好脱贫攻坚战,要一鼓作气,重点解决好实现"两不愁三保障"面临的突出问题,加大"三区三州"等深度贫困地区和特殊贫困群体脱贫攻坚力度,减少和防止贫困人口返贫,研究解决那些收入水平略高于建档立卡贫困户的群体缺乏政策支持等新问题。

大力加强农村建设,走乡村振兴之路,统筹兼顾,缩小城乡之间、东西部之间的贫富差距,引导流动人口有序流动,鼓励就近消化农村剩余劳动力,控制大城市的流动人口数量,避免农村剩余劳动盲目流入城市,减轻城市公共服务和社会治安压力,能有效防控流动人口犯罪。

(四)学习"枫桥经验",完善流动人口管理

"枫桥经验"形成于20世纪60年代初,发展于改革开放新时期,创新于中国特色社会主义新时代。从20世纪60年代初的"发动和依靠群众,坚持矛盾不上交,就地解决,实现捕人少、治安好"到新时期"小事不出村、大事不出镇、矛盾不上交",再到新时代"矛盾不上交、平安不出事、服务不缺位","枫桥经验"始终坚持以人民为中心,充分依靠广大人民群众,多元主体共同参与,创新工作方式方法,一以贯之地做好基层社会治理工作。新时代"枫桥经验"把基层社会治理又推进一步,建设人人有责、人人尽责、人人享有的社会治理共同体,为各地创新完善基层矛盾纠纷的源头预防、排查预警提供了思路指引,最大限度地把问题化解在萌芽、解决在基层。坚持"预测预防",加强社会治理的

源头治理。"枫桥经验"提倡"立足于早,立足于小,立足于激化前"解决矛盾。市域层级有着相对较强的系统治理、依法治理、综合治理、源头治理能力,有着相对完整的信息功能平台,有着相对完备的社会治理体系,能够把好源头关、监测关、管控关,能最大限度地把各类矛盾和风险防范在基层。

学习"枫桥经验",对流动人口问题进行综合治理,各地在工作中必须紧紧依靠基层组织和人民群众,大力加强对流动人口特别是离开农村常住户口所在地跨地区务工经商人员的户籍管理、治安管理、流动就业管理和计划生育、民政、卫生等各项管理工作,并把管理与对流动人口的疏导、服务、教育等各有关工作紧密衔接。充分发挥基层调解组织的作用,利用人民调解来解决基层人口流动中的矛盾,建立正确处理新形势下人民内部矛盾的有效机制。近年来,各级党委政府和广大干部群众结合当地实际创造出不少化解社会矛盾的新办法新机制,建立了多元化的矛盾纠纷解决机制,整合各类社会力量,利用各种乡土资源,在城乡社区充分发挥老干部、老党员、老模范、老法律工作者、老教师的作用,实行领导干部"信访包案"责任制,引入社会工作者等第三方专业机构,对于妥善处理各种社会问题、消除社会稳定隐患发挥了积极作用。

要推进基层群众性自治组织规范化建设,健全党组织领导的基层群众自治机制,加强农村薄弱村和城市老旧小区治理,促进城市流动人口融入社会。要坚持发展"枫桥经验",推动自治、法治、德治相结合,构建起以基层党组织为核心、全社会共同参与的基层社会治理新格局,坚持和完善共建共治共享的社会治理制度,有效防控流动人口犯罪。

(五) 推进平安建设，完善立体化社会治安防控体系

为适应改革过程中我国变化急剧、社会矛盾和问题凸显的社会现状，中央在总结基层工作经验的基础上，提出了开展平安建设活动。2005年，党的十六届五中全会明确提出开展平安建设活动。"深入开展平安创建活动"被写入《中共中央关于制定国民经济和社会发展第十一个五年规划的建议》，平安建设正式出现在国家的战略规划中。2005年10月21日，中共中央办公厅、国务院办公厅下发了《中央政法委员会、中央社会治安综合治理委员会关于深入开展平安建设的意见》，这个文件成为深入开展平安建设的纲领性文件，平安建设的概念开始正式应用。

2005年以后，在党中央、国务院的统一部署下，平安建设在全国各地蓬勃开展。各地区通过创建平安县(市、区)、平安市(地)、平安省(区、市)以及平安商场、平安校园等活动深入推进平安建设。2006年11月18日和2007年4月19日，中央综治委先后印发了《关于深入开展农村平安建设的若干意见》和《关于深入推进农村平安建设的实施意见》，推进农村平安建设。自2006年开始，平安建设的理念和工作方式成为全国社会治安综合治理的重要抓手。2012年，党的十八大报告提到要深化平安建设，完善立体化社会治安防控体系，依法防范和惩治违法犯罪活动，保障人民生命财产安全。十八大以后，习近平总书记高度重视平安建设，提出了建设平安中国的战略目标，并在2013年"深化平安中国建设工作会议"上就建设平安中国作出重要指示，强调要把平安中国建设置于中国特色社会主义事业发展全局中来谋划。2017年党的十九大报告在新时代中国特色社会主义思想和基本方略中再次

提到,建设平安中国,加强和创新社会治理,维护社会和谐稳定,确保国家长治久安、人民安居乐业。由此,平安建设已成为中国特色社会主义事业重要的国家战略。

1. 加强社区建设,发展社区警务

1991年中共中央、国务院基于治安问题产生的规律和特点,发出《关于加强社会治安综合治理的决定》,明确了公安机关开展警务工作的方向,提出了运用社会治安综合治理的方针解决中国社会治安问题的思路,形成了"打防结合、预防为主、专群结合、依靠群众"的方针。自实施社会治安综合治理以来,公安机关在维护治安秩序和社会稳定方面取得了诸多成绩。我国社会治安综合治理是一项化解不稳定因素、维护社会治安秩序稳定的系统工程,它强调广泛组织各类社会力量,充分发挥政法部门尤其是公安机关的作用,综合运用多种手段,通过对违法犯罪行为或行为人的预防、教育、管理、惩罚、改造以实现社会治安秩序的稳定。化解不安定因素,从根本上预防和治理违法犯罪问题是社会治安综合治理的核心思想。

2002年3月公安部在全国公安派出所工作会议上正式提出实施社区警务战略,会议要求各地结合实际建立统一样式、标志、配置的警务室,并按统一标准配置警力。公安部2006年出台《在全国实施社区和农村警务战略的决定》规定,明确以维护社会稳定、服务人民群众、实现执法为民为根本任务,以贯彻综合治理思想为目标,以"发案少,秩序好,社会稳定,群众满意"作为我国社区警务的工作目标。

2013年党的十八届三中全会通过的《关于全面深化改革若干重大问题的决定》提出,要改进社会治理方式,创新社会治理体制,以网格化管理、社会化服务为方向,健全基层综合服务管理平台。社区是城市的基本管理单位,发展社区警务,将警务资源下沉,加强巡逻,有利于加强流动人口管理,及时发现社区不安全因素并作出反应,能够有效地防范和及时处理流动人口犯罪。实施网格化管理,健全基层综合服务管理平台,利用信息化手段管理,提高了对流动人口的管理效率和服务的针对性,有效地改善了社区尤其是流动人口聚集区的治安情况,形成从小治安到大平安的整体治安,构建了社会治安的第一级防线。

2. 建设"雪亮工程",打造立体化、信息化的社会治安防控体系

党的十八大报告强调"要深化平安建设,完善立体化社会治安防控体系"。2016年6月,全国第一批50个公共安全视频监控建设联网应用工作示范城市先行先试;2016年10月,在全国综治"江西会议"上,孟建柱书记再次指出,完善社会治安防控体系,核心是提高整体效能,中央已将公共安全视频监控系统建设纳入"十三五"规划和国家安全保障能力建设规划,部署开展"雪亮工程"建设。2018年,《中共中央国务院关于实施乡村振兴战略的意见》中提出,推进农村"雪亮工程"建设。这既是"雪亮工程"首次被写入中央一号文件,也意味着平安乡村建设将进一步提速。

"雪亮工程"是以县、乡、村三级综治中心为指挥平台、以综治信息化为支撑、以网格化管理为基础、以公共安全视频监控联网应用为重点的"群众性治安防控工程"。它通过三级综治中心建设把治安防范措施延伸到群众身边,发动社会力量和广大群众共同监看视频监控,共同参与治安防范,从而真正实现治安防控"全覆盖、无死角"。大力推进天网工程、建设"雪亮工程",充分发挥视频监控系统的作用,推进社会治安防控体系建设,打造立体化、信息化的社会治安防控体系。通过视

频监控能够及时获取犯罪线索,抓获犯罪人,能够对流动人口犯罪起到极强的威慑作用,从而起到预防流动人口犯罪的作用。

综上,综合治理背景下的流动人口犯罪治理的思路为"打防结合、以防为主、统筹兼顾、综合治理"。由"单项管理为主"转变为"提供公共服务",强化对流动人口的人文关怀,本质是"协调"而不是"控制",努力消除对流动人口的排斥、歧视心理,增强流动人口的城市认同感,共同营造和谐文明的生存空间,从根本上治理流动人口犯罪,维护社会秩序,开展宣传教育工作,注重思想文化教育在实现社会"治安"中的作用。

三、"宽严相济"背景下的流动人口犯罪治理

宽严相济的刑事政策是在惩办与宽大相结合刑事政策的基础上形成发展起来的,也是对"严打"刑事政策反思和调整的结果。具体到流动人口犯罪的治理而言,宽严相济的刑事政策要求认真区别流动人口犯罪的动因和社会危害性大小,做到"轻轻重重"。宽严相济之"宽"要求提高对流动人口犯罪采用非刑罚化和适用非监禁刑的比例。宽严相济之"严"要求对重大犯罪及危险犯罪采取严格的刑事政策。

宽严相济的刑事政策要求我们在处理流动人口犯罪时,一方面,要认真区别流动人口犯罪的动因和社会危害性大小,对轻微刑事案件采取灵活方式如刑事和解进行处理。对那些偶发性犯罪、初犯、未成年犯进行宽大处理,更多适用非监禁刑,着重教育改造,使其更好地复归社会。与此同时,我们还要防止对流动人口犯罪一律从严、拔高处理的地方保护倾向。对于不构成犯罪的,坚决不捕不诉,对于事实不清、证据不足的案件也要坚持疑罪从无的原则,依法保护流动人口的合法权益。另一方面,对各种严重破坏社会管理秩序犯罪、团伙犯罪、累犯惯犯等

要依法严惩,对于故意杀人、故意伤害、强奸、抢劫等严重暴力犯罪和盗窃、诈骗、敲诈勒索等多发性财产型犯罪必须予以严厉打击,以维护地方治安稳定,保障和谐社会建设。

对流动人口犯罪嫌疑人要严格把握"有逮捕必要的"的逮捕条件。流动人口犯罪中很多是初犯和偶犯,对之实行严格的惩罚不利于对他们的改造,很有可能会加重其仇恨的心理。因此,要慎重适用逮捕措施,可以通过建立社会调查制度,全面掌握流动人口犯罪嫌疑人家庭环境、成长经历、社会交往、犯罪原因、犯罪情节等多方情况,在此基础上,建立流动人口犯罪不捕风险评估制度,设置高、中、低三种风险,对符合非羁押条件的风险较低的犯罪嫌疑人,可以不予逮捕,并落实帮教措施,以适应形势发展的需要,减少流动人口犯罪。

目前对流动人口犯罪,由于缺少监管配套措施,很少采用非刑罚化和适用非监禁刑。相对于本地人,对流动人口犯罪处罚的比例是"严多宽少"。这既不符合法律面前人人平等的基本法律原则,也不符合宽严相济刑事政策的要求。因此,对流动人口在适用刑罚时,在充分考虑犯罪的主客观要素时,要重点分析流动人口犯罪的原因,做到"宽严相济"。对于其中主要由社会原因导致的流动人口犯罪应该"宽",对于其中主要由个体原因或家庭原因导致的流动人口犯罪就不应该"宽"。生存是第一需要,对于其中的"生存型"犯罪,尽量要"宽";社会绝对不能容忍犯罪成为一种致富手段,对于其中的"敛财型"犯罪,必须从严。①

---

① 参见童君:《宽严相济刑事政策之宽严对象研究》,《山东警察学院学报》2007年第5期。

第十四章
老年人犯罪治理的现代化

第一节　老年人犯罪概述

改革开放以来,随着我国社会经济的飞速发展和人民生活水平的显著提高,我国人口的平均寿命不断延长,老年人比重日益上升,老龄化社会已经到来,老年人口数量的膨胀性增长,为犯罪提供了必要的人口基数。① 与此同时,我国存在"未富先老"的特征,这是在经济尚不发达、社会正处于变革转型时期提前到来的,超出了社会经济的承受能力,势必会对社会福利、社会保障机制和社会养老机制的建设产生重大影响。这一方面加速了部分无法适应的老年人与社会脱节的速度,加剧其心理失衡,最终诱发犯罪;另一方面也使部分老年人有机会参与到新的社会活动中,犯罪活动触发更多非传统领域的新罪名。当前,老年人这一特殊群体的犯罪问题日渐突出,已经成为一个不容回避的社会问题。

---

① 根据国家统计局的资料显示,我国于2000年就已经步入了老龄化,正式迈进了老年型国家行列。截至2016年年底,中国60岁及以上老年人口超过2.3亿,占总人口的16.7%;65岁及以上老年人口超过1.5亿,占总人口的10.8%。到2050年,我国老年人口将达4.8亿,约占届时亚洲老年人口的五分之二、全球老年人口的四分之一。参见《中国60岁以上老年人口超2.3亿养老服务体系初步建成》,载央视网,http://news.cctv.com/2017/12/07/ARTIbbtejd0FwApfQmV5qPk8171207.shtml,2021年3月14日访问。

一、老年人的界定

目前关于老年期如何划分有三种标准:年龄标准、生理标准和心理标准。年龄标准根据人进入某一个年龄点进行判定;生理标准的依据是人是否进入生殖终止阶段,通过采用血压、呼吸量、视觉、血液、皮肤弹性等多项生理指标来测定;心理标准则以人是否开始出现心理功能退行衰老为依据,判断人是否进入老年期。由于生理标准及心理标准涉及个体差异,难以整齐划一,不能成为有效统计的基础,因此,研究者通常采用年龄标准即人是否进入某一个特定的年龄点对老年期进行划分。

不同国家和组织对老年人年龄界限的划分各有不同,其中以60周岁与65周岁两个年龄界限划分为代表。其中,发展中国家受科技、医疗条件、社会生活水平等因素制约,人口平均寿命较发达国家短,多采用60岁作为老年人年龄起点。我国根据自己的社会文化和政治经济状况,规定45—59周岁的为准老年人,60—69周岁的为低龄老年人,70—79周岁的为中龄老年人,80岁以上的为高龄老年人。[①]如《老年人权益保障法》第2条规定:"本法所称老年人是指60周岁以上的公民。"因此,采用60周岁作为划分老年人的年龄起点是符合现实情况的,与我国的基本国情相吻合。

[①] 参见中国老龄协会调研部编:《老龄工作基础知识》,中国劳动社会保障出版社1999年版,第49页。

二、老年人犯罪的概念

我国著名犯罪学教授康树华将老年人犯罪的概念分为广义和狭义两种。[①] 广义的老年人犯罪，是指老年人所实施的犯罪行为；狭义的老年人犯罪，是指由于身体、心理、社会生活等方面处于老年化的过程而引发的犯罪行为。前者着眼于行为主体，后者着眼于行为特征。我国学者还对老年人犯罪的概念进行了刑法学和犯罪学的区分。[②] 刑法学上的老年人犯罪，是指已满60周岁的人实施的刑法所禁止的犯罪行为；犯罪学上的老年人犯罪，是指年满60周岁的人实施的具有严重社会危害性的行为。

结合我国对于老年人的界定，以及结合我国改革开放以来犯罪治理的历史经验，广义的、犯罪学上的老年人犯罪的概念是较为可取的。我们所探讨的老年人犯罪的概念即为：年满60周岁的人所实施的犯罪行为。

第二节 老年人犯罪现状与特征

一、老年人犯罪现状

从横向观察，老年人犯罪在各个国家的整体犯罪中所占比例较小，

---

① 参见康树华：《老年人犯罪特点、原因与对策》，《南都学坛》2004年第1期。
② 参见吴宗宪、曹健主编：《老年犯罪》，中国社会出版社2010年版，第8页。

在我国尤其明显。根据公安部门对1985年到1989年间犯罪人年龄情况的统计,1985年,51岁以上的犯罪人占犯罪人总数的2.10%,1986年为2.01%,1987年为1.78%,1988年为1.34%,1989年为1.20%。① 1990年、1993年、1996年、1999年、2002年老年犯所占犯罪总人口的比例分别是2.1%、2.0%、1.7%、2.3%、2.3%。② 如果将老年犯的年龄起点提高至60岁,上述比例还会进一步降低。与其他一些国家相比,我国老年人犯罪所占比例非常小。但我国人口基数大,所以即便老年人的犯罪比率低,绝对数量也不容小觑。

从时间轴纵向观察,近年来各地的老年人犯罪数量呈现出上升的趋势。北京市海淀区人民法院对该院自2008年至2018年审理的老年人犯罪案件进行统计后发现,与该院刑事案件结案数量总体呈下降的趋势相反,老年人犯罪数量呈逐年上升趋势(详见图14-1③)。在2016—2018年间,上海市H区检察院移送审查起诉的老年人犯罪案件约占同期受理审查起诉案件总数的4.92%。其中,2016年、2017年、2018年分别占当年受理案件总数的2.92%、4.69%、7.74%,期间老年人犯罪的受案比例呈逐年上升趋势。其中,2018年受理审查的捕、诉案件总数为113件,较之于2016年的51件,总量翻了一倍左右。④ 从统计数据来看,老年犯罪人的绝对人数与老年人口总数的上升保持正比关系。未来随着我国人口老龄化的加剧,老年人口总数的不断增长,老年人犯罪案件数量仍可能保持上升趋势。

---

① 参见俞磊主编:《中国现阶段犯罪问题研究》(总卷),中国人民公安大学出版社1993年版,第66页。
② 参见张远煌主编:《犯罪学》,中国人民公安大学出版社2007年版,第251页。
③ 参见《近十年老年人犯罪逐年上升,犯罪年龄多集中于60至69岁》,载腾讯网,https://new.qq.com/omn/20181023/20181023A0FRIH.html? pc,2021年3月14日访问。
④ 参见王喆骅:《上海市H区检察院老年人犯罪案件办理情况分析》,《上海法学研究》2019年第8卷。

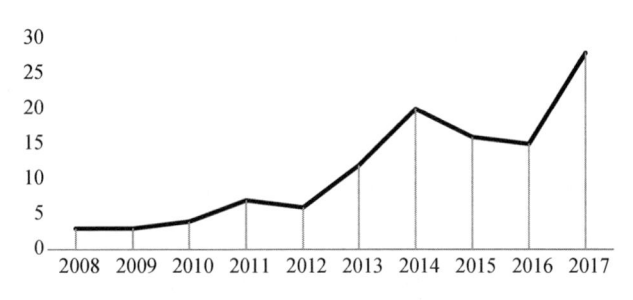

图 14-1　2008—2017 年北京市海淀区人民法院审理的老年犯数量

从老年人犯罪类型的统计来看,有学者对 2017—2019 年间中国裁判文书网中各地法院审理的 380 份老年人犯罪案件进行统计,比较突出的犯罪类型主要有以下几类:危害公共安全犯罪 46 例,其中交通肇事罪 21 例,非法持有枪支罪 10 例,危险驾驶罪 9 例,放火罪 6 例;侵犯公民人身权利、民主权利罪有 120 例,其中故意伤害罪 89 例,故意杀人罪 17 例,强奸罪 8 例,强制猥亵儿童罪 3 例,收买被拐卖的妇女罪 3 例;侵犯财产罪有 76 例,其中盗窃罪 43 例,诈骗罪 19 例,职务侵占罪 4 例,挪用资金罪 4 例,敲诈勒索罪 6 例;妨害社会管理秩序罪共 71 例,其中妨害公务罪 10 例,寻衅滋事罪 8 例,赌博罪 3 例,滥伐林木罪 7 例,非法种植毒品原植物罪 20 例,贩卖毒品罪 13 例,容留卖淫罪 10 例;贪污贿赂罪 9 例,其中贪污罪 4 例,受贿罪 5 例(详见图 14-2)。可以发现,故意伤害罪、故意杀人罪等恶性暴力型犯罪和盗窃罪、诈骗罪等财产型犯罪在老年人犯罪案件中占据很大比重;交通肇事罪、危险驾驶罪和非法种植毒品原植物罪占比也比较突出。①

---

① 参见卜俊杰:《老年人犯罪特征、影响因素及对策研究——基于中国裁判文书网 380 份案例研究》,《山西省政法管理干部学院学报》2019 年第 4 期。

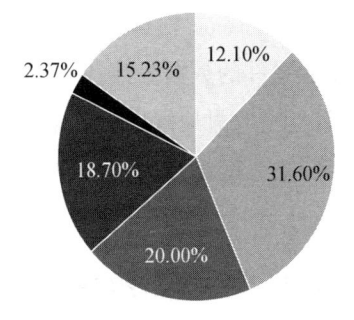

图 14-2　380 份案例中主要犯罪类型分布

二、老年人犯罪的主要特征

近年来,老年人重新犯罪趋势亟待引起关注。① 经分析发现,有些涉案老年人虽有固定经济来源,甚至经济条件良好,但因与子女、亲友在情感上疏远,这些老年人往往产生孤独、焦虑、厌世等不良情感,甚至出现以犯罪来宣示存在感的极端想法,一旦形成负面情绪则不易消除,在客观上形成了反复犯罪的隐患,增加了重新犯罪的可能。

(一) 犯罪主体特征

1. 文化程度较低,农村人口占多

受教育程度低、法律意识淡薄是老年人犯罪中比较突出的问题,尤其是生活在农村地区的老年人,由于地域和教育资源的制约,受教育机会少,文化水平普遍不高,不能正确认识自己的行为是否合法,处理问

---

① 参见上海市浦东新区人民检察院课题组:《涉老年人刑事案件检察工作情况调查——以上海 P 区检察院近两年办理的案件为样本》,《人民检察》2019 年第 10 期。

题更倾向于按照当地风俗或凭借自己主观臆断。根据学者对2016—2018年间全国范围内审理的老年人犯罪案件的数据统计,农村地区老年人犯罪数量占犯罪案件总数的六成以上,农村地区成为老年人犯罪的高发地区;同时,老年犯的文化程度普遍偏低,七成以上老年犯为初中及以下文化水平。①

2. 低龄段老年人比例高,高龄犯罪人有所增加

随着年龄的增加,老年人的身心衰老程度与日俱增,体力和智力的下降使得他们难以进行需要一定体力与智力的犯罪。在这种情况下,即便一些老年人存在易于导致犯罪的消极心理因素,也很难将内心想法付诸实践,实行犯罪。因此一般而言,低龄段老年人往往成为老年人犯罪的主体,老年人犯罪呈现随着年龄的增长而犯罪率下降的特点,这在其他年龄阶段的犯罪人中是不存在的。但近年来,随着医疗手段的进步与物质生活的改善,老年人身体健康状况有较大改善,有资料表明,高龄段老年人犯罪数量与比例有所增加。根据北京市海淀区人民法院2010年的统计数据显示,老年人犯罪主要集中在60—70岁这一年龄段,但从2008年以来,80岁以上老年人犯罪案件开始出现,年龄最大的达到了86岁,70岁以上犯罪老人的比例也有了明显上升。②

3. 男性犯罪比例高

根据对380起老年人犯罪案件的统计,男性在老年人犯罪中的比

---

① 参见卜俊杰:《老年人犯罪特征、影响因素及对策研究——基于中国裁判文书网380份案例研究》,《山西省政法管理干部学院学报》2019年第4期。
② 参见《老年人犯罪类型化特征明显 罪名多属智力犯罪》,载中新网,http://www.chinanews.com/fz/2010/10-15/2589381.shtml,2021年3月14日访问。

例高达84.1%,而女性只占15.9%。① 从犯罪主体性别比例上看,老年人犯罪案件中呈现出男性犯罪比例远远高于女性犯罪的现象。

(二)犯罪对象特征

随着年龄的增长,老年人的各器官生理机能明显衰退,犯罪行为中的"攻击"能力相对较弱。因此,一些老年人将犯罪目标指向没有反抗能力或反抗能力较弱的儿童、妇女、残疾人等弱者。此外,老年人的社会活动空间较为狭窄,生活圈层相对固定,与家庭成员或邻里接触较为紧密,容易因诸多琐事的长期积累引发矛盾,从而产生犯罪意图。此类矛盾缘于关系上的特殊性、时间上的长期性和处理上的复杂性,经常成为涉老案件办理中的一大难点。②

(三)犯罪类型特征

老年人犯罪的类型受到身心条件的制约,其中男性多为猥亵、强奸、诱骗、放火、盗窃、侵占、窝赃、赌博、伪造、投毒、诈骗等。女性老年人犯罪则以盗窃犯罪居于首位。③ 近年来,尽管老年人犯罪类型较为单一的总体状况并未改变,但具体犯罪类型以及不同类型之间的结构对比却发生了变化。老年人犯罪类型仍以财产型犯罪、暴力侵害型犯罪、性犯罪为主,而妨害社会管理秩序罪在老年人犯罪中的比例逐渐上升。其中,妨害社会管理秩序罪中较为高发的有妨害公务罪、寻衅滋事罪、容留卖淫罪、贩卖毒品罪、非法种植毒品原植物罪、

---

① 参见卜俊杰:《老年人犯罪特征、影响因素及对策研究——基于中国裁判文书网380份案例研究》,《山西省政法管理干部学院学报》2019年第4期。
② 参见上海市浦东新区人民检察院课题组:《涉老年人刑事案件检察工作情况调查——以上海P区检察院近两年办理的案件为样本》,《人民检察》2019年第10期。
③ 参见康树华:《老年人犯罪特点、原因与对策》,《南都学坛》2004年第1期。

滥伐林木罪等。可见,在社会生活日益丰富的同时,老年人参与社会活动更加频繁,形式更多样,老年人犯罪的类型也产生了相应的变化,出现了以前不曾有过的新型的老年人犯罪类型。

(四)犯罪形式特征

老年人犯罪往往手段简单,且单独进行。相较于年轻人结伙性强、团伙犯罪趋势明显的特征,老年人活动范围有限,再加之其生活孤独、情感冷漠、结伙意识淡薄、惧怕暴露,因而更多的是分散、孤立的个体犯罪。近年来,随着社会交往的增强,也曾出现老年人"租用"残疾儿童进行乞讨的集体犯罪案件。虽然老年人共同犯罪并不多见,但是老年人集体犯罪案件逐渐出现,不得不进行防范。

(五)犯罪手段特征

从老年人犯罪的手段上看,以非暴力型手段为主。由于受身体衰老的限制,老年人往往采取教唆、诱骗、包庇等具有智能性、隐蔽性和间接性的犯罪手段。老年人知识丰富,有较多的社会经验,可以周密地设计安排,掩饰、隐蔽犯罪意图,易于从事诈骗等不需要较强体力的犯罪活动。欺骗、诱惑是老年人犯罪的重要特征,他们或者以金钱为诱饵,或者以迷信手段为幌子,或者教唆腐朽生活方式引人上钩,或者以关心为名骗取信任。老年人年龄大成为一种优势,可使其以慈祥长者的面目出现,使一些单纯的人们丧失警惕而疏于防范,因而老年人犯罪往往更容易得逞。①

---

① 参见王前:《论我国老年犯罪的原因与预防》,中国政法大学 2005 年硕士学位论文。

(六) 犯罪动机特征

老年人的犯罪动机较之其他年龄段犯罪人的犯罪动机主要有两个方面的特点。一是犯罪动机体现较低层次的需求。老年人之所以被普遍认同为社会的弱势群体，正是由于其自身最基本的需求不能得到很好的满足，或者说较之其衰老前得不到很好的满足。根据著名美国心理学家马斯洛的需求层次理论，处于最低层次的需求即为生理上的需求及安全上的需求。这恰恰是老年人犯罪最主要的两种动机。二是犯罪动机相对集中。从犯罪动机上来看，老年人犯罪大多是出于获取经济利益、宣泄消极情绪或者满足生理需求的动机进行的。根据对266起老年人犯罪案件的统计，老年人犯罪出于获取经济利益的占35.34%，出于宣泄消极情绪的占33.83%，出于满足生理需求的占16.17%。[①] 统计数据表明，仅获取经济利益、宣泄消极情绪和满足生理需要这三种犯罪动机就占85.34%，由此可见老年人犯罪动机是相对集中的。

第三节 老年人犯罪的影响因素

老年人犯罪的影响因素是复杂的、多元的，既有老年群体自身主客观方面因素的影响，如老年人的生理、心理、经济状况、行为习惯等因素；也有家庭方面的因素，如家庭结构的变迁、家庭孝文化氛围淡薄；更

[①] 参见吴宗宪、曹健主编：《老年犯罪》，中国社会出版社2010年版，第40页。

有社会方面的因素,如社会养老保障体系不完善、思想文化建设落后、基层矛盾纠纷解决机制不健全等。

一、老年群体自身因素

(一) 生理因素

人类的衰老首先是从生理方面开始的。进入老年期后,大脑和身体其他器官都有不同程度的机能衰退,使老年人的认知能力和行为能力受到了很大限制,与外界的沟通有障碍,与社会的脱节速度加快,会使老年人产生敏感、易怒、多疑等心理特征,常常因为一些琐事激发其应激反应,最终导致摩擦、冲突和犯罪。同时,精神障碍与老年人犯罪之间关系密切。研究表明,人进入老年期后,比其在青年期患精神病的概率增加二到五倍,[①]而诸如脑损伤、慢性癫痫、老年痴呆等精神病必然会对老年人的行为造成影响,导致其判断力下降、控制力丧失以及抑制力减弱。在老年人性犯罪案例中,有不少可能是早期的老年性痴呆症患者,早在1864年就有法国学者指出,在巴黎的公众道路及广场上精神机能低下的老人经常出现猥亵行为。[②]

(二) 心理因素

心理因素是违法犯罪的重要诱因之一,绝大多数老年人形成的犯罪都伴随着心理的失衡。

---

① 参见王效道:《中老年与心理健康》,中国环境科学出版社2005年版,第27页。
② 参见郑瞻培:《老年和犯罪》,《国外医学:精神病学分册》1986年第3期。

1. 脱离社会造成心理失衡

工作是个人与社会联结最紧密的一道桥梁。对绝大多数老年人而言,工作曾是他们生活的重心,是家庭与社会经济地位的资源;他们可以从工作中赢得别人的尊重,满足个人的自尊心,借以进行社会交往,从中享受到乐趣等。而进入老年期,最重大的生活变更就是离退休。这一事件打破了其几十年来的生活习性,使个人从忙碌的工作中猛然松弛下来,一些缺乏思想准备的人对生活方式的这种剧变很难立刻适应,脱离岗位的空虚寂寞感对老年人的心理产生极大的影响。据调查,退休后的两到三年是老年人心理波动最大的时期,[①]如果在这一时期不能进行很好的自我调整,就会产生各种消极、负面情绪,最终导致犯罪的发生。同时,单调的生活也可能刺激老年人将注意力放在其他方面,以此消耗精力,一些人可能因此卷入违法犯罪活动。

2. 人格变化导致犯罪

老年人由于生理状况、社会地位的变化及文化因素的影响,人格会产生较大的变化,主要体现为以下三个方面。第一,以自我为中心,固执己见,不关心他人利益,只在乎自己得失,人际交往关系紧张。第二,敏感、多疑、偏激,有很深的猜疑心理与被害观念,经常怀疑别人是否要作出不利于自己的举动,往往会由于猜疑被害而发生防御性的犯罪行为,即在别人没有加害他时,就首先侵害别人,以便保护自己。第三,情绪不稳。老年群体容易产生情绪回归现象,表现为在性格上像小孩子一样任性固执,责任感降低,在产生人际冲突时牢骚满腹,怨天尤人,随意责怪对方,缺乏宽容和通融的态度,很容易因为小事而激起不可调和

[①] 参见廖红:《老年人的心理特点及自我调适》,《基层医学论坛》2009年第13期。

的冲突；在遇到挫折时，失去成年人的克制和理智，极易冲动，甚至进行违反道德规范和法律准绳的犯罪行为。①

（三）经济因素

老年人由于身体、思维状况逐渐变差而被排除至社会工作之外，导致其经济能力下降，生活陷入困境。"高龄者犯罪主要原因，首先是贫困等经济上的不安，顺手牵羊拿走食品之类的盗窃为主的财产犯占据了高龄者犯罪的一大半。"②进入老年期后，老年人的经济收入随着离退休而降低。有的老年人的离退休金、养老金微薄，不足以应付日常开支。在养老基本无保证的广大农村，老年人由于得不到子女的赡养，迫不得已而实施盗窃、诈骗等犯罪活动的情形并不鲜见。此外，另一个导致老年人经济水平急剧下降的因素是疾病。相对于其青中年时期，老年时期用于医疗的开支大大增加，由疾病引发的经济困难——因病致贫、因病返贫的现象增多，犯罪的可能性也随之加大。③

（四）习惯因素

老年人自身长久养成的不良习惯也容易诱发犯罪行为。如很多老年人在进入老年期之前有酗酒的不良习惯，往往在酗酒后情绪变得暴躁，易与周围人引发冲突。当进入老年期后，酗酒习惯非但没有改变，反而变本加厉，加之老年阶段身体调节机能大不如之前，酗酒后的老年人自我控制能力下降得更厉害，易因琐事与他人引发冲突，由此走上违

---

① 参见孙颖欣：《老年心理学》，经济管理出版社2007年版，第154—155页。
② [日]大谷实：《刑事政策学》，黎宏译，中国人民大学出版社2009年版，第420页。
③ 参见梁春丽：《老年人犯罪的成因及对策分析》，《辽宁教育行政学院学报》2005年第3期。

法犯罪道路。

二、家庭因素

随着老年期的到来,老年人在心理、生理、经济、社会交往等方面均发生巨大变化,这种落差需要在家人的帮助下共同克服,生活在孝顺和睦的家庭中的老年人,得到子女的细心照顾,生活有所依靠,精神有所寄托,一般不可能从事违法犯罪活动;而缺乏家庭的支持则会加大此种落差,严重的会使老年人走上犯罪之路。

(一) 家庭矛盾

随着老年期的到来,老年人在家庭中的主导地位及人格均发生变化。老年人在年轻时是一家之主,决定着家庭的经济收支、子女的教育和婚姻等问题,然而随着年龄的增长与子女的不断成熟,其家庭地位也会发生微妙的变化,许多老年人失去了对家庭要事的决策权与话语权,这会导致老年人产生强烈的不满情绪,进而引发激愤行为。

在社会转型过程中,传统孝道文化式微,老年人不仅无法得到子女的精神关怀,有的甚至得不到子女的基本赡养。日本东海大学的田中教授在对200名反映自己生活糟糕的老年人的调查中发现:57%的人无人陪伴;39%的人遭受过身体上的虐待;25%的人则受到心理上的伤害;15%的老年人财产被子女剥夺;甚至还有老人受到子女的性骚扰。[①]这些现象在我国也存在,严重的会使老年人陷入绝望的情绪,萌发报复心理,最终采取暴力犯罪行为。此外,夫妻关系不和谐也是老年人

---

① 参见康树华:《老年人犯罪特点、原因与对策》,《南都学坛》2004年第1期。

犯罪的原因之一。夫妻的关系在进入老年期后也受到不同程度的影响,尤其是夫妻退休后,在家中共同生活的时间增加,这一方面增加了夫妻的情感交流,另一方面也会带来一些矛盾。如果不能很好地保持和谐的夫妻关系,处理生活中的矛盾,就会引发争执,进而演化为犯罪。

(二) 家庭结构变迁

改革开放以来,中国城镇化、工业化快速发展,国民经济结构发生重大变化。随着第二、三产业在国民经济结构中所占比重越来越大,大量农村劳动力转移到城市中,导致农村地区空巢现象严重。老年人得不到子女的及时关心和照顾,还要同时承担照顾小孩的重任,物质危机与精神危机并存。同时,随着独生子女政策的实施、晚婚和不婚化的普及,传统的多子多福生育观念受到挑战,传统大家庭正趋向核心家庭转变,家庭规模缩小,家庭功能趋向简化,[①]代际关系发生转变。在生活方式上,子女独立性增强,往往选择与老人分开居住的生活方式。在行为方式上,子女将经济和物质作为情感补偿的主要方式,与父母的情感互动减少,彼此之间的关系疏远。生活和行为方式等的代际分离、疏远的家庭关系无法满足老年人必要的精神需求,还容易引发老年人心理不适,使其产生孤独、抑郁和焦虑等心理。家庭凝聚力的降低,使老年人在感情上对家人、亲属的认同感也随之减低,减少或不再将他人的正确价值观念、行为准则作为自己的行为参照,容易走上违法犯罪道路。

[①] 参见杜朋:《老年人犯罪问题研究》,《北京人民警察学院学报》2012 年第 1 期。

三、社会因素

（一）思想文化建设滞后

与我国不断壮大的老年群体不相匹配的是，针对老年人的思想文化建设仍十分滞后。随着改革开放与市场经济的深入发展，建立在市场经济基础上的现代价值观对中国人的传统观念产生了冲击。在这样的国际国内大环境下，多元文化、多种价值观并存，但同时也使一些文化、思想糟粕乘虚而入。由于我国部分老年人文化程度不高，国家的思想教育建设特别是普法教育在老年群体中的宣传、推广也不够到位，导致老年人缺乏基本的法律意识，没有树立正确的价值观念，易受到社会上飞快传播的不良文化、不健康思想的影响，走上犯罪道路。同时，我国老年文化基础设施的建设仍十分落后。大部分地区老年文化娱乐场所缺失，出现老年文化生活"真空"。这导致老年人在退休后往往无事可做，精神生活单调，文化生活的匮乏滋长了老年人其他方面的不良念头，使犯罪概率相应增加。此外，在当前的老年人职务犯罪中存在一种严重的"59岁犯罪"现象，即一些国家机关工作人员、党员干部等在临近离退休前，受"有权不用，过期作废"的腐朽思想影响，或者基于即将离开工作岗位的不安心理，利用职权或长期工作形成的影响力，实施贪污犯贿赂犯罪或其他的渎职犯罪。上述情形都说明社会对老年群体的思想文化建设工作没有充分重视，与社会发展的需求不相匹配。

（二）社会保障体系不完善

改革开放以来,我国经济发展采用"让一部分人先富起来"的非均衡发展战略,导致城乡之间、贫富之间差距拉大,尤其是广大农村地区,贫困人口基数仍然较大。随着物价的逐年上涨,独生子女家庭、核心家庭承担扶养父母的压力增大,家庭的养老功能逐渐弱化,许多老年人生活往往比较拮据,需要得到社会帮助以保障自身生活。现阶段,我国正不断推动老年人社会保障体系建设,但是相对于人口老龄化的增长速度,我国的社会事业建设还较为滞后。目前为止,我国基本养老保障水平偏低,仍有一部分老年人未被纳入覆盖范围,各项制度间待遇差别大;并且企业年金、个人储蓄型养老保险发展缓慢,尚未建立起多层次的养老保障体系。此外,进入老年期的群体医疗需求急剧增大,而我国城乡医疗救助制度和商业医疗保险起步较晚,基本医疗保障水平较低,报销比例低,现有的医疗保险制度无法有效减轻老年人的经济负担,致使部分老年人"因病致穷",从而可能导致"因穷致罪"。[①]

（三）基层矛盾解决机制不健全

在传统社会中,基层矛盾纠纷的解决主要依靠德高望重的长老依据传统的礼俗与习惯作出裁决或者自行解决。改革开放以来,社会经济基础及其上层建筑均发生了深刻变化,基层社会的矛盾解决经历了由内部调解到司法介入的转变,但新机制尚未完全替代传统的内部矛盾解决机制。在这样的背景下,基层矛盾纠纷解决机制面临着传统解决机制失灵与司法解决机制不健全的尴尬境地,维权渠道不畅,使部分

[①] 参见章依群:《论我国老年人犯罪的原因与预防》,华东政法大学2014年硕士学位论文。

老年人走投无路后最终选择了极端方式。

第四节　老年人犯罪的治理

党的十九大报告提出要健全老年人关爱服务体系,习近平总书记强调要推动老龄事业全面协调可持续发展,完善老年人权益保障的配套政策法规。① 因此,进一步深化老年人犯罪相关领域研究,推动老年人犯罪治理现代化,是新时代布置的重大课题和重要任务,也是贯彻落实党的十九大和习总书记重要讲话精神的应有之义。

一、老年人犯罪的立法现状及完善

(一) 老年人犯罪的立法现状

社会对老年人的宽容在一定程度上代表了一个社会的文明程度,在古今中外的许多刑事法律中,我们都能发现对老年人犯罪从宽处罚的基本精神或相关规定。② 老年人由于身体机能逐渐衰弱,辨认控制能力下降,其人身危险性和社会危害性一般较低,让其承担与普通成年

---

① 参见习近平:《决胜全面建成小康社会夺取新时代中国特色社会主义伟大胜利——在中国共产党第十九次全国代表大会上的报告》,人民出版社2017年版,第47页。
② 我国向来有"矜老怜幼"的刑罚思想传统,历朝历代的刑事立法中无不继承了这一道德观念。如西周时期对七十岁以上的老年人实行赦免刑法。近年来的刑法也保留着从宽处罚老年人犯罪这一制度。境外不同国家立法对老年人犯罪从不同角度和不同程度进行了从宽处罚的规定。

犯罪主体相同的刑罚不甚合理。长期以来，老年人刑事责任的轻缓化为学界所普遍呼吁。而很长一段时间以来，我国刑法对老年人的刑事责任未作出任何特殊规定，老年人这一特殊群体的合法权益未得到合理保障。

2011年《刑法修正案（八）》从三个方面增加规定了对老年人犯罪的从宽处罚。首先，以法定量刑情节的方式明确规定从宽处罚："已满七十五周岁的人故意犯罪的，可以从轻或者减轻处罚；过失犯罪的，应当从轻或者减轻处罚。"① 其次，增加了老年人犯罪不适用死刑的一般规定："审判的时候已满七十五周岁的人，不适用死刑，但以特别残忍手段致人死亡的除外。"② 最后，规定对已满七十五周岁的人犯罪，只要符合缓刑条件的，应当予以缓刑。③《刑法修正案（八）》首次在刑事立法中确认了老年人犯罪的从宽处罚原则，创建了新中国刑法中关于老年人犯罪刑罚的特别规定，体现了和谐社会的价值取向和内在要求，具有划时代的进步意义，使我国刑法的人性化和轻刑化程度有了大幅度的提升。

（二）老年人犯罪的立法完善

1. 适当降低老年人犯罪从宽处罚的年龄标准

确定老年人犯罪从宽的年龄标准，要综合考虑人口的平均寿命和老年人的犯罪状况，既不能规定过低，也不能规定过高。根据世界卫生组织公布的《2006年世界卫生报告》，中国男性平均寿命为70岁，女性

---

① 《刑法》第17条之一。
② 《刑法》第49条第2款。
③ 参见《刑法》第72条第1款。

平均寿命为74岁,人均寿命平均72岁。根据最新的第六届人口普查显示,2010年我国人口预计平均寿命为74岁,[①]且我国大多数的老年人实施犯罪在60—70周岁。因此,将75周岁的标准作为对老年人从宽处罚的起点在我国现实情况下有过高之嫌,应当适当下调老年人从宽处罚的年龄起点。

2. 适当放宽减刑、假释的条件

老年犯罪人的犯罪能力几乎已经降到最低限度,如果还强行要求其符合法定假释要求,即被判处有期徒刑实际执行1/2以上,被判处无期徒刑实际执行10年以上的,才能获得假释,对国家刑罚资源是一种巨大浪费,对生命已行至晚年的老年人而言,这种规定也并无太大实际意义。因此,对老年犯罪人应该比照一般规定放宽标准,不必强行要求"1/2""10年"的规定。同样,对老年犯罪人的减刑条件也应该比照未成年人进行放宽处理,在适用减刑的起始时间和幅度上进行相应立法修改。

上海市高级人民法院、人民检察院、司法局《关于印发〈关于办理减刑、假释案件实施细则〉(试行)的通知》第18条第2款第1项中指出,"被判处五年以下(不包括五年)有期徒刑,男满65周岁、女满60周岁或身体有残疾,生活不能自理,获得表扬一次以上的;或者虽被判处五年以上有期徒刑、无期徒刑的上列罪犯,但丧失作案能力的",可以获得假释。这一规定有很强的借鉴意义,值得推广。[②]

[①] 参见《我国人口平均预期寿命达到74.83岁》,载国家统计局官网,http://www.stats.gov.cn/tjsj/tjgb/rkpcgb/qgrkpcgb/201209/t20120921_30330.html,2021年3月21日访问。

[②] 参见刘强主编:《社区矫正制度研究》,法律出版社2008年版,第230—231页。

3. 扩大缓刑的适用条件

缓刑是指对原判刑罚附条件不执行的一种刑罚制度。对老年犯罪人而言，对其扩大缓刑既符合其身心特点，也更有利于达到教育目的，降低重新犯罪率。此外，一些老年人犯罪即使被判处超过 3 年以上的有期徒刑，但是其犯罪性质并不十分恶劣，且基本没有再犯可能性，也不会再对社会造成危害。基于此，立法可以适当提高老年人适用缓刑的宣告刑，从目前 3 年提高至 5 年或 7 年。①

二、老年人犯罪的刑事司法处遇现状及完善

（一）老年人犯罪的刑事司法处遇现状

1. 立法缺失

我国《刑事诉讼法》专门针对老年犯罪嫌疑人权利保护的规定几乎是空白的，尤其是在与老年人权益的刑事司法保护密切相关的侦查、起诉等审前阶段。这种审前程序权利内容在刑事法律中的缺失，造成了我国基本法律中关于老年人权益刑事司法保护的规定缺乏系统性和可操作性，没有真正发挥出基本法律对于老年人权益保护的应有作用。②

---

① 参见郭晓红：《当代老年犯罪研究》，中国政法大学出版社 2011 年版，第 152 页。
② 参见郭晓红：《老年犯罪审前程序制度的完善》，《江西社会科学》2011 年第 12 期。

2. 老年人犯罪刑事司法处遇的实践现状

第一,适用强制措施不够审慎。有统计资料显示,老年轻微刑事案件的羁押性强制措施适用比例偏高。① 因此,在今后工作中,非羁押性强制措施的扩大适用尚存很大空间。实践中,检察机关在羁押必要性审查和采取强制措施时,往往以年龄是否满75周岁为衡量依据,标准较为单一,处理较为机械,对变更羁押措施较为谨慎。②

第二,老年人诉讼权益保障不足。律师参与老年人犯罪案件诉讼的比例不高,未实现全覆盖,得到有效辩护的老年犯罪人比例较低。从律师参与刑事诉讼的情况看,除了依托老年犯罪人亲属的作用外,社会或者民间组织、司法部门为老年犯罪人提供法律服务的机制、形式以及人员力量等方面尚不能适应实际需要。

第三,老年人轻微刑事案件的办案效率有待进一步提高。依法快速办理老年人犯罪案件是贯彻和落实宽严相济的刑事政策,实现司法活动的法律效果和社会效果的基本途径。但由于办案效率与办案人员的效率意识及办案能力、承接的案件数量、内外办案机制衔接以及案件的疑难复杂状况等诸多因素相关,实践中老年人轻微刑事案件的办案效率仍有待进一步提高。

第四,老年人犯罪案件适用不起诉及刑事和解的不多。对于犯罪情节轻微、犯罪嫌疑人认罪的老年人案件,在侦查、检察以及审判环节

---

① 如在对上海市H区检察院3年办理的老年人犯罪案件的梳理中显示,被适用过逮捕强制措施并最终判处实刑羁押的共有38人,占老年犯罪人总数的58.46%。与此相对应的,最后被处以3年以下有期徒刑、拘役、免于刑事处罚的共有49人,占65人的75.38%。参见王喆骅:《上海市H区检察院老年人犯罪案件办理情况分析》,《上海法学研究》2019年第8卷;杨宏亮:《老年人犯罪情况调查与法律机制完善研究》,《犯罪研究》2009年第4期。

② 参见上海市嘉定区人民检察院课题组:《涉老案件现状与思考——以上海市嘉定区为例》,《检察风云》2018年第16期。

体现适当从宽的原则,适时、适度适用不起诉以及刑事和解方式来处理案件,是一种完全可行的机制和手段,但目前实践中仍适用不多,司法机关的执法思想、执法机制等尚不适应构建和谐社会的总体要求与基本精神。

第五,老年犯改造尚未形成科学的管理体系。近年来,随着老年人犯罪率上升,老年犯人数也随之增加,然而大部分监狱在对具有特殊身心特征的老年犯的管理教育、医疗服务、劳动改造、出监安置保护等系列问题的处理上缺乏合理性、针对性,没有充分显示出人道关怀的特点,没有形成科学的管理体系。

3. 老年人犯罪刑事司法政策的选择

宽严相济刑事政策是司法机关惩罚犯罪、预防犯罪、保护人民、保障人权、正确实施国家法律的指南。由于老年人特殊的生理和心理特点,宽严相济刑事政策对老年人犯罪的指导意义主要体现在"宽"的一面。最高人民检察院 2006 年发布的《关于在检察工作中贯彻宽严相济刑事司法政策的若干意见》规定,对老年人犯罪案件,在审查批捕、审查起诉过程中,符合不捕、不诉条件的可以作出不捕、不诉的决定。最高人民法院 2010 年颁布的《最高人民法院关于贯彻宽严相济刑事政策的若干意见》第 21 条规定:"对于老年人犯罪,要充分考虑其犯罪的动机、目的、情节、后果以及悔罪表现等,并结合其人身危险性和再犯可能性,酌情予以从宽处罚。"在老年人犯罪案件办理中贯彻宽严相济的刑事政策,不仅需要正确把握政策精神,更需要大量刑事立法和具体办案制度的支撑。我国刑事执法机关在宽严相济政策的指导下,对老年人犯罪案件的现代化治理进行了积极探索。

（二）老年人犯罪刑事司法处遇的完善

1. 建立"专案快办"机制

2006年12月最高人民检察院出台的《关于依法快速办理轻微刑事案件的意见》明确规定,70岁以上的老年人涉嫌犯罪的案件,应当依法快速办理,并对办案期限作了明确规定。快速办理轻微老龄犯罪案件以及70岁以上的老年人犯罪案件,还需要公安、法院在其各自的诉讼环节落实快的要求。为此,应当构建一个公、检、法相衔接的依法快速办理老年人轻微犯罪案件的工作机制。对于有条件的机关,还可以实行相对集中的专人办理模式,以提高把握老龄犯罪案件办理中法律政策适用以及工作要求的准确度,切实增强老年人案件刑事诉讼工作的实效。近年来,已有众多地区的检察院为了更好地保护老年人权益,专门成立了老年人检察科,由专人负责老年刑事案件的办理,实行捕诉一体,有效缩短和控制对老年犯的办案时间,形成办案合力,避免重复工作,缩短办案期限,既维护了老年人的合法权益,又体现了宽严相济的刑事政策。例如,上海市浦东新区人民检察院探索建立了"专案快办"机制,对认罪认罚的涉老年人刑事案件从速从简办理,尽量减少老年犯罪嫌疑人的诉前羁押时间;对未被采取刑事拘留的老年犯罪嫌疑人,建议公安机关直接移送审查起诉;对事实清楚、证据充分的报捕案件,建立快速移送审查起诉机制。①

---

① 参见上海市浦东新区人民检察院课题组:《涉老年人刑事案件检察工作情况调查——以上海P区检察院近两年办理的案件为样本》,《人民检察》2019年第10期。

2. 完善老年人犯罪审前程序

在立案、侦查、起诉的审前程序中,老年犯罪嫌疑人因其生理和心理状况的不同,属于特殊的群体。首先,若存在对老年人的不良待遇,采用刑具或其他设施,形成恶劣的羁押环境,甚至刑讯逼供的情况,则对老年人的身体和心理伤害非常大。其次,老年人也容易受到共同关押的其他犯罪嫌疑人的侵害,包括生理上的殴打以及言语上的辱骂等等。最后,老年人从受到讯问开始,很容易感到恐惧和惊慌,同时又非常在意邻里朋友和亲人的看法,由于自尊心和羞耻心容易给自己施加更多的心理压力。这样一来,对和侦查人员的交流和陈述会造成非常不利的影响,尤其是对于有高血压、心脏病等疾病的老人来说,甚至会产生不良的生理反应或有可能危及生命健康。针对上述特殊情形,上海市静安区人民检察院在2009年发布了《涉案老年人司法保护工作规定(试行)》,提出要注重工作方式,给老年人犯罪嫌疑人全面的司法保护。如审查起诉采用社会调查、结案评估等方式,讯问时可通知亲属到场,对于高龄、居住较远、行动不便的老年人上门讯问等,充分体现了对老年犯罪人的人文关怀。因此,针对目前老年人犯罪审前程序制度中存在的问题,可以从以下三个方面予以完善:

第一,改革讯问制度。针对老年人特殊群体,应当在讯问主体、讯问时间与地点、讯问方式上进行相应的变通处理。在讯问主体的选择上,应当由接受过相应培训、年龄较大、较为耐心的工作人员进行,他们与涉案老人有相似的生活年代背景,更容易掌握老年人的心理状态。在讯问时间与地点的选择上,应当以保护老年人的身心角度来考虑,如尽可能缩短每次讯问的持续时间;讯问期间应当保障老年犯罪嫌疑人有必要的休息、进食、活动时间;讯问场所尽量安排在其住所或其住所附近,在布置上也应避免使用隔离设施、禁锢设施等。在讯问方式上,由于大部分老年犯罪嫌疑人的文化水平有限,一是讯问人员应当采取温和的态度和细心的交谈方式,采用通俗易懂的语言,尽量不要使用过于专业的术语;二是要耐心细致地听取其陈述或者辩解。在认真审核、查证与案件有关的证据和线索时,讯问人员也要做好老年犯罪嫌疑人的思想工作,充分利用心理学知识,采取各种手段打消其思想顾虑和畏惧心理,消除其抵触情绪。①

第二,规范涉罪老年人羁押措施的适用程序。刑事诉讼活动中基于案情和侦查工作的需要,对涉案人员采取羁押性强制措施有时是完全必要的。但对于老年人犯罪案件,应尽可能慎用、少用或者不用羁押性措施,特别是对 70 岁以上的老年犯,不应再适用羁押性措施。我国《治安管理处罚法》第 27 条已有相关规定,即 70 周岁以上违反治安管理的行为人,依照本法应当给予行政拘留处罚的,不执行行政拘留处罚。刑事诉讼中也应当比照这一精神执行。同时,对于老年犯认为需要适用羁押性强制措施的,公安机关在提请检察机关审查逮捕时,应当提供"有必要逮捕"的相关证明材料,包括相关老龄工作机构的意见。检察机关经审查认为不符合逮捕条件的,应当依法作出不批准逮捕的决定。此外,公安、检察、法院三机关在刑事诉讼活动中,对于老年犯继续羁押条件已经消失的,应作出解除羁押措施的评估意见,并及时变更强制措施。例如,上海市浦东新区人民检察院在对老年犯罪嫌疑人采取刑事强制措施前,对涉案情节、危害后果、犯罪嫌疑人主观恶性、认罪悔罪态度、身体状况、家庭背景以及前科劣迹等多方面进行综合评估,

---

① 参见郭晓红:《老年犯罪审前程序制度的完善》,《江西社会科学》2011 年第 12 期。

对犯罪情节较轻、认罪态度较好的老年犯罪嫌疑人一般采取非羁押性措施，而对犯罪情节较重又拒不认罪的老年犯罪嫌疑人严格依法处置。① 上海市嘉定区人民检察院在实践工作中对老年在押人员进行档案管理和定时羁押必要性审查，对监管机关羁押管理活动进行监督，以保障在押老年人的合法权益。②

第三，引入老年人犯罪社会调查制度③。社会调查是指对犯罪人的性格特点、家庭环境、社会交往、犯罪行为特征和犯罪后表现等进行全方位调查，以此为依据对其社会危害性和人身危险性进行评估并出具相关报告的一项制度。我国《刑事诉讼法》在"未成年人刑事案件诉讼程序"中明确规定了未成年人社会调查制度，④司法机关在侦查、起诉和审判阶段均可开展社会调查。老年人犯罪社会调查尚处于摸索阶段，司法机关通过对老年犯罪嫌疑人、被告人进行全面深入调查，对其社会危害性和人身危险性作出科学的分析评价，可以在最大程度上促进老年犯罪人司法处遇的恰当化，在刑罚个别化基础上确保量刑公正，使犯罪人更好地回归社会。确立老年人犯罪案件社会调查制度，对于提升老年人犯罪案件办理质效、形成老年犯系统化保护及救助体系尤为重要，有必要在老年人犯罪案件办理过程中引入社会调查制度。⑤

---

① 参见上海市浦东新区人民检察院课题组：《涉老年人刑事案件检察工作情况调查——以上海P区检察院近两年办理的案件为样本》，《人民检察》2019年第10期。
② 参见上海市嘉定区人民检察院课题组：《涉老案件现状与思考——以上海市嘉定区为例》，《检察风云》2018年第16期。
③ 也有学者称之为审前调查、判前调查或人格调查，目前说法尚未统一。
④ 参见《刑事诉讼法》第279条。
⑤ 参见曹化：《检察视野下老年人犯罪案件社会调查问题研究》，《云南大学学报（社会科学版）》2020年第2期。

3. 引入老年人犯罪刑事和解机制

刑事和解是指在轻微刑事案件的审理过程中,犯罪嫌疑人或被告人向被害人认罪、认错,与之自愿达成赔偿协议后,一同向司法机关提出申请,由公检法以中立的身份主持进行协调,犯罪嫌疑人或被告人做有罪答辩,被害人答应以赔礼道歉、消除影响以及赔偿损失的方式结案,情节较轻的可以不再追究,严重的可以从轻处罚,并以此结案。① 老年人犯罪案件比较突出的一个特点是因家庭纠纷、邻里纠纷等爆发冲突并上升为刑事案件,主要源于老年犯罪人法律意识的淡薄和矛盾化解平台的缺乏。对于犯罪情节轻微、嫌疑人认罪的老年人犯罪案件,在侦查、检察以及审判环节体现适当从宽的原则,适时、适度运用刑事和解方式来处理案件,是一种完全可行的机制和手段。但实践中由于受办案期限、补侦要求、老年人情绪特质复杂等种种原因所限,检察阶段适用并不多。② 对老年犯罪人适用刑事和解照顾到了该群体相较于其他群体的身心特点,有利于老年人犯罪群体的改造,促使其悔过自新、复归社会,是对罪犯与被害人都有益的一项举措。老年案件适用刑事和解应该满足以下条件:案件事实清楚、证据确实充分;加害老年人真诚悔罪并做有罪答辩;双方当事人应当是自愿的;和解协议应该公平、公正。③

---

① 参见黄京平、甄贞主编:《和谐社会语境下的刑事和解》,清华大学出版社2007年版,第245页。
② 参见王喆骅:《上海市H区检察院老年人犯罪案件办理情况分析》,《上海法学研究》2019年第8卷。
③ 参见郭晓红:《当代老年犯罪研究》,中国政法大学出版社2011年版,第186—187页。

4. 改革老年犯处遇制度

老年人的身心状况和受刑能力都弱于普通成年人,无法很好适应监狱的生活条件,故在执行刑罚时应适当对老年人予以照顾。

其一,改革老年犯监禁处遇。以往实践中将老年犯随机关押在各个监区,对他们的管理和教育难度比较大,所以普通监区都会制定统一的狱政管理制度和劳动、教育改造制度,而老年犯在实际改造中经常会因为身体、心理的特殊性很难按要求遵守好这些制度。如劳动时间的规定、教育学习的内容安排等通常很难顾及少数老年犯的真正需求,这就会导致一方面监区的整体考核效果不佳,另一方面对这些老年犯的改造质量也难以得到保证。因此,在有条件的城市可以比照女犯监狱、未成年犯监狱的管理模式建立老年犯监狱,专门收押、管理老年犯,以保证老年罪犯在设施、管理、医疗、生活、教育等方面的特殊需求,并且有针对性地对老年犯进行思想改造,使得监狱教育和矫正工作更有质量和成效。老年犯罪人一般不适合从事重体力劳动,应尽量安排对体力和反应能力都要求较低的劳动让其完成;对于老年人在劳动时间上应当有更合理的安排,在每周劳动的天数和每天劳动的小时数上都应当比一般犯罪人少,而且应当允许老年人在每天的劳动中有更多的中断休息的时间。①

其二,减少老年犯监禁刑的适用,加强老年犯社区矫正治理。目前,对于老年人犯罪,除极少数被判处非监禁刑以外,大部分都被判处监禁刑。近年来,不少学者对监禁刑提出了质疑。在部分学者看来,监禁刑对于老年人来说,不仅不能起到教育改造的作用,反而会增加其再

---

① 参见王震:《老年犯罪人监禁处遇问题研究》,《学术论坛》2011年第8期。

犯罪的可能性,而且还会增加监狱的负担。因此,21世纪以来,主张老年犯罪人管理向带有轻缓、人道特色的社区矫正制度方向发展的观点已经渐成共识。① 老年人社区矫正是指将符合条件的犯罪的老年人置于自己生活的社区,在专门机关的引导及相关社会团体和社会志愿者等多种力量的参与下,由专业工作机构和人员矫正其犯罪心理和行为恶习,使其顺利回归社会的非监禁的刑罚执行活动,其对象主要包括被判处缓刑、假释和暂予监外执行附加剥夺政治权利的老年罪犯。② 社区矫正机关应当在接收老年犯罪人后,重视对他们的心理状态、犯罪后的态度、身体情况、社会危险性等进行恰当评估,并且根据评估结果对他们进行适当分类,"因材施教",针对不同类型的老年犯罪人采取不同的管理方法;聘请志愿者参与对老年犯罪人的监督管理等工作,可以大大增强对于老年犯罪人的监督管理效果。③

5. 全面保障落实老年人诉讼权利

一方面,落实委托或指定辩护人制度。我国《刑事诉讼法》第35条规定了对符合条件的犯罪嫌疑人、被告人,人民法院、人民检察院、公安机关可以或者应当为其指定承担法律援助义务的律师为其提供辩护。《刑事诉讼法》的这项规定是出于对弱势群体的保护而加以设置的。对于同样是弱势群体的老年犯罪人,建议在司法实践操作中对年满60周岁的老年犯罪人未委托辩护人的,人民法院、人民检察院、公安机关应当指定承担法律援助义务的律师为其提供辩护。上海市浦东新区人民检察院与区司法局会签办案衔

---

① 参见杨鸿台:《预防与矫治准老年人违法犯罪的社会政策制订与立法完善》,《犯罪研究》2014年第3期。
② 参见石青:《论老年人犯罪及案件办理》,《山东警察学院学报》2013年第5期。
③ 参见吴宗宪:《老年犯罪人社区矫正论》,《中国司法》2011年第8期。

接机制,通过建立涉老年人刑事案件强制辩护制度,切实保障涉案老年人的诉讼权益。①

另一方面,落实成年家属陪护制度。为更好地审理未成年人犯罪的案件,我国《刑事诉讼法》规定了未满18周岁的未成年人在接受讯问或者审判时合适成年人在场制度。同理,为了帮助老年犯罪人有效行使诉讼权利,建议在司法实践中对于年满70周岁的老年人犯罪案件,在讯问或者审判时,可以通知犯罪嫌疑人的配偶、成年子女或者其他成年直系亲属到场。

三、构建预防老年人犯罪的综合治理体系

刑罚的目的在于预防,在我国,预防犯罪的工作向来主张"综合治理"。② 针对老年人犯罪的预防工作,要分析其犯罪的特点与成因,充分根据现实情况,整合社会资源,采取全面的社会措施,多管齐下,多策并举,全方位地进行综合治理。预防老年人犯罪,同时应遵循两个原则:一是引导为主的原则,即对于老年人,不能总是一味地禁止其从事某些行为,而应该从立法、司法和社会政策等多个角度引导老年人遵纪守法,在生理和心理方面引导老年人健康生活;二是满足合理要求原则,即社会各方面要认真关注老年人的生活与行为,发现其存在的问题,补其所缺,安其所需,避免老年人因为需要得不到满足而通过非法途径加以实现。

---

① 参见上海市浦东新区人民检察院课题组:《涉老年人刑事案件检察工作情况调查——以上海P区检察院近两年办理的案件为样本》,《人民检察》2019年第10期。
② 参见王牧主编:《新犯罪学》(第3版),高等教育出版社2005年版,第393—402页。

（一）社会各界为老年人提供精神关怀

1. 家庭层面

子女应当大力弘扬尊老爱幼、孝敬父母的传统美德，树立良好的家风，加强社会家庭观念，尊重老年人的人格尊严和行为习惯，关注老年人的精神生活，给予老年人必要和充分的关心爱护。要经常陪伴年迈的父母，倾听老人的心声，孝敬父母，排遣老年人内心的孤独失落，让老人感受到家庭的温暖，安享晚年，发挥家庭对老年人犯罪的第一道预防作用。

2. 社区层面

邻里、社区、居（村）委会、街道办等要积极开展活动，加强老年人与外界的人际互动，促进邻里之间和睦相处，主动关心老年人的心理健康，多谈心多交流，营造健康良好的社会环境与和谐氛围，从心理上防止老年人产生危害社会的念头。

3. 社会层面

虽然老年人体力和精力衰退，但并非没有任何社会价值，应当鼓励企业对拥有专业技能、身体状况良好的离退休老年人进行返聘，政府也要对老年人进行适当引导，使其继续发挥余热为社会做贡献，如组建老年人志愿者团队，积极开展保护环境、爱护公物、自觉承担社区清洁等有益社会的活动。此外，应当加强老年文化项目建设，开展丰富多彩的文化活动，提供有益身心的健康娱乐、体育活动场所，如在农村地区设立棋牌室、球场，安置健身器械等，丰富老人的文化娱乐生活；有条件的地方,可以增开老年大学,培养健康的兴趣爱好。吸引老年人投入健康的社会生活去中,帮助其对抗由于社会角色、生活环境的突变而引发的种种心理失衡,使其平稳、充实地度过老年生活。

(二) 完善老年社会保障体系

大力发展社会生产力、促进经济的快速发展是预防和减少社会犯罪的根本手段。针对老年人离退休后的经济状况,完善社会福利制度、养老制度和医疗制度,是防止老年人犯罪的重要经济手段。通过制度建设使绝大部分尤其是农村地区的老年人能够"老有所养""老有所医",满足其基本物质生活需要。

(三) 加强老年人法制思想教育

开展普法教育,大力加强针对老年人的法制宣传和法制教育工作。结合现阶段老年人犯罪越来越严重这一社会问题,开展老年人普法教育,特别是要把法律宣传深入农村。要加大对老年群体进行社会主义法制宣传的力度,帮助其树立守法意识与法制观念,使之自觉遵纪守法,并能在遇到邻里纠纷摩擦和不法行为时用法律来维护自己的合法权利,减少采用非理性手段进行私力救济行为的发生。

(四) 完善老年纠纷解决机制,拓宽老年人维权渠道

政府和公共领域应拓宽老年人维权渠道,方便老年人的维权救助。例如,完善现有的法律援助制度,将一定年龄以上的老年人全部纳入法律援助对象范围,不再审查其经济困难状况。同时,居委会或村委会应主动承担起调解老年人纠纷的重要职能,可以成立社区老

年人权益保障队伍,向老年人普及基本法律知识,及时介入老年人矛盾纠纷。

(五) 加强安置帮教工作

要加强对老年犯释放后的安置帮教工作,家庭、居民委员会、民政部门和社会福利部门须及时解决刑满释放或假释后的老年罪犯的生活出路问题。各地老龄工作机构和民政部门应做好协调工作,在安置问题上给予适当关注,落实生活保障措施,关注其思想行为变化,坚持一次性改造的方针,防止因改造不彻底而使老年犯重新走上犯罪的道路。

参考文献

一、著作

《刑事诉讼法学》编写组:《刑事诉讼法学》(第3版),高等教育出版社2019年版。

曹凤:《第五次高峰——当代中国的犯罪问题》,今日中国出版社1997年版。

陈卫东主编:《刑事诉讼法学原理与案例教程》,中国人民大学出版社2015年版。

陈兴良:《法治的界面》,法律出版社2003年版。

陈兴良:《刑法哲学》,中国人民大学出版社2017年版。

陈兴良:《中国刑事政策检讨》,中国检察出版社2002年版。

樊崇义主编:《刑事诉讼法学》(第5版),法律出版社2020年版。

冯树梁:《当代中国犯罪问题研究》,中国人民公安大学出版社1993年版。

冯树梁:《中国刑事犯罪十论》,法律出版社2009年版。

高铭暄、赵秉志:《中国刑法立法文献资料精选》,法律出版社2007年版。

高铭暄、马克昌主编:《刑法学》(第7版),北京大学出版社2016年版。

高铭暄、赵秉志编:《新中国刑法立法文献资料总览》,中国人民公安大学出版社2015年版。

高铭暄:《刑法专论》(第2版),高等教育出版社2006年版。

高铭暄:《中华人民共和国刑法的孕育诞生和发展完善》,北京大学出版社2012年版。

宫志刚:《社会转型与秩序重建》,中国人民公安大学出版社2004年版。

郭开元:《青少年犯罪预防的理论和实务研究》,中国人民公安大学出版社 2014 年版。

郭晓红:《当代老年犯罪研究》,中国政法大学出版社 2011 年版。

韩丹:《吸毒人群调查》,江苏人民出版社 2007 年版。

郝旭光:《证券监管效果论》,对外经济贸易大学出版社 2017 年版。

何秉松主编:《刑事政策学》,群众出版社 2002 年版。

何秉松、陆敏主编:《全球化时代犯罪与刑罚新理念》(上),中国民主法制出版社 2011 年版。

侯宏林:《刑事政策的价值分析》,中国政法大学出版社 2005 年版。

胡康生、李福成主编:《中华人民共和国刑法释义》,法律出版社 1997 年版。

胡启忠:《非法集资刑法应对的理论与实践研究》,法律出版社 2003 年版。

胡启忠:《金融刑法适用论》,中国检察出版社 2003 年版。

黄金平主编:《上海改革开放实录(1992—2002)》(下),上海书店出版社 2015 年版。

黄京平、甄贞主编:《和谐社会语境下的刑事和解》,清华大学出版社 2007 年版。

黄石:《社会转型与犯罪治理》,法律出版社 2018 年版。

贾宇、舒洪水等:《未成年人犯罪的刑事司法制度研究》,知识产权出版社 2015 年版。

蒋熙辉、郭理蓉、马冬梅、方文军:《刑事政策之反思与改进》,中国社会科学出版社 2008 年版。

金诚:《新生代农民工犯罪问题研究》,人民出版社 2015 年版。

康树华、张湘军主编:《刑事犯罪学》,群众出版社 2000 年版。

康树华、张小虎主编:《犯罪学》(第 4 版),北京大学出版社 2016 年版。

康树华主编:《全面建设小康社会进程中犯罪研究》,北京大学出版社 2005 年版。

劳东燕主编:《刑法修正案(十一)条文要义》,中国法制出版社 2021 年版。

李春雷、靳高风主编:《犯罪预防学》,中国人民大学出版社 2016 年版。

李玫瑾、靳高风主编:《未成年人犯罪与少年司法制度创新》,中国人民公安大学出版社2015年版。

李培林、陈光金、张翼:《2015年中国广州社会形势分析与预测》,社会科学文献出版社2014年版。

李晓勇:《金融犯罪及其防范》,杭州大学出版社1998年版。

刘强主编:《社区矫正制度研究》,法律出版社2008年版。

刘仁文:《刑事政策初步》,中国人民公安大学出版社2004年版。

刘宪权:《金融犯罪刑法学新论》,上海人民出版社2014年版。

刘宪权:《涉信用卡犯罪研究》,上海人民出版社2020年版。

刘燕:《金融犯罪侦查热点问题研究》,知识产权出版社2014年版。

卢建平:《刑事政策与刑法变革》,中国人民公安大学出版社2011年版。

卢建平主编:《刑事政策学》,中国人民大学出版社2013年版。

毛玲玲:《金融犯罪的实证研究》,法律出版社2014年版。

齐文远、杨柳:《网络犯罪问题研究》,中国法制出版社2019年版。

齐玉生:《综治随笔》,山西人民出版社2007年版。

秦醒民:《金融犯罪的惩治与预防》,中国检察出版社1996年版。

曲新久:《刑事政策的权力分析》,中国政法大学出版社2002年版。

任克勤:《新型毒品犯罪问题研究》,中国人民公安大学出版社2008年版。

宋英辉、苑宁宁等:《未成年人保护与犯罪预防问题专题研究》,中国检察出版社2020年版。

宋英辉、甄贞主编:《刑事诉讼法学》(第6版),中国人民大学出版社2019年版。

孙万怀:《刑事政策合法性的历史》,法律出版社2016年版。

孙万怀:《刑事政策司法化的内在道德》,北京大学出版社2021年版。

孙雄:《犯罪学研究》,北京大学出版社2008年版。

孙颖欣:《老年心理学》,经济管理出版社2007年版。

孙长永主编:《刑事诉讼法学》(第4版),法律出版社2020年版。

唐皇凤:《社会转型与组织化调控 中国社会治安综合治理组织网络研究》,

武汉大学出版社2008年版。
汪明亮:《"严打"的理性评价》,北京大学出版社2004年版。
王爱立、姜爱东:《〈中华人民共和国社区矫正法〉释义》,中国民主法制出版社2020年版。
王爱立主编:《中华人民共和国刑事诉讼法释义》,法律出版社2018年版。
王牧主编:《新犯罪学》(第3版),高等教育出版社2016年版。
王效道:《中老年与心理健康》,中国环境科学出版社2005年版。
魏东:《刑事政策原理》,中国社会科学出版社2015年版。
吴锦良:《基层社会治理》,中国人民大学出版社2013年版。
吴羽、李振林:《金融犯罪防治研究》,中国政法大学出版社2018年版。
吴宗宪、曹健主编:《老年犯罪》,中国社会出版社2010年版。
吴宗宪主编:《未成年犯矫正研究》,北京师范大学出版社2012年版。
肖扬主编:《中国刑事政策与策略问题》,法律出版社1996年版。
谢望原、卢建平等:《中国刑事政策研究》,中国人民大学出版社2006年版。
熊一新、李健和主编:《治安管理学概论》(修订本),中国人民公安大学出版社2017年版。
徐建主编:《青少年法学新视野》(上),中国人民公安大学出版社2005年版。
杨春洗主编:《刑事政策论》,北京大学出版社1994年版。
杨飞雪主编:《未成年人司法制度探索研究》,法律出版社2014年版。
杨威:《罪犯心理学》,中国民主法制出版社2009年版。
姚建龙:《超越刑事司法:美国少年司法史纲》,法律出版社2009年版。
叶青主编:《未成年人刑事诉讼法学》,北京大学出版社2019年版。
应培礼主编:《犯罪学通论》,法律出版社2016年版。
于志刚:《传统犯罪的网络异化研究》,中国检察出版社2010年版。
俞磊主编:《中国现阶段犯罪问题研究》(总卷),中国人民公安大学出版社1993年版。
喻海松:《网络犯罪二十讲》,法律出版社2018年版。
张鸿巍:《少年司法通论》,人民出版社2011年版。

张明楷:《刑法学》(第5版),法律出版社2016年版。

张穹主编:《"严打"政策的理论与实务》,中国检察出版社2002年版。

张蓉:《未成年人犯罪刑事政策研究》,中国人民公安大学出版社2011年版。

张小虎:《当代中国社会结构与犯罪》,群众出版社2009年版。

张小虎:《宽严相济刑事政策的基本思想与制度建构》,北京大学出版社2018年版。

张远煌、吴宗宪主编:《犯罪学通论》,北京师范大学出版社2013年版。

张远煌主编:《犯罪学》(第4版),中国人民大学出版社2020年版。

张远煌主编:《中国未成年人犯罪的犯罪学研究》,北京师范大学出版社2012年版。

赵宝成:《犯罪问题与公共政策》,中国检察出版社2012年版。

赵秉志:《新中国刑法70年》,法律出版社2019年版。

赵运锋主编:《刑事政策学》,中国法制出版社2014年版。

中国老龄协会调研部编:《老龄工作基础知识》,中国劳动社会保障出版社1999年版。

[爱尔兰]玛丽·艾肯:《网络心理学》,中信出版社2018年版。

[德]弗兰茨·冯·李斯特:《德国刑法教科书》,徐久生译,法律出版社2000年版。

[德]汉斯·海因里希·耶塞克、托马斯·魏根特:《德国刑法教科书》(上),徐久生译,中国法制出版社2017年版。

[法]卢梭:《爱弥儿 论教育》(上),李平沤译,商务印书馆1978年版。

[法]米海依尔·戴尔玛斯-马蒂:《刑事政策的主要体系》,卢建平译,法律出版社2000年版。

[法]雅克·博里康、朱琳编著:《法国当代刑事政策研究及借鉴》,中国人民公安大学出版社2011年版。

[美]戴维·O.弗里德里希斯:《背信犯罪:当代社会的白领犯罪》,刘荣译,法律出版社2018年版。

[美]弗雷德里克·费尔德坎普、克里斯托弗·惠伦:《金融稳定:欺诈、信心

和国家财富》,胡志浩译,经济管理出版社2017年版。

[美]富兰克林·E.齐姆林:《美国少年司法》,高维俭译,中国人民公安大学出版社2010年版。

[美]玛格丽特·K.罗森海姆、富兰克林·E.齐姆林、戴维·S.坦嫩豪斯、伯纳德·多恩编:《少年司法的一个世纪》,高维俭译,商务印书馆2008年版。

[美]斯蒂芬·E.巴坎:《犯罪学:社会学的理解》(第4版),秦晨等译,上海人民出版社2011年版。

[美]史蒂芬·普拉特:《资本犯罪:金融业为何容易滋生犯罪》,赵晓英、张静娟译,中国人民大学出版社2017年版。

[日]川出敏裕、金光旭:《刑事政策》,钱叶六等译,中国政法大学出版社2016年版。

[日]大谷实:《刑事政策学》,黎宏译,中国人民大学出版社2009年版。

[日]森本益之、濑川晃、上田宽、三宅孝之:《刑事政策学》,戴波、江朔、丁婕译,中国人民公安大学出版社2004年版。

[意]恩里科·菲利:《犯罪社会学》,郭建安译,商务印书馆2017年版。

[意]切萨雷·贝卡里亚:《论犯罪与刑罚》,商务印书馆2017年版。

[英]布罗尼斯拉夫·马林诺夫斯基、[美]索尔斯坦·赛林:《犯罪:社会与文化》,许章润、么志龙译,广西师范大学出版社2003年版。

[英]戈登·休斯:《解读犯罪预防——社会控制、风险与后现代》,刘晓梅、刘志松译,中国人民公安大学出版社2009年版。

二、期刊论文

白建军:《犯罪圈与刑法修正的结构控制》,《中国法学》2017年第5期。

鲍春晓:《减刑假释开庭程序:溯源、困境与重构》,《河南广播电视大学学报》2018年第4期。

卞建林:《配合与制约:监察调查与刑事诉讼的衔接》,《法商研究》2019年第

1期。

蔡栋、蒋晓玲:《虚拟空间犯罪盲区分析及治理策略》,《江苏警官学院学报》2017年第5期。

蔡霞:《我国涉黑犯罪趋势及法律对策》,《广西大学学报(哲学社会科学版)》2011年第2期。

操宏均:《城市化进程中的犯罪问题研究》,《福建警察学院学报》2013年第4期。

操学诚、路琦、牛凯、王星:《2010年我国未成年犯抽样调查分析报告》,《青少年犯罪问题》2011年第6期。

曹洪、陈文艺:《大数据与治安治理的创新》,《江苏警官学院学报》2017年第1期。

曹化:《检察视野下老年人犯罪案件社会调查问题研究》,《云南大学学报(社会科学版)》2020年第2期。

曾永忠、颜泳涛、孙建书:《现代社会治理视域下的重新犯罪研究》,《犯罪与改造研究》2019年12期。

常靖等:《3种哌嗪类药物滥用研究进展》,《中国法医学杂志》2016年第4期。

常颖等:《哌嗪类新精神活性物质综述》,《刑事技术》2016年第41期。

陈刚、李树、陈屹立:《人口流动对犯罪率的影响》,《中国人口科学》2009年第4期。

陈刚、李树:《教育对犯罪率的影响研究》,《中国人口科学》2011年第3期。

陈刚:《社会福利支出的犯罪治理效应研究》,《管理世界》2010年第10期。

陈进华:《治理体系现代化的国家逻辑》,《中国社会科学》2019年第5期。

陈帅锋、姜宇:《毒品犯罪的法律规制:预防性立法与谦抑性原则的平行发展》,《中国人民公安大学学报(社会科学版)》2018年第6期。

陈卫东:《关于社区矫正立法的三点意见》,《中国司法》2017年第9期。

陈卫东:《论中国特色刑事缺席审判制度》,《中国刑事法杂志》2018年第3期。

陈兴良:《〈刑法修正案(九)〉的解读与评论》,《贵州民族大学学报(哲学社会科学版)》2016年第1期。

陈兴良:《回顾与展望:中国刑法立法四十年》,《法学》2018年第6期。

陈兴良:《宽严相济刑事政策研究》,《法学杂志》2006年第1期。

陈兴良:《宽严相济政策与刑罚规制》,《法学杂志》2006年第4期。

陈兴良:《刑法的刑事政策化及其限度》,《华东政法大学学报》2013年第4期。

陈兴良:《严打利弊之议》,《河南省政法管理干部学院学报》2004年第5期。

陈兴良:《中国刑法学研究40年》,《社会科学文摘》2018年第11期。

陈学艺:《培育形成合理的社会阶层结构是建设和谐社会的基础》,《中共党政干部论坛》2005年第9期。

陈雪强:《浅议后金融危机时代我国金融犯罪的界定》,《犯罪研究》2012年第5期。

陈耀鑫:《上海社区矫正改革发展的探索与实践》,《中国司法》2019年第4期。

陈屹立:《收入不平等、城市化与中国的犯罪率变迁》,《中国刑事法杂志》2010年第11期。

陈屹立:《严打政策的政治经济学分析》,《法制与社会发展》2012年第2期。

陈永生:《逮捕的中国问题与制度应对——以2012年刑事诉讼法对逮捕制度的修改为中心》,《政法论坛》2013年第4期。

成效东、陈为铨:《对"严打"整治斗争中"两个基本"的理解和把握》,《天津市政法管理干部学院学报》2001年第3期。

程建、王春丽:《上海市流动人口犯罪问题研究——以嘉定区和青浦区的刑案数据为视点》,《法治论丛(上海政法学院学报)》2009年第5期。

程绍燕:《我国减刑、假释听证制度研究》,《政法论坛》2016年第4期。

程应需:《人权保护与我国刑事政策的价值选择》,《法学评论》2006年第2期。

储槐植、闫雨:《社会管理创新视域下未成年人犯罪刑事政策研究》,《河北法学》2012 年第 10 期。

储槐植、赵合理:《国际视野下的宽严相济刑事政策》,《法学论坛》2007 年第 3 期。

储槐植:《美国刑事政策趋向》,《北京大学学报》1985 年第 2 期。

丛梅:《未成年人重新犯罪实证研究》,《河南警察学院学报》2011 年第 5 期。

丛梅:《新时期未成年人犯罪的特征及发展趋势分析——基于犯罪调查的三十年比较》,《预防青少年犯罪研究》2018 年第 1 期。

代秋影:《司法改革背景下未成年人审判理论与实务专家论证会综述》,《预防青少年犯罪研究》2016 年第 1 期。

单勇:《基于犯罪大数据的社会治安精准防控》,《中国特色社会主义研究》2016 年第 6 期。

单勇:《数据主义对犯罪治理体系的重塑及其反思》,《南京社会科学》2021 年第 1 期。

邓大才:《农民打工:动机与行为逻辑——劳动力社会化的动机—行为分析框架》,《社会科学战线》2008 年第 9 期。

丁金宏、杨鸿燕、杨杰、翁建红、张彬彬:《上海流动人口犯罪的特征及其社会控制——透过新闻资料的分析》,《人口研究》2001 年第 6 期。

董邦俊、赵聪:《假释的实质条件及其评估保障机制研究》,《政法论丛》2019 年第 5 期。

杜朋:《老年人犯罪问题研究》,《北京人民警察学院学报》2012 年第 1 期。

段宝泉:《浅谈智慧监狱建设中安防智能化的应用与趋势》,《中国安防》2019 年第 8 期。

敦宁、孙志华:《"严打"刑事政策的合理性解读》,《山西省政法管理干部学院学报》2011 年第 2 期。

樊崇义、吴光升:《宽严相济刑事司法政策与刑事侦查程序》,《中国人民公安大学学报(社会科学版)》2007 年第 3 期。

樊崇义、吴光升:《宽严相济与刑事审判程序》,《人民司法》2007 年第 21 期。

樊崇义、吴光升:《宽严相济与刑事执行》,《中国司法》2007 年第 6 期。

樊崇义:《2018年〈刑事诉讼法〉修改重点与展望》,《国家检察官学院学报》2019年第1期。

冯仕政:《社会冲突、国家治理与群体性事件概念的演生》,《社会学研究》2015年第5期。

冯卫国:《寻求更加有效的犯罪治理——走向国家与社会合作共治》,《甘肃理论学刊》2015年第1期。

付晓雅:《〈中华人民共和国刑法修正案(九)〉专题研究》,《法学杂志》2015年第11期。

高铭暄、孙道萃:《我国刑法立法的回顾与展望》,《河北法学》2019年第5期。

高铭暄:《宽严相济刑事政策与酌定量刑情节的适用》,《法学杂志》2007年第1期。

高铭暄:《中国共产党与中国刑事立法的发展——纪念中国共产党成立90周年》,《法学家》2011年第5期。

高玉敏、刘慧明:《西部民族地区毒品犯罪及其治理》,《天水行政学院学报》2012年第5期。

葛向伟:《罪犯重新融入社会问题研究》,《犯罪与改造研究》2019年第8期。

顾肖荣、陈玲:《必须防范金融刑事立法的过度扩张》,《法学》2011年第6期。

关新苗:《〈江苏省预防未成年人犯罪条例〉立法研讨会综述》,《预防青少年犯罪研究》2016年第5期。

关颖、刘娜:《未成年人犯罪主体特征跨年度比较——以两次全国未成年犯调查数据为基础》,《预防青少年犯罪研究》2012年第6期。

关颖:《未成年人不良行为及其影响因素分析——基于全国未成年犯的调查》,《青少年犯罪问题》2013年第2期。

关颖:《未成年人犯罪特征十年比较——基于两次全国未成年犯调查》,《中国青年研究》2012年第6期。

郭春镇:《法律中"人"的形象变迁与"人权条款"之功能》,《学术月刊》2010年第3期。

郭晓红:《老年犯罪审前程序制度的完善》,《江西社会科学》2011年第12期。

韩轶:《刑法更新应坚守谦抑性本质——以〈刑法修正案(十一)(草案)〉为视角》,《法治研究》2020年第5期。

何家弘:《证据的采纳和采信——从两个"证据规定"的语言问题说起》,《法学研究》2011年第3期。

何勤华、李锦元:《新中国刑事立法的进步和发展——纪念1979年刑法颁布40周年》,《犯罪研究》2019年第4期。

何挺:《罪错未成年人分级干预的体系性要求》,《人民检察》2020年第19期。

胡达、贾元:《服用精神活性物质后犯罪的责任承担与立法完善》,《人民检察》2011年第13期。

胡云腾、刘晓虎:《对未成年人刑事司法解释若干争议条款的理解》,《人民司法》2006年第6期。

胡云腾:《宽严相济刑事政策与未成年人犯罪量刑》,《预防青少年犯罪研究》2017年第1期。

湖北省监狱局课题组:《监狱刑罚执行制度的完善与创新——以构建和谐社会为视角》,《河南司法警官职业学院学报》2008年第3期。

黄甫全、曾密成:《人工智能立法:主体、内容与特征》,《学术研究》2020年第11期。

黄京平:《宽严相济刑事政策的时代含义及实现方式》,《法学杂志》2006年第4期。

黄明涛:《社会治理背景下"广州街坊"实践创新研究》,《探求》2019年第6期。

黄太云、高翔:《〈中华人民共和国刑法修正案〉简介》,《中国司法》2000年第3期。

黄太云:《〈刑法修正案(七)〉解读》,《人民检察》2009年第6期。

黄太云:《〈刑法修正案(五)〉的理解与适用》,《人民检察》2005年第6期。

黄太云:《〈中华人民共和国刑法修正案(四)〉的理解与适用》,《人民检察》2003年第3期。

黄太云:《刑法修正案涉及的主要问题》,《中国人大》2000年第1期。

姬艾佟、禹枫:《从五个方面强化未成年人犯罪预防体系》,《人民检察》2018年第11期。

贾健:《我国未成年人犯罪刑事政策的反思与重构》,《西南政法大学学报》2020年第4期。

贾林:《新时代开创安置帮教工作新局面的探索与思考》,《中国司法》2019年第4期。

贾洛川:《改革开放四十年中国监狱发展的回顾与展望》,《河南司法警官职业学院学报》2018年4期。

贾宇:《从"严打"到"宽严相济"》,《国家检察官学院学报》2008年第2期。

江国华:《新中国70年人权司法的发展与成就》,《现代法学》2019年第6期。

江华:《在全国城市治安会议上的发言》,《人民司法》1979年第12期。

姜爱东:《关于社区矫正立法中的几个问题》,《中国政法大学学报》2010年第6期。

姜涛:《社会风险的刑法调控及其模式改造》,《中国社会科学》2019年第7期。

靳高风、守佳丽、林晞楠:《中国犯罪形势分析与预测(2018—2019)》,《中国人民公安大学学报(社会科学版)》2019年第3期。

靳高风、王玥、李易尚:《2016年中国犯罪形势分析及2017年预测》,《中国人民公安大学学报(社会科学版)》2017年第2期。

靳高风、朱双洋、林晞楠:《中国犯罪形势分析与预测(2017—2018)》,《中国人民公安大学学报(社会科学版)》2018年第2期。

靳高风:《2014年中国犯罪形势分析与2015年预测》,《中国人民公安大学学报(社会科学版)》2015年第2期。

康均心、周亮:《从"综治"到"法治":犯罪控制的科学之路——写在社会治安综合治理两个〈决定〉颁布20周年之际》,《法治研究》2011年第8期。

康树华:《关于未成年人犯罪的几个主要问题》,《法学评论》1984年第3期。

康树华:《老年人犯罪特点、原因与对策》,《南都学坛》2004年第1期。

康树华:《两种经济体制下中国犯罪状况与治理》,《南都学坛(人文社会科学学报)》2009 年第 5 期。

康树华:《青少年犯罪、未成年人犯罪概念的界定与涵义》,《公安学刊》2000 年第 2 期。

康树华:《新中国成立后不同历史时期犯罪的状况与特点》,《江苏公安专科学校学报》1999 年第 1 期。

郎胜:《〈刑法修正案(八)〉解读》,《国家检察官学院学报》2011 年第 2 期。

劳东燕:《能动司法与功能主义的刑法解释论》,《法学家》2016 年第 6 期。

李莉:《关于新型毒品犯罪立法完善的几点思考》,《前沿》2010 年第 5 期。

李双其:《福建省"严打"工作调研报告》,《中国刑事法杂志》2002 年第 2 期。

李腾:《论我国监狱劳动组织形式的改革及完善措施》,《常州工学院学报(社会科学版)》2014 年第 2 期。

李文:《城市化滞后的经济后果分析》,《中国社会科学》2001 年第 4 期。

李希慧:《未成年人犯罪之刑事立法完善》,《国家检察官学院学报》2008 年第 5 期。

李向东、韩曼:《刑事再审程序之重构》,《河北法学》2003 年第 4 期。

李新、余响铃:《退回补充侦查与冤假错案防范》,《人民检察》2014 年第 2 期。

李勇、于逸生:《特别程序中的权力运行与权利保障——兼评新〈刑事诉讼法〉中相关规定的得与失》,《比较法研究》2012 年第 6 期。

李豫黔:《新中国监狱 70 年改造罪犯的成功发展之路》,《犯罪与改造研究》2019 年第 10 期。

李忠诚:《刑事执行功能研究》,《中国法学》2003 年第 3 期。

李重阳、王乐、赵文成:《甲卡西酮类新型策划毒品的危害及其检测》,《中国司法鉴定》2014 年第 2 期。

梁春丽:《老年人犯罪的成因及对策分析》,《辽宁教育行政学院学报》2005 年第 3 期。

梁根林、黄伯胜:《论刑罚结构改革》,《中外法学》1996 年第 6 期。

廖红:《老年人的心理特点及自我调适》,《基层医学论坛》2009 年第 13 期。

廖天虎:《凉山彝族地区外流贩毒治理对策探究》,《四川警察学院学报》2019

年第 3 期。

林毓敏:《中国当代青少年犯罪状况调查》,《福建警察学院学报》2017 年第 2 期。

刘崇亮:《罪犯改造自治权论》,《当代法学》2016 年第 3 期。

刘方权:《刑事速裁程序试点效果实证研究》,《国家检察官学院学报》2018 年第 2 期。

刘复之:《"严打"就是专政》,《中国刑事法杂志》1992 年第 1 期。

刘宏斌:《当前我国盗窃犯罪的现状及治理》,《中国人民公安大学学报(社会科学版)》2011 年第 4 期。

刘慧、朱小蔓:《多元社会中学校道德教育:关注学生个体的生命世界》,《教育研究》2001 年第 9 期。

刘家琛:《关于贯彻执行修订后的刑法应当注意的几个问题》,《中华人民共和国最高人民法院公报》1997 年第 4 期。

刘凌梅:《我国未成年人犯罪刑事责任立法之展望——以〈国内法与国际法下的未成年人刑事责任决议〉为视角》,《青少年犯罪问题》2007 年第 1 期。

刘萍:《加入 WTO 后我国犯罪态势前瞻》,《重庆大学学报》2002 年第 2 期。

刘仁琦:《少年司法国家责任论纲》,《浙江工商大学学报》2020 年第 5 期。

刘仁文、敦宁:《醉驾入刑五年来的效果、问题与对策》,《法学》2016 年第 12 期。

刘仁文:《宽严相济的刑事政策研究》,《当代法学》2008 年第 1 期。

刘宪权:《论互联网金融刑法规制的"两面性"》,《法学家》2014 年第 5 期。

刘晓莉:《降低入罪门槛的当代价值探究》,《政治与法律》2011 年第 1 期。

刘学刚:《"严打"留下的遗憾》,《瞭望新闻周刊》2003 年第 32 期。

刘艳红:《刑法理论因应时代发展需处理好五种关系》,《东方法学》2020 年第 2 期。

刘振宇:《努力推进罪犯教育管理工作科学化》,《犯罪与改造研究》2017 年第 1 期。

卢建平、姜瀛:《论犯罪治理的理念革新》,《中南大学学报(社会科学版)》2015年第1期。

卢建平、刘传稿:《法治语境下犯罪化的未来趋势》,《政治与法律》2017年第4期。

卢建平、田兴洪:《论我国刑罚结构的缺陷及其完善——以刑罚轻缓化为视角的思考》,《山东警察学院学报》2010年第4期。

卢建平:《未成年人犯罪的刑事政策完善——基于国际人权公约的分析》,《南都学坛(人文社会科学学报)》2009年第3期。

卢建平:《未成年人犯罪刑事政策的整体完善》,《青少年犯罪问题》2009年第4期。

卢建平:《未成年人犯罪刑事政策与少年司法制度变革》,《法治研究》2011年第3期。

卢建平:《我国犯罪治理的大数据与大趋势》,《人民检察》2016年第9期。

卢建平:《刑事政策视野中的认罪认罚从宽》,《中外法学》2017年第4期。

路琦、董泽史、姚东、胡发清:《2013年我国未成年犯抽样调查分析报告(上)》,《青少年犯罪问题》2014年第3期。

路琦、郭开元、刘燕、张晓冰:《新时期专门学校教育发展研究》,《中国青年研究》2018年第5期。

路琦、郭开元、张萌等:《2017年我国未成年人犯罪研究报告——基于未成年犯与其他群体的比较研究》,《青少年犯罪问题》2018年第6期。

路琦、牛凯、刘慧娟、王志超:《2014年我国未成年人犯罪研究报告——基于行为规范量表的分析》,《中国青年社会科学》2015年第3期。

骆光业:《新型毒品的整治和社会帮教的思考》,《中国药物滥用防治杂志》2016年第6期。

马贵翔:《刑事诉讼的"两重结构论"质疑——与龙宗智同志商榷》,《现代法学》1996年第6期。

马克昌:《"宽严相济"刑事政策与刑罚立法的完善》,《法商研究》2007年第1期。

马克昌:《宽严相济刑事政策刍议》,《人民检察》2006 年 19 期。

马克昌:《宽严相济刑事政策的演进》,《法学家》2008 年第 5 期。

马克昌:《论宽严相济刑事政策的定位》,《中国法学》2007 年第 4 期。

马旭:《论我国减刑、假释制度的运行困境与改革路径》,《黑河学刊》2018 年第 6 期。

马长生:《对我国改革开放以来刑事政策的回顾与展望》,《法学杂志》2005 年第 5 期。

麦买提·乌斯曼:《我国惩治毒品犯罪刑事政策的调整》,《江西社会科学》2018 年第 10 期。

梅传强、胡江:《我国毒品犯罪的基本态势与防治对策》,《法学杂志》2009 年第 3 期。

孟辰飞:《环境法益的刑法保护——以刑法谦抑性为视角》,《中国检察官》2019 年第 19 期。

缪金祥:《完善社会治安综合治理体制机制》,《群众》2019 年第 10 期。

欧阳竹筠、杨方泉:《"治乱重典论"的历史与现状》,《江汉论坛》2004 年第 4 期。

皮勇、张启飞:《互联网环境下我国洗钱犯罪立法问题及完善》,《青海社会科学》2016 年第 2 期。

皮勇:《论中国网络空间犯罪立法的本土化与国际化》,《比较法研究》2020 年第 1 期。

秦总根:《完善我国易制毒化学品管制立法的思考》,《贵州警官职业学院学报》2009 期第 5 期。

丘志馨:《试论易制毒化学品违法犯罪的特点及防治对策》,《政法学刊》2015 年第 3 期。

任奕:《我国近年来报复社会型暴力犯罪的刺激因素及其社会对策分析——以"紧张理论"为视角》,《北京警察学院学报》2018 年第 4 期。

上海市浦东新区人民检察院课题组:《涉老年人刑事案件检察工作情况调查——以上海 P 区检察院近两年办理的案件为样本》,《人民检察》2019

年第 10 期。

沈国明:《改革开放 40 年法治中国建设:成就、经验与未来》,《东方法学》2018 年第 6 期。

石青:《论老年人犯罪及案件办理》,《山东警察学院学报》2013 年第 5 期。

四川省监狱管理局课题组:《监狱依法扩大假释适用的问题及对策》,《中国司法》2019 年第 11 期。

孙道萃:《网络时代的中国刑法发展研究:回顾与展望》,《华南师范大学学报(社会科学版)》2021 年第 1 期。

孙国祥:《保护与惩罚:未成年人犯罪刑事政策之选择》,《江苏行政学院学报》2005 年第 3 期。

孙国祥:《从理念到践行:未成年人犯罪轻缓刑事政策的司法实现途径》,《法学论坛》2008 年第 4 期。

孙万怀:《宽严相济刑事政策应回归为司法政策》,《法学研究》2014 年第 4 期。

唐皇凤:《常态社会与运动式治理:中国社会治安治理中的"严打"政策研究》,《开放时代》2007 年第 3 期。

陶新胜、束妮娜:《监狱行刑策略调整与减刑、假释制度改革》,《吉林公安高等专科学校学报》2012 年第 3 期。

田杜国:《西部少数民族地区刑事犯罪的特点及预防措施》,《法制与社会》2016 年第 34 期。

田宏杰:《行政优于刑事:行刑衔接的机制构建》,《人民司法》2010 年第 1 期。

田小穹:《社会治安综合治理定义探析》,《河北法学》2010 年第 8 期。

童君:《宽严相济刑事政策之宽严对象研究》,《山东警察学院学报》2007 年第 5 期。

童伟华:《论恐怖主义犯罪的界定》,《甘肃政法学院学报》2002 年第 4 期。

汪明亮、顾婷:《论传统刑法文化对刑事司法所带来的负面影响及其改进》,《河北法学》2005 年第 4 期。

王春晖:《互联网治理四项原则基于国际法理应成全球准则——"领网权"是

国家主权在网络空间的继承与延伸》,《南京邮电大学学报(自然科学版)》2016年第1期。

王发曾:《城市犯罪的地理特征》,《河南大学学报(自然科学版)》1992年第1期。

王芳、吕红:《当前经济犯罪特点与防控对策分析》,《湖北警官学院学报》2013年第12期。

王红斌、徐杨:《再犯罪原因调研及对策思考》,《犯罪与改造研究》2018年第9期。

王宏玉、李明琪:《对"严打"与"宽严相济"刑事政策的理性思考》,《中国人民公安大学学报(社会科学版)》2011年第2期。

王宏玉、杨少锋:《我国未成年人犯罪刑事政策探析》,《中国人民公安大学学报(社会科学版)》2010年第2期。

王磊:《新时代社会治安综合治理的路径》,《南方论刊》2019年第10期。

王立梅:《论跨境电子证据司法协助简易程序的构建》,《法学杂志》2020年第3期。

王琳、刘建杰:《推进刑事电子证据取证行为的规范化》,《人民论坛》2013年第2期。

王名、李朔严:《十九大报告关于社会治理现代化的系统观点与美好生活价值观》,《中国行政管理》2018年第3期。

王牧:《论青少年犯罪的概念(下)》,《当代法学》1991年第2期。

王平:《刑罚轻重的根据——兼论"严打"》,《政法论坛》2002年第2期。

王群、李馥娟:《计算机取证技术实验室建设》,《实验室研究与探索》2013年第10期。

王天:《我国网络毒品犯罪防控体系的构建》,《人民检察》2017年第17期。

王维皓等:《社会适应与社区服刑人员再犯罪风险的关系》,《心理月刊》2019年第17期。

王文生:《论宽严相济刑事政策在侦查监督中的运用》,《当代法学》2011年第3期。

王小光、米卿:《完善检察机关自行补充侦查制度的思考》,《河南财经政法大学学报》2018年第6期。

王勇:《论中国与东盟国家在〈南海行为准则〉框架下构建打击南海海上跨国犯罪的法律机制》,《政治与法律》2019年第12期。

王喆骅:《上海市H区检察院老年人犯罪案件办理情况分析》,《上海法学研究》2019年第8卷。

王震:《老年犯罪人监禁处遇问题研究》,《学术论坛》2011年第8期。

王志绥:《改革开放以来我国监狱工作的进步与转型》,《中国司法》2011年第7期。

王志祥、刘婷:《论犯罪圈扩张的正当性》,《河南警察学院学报》2020年第2期。

王仲方:《论社会治安综合治理》,《中国法学》1989年第4期。

未成年人犯罪刑事政策课题组:《未成年人犯罪刑事政策研究》,《人民检察》2003年第2期。

吴何奇:《社会转型背景下恢复性刑罚执行模式的建构》,《犯罪研究》2019年第4期。

吴鹏森:《改革开放以来的中国城市化与犯罪变化》,《江苏行政学院学报》2012年第6期。

吴鹏森:《中国刑事犯罪60年:犯罪与社会的互动》,《安徽师范大学学报(人文社会科学版)》2012年第3期。

吴羽:《论未成年人逮捕制度》,《青少年犯罪问题》2018年第2期。

吴羽:《未成年人构罪标准体系建构之理据》,《青少年犯罪问题》2016年第6期。

吴志梅、罗开卷:《假释法律性质论》,《上海政法学院学报》2011年第5期。

吴宗宪:《解读宽严相济的刑事政策》,《中国人民公安大学学报(社会科学版)》2007年第1期。

吴宗宪:《老年犯罪人社区矫正论》,《中国司法》2011年第8期。

武清华、张小华:《我国毒品定义之重构》,《云南警官学院学报》2012年第

3 期。

夏志强:《国家治理现代化的逻辑转换》,《中国社会科学》2020 年第 5 期。

向前:《多元化化解纠纷的理性期待:从社会管理走向社会治理》,《决策导刊》2014 年第 6 期。

肖方仁:《社会治理的复杂性思维:聚焦监狱管理效能提升》,《湖州师范学院学报》2019 年第 3 期。

肖君拥、张志朋:《中国国家安全法治研究四十年:回眸与展望》,《国家安全研究》2019 年第 1 期。

谢望原、张宝:《〈刑法修正案(九)〉的亮点与不足》,《苏州大学学报(哲学社会科学版)》2015 年第 6 期。

辛科:《社会治安综合治理:问题与对策》,《中国政法大学学报》2011 年第 5 期。

徐海波、童伟华:《改革开放 40 年中国犯罪化立法的回顾、反思与前瞻》,《学术论坛》2018 年第 5 期。

许晓娟、彭志刚:《中国反腐败调查模式的本土化问题研究》,《江西社会科学》2016 年第 3 期。

严励:《"严打"刑事政策的理性审读》,《上海大学学报(社会科学版)》2004 年第 4 期。

严励:《广义刑事政策视角下的刑事政策横向结构分析》,《北方法学》2011 年第 3 期。

严励:《问题意识与立场方法——中国刑事政策研究之反思》,《中国法学》2010 年第 1 期。

严小兵:《中国省域刑事犯罪率的时空演变及机制研究》,《地理科学》2013 年第 5 期。

杨春洗:《论刑事政策视野中的"严打"》,《人民检察》2001 年第 12 期。

杨鸿台:《预防与矫治准老年人违法犯罪的社会政策制订与立法完善》,《犯罪研究》2014 年第 3 期。

杨军:《刑罚现代化本体初论:目的与路径》,《行政与法》2018 年第 6 期杨向荣:《城乡结合部的犯罪特点和治理对策》,《江西公安专科学校学报》2001年第1期。

杨学锋:《从社会纽带到自我控制:两种控制理论的竞争与调和》,《中国刑警学院学报》2017年第6期。

杨学农:《江苏省安置帮教工作高质量发展的探索与实践》,《中国司法》2019年第5期。

杨宇冠、高童非:《职务犯罪调查人员出庭问题探讨》,《社会科学论坛》2018年第6期。

杨正鸣、姚建龙:《转型社会中的社会治安综合治理体系改革》,《政治与法律》2004年第2期。

姚建龙:《转变与革新:论少年刑法的基本立场》,《现代法学》2006年第1期。

叶青、李小猛:《〈刑事诉讼法〉颁布实施40周年的回顾与展望》,《犯罪研究》2019年第6期。

于志刚、吴尚聪:《我国网络犯罪发展及其立法、司法、理论应对的历史梳理》,《政治与法律》2018年第1期。

雨秋:《少年黑客莫尼柯》,《法律与生活》1999年第8期。

袁彬:《未成年人犯罪刑事政策的心理学审视》,《青少年犯罪问题》2009年第4期。

袁曙宏、杨伟东:《我国法治建设三十年回顾与前瞻——关于中国法治历程、作用和发展趋势的思考》,《中国法学》2009年第1期。

岳丹阳:《互联网金融背景下的金融刑法立法理念转变》,《时代报告》2020年第11期。

翟中东、孙霞:《关于我国罪犯教育改革的思考》,《犯罪与改造研究》2017年第2期。

张宝山:《社区矫正:立法迈出重要一步》,《中国人大》2019年第13期。

张晨新、杨思思:《流动人口研究中的概念、数据及议题综述》,《中国人口科学》2013年第6期。

张海芹、陈录生:《城乡未成年人网络成瘾及其归因研究》,《心理科学》2009

年第 3 期。

张健:《中国犯罪治理模式变迁及其逻辑:1949—2019》,《法治现代化研究》2020 年第 3 期。

张荆:《异质文化冲突中的犯罪现象研究》,《青少年犯罪问题》2014 年第 5 期。

张晶:《统一刑罚执行体制框架下建设现代监狱制度的思考》,《中国监狱学刊》2017 年第 17 期。

张黎、张拓:《新精神活性物质的滥用危害与防控问题研究——以构建我国禁毒防控体系为视角》,《中国人民公安大学学报(社会科学版)》2013 年第 4 期。

张丽欣:《监狱心理矫治组织机构规范化建设评价》,《黑龙江省政法管理干部学院学报》2019 年第 3 期。

张明楷:《非法获取虚拟财产的行为性质》,《法学》2015 年第 3 期。

张明楷:《网络时代的刑事立法》,《法律科学》2017 年第 3 期。

张明楷:《刑法理论与刑事立法》,《法学论坛》2017 年第 6 期。

张明楷:《刑事立法的发展方向》,《中国法学》2006 年第 4 期。

张晒:《使制度有效地运转起来:改革进程中制度运转的动力机制新解》,《政府治理评论》2019 年第 2 期。

张守斌:《关于社会治安综合治理问题的探讨》,《经济研究导刊》2018 年第 6 期。

张彤进、万广华:《机会不均等、社会资本与农民主观幸福感——基于 CGSS 数据的实证分析》,《上海财经大学学报》2020 年第 5 期。

张炜、林慧、周翔、钱文漪:《上海市流动人口中的未成年人犯罪问题调查》,《青少年犯罪问题》2007 年第 5 期。

张文显:《国家制度建设和国家治理现代化的五个核心命题》,《法制与社会发展》2020 年第 1 期。

张小虎:《宽严相济刑事政策的精髓与我国刑罚体系的补正》,《江苏社会科学》2019 年第 5 期。

张旭:《"严打":必须处理好四个关系》,《法制与社会发展》2001年第6期。

张勇、李媛媛:《社会转型期重大刑事犯罪增生的原因分析》,《铁道警官高等专科学校学报》2005年第1期。

张勇:《APP个人信息的刑法保护:以知情同意为视角》,《法学》2020年第8期。

张远煌、姚兵:《从未成年人犯罪的新特点看宽严相济刑事政策的全面贯彻》,《法学杂志》2009年第11期。

张远煌、姚兵:《中国现阶段未成年人犯罪的新趋势——以三省市未成年犯问卷调查为基础》,《法学论坛》2010年第1期。

张兆松、罗薇:《检察侦查管辖权七十年:回顾与反思》,《河南警察学院学报》2019年第5期。

张志超:《城市外来未成年人犯罪问题探讨——基于常熟市的调查(2003—2008年)》,《青年探索》2011年第1期。

赵秉志、袁彬:《我国未成年人犯罪刑事立法的发展与完善》,《中国刑事法杂志》2010年第3期。

赵秉志、袁彬:《中国刑法立法改革的新思维——以〈刑法修正案(九)〉为中心》,《法学》2015年第10期。

赵秉志:《〈刑法修正案(七)〉的宏观问题研讨》,《华东政法大学学报》2009年第3期。

赵秉志:《改革开放40年我国刑法立法的发展及其完善》,《法学评论》2019年第2期。

赵秉志:《中国刑法立法晚近20年之回眸与前瞻》,《中国法学》2017年第5期。

赵咏梅:《中国刑罚执行制度改革背景下的社区矫正》,《福州党校学报》2010年第6期。

赵祯祺:《减少未成年人犯罪,需事前预防与事后挽救并举》,《中国人大》2019年第9期。

郑瞻培:《老年和犯罪》,《国外医学:精神病学分册》1986年第3期。

中央反腐败协调小组国际追逃追赃工作办公室:《推动追逃追赃工作高质量发展　巩固发展反腐败斗争压倒性胜利》,《中国纪检监察杂志》2019年第13期。

周萃芳:《关于北京市检察机关审查起诉阶段补充侦查进行情况的调研报告》,《中国刑事法杂志》2002年第3期。

周耕妥、方扬松:《监狱社区建设社会化思考——以浙江省监狱社区建设为例》,《犯罪与改造研究》2018年第11期。

周光权:《〈刑法修正案(八)〉的深度解读》,《中国司法》2011年第5期。

周光权:《转型时期刑法立法的思路与方法》,《中国社会科学》2016年第3期。

周心捷:《公共安全与大数据视域下社会治理组织架构的特征》,《武汉理工大学学报(社会科学版)》2020年第1期。

周勇:《开展重新犯罪问题调查研究的价值意义与思路构想》,《犯罪与改造研究》2019年第7期。

朱立恒:《反思与重构:宽严相济的审查起诉程序》,《法商研究》2009年第6期。

庄永廉、张建升:《透视城市化犯罪》,《人民检察》2000年第7期。

卓泽渊:《国家治理现代化的法治解读》,《现代法学》2020年第1期。

三、学位论文

杜玉凤:《严打的刑事政策分析》,烟台大学2013年硕士学位论文。

郭凤军:《新型毒品问题研究》,吉林大学2019年硕士学位论文。

郭思宇:《新精神活性物质的防控对策研究》,中国人民公安大学2017年硕士学位论文。

何挺:《"严打"刑事政策研究》,中国政法大学2008年博士学位论文。

刘宏阳:《机构改革背景下县级社会治安综合治理工作机制完善研究》,河北大学2019年博士学位论文。

刘奇耀:《社会治安综合治理的法治逻辑》,山东大学2014年博士学位论文。
罗高鹏:《中国东北三省黑社会性质组织犯罪实证研究》,吉林大学2011年博士学位论文。
苏鹏:《城市中农民工犯罪问题研究:以上海市为研究视角》,华东政法大学2010年硕士学位论文。
王飞:《我国经济犯罪的刑罚体系研究》,中国石油大学2008年硕士学位论文。
王敬贤:《监狱考核制度研究》,聊城大学2018年博士学位论文。
王立东:《网络犯罪的定性分析及刑事管辖权研究》,中国政法大学2010年硕士学位论文。
王前:《论我国老年犯罪的原因与预防》,中国政法大学2005年硕士学位论文。
王兴扬:《我国股权众筹投资人权益保护法律机制研究》,哈尔滨工程大学2018年硕士学位论文。
王伟:《"严打"政策的理性分析》,山东大学2011年硕士学位论文。
吴兴杰:《我国流动人口收入差距与犯罪率的实证研究》,浙江大学2010年博士学位论文。
徐博强:《新中国刑事政策变迁研究》,中国人民公安大学2018年博士学位论文。
许峻玮:《甘肃省罪犯劳动改造考核制度研究》,兰州大学2018年博士学位论文。
张洪成:《毒品犯罪争议问题研究》,武汉大学2010年博士学位论文。
张勇濂:《流动与犯罪:转型期中国农民流动的社会秩序研究》,华中师范大学2009年博士学位论文。
章依群:《论我国老年人犯罪的原因与预防》,华东政法大学2014年硕士学位论文。
赵峰:《反思与重构:严打刑事政策研究》,兰州大学2007年硕士学位论文。
周亮:《我国犯罪现象的类型学分析与建构》,湖南大学2006年硕士学位论文。

四、英文文献

A. Merha, A. L. Dixon, D. J. Brass, B. Robertson, "The Social Network Ties of Group Leaders: Implications for Group Performance and Leader Reputation", *Organization Science*, Vol. 17, No. 1, 2006.

European Monitoring Centre for Drug and Drug Addiction (EMCDDA), *EMCDDA-Europol 2011 Annual Report on the Implementation of Council Decision 2005/387/JHA*, Luxembourg: Publications Office of the European Union, 2012.

INC, *Report of the International Narcotics Control Board 2017*, Vienna: United Nations, 2018.

United Nations Office on Drugs and Crime (UNODC), *World Drug Report 2014*, Vienna: United Nations, 2014.

UNODC, *World Drug Report 2018*, Booklets, Vienna: United Nations, 2013.

后　记

笔者于2019年组织研究团队申报最高人民检察院检察理论研究课题,并有幸获得立项。课题立项之后,笔者组织开展了多次课题研讨会,并最终确立从三大方面展开对本课题的研究:一是全面描述改革开放40年的犯罪态势;二是总体阐释改革开放40年犯罪治理的现代化;三是具体分析特定犯罪类型治理的现代化。为此,针对上述三大部分,本书由上篇、中篇和下篇构成。经过课题组成员一年多以来的共同努力,本课题研究得以顺利完成,本书即为课题研究的最终成果。

本书由笔者担任主编,吴羽担任副主编。按章节顺序,本书具体撰稿人分工如下:

绪论:应培礼;第一章:王娜、张天姝;第二章:顾洪鑫、孙利;第三章:彭森磊;第四章和第八章:吴羽;第五章:夏春竹、欧阳舒文;第六章:韩康;第七章:张筱叶;第九章:安曦萌;第十章:汪珍;第十一章:尹鹤晓;第十二章:王小光;第十三章:白梦琳、卢欢、王瑞山;第十四章:陶奕蓉。全书由主编拟定提纲、统稿和定稿,副主编协助主编做了大量的统稿工作。

在本书撰写过程中,我们要感谢有关单位为课题研究提供的调研机会,也感谢诸多专家学者对本课题研究提出的建议和意见,还要感谢虞浔副教授、陈波博士等人提供的帮助。需要说明的是,本书研究时间跨度大且研究内容丰富,无疑是一个宏大的议题,因而研究内容难免挂一漏万,如我们对犯罪治理现代化的梳理、总结、探索还不够准确,我们选择未成年人犯罪等 7 类特定犯罪类型也不够全面等。加之由于编者水平有限,本书中的不妥和缺陷之处在所难免,敬请各位方家不吝赐教。

中国犯罪学学会副会长
上海市犯罪学学会会长
华东政法大学教授
应培礼
2021 年 3 月 16 日

图书在版编目（CIP）数据

中国犯罪治理现代化研究 / 应培礼主编；吴羽副主编. — 北京：商务印书馆，2022
（棠树文丛）
ISBN 978-7-100-21096-6

Ⅰ. ①中… Ⅱ. ①应… ②吴… Ⅲ. ①犯罪—现代化管理—研究—中国 Ⅳ. ① D924.114

中国版本图书馆 CIP 数据核字（2022）第 068413 号

权利保留，侵权必究。

棠树文丛
中国犯罪治理现代化研究
应培礼 主编 吴羽 副主编

商 务 印 书 馆 出 版
（北京王府井大街36号 邮政编码100710）
商 务 印 书 馆 发 行
南京新洲印刷有限公司印刷
ISBN 978-7-100-21096-6

2022年7月第1版	开本 880×1240 1/32
2022年7月第1次印刷	印张 17½

定价：98.00 元